AUS VOLK, geboren 1944,
ritierter Rechtsprofessor an der Uni-
tät München, ist einer der bekann-
n deutschen Strafverteidiger. Zu
n prominenten Mandanten gehören
f Ackermann, den er im Mannesmann-
ess erfolgreich vertrat, Boris Becker,
r in einem Verfahren gegen die An-
e der Steuerhinterziehung verteidigte,
e Ex-Siemens-Chef Klaus Kleinfeld.

AF859483

Klaus Volk

Die Wahrheit vor Gericht

Klaus Volk

Die Wahrheit vor Gericht

Wie sie gefunden und geschunden,
erkämpft und erkauft wird

C. Bertelsmann

Der Verlag weist ausdrücklich darauf hin, dass im Text enthaltene externe Links vom Verlag nur bis zum Zeitpunkt der Buchveröffentlichung eingesehen werden konnten. Auf spätere Veränderungen hat der Verlag keinerlei Einfluss. Eine Haftung des Verlags ist daher ausgeschlossen.

Stadtbücherei Bochum

	ZB	PR	HD	
WI	Foo			QU
GE				LG
LI	Volk			WA

MIX
Papier aus verantwortungsvollen Quellen
FSC® C014496
FSC
www.fsc.org

Verlagsgruppe Random House FSC® N001967

1. Auflage
© 2016 by C. Bertelsmann Verlag, München,
in der Verlagsgruppe Random House GmbH,
Neumarkter Str. 28, 81673 München
Umschlaggestaltung: buxdesign München
Satz: Uhl + Massopust, Aalen
Druck und Bindung: GGP Media GmbH, Pößneck
Printed in Germany
ISBN 978-3-570-10259-6

www.cbertelsmann.de

Wie man der Wahrheit näher kommt

Im Chaos der widerstreitenden fanatischen Überzeugungen ist eine der wenigen einigenden Kräfte die wissenschaftliche Wahrheitsliebe; ich verstehe darunter die Gepflogenheit, unseren Glauben auf Beobachtungen und Schlüsse zu stützen, die so unpersönlich und von Veranlagung und Umgebung so unbeeinflusst sind wie nur menschenmöglich [...] Die Gewöhnung an strenge Wahrhaftigkeit läßt sich auf den ganzen Bereich des menschlichen Tuns ausdehnen; sie bewirkt allenthalben, daß der Fanatismus nachläßt und die Bereitschaft wächst, einander Sympathie und Verständnis entgegenzubringen.

Bertrand Russell im Schlusswort
seiner *Philosophie des Abendlandes*

Inhalt

Vorwort

Noch ein Buch über die Wahrheit – wer schreibt es und weshalb?

Es ist lange her: Als junger Assistent an der Uni habe ich es abgelehnt, für viel Geld in einer berühmten Kanzlei den schnöden Interessen reicher Mandanten zu dienen. Da wird doch nur, schauderte mir, Schindluder mit der Wahrheit getrieben, sie wird geheuchelt und gemeuchelt. Stattdessen bin ich also im Elfenbeinturm der Wissenschaft geblieben, habe das Armutsgelübde des idealistischen Wissenschaftlers abgelegt und versucht, den Dingen auf den Grund zu gehen. Was denn Wahrheit ist, das vor allem wollte ich wissen. Ich verschlang alles, was seit den alten Griechen darüber gedacht und geschrieben worden war. Das Ergebnis war auch antik, in der Formulierung von Sokrates oder Cicero: Ich weiß, dass ich nicht weiß (was Wahrheit ist).

Dann hat mir, gerade Strafrechtsprofessor geworden, der noch keine Ahnung von der Praxis hatte, eine Ikone der deutschen Industrie angeboten, ihn zu verteidigen. Es war nicht der Erfolg, der mich so faszinierte (und auch nicht das Honorar), dass ich anschließend immer wieder Verteidigungen übernahm und das bis heute mache. Es war das Erlebnis, wie alle Beteiligten – Staatsanwälte, Richter und Verteidiger – um die Wahrheit ringen. Ein Kampf ist das immer, mag er nun lautstark mit klirrenden Waffen oder leise in diplomatischen Tönen ausgetragen werden. Jeder weiß, was auf dem Spiel steht, wenn es denn ein Spiel wäre – das persönliche Schicksal von Beschuldigten nämlich. Da wird, zugegeben, manchmal auch zu Tricks und Finten gegriffen, um Interessen durchzusetzen. Letztlich aber eint doch alle im Stillen dieselbe Rechtskultur, das Ethos, dem man verpflichtet bleibt. Und alle wissen, dass sie am Ende nicht sicher wissen werden, was denn nun wirklich wahr war. Diese Ungewissheit lässt niemanden los. Das hat Gründe, von denen ich berichten möchte.

Ich würde nie beschwören, dass ich auch nur in einem einzigen meiner Fälle die ganze Wahrheit erfahren hätte. Ich will aber darauf bestehen, dass es meist gerecht zugegangen ist. Das ist ein großer, beruhigender Unterschied. Es gibt auch eine Gerechtigkeit, die nicht auf der absoluten Wahrheit beruht. Die zu erreichen ist im Strafprozess ohnehin unmöglich. Kein Strafprozessrecht dieser Welt, sofern sie zivilisiert ist, lässt alles zu, was der Wahrheitsfindung dienen könnte. Die prozessuale Wahrheit ist, verglichen mit den Erwartungen der Öffentlichkeit, immer verbeult und verbogen. Sie wird in einem sehr formalisierten Verfahren ermittelt, mit begrenzten Mitteln zu dem begrenzten Zweck, ein Urteil über einen begrenzten Tatvorwurf abzugeben. Muss es denn aber auch immer diese nebulöse »ganze« Wahrheit sein, die man braucht, um ein ganz richtiges Urteil zu fällen?

Wie das sein kann, wie das geht und funktioniert, davon handelt dieses Buch. Auf dem Königsweg zur Wahrheit werden wir auch Lug und Trug begegnen und mittelalterlichen Ruinen am Wegesrand, wir werden in Abgründe schauen und Reisende treffen, die uns begeistert von amerikanischen Errungenschaften berichten. Wir werden zu Umwegen gezwungen sein, weil das Prozessrecht hohe Mauern um die Rechte anderer Leute errichtet und uns den geraden Weg versperrt; wir werden der Versuchung ausgesetzt sein, »kurzen Prozess« zu machen, weil der lange Weg zum Ziel verkürzt werden kann, wenn sich alle Beteiligten darüber verständigen und ihn gemeinsam beschreiten. Das Buch handelt allerdings auch von so schrecklichen Dingen wie Folter, Fehlurteilen und falschen Geständnissen.

Wie kann es dazu kommen, und wer trägt Schuld an misshandelter oder verleugneter Unschuld?

Wer glaubt, dass es die Wahrheit gebe wie ein vergrabenes Goldstück, das man nur finden müsse, der bildet sich gerne ein, dass ihm das gelungen sei und er nun endgültig »im Besitz der Wahrheit« sei. Ein Prediger, ein Moralist vielleicht könnte das von sich behaupten. Juristen hingegen (sollten) wissen, dass der trotzige Satz »Was wahr ist, muss wahr bleiben« niemals stimmt. Jede Wahrheit muss erst einmal wahr werden. Und »die« Wahrheit ist es am Ende ohnehin nicht, die ans Licht kommt. Festgestellt wird immer nur die Wahrheit, die man gesucht hat. Für einen Strafbefehl über eine kleine Geldstrafe genügt weniger Wahrheit als für ein »lebenslänglich«, verhängt vom Schwurgericht. Es gibt eben diverse Wahrheiten. Das ist eine der Wahrheiten über die Wahrheit, die hier beschrieben wird.

Mit einem Buch macht man sich nicht nur Freunde. Ich möchte einige meiner »Taten« benennen, ehe sie für Untaten gehalten werden.

Zunächst muss ich gestehen, dass ich gelegentlich abgeschrieben habe, nicht wörtlich, aber immerhin sinngemäß – und zwar von mir selbst. Wäre das hier eine wissenschaftliche Veröffentlichung, müsste ich nach neueren Maßstäben wohl kenntlich machen, wann und wo ich schon einmal etwas über die Wahrheit veröffentlicht habe, das sich hier mit der Akribie von den Jägern des Plagiats aufspüren ließe.

»Wie können Sie nur«, wird eine Frage sein, »über eigene Fälle reden, ohne die Schweigepflicht eines Strafverteidigers zu verletzen?« Ganz einfach deshalb, weil ich keine Namen nenne und vor allem nur Szenen aus Fällen aufgreife, über die öffentlich berichtet wurde.

Als Anwalt ist man verpflichtet, auch das Schlimmste zu bedenken und alle Risiken und Nebenwirkungen von Formulierungen zu berücksichtigen. Ich habe oft »der« gesagt, wo ich auch »die« hätte sagen können oder eben, nach Ansicht mancher, hätte sagen müssen, um korrekt zu bleiben. »Der« Angeklagte, »die« Angeklagte – erst im Plural sind sie wieder gleich. Es gibt indessen, glaube ich, kein anderes Fach, in dem das Geschlecht schon seit Langem so bedeutungslos war und ist wie in der Juristerei. Hätte ich mich in diesem Punkt stets »korrekt« ausgedrückt, wäre das Buch ohne jeden Sinn viel länger geworden. Klagen über die mangelnde Differenzierung von »Angeklagten« und anderen in prozessualen Rollen (»RichterInnen«, »ZeugInnen« etc.) möchte ich also nicht entgegennehmen.

Und noch etwas: Wenn ohne Zusatz von »Recht« die Rede ist, von Strafrecht und Strafprozessrecht, ist das deutsche gemeint.

Sehen wir also zu, wie dieses Recht mit der Wahrheit umgeht.

Kapitel 1:

Wo steht geschrieben, was Wahrheit ist?

Die Antwort auf diese Frage kann nur eine Gegenfrage sein: Warum wollen Sie das wissen, welche Wahrheit suchen Sie denn? Die »absolute«, von allen Zielen und Interessen, Bedürfnissen und Situationen gelöste Wahrheit gibt es nicht. Wir suchen die Wahrheit vor Gericht, genauer gesagt, die Wahrheit als Ziel strafrechtlicher Ermittlungen und als Grundlage eines Strafurteils. In den Gesetzen dazu kommt der Begriff »Wahrheit« nicht vor. Wir müssen uns also auf eine Entdeckungsreise machen.

Die halbe Wahrheit

Die Mutter ließ das Baby einfach schreien. Es schrie sehr viel, nachts vor allem, wenn Amaru lernen wollte.

Amaru war vor einem Jahr aus Nigeria nach München gekommen und studierte Elektrotechnik. Ein Zahnarztehepaar hatte ihn aufgenommen. Sie bewohnten ein Haus in Harlaching, einem vornehmen Viertel. Dort logierte Amaru in einem Dachzimmer. Bezahlen musste er nichts dafür. Anfangs fühlte er sich ganz wohl, obwohl es gar nicht städtisch war in dieser Gegend und deshalb ein bisschen langweilig. Aber ruhig war es, sehr ruhig. Wenn nur dieses Geschrei nicht gewesen wäre! Eines Nachts, als das Kind endlich einmal schlief, schlich er sich ins Kinderzimmer und erstickte das Baby mit einem Kissen.

»Brutaler Kindermord in München!«, schrieben die Gazetten. »Der Schwarzafrikaner Amaru N. erstickte das Baby des Zahnarztehepaars Dr. B. heimtückisch mit einem Kissen. Er durfte in ihrer noblen Villa umsonst wohnen und missbrauchte ihre Gastfreundschaft auf entsetzliche Weise. Die verzweifelte Mutter: ›Nur, weil es ihn gestört hat, dass mein Baby manchmal geschrien hat!‹ Sie will Gerechtigkeit. In Nigeria würde ihm die Todesstrafe drohen. Bei uns könnte er nur lebenslänglich bekommen.«

Zwei Polizisten führten Amaru durch die langen Gänge des Polizeipräsidiums in das Vernehmungszimmer der Mordkommission. Er gestand sofort, dass er das Baby umgebracht hatte. Dabei musste er weinen, aber das machte natürlich keinen Eindruck. Der Kommissar verkniff sich immerhin die Bemerkung, dass es jetzt für Reue zu spät sei. Amaru fühlte sich erleichtert, nachdem er alles erzählt hatte. Der Kommissar aber sagte, dass er ihn jetzt zum Ermittlungsrichter bringen werde, wo er sein Geständnis wiederholen sollte. Amaru traute sich nicht zu fragen, weshalb er noch einmal eine Vernehmung über sich ergehen lassen müsse. Er konnte nicht wissen, dass nur Geständnisprotokolle, die ein Richter aufgenommen hat, später im Prozess verlesen werden dürfen. Es könnte ja sein, dass der Angeklagte dann schweigt oder sein Geständnis widerruft.

Amaru kam in Untersuchungshaft, was immer der Fall ist, wenn der dringende Verdacht von Mord oder Totschlag besteht. Dieser Haftgrund erinnert fatal an einen, den es in den Zeiten des nationalsozialistischen Rechts gab, nämlich den der »Erregung der Öffentlichkeit«. Mörder sollen nicht frei herumlaufen, hieß es damals, und es steht zu befürchten, dass nicht wenige auch heute noch so denken. Davon einmal ganz abgesehen, dass man jemanden erst dann einen »Mörder« nennen darf, wenn er wegen Mordes rechtskräftig verurteilt wurde, ist das Argument nur populistisch und ansonsten hohl. Wenn nämlich die Gefahr besteht, dass ein »Mörder« flieht oder Beweise vernichtet und Spuren verwischt, darf man ihn, wie jeden anderen Tatverdächtigen auch, sowieso in Haft nehmen.

Oder soll man alle, die im Verdacht stehen, getötet zu haben, aus Angst davor inhaftieren, dass sie es vielleicht noch einmal tun könnten? Das ist extrem selten. Wer seine Mutter getötet hat, kann es nicht noch einmal tun.

Die meisten Tötungsdelikte sind Beziehungsdelikte. Man bringt einen anderen Menschen ja gerade deshalb um, weil man ihn so gut kennt. Und weitaus die meisten dieser Taten geschehen aus einem einmaligen Konflikt heraus, oft auch im Affekt, der sich lange aufgestaut hat. Der Mörder, der einfach so aus dem Busch springt und irgendjemanden wahllos absticht, ist die große Ausnahme Aber machen wir uns nichts vor: »Mörder sollen nicht frei herumlaufen« ist eben leider ein archaisches Muster, das auch in unserer Gesellschaft noch wirkungskräftig ist.

Und so kam Amaru in Untersuchungshaft. Da blieb er so verschlossen wie seine Zellentür. Mit wem sollte er auch reden, und worüber? Scheppernde Absperrgitter, rasselnde Schlüsselbunde, latente, aber spürbare Gewaltbereitschaft, Feindseligkeiten gegen den »Nigger«, der ein Baby gemeuchelt hatte, Abscheu und Verachtung.

Aber auf einmal wurde Amarus dunkelgraues Dasein weiß: Man verlegte ihn in eine Nervenklinik, Abteilung forensische Psychiatrie. Bei Tötungsdelikten wird regelmäßig schon im Ermittlungsverfahren von der Staatsanwaltschaft ein psychiatrischer Sachverständiger beauftragt. Seine Untersuchungen muss man bis zu sechs Wochen lang erdulden (und was da geschieht, werden wir im Kapitel über Sachverständige darstellen). Der Psychiater erhält den Auftrag, die Frage zu beantworten, ob der Verdächtige zur Tatzeit voll schuldfähig war. Mehr soll er nicht herausfinden, aber meistens erfährt er mehr. Mit den freundlichen Leuten im weißen Kittel spricht es sich eben besser als mit Staatsanwälten und ihrer Truppe. Und Amaru sprach.

Die Geschichte hatte vor etwa anderthalb Jahren ihren Anfang genommen. Amaru war zunächst einmal bei einem Bekannten untergekommen. Wieder das ganze Wochenende in dem kleinen, muffigen Zimmer verbringen, das er bewohnen durfte, immer nur lernen und aus dem Fenster schauen, das machte ihn schwermütig. Viele Kontakte hatte er nicht geknüpft in München. Er hatte von einem Lokal gehört, »Ball der einsamen Herzen« oder so ähnlich, da konnte man tanzen und vielleicht eine Frau kennenlernen. Einen Versuch war es wert.

Amaru tanzte meist für sich allein. Er bemerkte nicht, dass ihn eine Frau schon länger beobachtet hatte. Sie kam an seinen Tisch, blond, schlank, Mitte dreißig etwa, und forderte ihn auf. Sie tanzten lange, berührten sich enger, schließlich nahm sie ihn an der Hand und führte ihn zu ihrem Tisch. »Das, Amaru, ist mein Mann.« Und zu ihrem Mann sagte sie: »Ich glaube, wir haben ihn gefunden.«

Amaru wusste nicht, wie ihm geschah. »Setz dich, Amaru. Es ist so: Wir möchten gerne ein Kind, aber mit meinem Mann geht das nicht. Also haben wir beschlossen, dass ich jemanden suchen darf, der mir ein Kind macht. Wenn du das willst, dann kannst du auch bei uns wohnen, solange du studierst.«

Jeder, der diese Geschichte hört, dürfte so verblüfft sein, wie Amaru es gewesen war, und dem Psychiater erging es ebenso. Das Ehepaar bestätigte das Geschehen an jenem Abend im Tanzlokal. Über die Gründe für diese Wahl eines potenziellen Vaters wollten sie nicht sprechen. Sie spielen am Ende auch keine Rolle für die Frage nach der Schuld.

Amaru beschrieb dem Psychiater seine Überraschung, sein Erstaunen und Zögern, seine Zweifel, aber auch die Lust auf dieses Abenteuer. Er nahm das Angebot an und zog in das Dachzimmer. Ein Jahr später kam das Kind zur Welt. Die Mutter war glücklich und dankbar. Das Glück blieb, die Dankbarkeit aber wich. Die Frau ließ Amaru spüren, dass sie ihn zunehmend als Last empfand. Es war *ihr* Kind, und ihr Mann usurpierte die Vaterrolle.

Der Psychiater dachte sich, was wahrscheinlich jedem einfällt, der diese Geschichte liest: »Der Mohr hat seine Schuldigkeit getan, der Mohr kann gehen.« Amaru aber entwickelte eine tiefe Beziehung zu »seinem« Kind, das Geschrei hörte sich für ihn an, als wäre es ein Ruf nach ihm. Er wollte sich nicht wegekeln lassen. Wenn er das Kind nicht haben durfte, dann sollten die anderen es auch nicht haben. So kam es zur Tat.

Als Amaru bei diesem Ende seiner Erzählung angelangt war, musste er wieder weinen.

Die ganze Wahrheit

Amaru hat das Baby getötet, das ist wahr. Es ist jedoch nur die halbe Wahrheit. Was aber macht dann die ganze Wahrheit aus?

Die Frage klingt harmlos, ist aber eine ziemlich vertrackte Angelegenheit. Eigentlich sind es ja zwei Fragen: Was ist Wahrheit? Und wann ist sie »ganz«?

Die Frage »Was ist Wahrheit?« hat vor mehr als zweitausend Jahren in einem spektakulären Fall einer gestellt, der sie gar nicht beantworten wollte und sich lieber die Hände in Unschuld wusch. Dieser Pilatus hätte besser daran getan, für ein faires Verfahren gegen Jesus zu sorgen, anstatt sich mit dieser rhetorischen Frage aus der Affäre zu ziehen und den Dingen achselzuckend ihren Lauf zu lassen.

Schon vor Christi Geburt gab es viele Philosophen, die sich über den Begriff der Wahrheit gestritten haben, und bis heute sind es Hunderte mehr geworden. Wir wollen jetzt nicht zum Jünger eines dieser Denker werden, sondern nach dem alltäglichen Sprachgebrauch fragen.

Ein Strafverfahren ist nämlich kein philosophisches Symposion, sondern der Versuch, einen sozialen Störfall so aufzuarbeiten, dass die Gesellschaft sich beruhigt und »Rechtsfrieden« hergestellt wird. Deshalb ist es richtig, einen gesellschaftlich akzeptierten Begriff von Wahrheit zu verwenden: Wahr ist etwas dann, wenn es der Wirklichkeit entspricht. Diese Definition dürften die meisten von uns für richtig halten, und sie genießt auch die höheren Weihen der Philosophie: Schon Aristoteles hat so gedacht

Das »Etwas«, dessen Wahrheit infrage steht, ist eine Behauptung, eine Aussage. Unser Thema ist ja, wann ein Gerichtsurteil auf Wahrheit beruht, und da dreht es sich immer darum, die Wahrheit von Behauptungen zu überprüfen. So ist, um ein theoretisches Beispiel zu nehmen, der Satz »Dieser Schwan ist weiß« dann wahr, wenn es sich bei dem Tier, auf das sich die Aussage bezieht, um einen Schwan handelt und es weiß ist. Wenn es nicht ganz weiß, sondern ein bisschen grau ist, stört das nicht weiter, weil wir die Welt der Schwäne nun einmal in eine weiße und in eine schwarze eingeteilt haben.

Bei alledem setzen wir voraus, dass auf der Suche nach der Wahrheit dieselbe Sprache gesprochen wird. Amaru würde das Tier in der Sprache seiner Heimat vielleicht ganz anders benennen. Außerdem müssen wir sicher sein, dass derjenige, der eine Behauptung aufstellt, einigermaßen vernünftig ist. Wenn jemand auf einen Tisch deutet und sagt: »Das ist Konstantinopel«, dann ist er entweder böswillig oder schwachsinnig. Er gehört nicht zur Sprachgemeinschaft der Vernünftigen. Entscheidend für die Wahrheit ist also die »Korrespondenz«, die Übereinstimmung der Aussage mit der Wirklichkeit.

Was ist es nun also, das die halbe Wahrheit von der ganzen unterscheidet? Der Jurist wird die Lieblingsantwort aller Juristen geben: »Das kommt darauf an.« Aber ist es nicht so, dass es nur eine Wahrheit geben kann, eine ungeteilte, für alle gültige? Was wahr ist, muss wahr bleiben – in dieser Erwartung leben wir. Worauf soll es denn da noch ankommen? Zunächst einmal darauf, welche »Wirklichkeit« wir in Erfahrung bringen wollen, also unsere Erwartungshaltung. Ein Beispiel: Ein Ministerpräsident wird vom Landtag gefragt, ob er geschäftliche Beziehungen zu einem Unternehmer namens Immo Bilien habe oder hatte. »Nein«, sagt der Ministerpräsident. Na ja, private Beziehungen gab es schon, wie sich herausstellte, nämlich einen Kredit fürs Häuslebauen. Den hat der Ministerpräsident

Stadtbücherei Bochum
-Zentralbücherei-

www.stadtbuecherei-bochum.de
e-Mail: stadtbuecherei@bochum.de
Tel.: 02 34/ 910 - 24 88

Benutzername: Martin Häffner

Fristzettel

Titel: 33 magische Suppen / Autorin: Marion Grillparzer. Rezepte: Martina Kittler. Mita
Nr.: 2008317200005
Fälligkeitsdatum: 18.01.2020

Titel: Forster, Herbert: Stress abbauen mit ROME : in vier Schritten zu mehr Wohlbefind
Nr.: 2012382203007
Fälligkeitsdatum: 18.01.2020

Titel: Pragst, Robert: Auf Bewährung : mein Jahr als Staatsanwalt / Robert Pragst. - Or
Nr.: 2012037034000
Fälligkeitsdatum: 18.01.2020

Titel: Volk, Klaus: ¬Die¬ Wahrheit vor Gericht : wie sie gefunden und geschunden, er
Nr.: 2016108165006
Fälligkeitsdatum: 18.01.2020

Gesamtanzahl Medien: 4
Offene Gebühren 0,00 €
21.12.2019
Entliehen: 11
Überfällig: 0
Aktuelle Vormerkungen 0

verschwiegen. Juristisch, sagt sein Büro, habe er sich korrekt verhalten und wahrheitsgemäß geantwortet. Spitzfindig sei das, jault die Opposition auf, haarspalterisch, typisch formaljuristisch. Das war nicht die ganze Wahrheit!

Warum denn nicht, nach mehr hat man doch nicht gefragt?

Aber mehr erwartet hat man: moralische Integrität, untadeliges Verhalten, vorbildliches Benehmen. Die Frage des Landtags war »juristisch« begrenzt, der Anspruch aber, der dahinter stand, moralisch umfassender. Gemessen daran war die juristisch ganze Wahrheit »eigentlich« nur die halbe.

Wenn wir uns über dieses »Eigentliche« verständigt haben, also den Ausschnitt des Geschehens, den wir wissen wollen und über den die Wahrheit gesagt werden soll, kommt es immer noch darauf an. Dieses Mal auf die Perspektive.

Es gab einmal eine Kontroverse zwischen einem Juristen und einem Psychiater. Das tatsächliche Geschehen, über dessen Deutung sie sich stritten, war ganz einfach: Eine Frau nahm einen Anhalter mit. Der zog auf einmal eine Pistole, richtete sie auf die Jeans der Frau, zwang sie anzuhalten, entriss ihr die Handtasche, stieg damit aus und verschwand im Gebüsch. Das Streitgespräch zwischen dem Juristen und dem Psychiater verlief etwa so:

Der Jurist: »Ein klarer Fall. Handtaschenraub. Das weiß ja jeder. Hätte die Frau dem Anhalter die Tasche gegeben, wäre es räuberische Erpressung, was aber auf dasselbe hinausläuft. Mit solchen juristischen Feinheiten müssen wir uns hier nicht abgeben. Ich sollte aber noch zwei Dinge hinzufügen: Der Mann hat eine Waffe benutzt, sodass es sich um einen schweren Raub handelt; Freiheitsstrafe nicht unter fünf Jahren. Überdies hat er die besonderen Verhältnisse des Straßenverkehrs ausgenutzt, sodass der Tatbestand des räuberischen Angriffs auf Kraftfahrer vorliegt, ebenfalls bedroht mit mindestens fünf Jahren.«

Der Psychiater: »Sie wollen diesen armen Kerl wirklich mindestens fünf Jahre einsperren? In Wahrheit hat sich hier etwas ganz anderes abgespielt. Die Pistole ist doch nur ein Symbol;

das sieht man schon an der Zielrichtung auf den Unterleib der Frau. Und die Handtasche ist nur der Ersatz für etwas, das zu fordern er sich nicht getraut hat, ein Fetisch sozusagen.«

»Wollen Sie ihn etwa wegen versuchter Vergewaltigung verurteilen?«

»Es ist tatsächlich in Wahrheit eine versuchte Vergewaltigung.«

»Hören Sie, die Pistole ist nun einmal eine Pistole und kein Penis. Sie halten sich nicht an die Wirklichkeit, Sie deuten sie!«

»Das tun Sie doch auch. In Ihrem Gesetz ist nicht von ›Pistole‹ die Rede, sondern von ›Gewalt‹, und Sie deuten die Pistole als ein Mittel von Gewalt. So weit sind wir gar nicht auseinander, weil Vergewaltigung auch ein Gewaltdelikt ist.«

»Aber er hat nun einmal eine Handtasche weggenommen und die Frau nicht sexuell bedrängt.«

»Wie ich schon sagte: als Ersatz. Eigentlich wollte er etwas anderes.«

»Selbst wenn er das zugeben würde, müsste man ihn wegen Raubes bestrafen. Gedanken, aus denen nichts geworden ist, sind nicht strafbar.«

»So verfahren Sie als Jurist, aber Sie verfehlen damit die wirkliche Dimension des Falles. Wenn Sie glauben, Sie hätten damit die Wahrheit gefunden, dann ist es eine andere Wahrheit und bestenfalls die halbe. So einseitig werden Sie dem Fall nicht gerecht.«

Da war sie wieder, die halbe Wahrheit. Wer hat denn nun recht?

Salomonisch gesprochen: beide. Sowohl der Jurist als auch der Psychiater sprechen über eine identische »Wirklichkeit«, nämlich dasselbe konkrete Geschehen. Aber sie sehen die Fakten aus unterschiedlichen Perspektiven, und so ergeben sich diverse Wahrheiten. Wie gesagt – es kommt darauf an. Jeder will dem Fall auf seine Weise gerecht werden, jeder hat seine Ziele. Der Psychiater will eine Persönlichkeitsstörung diagnostizieren, um sie zu therapieren, und der Jurist will herausfinden, ob eine Straftat vorliegt, um mit den Mitteln des Strafrechts darauf zu reagieren.

Was der Jurist für Gerechtigkeit hält, mag aus der Sicht anderer Denkweisen dem Fall nicht »gerecht« werden. Jeder hat so sein Programm. Das Programm des Juristen ist das Strafgesetzbuch, das er auf den Fall anwenden muss. Also filtert er die Wirklichkeit, indem er von ihr lediglich das aufnimmt, was für die Vorgaben des Programms wichtig ist. Das Ergebnis dieser Auswahl kann aber nur dann »gerecht« sein, wenn das Programm gerecht gestaltet ist.

Das befindet sich, wie gesagt, im Strafgesetzbuch. Dort stehen die Straftatbestände, die Umschreibungen der Delikte also. Eindeutig formuliert sind sie nie, sodass man sie immer auslegen muss. Über die richtige Auslegung herrscht oft Streit zwischen Gericht, Staatsanwaltschaft und Verteidigung. Ist sie falsch, kann die Strafe nicht gerecht sein (davon wird hier später noch die Rede sein).

Alle Künste der Auslegung helfen nichts, wenn schon das Gesetz ungerecht formuliert ist. Das ist zwar nicht das Thema dieses Buches. Aber einen kurzen Ausflug in dieses Gebiet müssen wir dennoch unternehmen, weil die Wahrheit einen schalen Beigeschmack bekommt, wenn sie sich auf ein verfehltes Gesetz bezieht.

Exkurs: Der empörte Gesetzgeber

Wäre es denn gerecht, unseren Anhalter – den aus dem Beispiel mit der Pistole und der Frau – die ganze Härte des Gesetzes spüren zu lassen? Die drakonische Strafe von fünf bis fünfzehn Jahren für einen »räuberischen Angriff auf Kraftfahrer« geht auf einen Fall aus den Dreißigerjahren des letzten Jahrhunderts zurück. Die Gebrüder Götze hatten im Grunewald zwischen zwei Alleebäumen ein Drahtseil über die Chaussee gespannt und die so gestoppten Automobilisten ausgenommen. Die Empörung war groß, und es ging ganz schnell mit dem neuen Gesetz. In der ersten Erregung, sozusagen blind vor Wut, sollte man aber nichts unternehmen, jedenfalls als Gesetzgeber nicht.

Er muss ein Gesetz für alle Fälle machen, soll heißen, für das ganze Spektrum zukünftiger Fälle, von den leichten bis zu den schwersten. Starrt er nur mit Tunnelblick auf eine singuläre, schockierende Tat, geht das schief. Mopeds, die es damals noch nicht gab, sind auch Kraftfahrzeuge. Wer also heute einen vom Moped stößt, das mit Tempo 20 herumknattert, hat einen Kraftfahrer angegriffen. Er sollte sich lieber an Mountainbikern vergreifen oder an Rennradfahrern. Die sind zwar oft noch schneller, aber eben nicht Kraftfahrer. Wenn sie vom Rad geschubst werden, ist jenes fürchterliche Strafgesetz nicht anwendbar.

Übereilt beschlossene Gesetze, die unter dem noch frischen Eindruck skandalöser Taten geschaffen werden, sind häufig fürchterlich. Sie »passen« dann unversehens auch auf Fälle, für die sie nicht gedacht waren.

Vor nicht langer Zeit erschraken unsere Abgeordneten, als deutsche Waffen im Iran auftauchten, einem Land, das damals mit einem Embargo belegt war. Man fand, dass die angedrohte Strafe für Embargoverstöße viel zu gering sei, und erhöhte den Strafrahmen im ersten Zorn auf nicht unter zwei bis zu zehn Jahren Freiheitsstrafe. Wenig später stand ein deutsches Ehepaar vor Gericht, dessen Geschäft der Vertrieb tiefgefrorener Himbeeren war. Sieben Wagenladungen davon hatte das Paar aus dem Gebiet Exjugoslawiens importiert, was es nicht durfte, weil es ein Embargo gab und der Handel mit solchen Gütern darunterfiel. Sie deklarierten deshalb das Herkunftsgebiet um. Das fiel bei Grenzkontrollen auf, und sie wurden angeklagt. Das Urteil, gegründet auf sieben Fälle verbotenen Imports aus einem Embargogebiet, lautete auf dreieinhalb Jahre Gefängnis.

Wer das als überhart empfindet, sollte dem Richter keinen Vorwurf machen. Für hartnäckige Verstöße kann er schließlich nicht die Mindeststrafe von zwei Jahren aussprechen, wenn es »nach oben« bis zu zehn Jahren geht.

Das Programm also gibt vor, welchen Ausschnitt der Wirklichkeit man suchen muss, um die Wahrheit festzustellen. Ungerechte Programme sind aber ebenso wenig unser Thema wie die nicht sachgerechte Auslegung eines Strafgesetzes. Die weitere, dritte Bedingung für Gerechtigkeit ist, dass im Strafverfahren alles richtig gemacht wird, und es ist dieser Prozess der Wahrheitsfindung, um den es hier geht.

Kein Straf-Recht ohne Prozess

Da muss man erst einmal innehalten und sich an etwas Wesentliches erinnern: Ohne einen Strafprozess gibt es keine Wahrheit. Ein Straf-Recht, also ein Recht zu strafen, entsteht für den Staat erst durch ein rechtskräftiges Urteil am Ende eines Strafverfahrens. Man liest landauf, landab in den Gazetten, aber selbst in juristischen Kompendien, von einem »Strafanspruch«, der dem Staat aus der kriminellen Tat erwachsen soll, und der nun im Strafprozess durchgesetzt werden müsse. Das ist unsinnig (und wenn es einen milderen Ausdruck für den dahintersteckenden Denkfehler gäbe, würde ich ihn verwenden).

Stellen wir uns einmal folgende Situation vor: Es klingelt an der Tür zur Justizvollzugsanstalt – wie das Gefängnis ja eigentlich heißt –, und draußen steht ein Dieb, der erklärt: »Ich habe die Tat begangen, ich gestehe sie! Ihr habt doch einen Strafanspruch, den ich jetzt erfüllen will!«

Wer nun glaubt, die schweren Tore würden sich öffnen und der geständige Dieb würde direkt in eine Zelle eskortiert, der irrt. Vielleicht schickt man ihn kopfschüttelnd nach Hause, vielleicht in die »Nervenheilanstalt«, aber ins Gefängnis kommt er sicher nicht. Im Strafrecht ist es eben anders als in anderen Rechtsgebieten. Wenn man ein Darlehen aufgenommen hat, darf der Gläubiger erwarten, dass sein Schuldner den Rückzahlungsanspruch erfüllen wird. Geschieht das nicht, riskiert der Schuldner eine Klage.

Überall im Recht ist der Prozess nur das letzte Mittel, zu seinem Recht zu kommen. Im Normalfall läuft alles glatt: Die Beteiligten halten sich an ihre Verträge und erfüllen ihre Verpflichtungen. Selbst wenn einmal Streit ausbricht, lässt er sich schlichten, ohne dass die Parteien den Staat und seine Gerichte zu Hilfe rufen müssen. Im Strafrecht aber *muss* es immer zum Prozess kommen – es gibt keine Ausnahme. Niemand kann an der Gefängnispforte rufen: »Ich habe Schuld auf mich geladen und bin dem Staat etwas schuldig!« Das ist so unmöglich wie absurd.

Schuldig ist man nur, wenn man vom Gericht schuldig gesprochen worden ist. Wenn wir das ohnehin absurde Beispiel des Diebes, der den Strafanspruch des Staates erfüllen möchte, auf die Spitze treiben wollten, könnten wir den Wachtmeister, der an der Pforte des Gefängnisses sitzt, noch sagen lassen: »Wir können Sie nicht brauchen, denn für Sie gilt die Unschuldsvermutung!« Da würde unser Dieb wohl wirklich irre werden, an sich oder den anderen.

Fazit: Einen »Strafanspruch« kann man nicht erfüllen, nicht zugestehen und nicht anerkennen – weil es ihn nicht gibt. Ein Recht zu strafen entsteht erst am Ende eines Strafprozesses.

Die Ziele des Strafverfahrens

Im Strafprozess soll vor allem die Wahrheit ans Licht kommen. Alle Welt will wissen, was »wirklich« gewesen ist. Aber es geht nicht allein darum. Gerecht soll das Urteil sein, und es soll die Sache so abschließen, dass man einen Strich darunter ziehen kann.

Ein Prozess hat also drei Ziele, die er zu erreichen sucht: Wahrheit, Gerechtigkeit und Rechtsfrieden. Doch diese Dreifaltigkeit ist leider nicht immer auch eine Dreieinigkeit. Im Idealfall ist das Urteil gerecht, weil es auf Wahrheit beruht und deshalb Rechtsfrieden schafft. Manchmal ist man allerdings gezwungen, Zielkonflikte auszubalancieren und mit Defiziten zu leben.

Es muss auch eine Gerechtigkeit geben, die nicht von der »absoluten« Wahrheit abhängt, weil die nicht immer erreichbar ist, dennoch aber eine endgültige Entscheidung der Sache ansteht und zwingend getroffen werden muss. Der weise Salomo ist gerade deshalb so berühmt geworden, weil er es geschafft hat, als gerecht empfundene Urteile zu fällen, obwohl unklar blieb, was eigentlich stimmte und was nicht.

Die sprichwörtlichen salomonischen Urteile haben überdies Rechtsfrieden geschaffen und damit das dritte Ziel des Strafverfahrens erfüllt. Jetzt könnten Sie sich fragen: Wie kann durch ein Urteil Rechtsfrieden erlangt werden, wenn die Wahrheit auf der Strecke geblieben ist? Das klingt merkwürdig, ist aber jedem vertraut und gewissermaßen alltäglich. Ein Beispiel: Der FC Bayern hat 1:0 gewonnen. Borussia Dortmund hatte allerdings in der 78. Minute noch ein Tor geschossen, das der Schiedsrichter nicht anerkannte. Zu Unrecht, wie sich später herausstellte, denn die Wiederholung in der *Sportschau* bewies, dass der Torschütze nicht im Abseits gestanden hatte. Doch Entrüstung ist zwecklos, denn so sind nun einmal die Regeln im Fußball. Der Schiedsrichter hat eine Tatsachenentscheidung getroffen, und damit muss man leben. Es findet sich auch jeder damit ab, früher oder später. Oder können Sie sich noch erinnern, welches scheinbare Abseitstor vor einem Monat zu Unrecht nicht gegeben wurde?

Im Strafrecht ist das ähnlich, aber differenzierter. Werden die Urteilsgrundlagen nachträglich so gründlich erschüttert, dass man nicht an dem Urteil festhalten und auf seiner Rechtskraft beharren darf, lässt der Staat unter bestimmten Voraussetzungen die Wiederaufnahme des Verfahrens zu (der später ein eigenes Kapitel gewidmet ist). Dabei, so viel sei vorweg gesagt, ist zu unterscheiden. Eine Verurteilung kann man schon dann »kippen«, wenn dem alten Urteil im Lichte neuer Tatsachen oder Beweismittel die Grundlagen entzogen sind. Einen Freispruch jedoch, der im Lichte neuer Tatsachen oder Beweismittel zweifelhaft erscheint, nimmt der Rechtsstaat hin. Lieber einer zu Unrecht freigesprochen als einer zu Unrecht verurteilt. Beides ist ungerecht. Der eine Mangel an Wahrheit und Gerechtigkeit ist jedoch leichteren Herzens zu verkraften als der andere.

Das vergrabene Goldstück

Die Wahrheit muss ans Licht kommen. Sie liegt also zuerst einmal im Dunkeln, ist verborgen: Die Wahrheit, so stellt man sich das bei uns vor, ist wie ein vergrabenes Goldstück, das man suchen muss. Man kann sie finden, weil es sie »gibt«. Es gibt sie auch dann, wenn man sie nicht findet. Sie existiert nun einmal, wie das vergrabene Goldstück. Und die Schürfrechte liegen allein beim Gericht. Es hat das Recht und die Pflicht, den Schatz der Wahrheit zu heben.

Anderswo sieht man das anders. Da glaubt man nicht, dass die Wahrheit existiert, sondern dass sie erst im Prozess konstruiert und produziert wird. In amerikanischen Krimis beispielsweise kann man das gut verfolgen: Der Staatsanwalt und der Verteidiger präsentieren ihre Version des Geschehens, bekämpfen sich wie bei uns die Parteien in einem Zivilprozess. Der Richter dreht den Kopf mal nach links und mal nach rechts und sieht zu, wie die Argumente fliegen. Wer die *big points* macht, gewinnt.

»Aber«, mag der skeptische Deutsche an dieser Stelle sichtlich befremdet einwenden, »dann hängt die Wahrheit ja von den Parteien ab, ist also letztlich ›parteiisch‹. Es darf doch nicht sein, dass die Beteiligten über die Wahrheit disponieren können!«

Warum eigentlich nicht? Im Zivilprozess ist das auch bei uns gang und gäbe. Wenn die Parteien da nicht streiten, denkt der Richter gar nicht erst darüber nach, ob es zutrifft, was der Kläger vorträgt. Ein Beispiel: Der Kläger behauptet, er habe dem Beklagten ein Darlehen gegeben, und der sei mit der Rückzahlung in Verzug. Erklärt der Beklagte nun, dass alles so stimme, wie es der Kläger vorgetragen habe, dann sind die Tatsachen, auf die der Richter sein Urteil gründet, zugestanden. Das bedeutet, sie stehen »außer Streit«, und der Richter muss sie als wahr behandeln. Ob sie auch wahr »sind«, geht ihn gar nichts mehr an. Sie stehen selbst dann »außer Streit«, wenn der Beklagte sich nicht äußert, sondern einfach schweigt und sie nicht bestreitet.

Was für eine grauenhafte, undenkbare Vorstellung im Strafprozess: Der Angeklagte schweigt und wird einfach deshalb verurteilt. Er hat ja das Recht zu schweigen, braucht nichts zu bestreiten und schon gar nicht zu beweisen. Es ist die Aufgabe des Gerichts, mühsam herauszufinden, wie es wirklich gewesen ist. Im Zivilprozess kann die Partei sagen: »Machen Sie sich keine Mühe, Herr Richter, stimmt so.« Oder eben gar nichts, und dann stimmt es auch, was die Gegenpartei vorgetragen hat.

Wenn das noch Wahrheit genannt werden darf, mäkeln die Strafrechtler, dann ist es eine nur formelle Wahrheit, inakzeptabel im Strafprozess und minderwertig. Da kommt es auf die »materielle« Wahrheit an, ohne Wenn und Aber, und es liegt allein in der Macht des Gerichts, sie zu finden. Die Parteien dürfen darüber nicht disponieren.

»Parteien« war nicht der richtige Ausdruck. Im Strafprozess gibt es keine Parteien. Der Angeklagte – beziehungsweise sein Verteidiger – und der Staatsanwalt sind meistens Gegner, aber nicht »Parteien«. Das hat seinen Grund in den Unterschieden von Zivilrecht und Strafrecht.

Verträge kann man aushandeln, wie man will, von wenigen zwingenden Vorschriften einmal abgesehen. Folglich darf man auch im Prozess disponieren. Es geht ja um die eigenen, privaten Interessen, und da ist jeder seines Glückes Schmied – oder seines Unglücks, wenn er nicht aufpasst.

Im Strafprozess dagegen muss der Staat aufpassen, denn es ist sein Recht, sein Strafrecht, das er durchsetzen will und über das man natürlich nicht verhandeln kann. Raub ist Raub, und Betrug ist Betrug. Täter und Opfer können nicht sagen: »Wir haben das zwischen uns anders geregelt«, also können sie auch im Prozess nicht die Wahrheit unter sich ausmachen.

In den USA sieht man übrigens den Unterschied zwischen Strafrecht und Zivilrecht nicht so deutlich und schon gar nicht so krass wie in Deutschland, und deshalb gibt es bei unseren amerikanischen Freunden durchaus die Möglichkeit, im Strafrecht zu verhandeln. Die Rede ist vom »Deal«, der über den großen Teich zu uns gekommen ist wie Burger und Cola. Neuerdings ist er unter dem vornehmeren Begriff »Verständigung« in die deutsche Strafprozessordnung aufgenommen worden, aber es ist etwas anderes daraus geworden. Ein Monstrum nämlich, das wir später noch genauer beschreiben müssen. Der deutsche Gesetzgeber, so viel vorab, konnte nicht über die Schatten der Vergangenheit springen. Es sind düstere Schatten, denn sie werden vom Inquisitionsprozess des Mittelalters geworfen. Von dessen schrecklichen Seiten sind wir zwar befreit, aber das inquisitorische Prinzip ist uns geblieben, die eherne Regel nämlich, dass das Gericht »inquiriert«, untersucht und die Wahrheit sucht, allein und in aller Machtvollkommenheit.

In einer »Absprache« oder einem »Deal« kann man sich über dies und jenes verständigen, wie wir noch sehen werden niemals aber über die Wahrheit. Es gibt nun zwar gewisse konsensuale Momente in unserem Prozess. Der Gesetzgeber wird, als er die alltägliche Praxis der Verständigung akzeptiert und toleriert hat, dabei wohl verschämt zu Boden geschaut haben. Eine Wahrheit jedoch, die sich aus einem Konsens ergibt, erschien ihm dann doch als Teufels Beitrag zum Werk der Gerechtigkeit. Da malte er schnell noch den Drudenfuß der »materiellen

Wahrheit« auf die Schwelle zum Gerichtssaal, um den Dämon der »vertraglich vereinbarten Wahrheit« draußen zu halten.

Die Verfahrensbeteiligten sind keine Marionetten. Aber das Gericht hat nach wie vor die Fäden in der Hand und vor allem den Faden der Ariadne, der durch das Labyrinth der Wirklichkeit zum Goldschatz der Wahrheit führt.

Man kann in niemanden hineinschauen

Nicht alles jedoch, dessen Wahrheit erwiesen sein muss, lässt sich »ausgraben«. Bilder wie die vom verborgenen Goldstück haben ihre Grenzen. Leichen kann man exhumieren, Pistolen im Teich finden, Handelsbücher im Müll und Bilanzen im Computer. Objektiv, gegenständlich in diesem Sinne sind aber nicht nur »Dinge«, die man anfassen kann. Auch die »Zahlungsunfähigkeit« zum Beispiel ist ein Begriff, den man auf Handfestes reduzieren, objektivieren und also eindeutig »beweisen« kann.

Wie aber ist das mit alledem, was sich im Kopf abspielt, der »subjektiven Tatseite«, wie das im Wörterbuch der Justiz heißt? Gesteht der Beschuldigte – was er nicht muss –, mag das falsch sein; sagt er nichts – was sein gutes Recht ist –, muss man sich mit Indizien behelfen. Davon wird noch oft die Rede sein. Im Augenblick geht es nur darum, zu illustrieren, wie eminent wichtig es ist, zu wissen, was sich der Verdächtige gedacht hat.

Dafür halten wir uns an einen ganz einfachen erfundenen Fall: Der Täter hat die Pistole in Richtung des Opfers erhoben und abgedrückt. Es gibt Zeugen dieses Geschehens. Das Opfer hat einen Streifschuss am Oberarm erlitten; es ist nur eine Fleischwunde. Wir stellen uns vor, dass es zum Prozess kommt.

Der Richter beugt sich vor und fragt den Angeklagten: »Was haben Sie sich dabei gedacht?«

Der Angeklagte summt vor sich hin.

»Haben Sie meine Frage verstanden?«, fragt der Richter.

»Ja, habe ich.«

»Warum trällern Sie dann vor sich hin?«

»Ich singe mir ein Liedchen. Altes Volkslied.

Die Gedanken sind frei.
Wer kann sie erraten?
Sie fliegen vorbei
Wie nächtliche Schatten.
Kein Mensch kann sie wissen,
Kein Jäger erschießen
Mit Pulver und Blei:
Die Gedanken sind frei!«

Der Richter lehnt sich gelassen zurück, er zählt nicht zu denen, die nun poltern würden, dass das hier keine Volksmusiksendung sei, der Komödienstadel oder sonst etwas. »Gedanken sind in der Tat nicht strafbar«, erwidert er. »Aber Sie haben ja Gedanken in die Tat umgesetzt, mit Pulver und Blei, und ich muss wissen, welche Gedanken das waren.«

Der Angeklagte hat aufgehört zu summen und schweigt.

Die Stimme des Richters bekommt einen gewissen Unterton, der schärfer wird, je mehr er das Szenario steigert. »Hören Sie, es kann ja sein, dass Sie danebenschießen, ihr Opfer nur erschrecken wollten und aus Versehen getroffen haben. Das wäre fahrlässige Körperverletzung. Oder Sie haben zwar auf ihn gezielt, aber gedacht, die Waffe sei nicht geladen. Auch das wäre nur fahrlässig, es sei denn, Sie hätten damit gerechnet, dass vielleicht doch ein Projektil im Lauf ist. Vielleicht war es aber so, dass Sie ihn treffen, aber nicht töten wollten. Dann sind wir schon bei gefährlicher Körperverletzung und einer Höchststrafe von zehn Jahren. Hatten Sie vor, ihn zu erschießen, ist es versuchter Totschlag – mindestens. Daraus wird schnell ein Mordversuch, sprich lebenslänglich. ›Niedrige Beweggründe‹ und ›Heimtücke‹ sind Mordmerkmale. Waren Sie eifersüchtig auf ihn, wollten Sie an sein Geld, hat das Opfer überhaupt nicht mit einem Angriff gerechnet? Das sind die Fragen, die wir klären müssen, und Sie könnten uns dabei helfen.«

»Muss ich nicht, will ich nicht«, sagt der Angeklagte. Da hat er recht. Aber es ist nicht immer sinnvoll und angenehm, recht haben zu wollen. Er könnte natürlich ein Zweckgeständnis abgeben nach dem Motto: »Wenn Sie mich so fragen, wollte ich ihn nur erschrecken.« Da wird nachgehakt werden. Im Strafverfahren zählt nur das glaubhafte Geständnis. Das Gericht ist verpflichtet, dessen Glaubwürdigkeit zu überprüfen und zu dokumentieren. Man wird das Verhältnis zwischen Täter und Opfer durchleuchten. Waren sie verfeindet, gab es akute Konflikte, hat der Täter schon einmal geäußert: »Den Kerl bringe ich um«? Geben Facebook, Twitter & Co. etwas her? Was hat der Täter nach der Tat getan und zu wem gesagt? Wie ist er an die Waffe gekommen? Ist er erfahren im Umgang mit Waffen und so weiter? Man braucht also Beweise für oder gegen die Glaubwürdigkeit des Geständnisses. Und wenn der Angeklagte ganz und gar schweigt, muss man sich eben auf andere Weise ein Bild machen. Davon handeln die nächsten fünf Kapitel.

An der Universität haben die Studenten im ersten Semester ihres Studiums »Jura«, nachdem ich ihnen einen Fall präsentiert und sie aufgefordert hatte, ihn zu lösen, meist gefragt, mit großen Augen und zweifelndem Blick: »Wie kann man das denn beweisen?« Da musste ich immer sagen: »Das kriegen wir später, wenn das Prozessrecht besprochen wird.« Später ist jetzt, in diesem Buch.

Kapitel 2:

Wie sich Beweise führen lassen

Mit dem Beweis ist es wie mit der Wahrheit: »Den« Beweis gibt es ebenso wenig wie »die« Wahrheit. Es kommt eben darauf an, ob man die Existenz Gottes beweisen will, die Unendlichkeit des Weltalls, die Wirksamkeit eines Medikaments oder was auch immer. Die Strafjustiz sucht nach Beweisen für eine Tat und ihren Täter. Dieser Zweck prägt die Wahl der Mittel.

Glauben und Wissen

Wie wird der Kommissar das beweisen? Wir wissen ja, wer es war. Der Fernsehkrimi hat mit der Tat angefangen. Findet der Kommissar den Täter, und kann er ihn überführen? Oder wir haben es mit der anderen Sorte von Krimis zu tun, bei denen der Kommissar schon zu Beginn sagt: »Ich weiß, dass er es war«, womit er allerdings nur eine Ahnung ausdrückt und auf die Frage der strengen Staatsanwältin (es sind, im Krimi wie im wirklichen Leben, meistens Frauen) einräumen muss: »Nein, Beweise habe ich noch nicht.« Dieser Kommissar »weiß« ja eigentlich nichts. Er hat eine persönliche Überzeugung, die sich aber nicht auf Fakten gründet, eine bloße Vermutung, ein Bauchgefühl. Hochtrabend gesagt, ist seine Überzeugung intersubjektiv nicht verifizierbar, also anderen nicht so zu vermitteln, dass sie nachvollziehbar und eben »überzeugend« ist. So aber soll es sein, und natürlich nicht nur für die Kriminalpolizei.

Man sollte meinen, dass Richter nicht einfach auf den Tisch hauen – »basta, so war es« – und ihre verqueren Ansichten als Urteil im Namen des Volkes verkünden. Das gibt es aber doch. Der Fall ereignete sich in Schimanski-Land, im Ruhrgebiet. Der Angeklagte war Türke, und wir wollen hoffen, dass diese völlig belanglose Tatsache nicht als krudes Vorurteil zu seiner Verurteilung beigetragen hat. Er hatte seine Freundin aus der Frauenklinik abgeholt, wo gerade das gemeinsame Kind zur Welt gekommen war. Er nahm die Tragetasche mit dem Neugeborenen, sie stiegen gemeinsam in ein Taxi und fuhren los, zunächst zu ihrer Wohnung, wo sie ausstieg, und dann zu ihm. Das Baby war verschwunden und wurde nie gefunden. Der Kindsvater geriet in Verdacht. Das Schwurgericht verurteilte ihn wegen Mordes. Zeugen gab es nicht. »Was auf dem Rücksitz passiert«, hatte der Taxifahrer ausgesagt, »kriegt unsereiner nicht immer mit, und ich habe nichts bemerkt.« Entweder, so führten die Richter aus, hatte der Vater das Kind mithilfe seiner Freundin noch im Taxi umgebracht, und sie hatte die Tragetasche mit der Leiche entsorgt, oder er hatte es auf dem letzten Stück der Fahrt alleine getan, oder auch erst zu Hause, und die Tasche irgendwie verschwinden lassen, in den Hafen geworfen, in den Müll, verbrannt, vergraben …

»Wie auch immer, wir sind«, sagten die Richter, »davon überzeugt, dass er es war.« Und sie beriefen sich auf eine zentrale Vorschrift der Strafprozessordnung, nämlich den Paragrafen 261, der da lautet: »Über das Ergebnis der Beweisaufnahme entscheidet das Gericht nach seiner freien, aus dem Inbegriff der Verhandlung geschöpften Überzeugung.« Punktum, und da kann uns Richtern, die den Fall verhandelt haben, keiner dreinreden. »Doch«, entschied der Bundesgerichtshof als Revisionsgericht, »nämlich wir. So frei seid ihr Tatrichter da unten in der ersten Instanz nun auch wieder nicht.«

Mit der Geschichte und Bedeutung dieses Prinzips der freien Beweiswürdigung hat es einiges auf sich (von dem noch zu berichten sein wird). Im Augenblick braucht das nicht zu interessieren, denn eines ist klar: So wie dort dem Türken geschehen, geht es nicht. Die Richter können sich denken, was sie wollen, denn die Gedanken sind frei, aber man kann sie nicht eins zu eins als freie Überzeugung verkünden. Gedanken »fliegen vorbei wie nächtliche Schatten«, eine Überzeugung aber braucht Gründe. Es muss in einem Rechtsstaat, um ein Urteil zu legitimieren, ein Fundament der »Objektivität« geben, etwas intersubjektiv Verifizierbares, von allen Nachvollziehbares – Beweise eben. Wenn man sie hat, kann man sich oft noch darüber streiten, wie sie zu interpretieren und zu bewerten sind. Hat man aber keine, dann fantasiert man nur so vor sich hin. Das ist dann nicht Ausdruck von Freiheit, sondern von Willkür. Und die ist das Gegenteil von Recht.

Was die Richter in dem beschriebenen Fall abgeliefert haben, ist, wäre es nicht so erschütternd, die Kopie einer Anekdote: Drei gebildete Herren werden mit dem Auftrag, eine schwarze Katze zu suchen, in einen lichtlosen, schwarzen Raum geschickt, in dem keine Katze ist. Der Naturwissenschaftler kommt nach einiger Zeit heraus und zuckt die Schultern: »Da drin ist keine schwarze Katze.« Der Philosoph braucht etwas länger und sagt enttäuscht: »Ich weiß, dass sie drin ist, kann sie aber nicht finden.« Der Theologe ruft noch von innen triumphierend: »Ich hab sie!«

Der Philosoph ist Opfer seiner Prämisse, seiner Theorie geworden und der Theologe Opfer seines Glaubens. Richtern droht eine ähnliche Gefahr. Sie lauert in der Grundhaltung, dass es die Wahrheit gibt. »Suchet und ihr werdet finden« (Matthäus 7,7; Lukas 11,9). Dieses Bibelwort hat, sozialpsychologisch gesehen, das Potenzial einer *self fulfilling prophecy.*

Wir würden Richter lieber in der Rolle des Naturwissenschaftlers sehen. Die aber haben sie aus drei Gründen nicht. Der erste Unterschied zwischen Richtern und Naturwissenschaftlern liegt darin, dass Richter anders denken über Existenz und Beweis. Ein Astronom, der verkündet: »Es gibt einen neuen Stern, ich kann es nur noch nicht beweisen!«, würde nicht ernst genommen. Ohne Beweis »gibt« es den Stern nicht, weder Vermutungen noch Thesen oder Anhaltspunkte lassen ihn erstrahlen. Aber unser Astronom hat ja viel Zeit und kann sich aller Methoden bedienen, die zur Verfügung stehen, falls er, was ihm zu wünschen ist, auch jede Menge Geld hat.

All das – und hier kommt der zweite Unterschied ins Spiel – trifft auf die Strafjustiz nicht zu. Von den begrenzten Ressourcen, personell und finanziell, wollen wir gar nicht erst reden. Ein Strafprozess ist kein Forschungsvorhaben, für das man alle Zeit der Welt hat. Wenn es nach einem verheerenden Beben, das irgendwo auf dieser Erde eine Stadt mit weltberühmten Bauwerken zerstört hat, um die Frage ginge, ob im Hause des Numerius Negidius das namenlose Opfer vor der Katastrophe erstochen oder erst von einem herabstürzenden Balken erschlagen wurde, müsste ich nicht hundert andere Häuser ausgraben. Wäre sehr aufregend – aber nicht interessant für die Frage, woran das Opfer gestorben ist. Der Verdacht einer Straftat ist, wie gesagt, ein sozialer Störfall, der möglichst rasch aufgearbeitet werden muss. Die Strafe soll der Tat möglichst auf dem Fuße folgen, sonst macht sie kaum noch Sinn. Und wenn sich herausstellt, dass der Verdacht unbegründet war, muss man das dem Betroffenen möglichst schnell attestieren und kann ihn nicht beliebig lange als suspekt behandeln.

Zu der knappen Zeit kommen die begrenzten Mittel. Den gönnerhaften Satz: »Na, dann machen Sie mal, Sie haben alle Freiheiten!«, ausgesprochen von einem Mäzen, der die Forschungen eines Wissenschaftlers großzügig unterstützt, gibt es im Strafprozess nicht. Der Staat ist an dem Ergebnis »Wahrheit« interessiert, hat aber der Justiz die Wege zu diesem Ziel genau vorgezeichnet.

In der Strafprozessordnung ist geregelt, dass nur vier Beweismittel benutzt werden dürfen: Zeugen, Sachverständige, Urkunden und Augenschein. Der Clou ist, dass die vier Beweismittel auch nicht »irgendwie« benutzt werden dürfen, sondern nur in streng geregelter Weise. Haben die Strafverfolger verbotenes Gebiet betreten, kriegt der Staat eins auf die Finger. Ein illegal erlangter Beweis darf nicht verwendet werden, meistens jedenfalls (diese »Beweisverbote« verdienen später ein größeres Kapitel). Das ist sich ein Rechtsstaat schuldig. Man weiß dann zwar etwas, darf es aber nicht wissen, muss es ausblenden.

Das ist der letzte große Unterschied zu den Naturwissenschaften. Dort darf es Denkverbote nicht geben. Es hat sie im Grunde ja nie gegeben. Auch Galileo Galilei durfte denken, was er wollte, nämlich, dass sich die Erde um die Sonne dreht und nicht umgekehrt. Geschrieben hätte er es allerdings besser nicht. Wer damals (1632) veröffentlichte, was die Kirche für einen absurden Irrglauben hielt, riskierte Kopf und Kragen. Galilei hatte die Inquisition zu erdulden, ein kirchliches Strafverfahren (das für ihn übrigens ziemlich glimpflich endete, mit einem Hausarrest für den tiefgläubigen Wissenschaftler).

Unser säkularer Staat identifiziert sich natürlich nicht mit religiösen Ansichten. Wenn er Beweisverbote errichtet und verbietet, dass man verwendet, was man weiß, geschieht das zum Schutz individueller, schwerer als die Wahrheit wiegender Interessen (wie zum Beispiel der Intimsphäre als dem innersten Kernbereich der Persönlichkeit). Nicht alles, was wahr ist, darf auch als Wahrheit behandelt werden.

Das ist eine ziemlich schockierende Behauptung für denjenigen, der noch ganz naiv im besten Sinne dieses Wortes – also natürlich und unbefangen – glaubt, dass doch wahr bleiben muss, was wahr ist. Es dürfte nur ein schwacher Trost für die Fanatiker einer »absoluten« Wahrheit sein: Oft kommt es nicht vor, dass die Beweisverbote der Wahrheit im Wege stehen. Aber wir sollten erst über die Regeln und dann über die Ausnahmen reden.

Zu diesen Regeln gehört, wie gerade erwähnt, dass der Strafjustiz vier Beweismittel zur Verfügung stehen: Zeugen, Sachverständige, Urkunden und Augenschein. Aber wieso nur diese vier? Was ist mit dem Geständnis, ist das kein Beweismittel? Und wenn es heißt: »Es war ja nur ein Indizienbeweis« – was bedeutet das denn?

Das Gebot, vier Beweismittel und nicht mehr zu benutzen, ist keineswegs in Stein gemeißelt. Welche Beweismittel zugelassen sind, wie man sie behandelt, wie sich dieses Reglement auf Recht und Gerechtigkeit auswirkt, das hat sich im Lauf der Jahrhunderte markant verändert. Was als Beweis gilt und wie man Beweise herbeischafft, ist keine Frage an die Naturwissenschaften. Es ist eine Frage der »Rechtskultur«.

»So wahr mir Gott helfe«

Diese Rechtskultur war lange Zeit religiös geprägt. Schon vor dem frühen Mittelalter gab es das Gottesurteil als Beweis. Gott als Hüter des Rechts, so glaubte man, würde es nicht dulden, dass Schuldige freigesprochen oder Unschuldige verurteilt werden könnten. Finsteres Mittelalter, lange her? Weder noch. Wenn heute ein Zeuge vor Gericht vereidigt wird, dann richtet der Richter die folgenden Worte an ihn: »Sie schwören bei Gott dem Allmächtigen und Allwissenden, dass Sie nach bestem Wissen die reine Wahrheit gesagt und nichts verschwiegen haben.« Hierauf spricht der Zeuge die Worte: »Ich schwöre es, so wahr mir Gotte helfe.« So steht es in Paragraf 64 der deutschen Strafprozessordnung.

Nun geht es ein weltliches Gericht natürlich nichts an, ob man an Gott glaubt, ihn für allmächtig und allwissend hält. Das wird erst vor dem Jüngsten Gericht thematisiert – wenn man gottergeben darauf wartet, dass es dermaleinst im Jenseits tagt. Folglich muss man im Diesseits die religiöse Beteuerungsformel nicht nachbeten, wenn man nicht möchte, und darf sich darauf beschränken, ganz profan die Wahrheit seiner Aussage zu bekräftigen. Aber immerhin: Man muss sich, laut Paragraf 65 der Strafprozessordnung, darauf berufen, dass man »aus Glaubens-

oder Gewissensgründen [!] keinen Eid leisten wolle«. In einem wirklich säkularisierten Staat sollte als Begründung genügen, dass man dazu keine Lust habe. Die Ausnahme muss geltend gemacht werden, und das sagt viel über die Regel, die nämlich darin besteht, dass man sich, wie im Mittelalter, auf den lieben Gott beruft.

Noch nicht konsequent profaniert sind die Aussagedelikte. Meineid wird als Verbrechen noch immer schärfer bestraft (bis zu fünfzehn Jahre Freiheitsstrafe!) als das Vergehen der uneidlichen Falschaussage (bis zu fünf Jahre). Früher konnte man das damit begründen, dass es beim Meineid nicht nur um die Irreführung der Rechtspflege durch eine falsche Aussage gehe, sondern, weil überdies beschworen, auch um eine Beleidigung Gottes, der für Lügen herhalten sollte. Wenn aber der Meineid heute nicht mehr als Sakraldelikt verstanden werden kann, warum haben wir ihn dann noch im Katalog der Verbrechen? Wer ihn schwört und gläubig ist, wird sich Sünden fürchten – und das sollte genügen. Im gut katholischen Bayern gibt es den sarkastischen Spruch: »Schwören tät ich's, aber darauf wetten tät i mi net traun.« Unser Gesetzgeber weiß auch, dass Schwören eine Aussage nicht wahrer macht, und hat verschämt zurückgerudert. Eine Aussage zu beeiden darf seit 2004 vom Zeugen nur noch ausnahmsweise verlangt werden, und bei der Eidesform kann man, wie gesagt, den lieben Gott draußen halten. Ganz und gar abschaffen jedoch wollte der Gesetzgeber das Delikt des Meineids auch wieder nicht. Tut er sich etwa Sünden fürchten?

Man sollte archaische Grundmuster nicht unterschätzen, sie liegen meist dicht unter einer aufgeklärten Oberfläche und schimmern oft durch. Wir werden sie bei der Folter freilegen, beim Geständnis besprechen und beim Indizienbeweis. Dass aber Gott in die Urteilsfindung eingreift, glaubt schon seit tausend Jahren niemand mehr. Die Beteiligung an Gottesurteilen hat die Kirche ihren Geistlichen im IV. Laterankonzil im Jahr

1215 verboten, und ungefähr um die gleiche Zeit hat sie der deutsche Kaiser Friedrich II. von Hohenstaufen in seiner Gesetzgebung, den vielfach revolutionären »Konstitutionen von Melfi«, als unbrauchbaren Humbug untersagt.

Konjunktur hatten Gottesurteile Jahrhunderte zuvor, unter Karl dem Großen, der sie für unbezweifelbar hielt. Aber auch damals waren sie nur das letzte Mittel. Erst einmal wurden Zeugen gesucht. Gab es keine, fragte der Richter nach einem oder zwei Dutzend Eideshelfern, die mit ihrem Eid für oder gegen die Version der Anklage einstehen würden. Wenn sie nicht aufzutreiben waren, verfiel man auf die – schon in karolingischer Zeit umstrittenen – Gottesurteile. Sie waren aber nicht Gottes Werk, sondern wieder einmal Teufels Beitrag zur Rechtsfindung. Bei der Kaltwasserprobe beispielsweise wurde erst das Wasser gesegnet. Dann warf man den Verdächtigen gefesselt hinein. Blieb er an der Oberfläche, hatte ihn das reine und durch die Taufe Christi geheiligte Element abgestoßen. Der Verdächtige war schuldig, wurde aus dem Wasser gezogen und hingerichtet. Ging er unter, hatte ihn das Element gnädig aufgenommen. Er war unschuldig, und die Hinrichtung fand nicht mehr statt …

Wenn man von vornherein entschlossen ist, jemanden zum Tode zu verurteilen, ist das Gottesurteil ein sehr effektives Beweisverfahren. Prompt kehrte diese irrsinnige Methode Jahrhunderte später noch einmal zurück, mit dem Wahn, man müsse Ketzer und Hexen verfolgen. Die letzte Hexe starb in Deutschland 1768 auf dem Scheiterhaufen. Seither ist von Gottesurteilen nicht mehr die Rede. Oder haben Sie etwa in letzter Zeit einmal gesagt: »Dafür würde ich meine Hand ins Feuer legen«?

Wo kein Kläger, da kein Richter

Gottesurteile als Beweis sind nur eine Episode, sie waren schon den Zeitgenossen verdächtig. Kritik kam von allen Seiten. »Wenn sie wirklich funktionieren, warum setzt man sie dann nur als letztes Mittel ein?« So fragten rationale Skeptiker. »Mit welchem Recht sollte ein Richter ein Gottesurteil anordnen und den lieben Gott dazu herausfordern, ein Wunder zu tun?« So fragten gottesfürchtige Gläubige.

Man wollte weder auf Wunder hoffen noch an Zufälle glauben und vor allem wissen, wie man seine Arbeit als Richter tun musste. Regeln waren gefragt. Da traf es sich gut, dass ab Beginn des 13. Jahrhunderts immer mehr Deutsche aus Italien zurückkamen, die dort an neu gegründeten Universitäten römisches Recht studiert hatten. Dass sie dieses Recht mitbrachten und für seine Verbreitung in Deutschland sorgten, war gar nicht einmal so wichtig. Ihre Überlegenheit beruhte vielmehr darauf, dass sie das juristische Denken gelernt hatten, das methodische Herangehen an eine Sache. Sie machten sich an die Arbeit und schufen das Design des Beweisrechts, wie es bis tief in das 19. Jahrhundert galt (und im nächsten Kapitel skizziert wird).

Dieses Beweisrecht aber musste man erst einmal durchsetzen können, wie jedes andere Recht auch. Man braucht Macht für das Recht. Eine kurze Zeitreise wird uns rasch wieder an den Anfang des 16. Jahrhunderts führen. Sie beginnt um 800. Damals, zur Zeit Karls des Großen, gab es die Strafverfolgung von Amts wegen noch nicht, die Erhebung einer Klage war Sache des Verletzten. Aber wo kein Kläger, da kein Richter. Wer an Herrschaft interessiert war, musste also dafür sorgen, dass es einen Kläger gab. Bei Hofe brüteten die Berater des Königs und entwickelten das Rügeverfahren. Wir kennen es aus einem Rechtsakt, einem sogenannten Kapitular, erlassen von König Pippin, dem Vater Karls des Großen, für Italien Anfang des

8. Jahrhunderts. Ein Königsbote – ein vom König bevollmächtigter Richter – ging hinaus ins Land und ließ angesehene Männer einen Eid schwören, dass sie verdächtige Leute anzeigen würden. Mit der Anzeige waren die Missetäter dann angeklagt.

Dieses fränkische Rügeverfahren war eine attraktive Sache. Es intensivierte die Kontrolle über Verbrechen, festigte die Macht der Herrschenden und breitete sich deshalb rasch aus. Auch die Kirche übernahm es. Selbst die englische Anklagejury von heute geht darauf zurück. Und wer an die Pflichten des amerikanischen Hilfssheriffs und des Marshalls im guten alten Western denkt, liegt auch nicht ganz falsch. Die rechtsgeschichtliche Forschung ist sich darin einig, dass dieses prozessuale Element der Kontrolle über Verbrechen wesentlich dazu beigetragen hat, dass die gesellschaftliche Organisationsform »Staat« entstehen konnte. Mit anderen Worten: Es bedeutete für die Herrschaft eines deutschen Kaisers wenig, wenn er dekretieren konnte, welches Strafrecht in fernen Ländereien seines Reiches gelten sollte. Entscheidend war, dass er die Macht hatte, dort in seinem Namen jemanden hinrichten zu lassen, die Macht der Gerichtsbarkeit also.

Die war um 1500 in den Städten und Territorien fest etabliert. Das alte Verfahren, wonach der Verletzte die Strafverfolgung selbst einleiten musste, stand nur noch auf dem Papier. In der Praxis des Justizalltags aber dominierte die Strafverfolgung von Amts wegen, das inquisitorische Verfahren. Es war genau geregelt, in der »Peinlichen Halsgerichtsordnung« Kaiser Karls V., der »Constitutio Criminalis Carolina« von 1532. Sie wiederum beruhte auf der »Bambergischen Peinlichen Halsgerichtsordnung« von 1507, einer bahnbrechenden Leistung des fränkischen Ritters Freiherr von Schwarzenberg. Er hatte das Beweisverfahren detailliert durchgeformt, mit all seiner Erfahrung als Richter. Im Prinzip blieb die »Carolina« mindestens bis zum Anfang des 19. Jahrhundert gültig, in einigen deutschen Territorien sogar bis zum 1. Februar 1877, dem Datum, an dem die heute noch gültige Strafprozessordnung in Kraft trat.

Bertrams letztes Stündlein hat geschlagen

Bertram sitzt dem Richter gegenüber. Am Abend zuvor – sagen wir, an einem Novembertag des Jahres 1650 – war der reiche Tuchhändler Lorenz überfallen worden. Die Magd hatte ihn gefunden, stöhnend und mit einer blutenden Kopfwunde auf dem Boden neben der offenen Geldtruhe liegend. Lorenz sagte aus, dass er gerade die Abrechnung gemacht habe – sie lag noch auf dem Schreibtisch – und hundertfünfzig Gulden wegschließen wollte, als ihn jemand niederschlug. Er habe aus dem Augenwinkel gesehen, dass ein Kerl draußen vor dem Fenster erschienen sei, die Scheibe zertrümmert und sich auf ihn gestürzt habe. Erkannt habe er ihn nicht, aber er sei durch eine Hasenscharte entstellt gewesen und habe eine rot-weiß geringelte Mütze getragen, mit einem blauen Bommel dran. Das sei so ungefähr um acht Uhr abends gewesen.

Die Bedienung vom Gasthaus »Zum wilden Mann« erinnerte sich, dass Bertram an dem fraglichen Abend gegen halb neun gekommen sei und viel getrunken habe, mehr als sonst. Sie kenne ihn. Bertram sei ja nicht so selten da und habe immer so eine komische Bommelmütze auf. An diesem Abend habe er sie erst mal um ein Tuch gebeten, weil er an der Hand blutete; er habe sich geschnitten, habe er erklärt. Und dann habe er mit einer Goldmünze bezahlt, was er noch nie getan habe. Sonst habe er öfter mal anschreiben lassen. Zu Hause bei Bertram fand die Polizei tatsächlich hundertvierzig Gulden.

Der Richter begann die »peinliche Befragung«, das strafrechtliche Verhör, mit der Frage, ob er gestehe, Lorenz beraubt zu haben. Bertram schüttelte den Kopf und nuschelte ein »Nein« durch seine Hasenscharte. Da nahm man ihm die Ketten ab und zerrte ihn in den Nebenraum. Zwei Kerle zwickten ihn mit glühenden Zangen. Als er die Daumenschrauben sah und sich vorstellen konnte, wie ihm das Blut unter den Fingernägeln herausspritzen würde, und die Streckbank da drüben, auf der man ihm die Wirbelsäule brechen würde, und ..., da gestand Bertram alles. Man warf ihn wieder in Ketten in das dunkle Loch, aus dem man ihn gezerrt und vor den Richter geschleppt hatte. Er hatte Fieber, die Wunden brannten, es tat höllisch weh.

Nach drei Tagen fragte der Richter ihn noch einmal, ob das die Wahrheit sei, was er gesagt habe. Bertram hätte widerrufen können, aber dann wäre alles von vorne losgegangen, nur noch einen Grad härter. Also bestätigte er sein Geständnis. Schließlich kam es zum »endlichen Rechtstag«, der ersten Veranstaltung in aller Öffentlichkeit, an der frischen Luft, in der »Gerichtslaube«, einer von einem Bogen gesäumten Nische unter der Freitreppe am Rathaus. Da wurde Bertram vom Richter mit lauter Stimme nur gefragt, ob er gestehe. Was blieb ihm anderes übrig? Dann griff der Richter zum Gerichtsstab, dem Zeichen seiner Gewalt, und zerbrach ihn, wie stets bei Todesurteilen. Das war zugleich das Zeichen für die Schergen, Bertram zum Richtplatz zu zerren. Einen Verteidiger hatte er dabei zwar auch gehabt, aber der war nur ein Statist im Abspann der Schau.

Alles in allem eine ziemlich grauenhafte Veranstaltung: Das Verfahren fand hinter verschlossenen Türen statt (von diesem öffentlichen Schauprozess am letzten Tag, Fake und Replay am Ende, mal abgesehen). Der Ankläger war der Richter, und der Richter war der Ankläger. Also bestätigte er seine selbst geschaffenen Vorurteile. Viel zu tun hatte er eigentlich nicht, er schrieb nur auf, was der Angeklagte von sich gab. Das muss man wörtlich nehmen: Alle Aussagen Bertrams, aber auch seine Schreie, sein Weinen, seine »Gebärden«, wie es damals hieß. Dann musste er die so gefertigten Akten an die Leute schicken, die das Urteil sprechen sollten. Das war meist eine juristische Fakultät. Die konnte sich nur auf die Akten stützen. Daher kommt der Satz, der Juristen heute noch um die Ohren fliegt, wenn man sie als Formalisten diffamieren will: *Quod non est in actis, non est in mundo* – was nicht in den Akten ist, gibt es nicht in dieser Welt. Diese Instanz bekam den Angeklagten nie zu Gesicht. Sie hatte zwar juristischen Sachverstand, aber keine Ahnung von dem Menschen, über den sie richtete (ein Verdacht, der übrigens auch heute noch manchen beschleicht, der einen Prozess verfolgt). Das Verfahren war schriftlich und geheim. Erst die Französische Revolution brach die Türen auf, ließ das Volk teilhaben und brachte die Sache ans Licht der Sonne – Jahrhunderte nachdem unser armer, gepeinigter Bertram zum Richtplatz geschleift wurde. Warum nur musste er dieses Verfahren erdulden?

Kapitel 3:

Folter und Geständnis – damals und heute

Wie weit sind wir von jenen Zeiten des angeblich finsteren Mittelalters entfernt? Da täuscht man sich leicht. Der Drang, Geständnisse zu erzwingen, ist ein archaisches Grundmuster, das in Extremsituationen wieder durchscheint. »Der Feind sitzt im Schatten deiner Hütte«, sagt ein afrikanisches Sprichwort, und genauso nah lauern die Gefahren, die einem rechtsstaatlichen, aufgeklärten Strafprozess drohen.

Ein Zeuge, kein Zeuge

Es war so vorgeschrieben, in der »Carolina«, jenem Gesetz aus dem Jahr 1532, das im Heiligen Römischen Reich Deutscher Nation über Jahrhunderte galt, bis 1806, und in einigen deutschen Ländern noch darüber hinaus: »Voller Beweis« war nur erbracht, wenn es zwei glaubwürdige Zeugen für die Tat gab oder ein Geständnis.

Zwei Zeugen, die übereinstimmend das Gleiche aussagen – und glaubwürdig müssen sie auch noch sein. Wann jemals hat man die schon zur Verfügung? Damals nicht und heute nicht. Meistens noch nicht einmal bei einem schnöden Verkehrsunfall, geschweige denn bei gravierenden Taten wie Kindesmissbrauch, Mordversuch oder Vergewaltigung. Aber die Zwei-Zeugen-Regel ist uralt, archaisch, sprichwörtlich. Schon Jesus hat sich gegenüber den Pharisäern darauf berufen, als die den Einwand vorbrachten, sein Zeugnis sei nicht wahr. Er entgegnete, dass er lediglich dem ersten Anschein nach nur ein einziger Zeuge, in Wahrheit aber zu zweit sei: »Denn ich bin nicht allein, sondern ich und der Vater, der mich gesandt hat. Auch steht in eurem Gesetz geschrieben, dass zweier Menschen Zeugnis wahr sei« (Johannes 8,16 f.). Dieser Trick ging gerade noch einmal gut – »niemand griff ihn, denn seine Stunde war noch nicht gekommen«.

Auf einen einzigen Zeugen hat man sich wohl in der Geschichte des Rechts noch nie verlassen. *Unus testis nullus testis* hieß es im römischen Recht, aufgenommen in den deutschen Rechtssprichwörtern »Ein Zeuge, kein Zeuge« oder »Ein Zeuge ist einäugig«. Mit dem Zweiten sieht man besser – so alt ist dieser Spruch schon. Auch Goethe hat ihn nicht erfunden. Er lässt Mephisto im *Faust I* nur zitieren, was seit Jahrhunderten geltendes Recht war: »Ja, gute Frau, durch zweier Zeugen Mund wird allerwegs die Wahrheit kund« (und verspricht der guten Frau Marthe Schwerdtlein als zweiten Zeugen, der auch gesehen habe, dass ihr Mann in Padua gestorben sei und begraben liege, einen gewissen Faust, den er überredet, das falsche Zeugnis abzugeben, weil er auf diese Weise dem Gretchen näher kommen könne. Der folgende Disput mit Mephisto über Wahrheit, Lüge und Liebe ist für Faust hormonell schnell beendet: »Denn du hast recht, vorzüglich weil ich muss.«).

Im geltenden Recht der katholischen Kirche gibt es die Regel noch immer: »Die Aussage eines einzigen Zeugen kann keinen vollen Beweis schaffen« (»Codex des Kanonischen Rechts« 1573) – mit einer gewissen Öffnungsklausel für Ausnahmen, die »in den sachlichen und persönlichen Umständen« begründet liegen müssen, und der Ausnahme für einen »qualifizierten Zeugen, der über von ihm amtlich behandelte Dinge aussagt«. Zählt zu jenen »persönlichen Umständen« etwa auch das Geschlecht? Frauen behandeln nämlich amtliche Dinge in der katholischen Kirche nur selten. Eine latente Diskriminierung? Zugegeben, in den fränkischen Rechten, aber das ist ja doch schon lange her, galten Frauen als überhaupt nicht zeugnisfähig. Und diese Zurückhaltung ist gar nicht so lebensfremd, wenn man einem berühmten Philosophen glauben darf: »Auch ich bin der Meinung, dass vor Gericht das Zeugnis eine Weibes weniger Gewicht haben sollte als das eines Mannes; sodass z. B. zwei männliche Zeugen etwa drei, oder gar vier, weibliche aufwögen. Denn ich glaube, dass das weibliche Geschlecht, in Masse genommen, täglich dreimal so viel Lügen in die Luft schickt als das männliche.« Arthur Schopenhauer hat das nicht nebenbei gesagt, spät an der Bar oder so, sondern in seiner Schrift *Zur Rechtslehre und Politik.*

Im Falle unseres Bertram fanden sich jedenfalls nie zwei Zeugen für die entscheidenden Momente. Es gab die Aussage des Opfers (komische Mütze, Hasenscharte) und die der Bedienung im Wirtshaus (Bertram mit seiner komischen Mütze trinkt mehr als sonst, zahlt ausnahmsweise sofort und zum ersten Mal mit einer Goldmünze, außerdem hat er sich an der Hand verletzt). Das würde uns heute für eine Verurteilung genügen. Niemand hätte vernünftige Zweifel, dass es Bertram gewesen war, der den Tuchhändler Lorenz überfallen und niedergeschlagen hatte. Damals kam es aber nicht darauf an, ob der Richter von einem bestimmten Hergang des Geschehens überzeugt war. Das Gesetz hatte den Beweis anders geregelt: zwei Zeugen oder Geständnis – alles andere galt als wertlos und völlig unbeachtlich. Vor allem war es ausdrücklich verboten, eine Verurteilung auf Indizien zu gründen.

Das wirkt noch heute nach. »Todesstrafe ja – aber nur bei Geständnis«. Nicht wenige denken so. Das ist eine der größten denkbaren Dummheiten (wie noch zu beweisen sein wird). »War doch nur ein Indizienbeweis«, sagen die Leute und zweifeln am Urteil; in der Zeitung steht es auch immer wieder, »nur« ein Indizienbeweis. Es gibt heute, um es gleich zu sagen und später zu begründen, überhaupt nichts anderes: Jeder Beweis ist ein Indizienbeweis. Aber noch sind wir ja nicht in der Gegenwart, sondern in der Ära, die bis in die späte Neuzeit reicht und mit dem Gesetzgeber der »Carolina« von 1532 beginnt. Er ließ wie gesagt den Indizienbeweis als Grundlage eines Urteils nicht zu, setzte sich aber dennoch ausführlich mit Indizien auseinander. Sie waren nämlich Voraussetzungen für die Folter. Wenn zwei Zeugen fehlten, wie in den meisten Fällen, musste eben ein Geständnis her. Dieses Geständnis zu erzwingen, dazu hielt man sich für befugt, denn der Beschuldigte durfte weder schweigen noch leugnen. Er war verpflichtet, die Wahrheit zu sagen.

Folter, die erste: Wir wollen ein Geständnis hören

Was sollte man auch machen? Der Kerl schwieg, zwei Zeugen gab es nicht, und die Indizien waren zwar erdrückend, aber eben als Urteilsgrundlage verboten. Wir brauchen, verdammt noch mal, ein Geständnis. Nun war man damals nicht so primitiv zu sagen: »Es bleibt uns ja, da der Beschuldigte den Mund nicht aufmacht, nichts anderes übrig als zu foltern.« Nein, es gab durchaus einen intellektuellen Überbau – oder eine weltanschauliche Grundlage, wie immer man es sehen mag. Ein Verbrechen ist eine Sünde. Sitzt unser Sünder in der Kirche im Beichtstuhl, muss er die Tat dem Priester gestehen. Sitzt er als Täter vor Gericht, soll er dem Richter ins Gesicht lügen, die Tat leugnen oder schweigen dürfen? Das hat man damals nicht verstanden. Heute gilt der Satz, dass sich niemand selbst belasten und zu seiner Überführung beitragen muss: *Nemo tenetur se ipsum accusare*. Er ist uralt, dieser Satz. Schon die Römer wussten es, und selbst die katholische Kirche hatte dekretiert, dass sich niemand selbst anklagen muss.

Aber bitte – man muss es ganz wörtlich nehmen: Niemand muss sich selbst anklagen. Was aber gilt, wenn er schon angeklagt *ist*? Eine sehr feine Unterscheidung. Aber wir reden ja schließlich über Zeiten, in denen es gelehrte Abhandlungen zu der Frage gab, wie viele Engel auf einer Nadelspitze tanzen können. Sehr genau muss man es da nehmen. Und man *nahm* es genau.

War damals jemand vom Richter angeklagt, hatte er zu reden und die Wahrheit zu sagen. Das uns heute selbstverständliche Recht zu schweigen gab es im mittelalterlichen Inquisitionsprozess nicht. Wer vor Gericht stand, war vielmehr verpflichtet zu gestehen – wie wenn er sich in der Kirche im Beichtstuhl selbst angeklagt hätte. »Sprich, mein Kind, sprich!«, würde dort zischelnd geflötet. Andernfalls Fegefeuer und kein ewiges Leben – unausgesprochen, aber man wusste es ja. »Sagen Sie endlich die Wahrheit!«, würde vom Richter gebrüllt, sonst Feuer unter die Folterzangen und vielleicht ein nur noch kurzes Leben. Das war die Parallele zwischen Kirche und Gericht, Glaube und Leben.

Es dürfte sie gegeben haben. Wir brauchen sie aber nicht für den Gang der Dinge. Sind wir doch lieber stolz auf die Säkularisierung, die Trennung von Glaubensangelegenheiten und weltlichen Fragen.

So etwa ab der Aufklärung wurde die Säkularisierung vollzogen. Friedrich der Große ist für uns eine Ikone dieser Zeit. In der Tat: Er hat durch eine Kabinettsordre von 1740 die Folter untersagt. Rationalist, der er war, hatte der Preußenkönig erkannt, dass die Folter nicht als besonders zielführend gelten konnte, wenn man die Wahrheit herausfinden wollte.

Es wäre uns lieb, wenn da viel Humanismus im Spiel gewesen sein sollte, Menschenfreundlichkeit und Mitleid. Das ist leider nicht so sicher. Jedenfalls eine gehörige Portion Pragmatismus war gewiss dabei, denn von abgepressten Geständnissen darf man nicht viel erwarten. Wahrhaftig sind sie nicht. Ein Ende soll das haben, sagt sich der Gequälte, raus will ich hier – was schert mich die Wahrheit.

Friedrich der Große war seiner Zeit weit voraus – oder sagen wir besser: seinen Zeitgenossen, den anderen Regenten in Europa. Maria Theresia, Erzherzogin zu Österreich, Königin von Ungarn und Böhmen, hatte 1768 die »Theresiana« erlassen, ein überaus fürchterliches Strafgesetz, schon damals von vorgestern. In den »Beilagen«, illustrativ gedruckt, finden sich plastische Anweisungen zur Folter. Alles war genau bebildert und detailliert dargestellt, wie eine Explosionszeichnung. Das war gut gemeint. Es sollte ja nicht etwa ein Hilfsfolterknecht, ungelernt, irgendein Depp vom Lande auf 400-Brosamen-Basis beim schmerzhaften Abbinden der Arme etwa einen Knoten zu viel oder zu wenig machen. Das musste schon seine Ordnung haben.

Oder auch die schon zweihundert Jahre früher bei der spanischen Inquisition beliebte Prozedur, dem Gepeinigten ein Tuch über den Kopf zu legen und ihm große Mengen Wasser in die Nase laufen zu lassen – wie beim Waterboarding. Wer hat's erfunden? Jedenfalls nicht die Amerikaner in Guantanamo. Die wollten nur in bester alteuropäischer Tradition – wie war das mit den Engeln auf der Nadelspitze? – einen Weg finden, das Etikett »Folter« zu vermeiden. Die wurde dann auch in Österreich im Jahr 1787 abgeschafft, in einem modernen Strafgesetz.

Friedrich der Große also hatte die Folter zu Zeiten verboten, als man anderswo noch Frauen so lange quälte, bis sie gestanden, eine Buhlschaft des Teufels zu sein. Es war ihm aber nicht in den Sinn gekommen zu bezweifeln, dass der Angeklagte verpflichtet sei, die Wahrheit zu sagen. Wer diese Wahrheitspflicht verletzte, hatte Prügel als Lügenstrafen zu erdulden – auch unter Friedrich dem Großen. Und ebendiese Wahrheitspflicht war eine der gedanklichen Grundlagen der Folter. Man sah sich berechtigt nachzuhelfen, wenn jemand, der die Wahrheit zu sagen hatte, damit nicht herausrückte.

Der zweite Grund für die Folter war hausgemacht: Das Strafrechtssystem hatte die Hürden für eine Verurteilung Schuldiger zu hoch gelegt (Indizienbeweis verboten, zwei Zeugen illusorisch) und damit den Zwang, sich ein Geständnis zu beschaffen, selbst erzeugt.

Davon abgesehen – steckt in uns allen nicht geradezu ein Zwang, zumindest aber der Drang, Geständnisse hören zu wollen? Machen wir uns nichts vor: Der Vater steht am Fenster und schaut den Jungs zu, die draußen im Garten kicken. Sein Sohn drischt auf den Ball und zerschießt leider beim Nachbarn eine Fensterscheibe. Ende des Spiels. Sohnemann schleicht sich mit dem Ball unter dem Arm zurück ins Haus.

Der Vater: »Was ist los?«

»Ach, nichts«, antwortet der Kleine.

»Warum spielt ihr nicht weiter?«

»Nur so halt.«

»Ist etwas passiert?«

»Nö.« Und so weiter. Großinquisitor Papa wird weiter insistieren und nicht damit aufhören, ehe nicht sein Sohn gestanden hat.

Was soll das? Der Vater hat es doch mit eigenen Augen gesehen. Pädagogische Gründe, nicht wahr? Ein Mann soll mannhaft zu seiner Tat stehen, dafür einstehen, geradestehen, gestehen. Das mag man für erzieherisch sinnvoll und moralisch wertvoll halten – oder auch nicht. Der Staat aber, so viel ist sicher, ist weder Erzieher noch Moralist. Ein Recht auf ein Geständnis hat er nicht.

Folter, die zweite: Die »Rettungsfolter«

Hat der Staat auch dann kein Recht auf ein Geständnis, wenn es darum geht, Menschenleben zu retten?

Jakob von Metzler war von Magnus Gäfgen entführt worden. Als die Polizei diesem Täter, nachdem er gestanden hatte, ein bisschen Folter androhte, um zu erfahren, wo das Opfer versteckt gehalten wurde, wusste man nicht, dass Jakob schon tot war.

Im Strafprozess verfolgen die Agenturen der Gerechtigkeit, also Staatsanwaltschaften und Gerichte, aber auch die Polizeibehörden, »repressive« Zwecke: Sie gehen dem Verdacht einer bereits begangenen Straftat nach, um sie zu ahnden. Die Polizei allerdings hat eine Doppelfunktion, eine zweite Aufgabe: Sie soll auch Straftaten verhüten und verhindern, also »präventiv« tätig werden.

Die Drohung mit Folter hatte im Fall des Magnus Gäfgen keinen »repressiven« Zweck. Sein Geständnis zur Überführung des Täters wollte niemand haben – er hatte es ja bereits abgegeben. Zur Rettung des Opfers, »präventiv« somit, sollte Druck gemacht werden. Ob diese »Rettungsfolter« juristisch legitimiert werden kann, hat nach offizieller Lesart mit unserem Thema, dem Strafprozess, nichts mehr zu tun. Alle Länder, die Konventionen gegen die Folter unterzeichnet haben – und Deutschland gehört natürlich dazu –, lehnen eine Folter schroff und entschieden ab, wenn sie den Zweck hat, einem Verdächtigen das Geständnis einer begangenen Tat abzupressen. Bei der Folter zu präventiven Zwecken ist das Verdikt keineswegs eindeutig und energisch. Diese Perspektive gehört zwar, wie gesagt, auf den ersten Blick nicht hierher, führt uns aber auf bedrückende Weise doch wieder zum Thema der Wahrheit im Strafprozess zurück.

Die »Rettungsfolter«, so haben nicht wenige nach dem »Gäfgen-Fall« in der intensiven deutschen Diskussion dieses Problems mit zahlreichen geistreichen Argumenten ausgeführt, sei möglich, vielleicht sogar geboten und überdies verfassungsrechtlich unbedenklich. Der »finale Rettungsschuss« sei schließlich auch erlaubt, und wenn man zur Rettung töten dürfe, dann müsse doch eine maßvolle Folter erlaubt sein.

Das ist aber eine völlig andere Situation: Hätte es geholfen, Magnus Gäfgen zu erschießen? Am Verbot der Folter zu Zwecken der Strafverfolgung, darauf beharren die Protagonisten der Rettungsfolter, werde nicht gerüttelt. Das ist, ohne ihre höchst ehrenwerten juristischen Argumente hier auszubreiten, am Ende ein grauenhafter Irrtum. Wie ist es denn, wenn der »Täter« nicht geständig ist (wie er es im Falle Gäfgen war), sondern leugnet oder schweigt, von der Polizei aber für den Täter gehalten wird? Soll man ihn dann so lange foltern dürfen –

repressiv und »eigentlich« streng verboten –, bis er gesteht, um dann endlich zu der erlaubten präventiven Folter übergehen zu dürfen?

Nicht der Juristen, aber des Volkes Stimme schluchzt mit der Mutter des Opfers. Die Medien lieben das Argument »Man muss doch an die Kinder denken«. Wenn man dieses vermaledeite Klischee schon benutzt, dann sollte man sich bitte drei weinende Mütter vorstellen, die auf der Bank im Flur vor der Folterkammer jammern. Die erste sorgt sich um das Opfer – ihr Kind –, die zweite ist die Mutter des Verdächtigen und beschwört, dass ihr Kind dergleichen niemals tun würde, und die dritte ist die Mutter des Polizisten, der angewiesen wurde zu foltern, und sie beteuert, dass er eigentlich niemandem etwas zuleide tun könne.

Ebenfalls populistisch, aber realistisch ist das Dammbruch-Argument. Stets ist es so gewesen, dass Regelungen, die für wenige Ausnahmefälle gedacht und so begründet worden waren (ein Beispiel nur: die Telefonüberwachung), inflationär zur Alltagsroutine geworden sind. Extremfälle sind immer nur unter Schmerzen zu lösen. Wenn man dabei bleibt, dass Folter unter gar keinen Umständen sein darf, hat man die Last dieser Umstände und vielleicht ihre schrecklichen Konsequenzen zu tragen. Noch schrecklicher aber wäre es, dem Teufel in Gestalt des Folterknechts den kleinen Finger zu reichen. Der Rechtsstaat darf seine Seele nicht verkaufen. »Ausnahmsweise« ist im Strafrecht noch nie ausnahmsweise geblieben.

Das Geständnis, die abgedankte Königin der Beweismittel

Sie ist spät vom Thron gestoßen worden, diese *regina probationum*, die Königin der Beweismittel – das Geständnis. In manchen deutschen Landen herrschte sie, bis unsere Reichsstrafprozessordnung zu Kaiser Wilhelms Zeiten in Kraft trat. Fortan war sie keine Königin mehr, aber noch immer eine Lichtgestalt.

Das Geständnis hat eine Sonderstellung, rechtlich und in der Wertschätzung der Gesellschaft. Mordkommissionen krönen ihre Arbeit gerne mit einem Geständnis. Was aber hat es genau damit auf sich?

Die juristischen Besonderheiten sind schnell aufgezählt. Alles, was der Angeklagte sagt, darf als Beweis für und gegen ihn gewürdigt werden. Aber er *muss* ja nichts sagen. Deshalb zählt er nicht zu »Beweismitteln« im strikten Sinne, die das Gericht »heranziehen« kann. Beweismittel, die dem Gericht zu Gebote stehen, weil es über sie gebietet, sind eben nur Zeugen und Sachverständige, Urkunden und Augenschein.

Wenn der Angeklagte sich aber äußert, dann macht er sich selbst zum Beweismittel. Zur Wahrheit ist er dabei nicht verpflichtet. Er braucht, anders als ein Zeuge, Lügenstrafen nicht zu befürchten. Ein Zeuge muss aussagen und sich dabei strikt an die Wahrheit halten. Vom Angeklagten wird das nicht erwartet, weil er ja ganz und gar schweigen darf. So sieht man das bei uns. Für die Freunde amerikanischer Krimis sei angemerkt, dass der Angeklagte hierzulande nicht wie in den Vereinigten Staaten die Rolle wechseln und sich als Zeuge in eigener Sache aufrufen lassen kann (was ihn dann wahrheitspflichtig macht und dem Trommelfeuer eines Kreuzverhörs aussetzt).

Was ist nun das Besondere an einer Aussage, mit der ein Geständnis abgegeben wird?

Zunächst einmal sorgt das für Erleichterung – meist beim Angeklagten selbst, der »sein Gewissen erleichtert«, wenn er auch sich selbst beschwert hat.

Leichter hat es nun auch das Gericht, weil es sich die umfangreichen Beweisaufnahmen erspart, zu denen ein schweigender Angeklagter nötigt. Das wird honoriert. Ein Geständnis wirkt sich strafmildernd aus (was allerdings die bange Frage aufwirft, ob totales Schweigen, das ja nicht gegen den Angeklagten ausgelegt werden darf, nicht doch insgeheim beim Strafmaß zu Buche schlägt).

Vor allem aber ist ein einmal vor einem Richter abgelegtes Geständnis immer verwertbar. »Richter« betreten die Bühne des Strafprozesses nicht erst in der Hauptverhandlung vor Gericht, sondern als »Ermittlungsrichter« auch schon früher, wenn sie von der Staatsanwaltschaft gerufen werden. Im Ermittlungsverfahren vernehmen Polizisten für die Staatsanwaltschaft und die Staatsanwaltschaft selbst. Sie hat die Herrschaft über das Ermittlungsverfahren. Einen Richter schaltet sie nur ein, wenn Freiheitsentziehung (U-Haft) angeordnet werden soll. So will es das Grundgesetz. Im Ermittlungsverfahren wird ein Richter allerdings auch gebraucht, wenn ein Geständnis sozusagen gerichtsfest gemacht werden soll. Schweigt der Angeklagte, der vor der Mordkommission noch gestanden hatte, erst in der Hauptverhandlung, darf nämlich das Protokoll dieser vorherigen Vernehmung gegen seinen Willen nicht verlesen werden. Genau das aber ist erlaubt, wenn ihn ein Richter vernommen hatte. Deshalb hatte man den armen Kerl Amaru nach seinem Geständnis bei der Mordkommission noch zum Ermittlungsrichter gebracht (der die Vernehmung folglich auch nicht mit der Begründung ablehnen darf: »Wozu braucht ihr mich denn noch, ihr habt euer Geständnis doch schon.«).

Die Tücke liegt, was nicht auf den ersten Blick zu sehen ist, im Begriff des Geständnisses. Nehmen wir an, dass der Angeklagte, der in der Hauptverhandlung beharrlich schweigt, bei seiner Vernehmung vor dem Ermittlungsrichter gesagt hat: »Alles, was Sie mir vorwerfen, stimmt nicht. Ich war nicht betrunken. Der Kellner aus dem Lokal lügt. Ich war nur eine halbe Stunde da und nicht bis nachts um eins, habe auch nur ein Bier getrunken und keinen Schnaps. Ich hatte auch keinen Streit mit dem Wirt. Wer die Reifen an seinem Auto auf dem Parkplatz zerstochen hat, weiß ich nicht. Ich war es nicht.« So hat es der Ermittlungsrichter protokolliert.

Das scheint bei einem flüchtigen Blick kein Geständnis zu sein, sondern das schlichte Gegenteil, nämlich ein Bestreiten Punkt für Punkt. Dieser erste Eindruck täuscht. Eines nämlich hat der Angeklagte bestätigt: Er ist zur fraglichen Zeit in dem Lokal gewesen. Dieses Detail genügt für den prozessualen Begriff des Geständnisses. Nun darf seine gesamte Aussage verlesen werden. Jedes »Ja, aber …« gilt als Geständnis, selbst wenn das »Ja« nur eine Kleinigkeit betrifft und alle wichtigen Vorwürfe unter »aber« zurückgewiesen werden.

Angeklagte, die in der Hauptverhandlung schweigen, ihr früher abgegebenes Geständnis widerrufen oder nun etwas anderes sagen als zuvor, sind eben nicht beliebt. Gegen sie will man möglichst viel in der Hand haben, und da dehnen Juristen dann den Begriff »Geständnis« bis an die sprachliche Schmerzgrenze.

Aber lassen wir solche Grenzfälle beiseite. Das offene, unumwundene Geständnis ist bei der Justiz hoch geschätzt. In der landläufigen Ansicht unserer Gesellschaft ist es jedoch weit überschätzt. »Todesstrafe ja, aber nur bei Geständnis und nicht, wenn es nur einen Indizienbeweis gibt« – unter den vielen, die für die Einführung der Todesstrafe in Deutschland sind, denken die meisten so. Das ist zunächst einmal deshalb fatal, weil jedes Rechtssystem, das ein Geständnis zur Voraussetzung von Strafe macht, die Tendenz in sich birgt, Geständnisse zu erzwingen. Das lehrt unsere Geschichte. Es ist außerdem doppelt ignorant, denn einen anderen Beweis als den Indizienbeweis gibt es nicht. Auch das Geständnis ist nur ein Indiz, wenngleich ein starkes. So stark allerdings, wie viele glauben, ist es auch wieder nicht. Es würde doch niemand etwas gestehen, das er nicht getan hat, wenn er als Konsequenz hingerichtet würde oder lebenslang ins Gefängnis müsste? Sehr vernünftig gedacht. Aber die Menschen handeln nicht immer vernünftig, und unter dem Druck eines Strafverfahrens schon gar nicht. Druck ist nicht selten der Grund für falsche Geständnisse.

Einen letztlich harmlosen Fall von Druck habe ich in einem Projekt erlebt, bei dem ich die Arbeit der Polizei begleitend beobachten durfte.

Der Mann war unförmig dick. Seine Frau, meist beruflich in Deutschland unterwegs, weigerte sich, Sex mit ihm zu haben, und überließ ihn den drei Töchtern (Mütter wissen immer, was läuft). Es kam nur zu Spielchen, aber immerhin, ein klarer Fall von Kindesmissbrauch. Jahre nach diesen Taten, während des Scheidungsverfahrens, zeigte sie ihn deswegen an. Der Mann, noch dicker geworden, saß wie ein Haufen Elend in der Haftzelle. Die vernehmende Polizeibeamtin war sehr ruppig.

»Was muss ich denn jetzt sagen?«, jammerte der Mann, verschüchtert und weinerlich.

»Die Wahrheit«, bellte sie ihn an.

»Nein, ich meine nur, damit Sie nicht so böse mit mir sind!«

Der Fall zeigt, was in einem Beschuldigten vorgehen kann, der noch nicht einmal übermäßigem Druck ausgesetzt war. Einige gestehen nach längerer Haft alles Mögliche, nur damit sie endlich rauskönnen. Anderen wird eine »lückenlose Indizienkette« um den Hals geschlungen, sie sehen keine Chance mehr, der Verurteilung zu entgehen, und erhoffen sich in ihrem Fatalismus von einem (falschen) Geständnis wenigstens eine mildere Strafe.

Jugendliche sind unter Druck besonders verletzlich und leicht zu beeinflussen, sie erahnen oder glauben zu spüren, was Autoritätspersonen hören wollen. Eine amerikanische Untersuchung hat ergeben, dass 63 Prozent der geständigen Unschuldigen jünger waren als fünfundzwanzig und 32 Prozent jünger als achtzehn Jahre. Ebenfalls aus den USA wird berichtet, dass in einem Viertel der Fälle, in denen nachträgliche DNA-Tests die Unschuld der Verurteilten erwiesen, diese vermeintlichen Täter ein Geständnis abgegeben hatten.

Nun darf man solche Zahlen nicht auf Deutschland übertragen; die Verhöre werden in den USA suggestiver und aggressiver geführt, und dort sind auch Praktiken erlaubt, die in Deutschland als illegal gelten (die Täuschung des Beschuldigten zum Beispiel). Wer mental nicht stabil oder von eingeschränkter Intelligenz ist, noch dazu durch ein langes Verhör mürbe gemacht, neigt eher dazu, der Situation durch ein Geständnis auszuweichen.

Im Mordfall Peggy könnte es so gewesen sein. Am 7. Mai 2001 kam das neunjährige Mädchen aus Lichtenberg nach der Schule nicht nach Hause. In der Kleinstadt nahe Hof kennt man sich. Keine zweihundert Meter von ihrem Elternhaus entfernt war Peggy noch gesehen worden. Hunderte von Polizisten und Helfern aus dem Ort suchten tagelang, aber sie blieb verschwunden. Die Gerüchte überschlugen sich. Vom Stiefvater in die Türkei entführt, in ein tschechisches Kinderbordell verschleppt, da und dort gesehen – nichts führte zu Peggy. Ulvi, der Sohn eines türkischen Gastwirtsehepaars, geriet ziemlich früh in Verdacht. Er hatte Peggy einige Tage vor ihrem Verschwinden sexuell missbraucht und das auch unumwunden gestanden. Mit ihrem Verschwinden habe er aber nichts zu tun.

Die Polizei suchte weiter vergeblich nach Spuren. Später konzentrierten sich die Ermittlungen wieder auf Ulvi, den netten, tapsigen Kerl mit einer Intelligenz nahe der Grenze zum Schwachsinn. Ein Mitpatient aus dem Bezirkskrankenhaus, in dem Ulvi einmal psychiatrisch untersucht worden war, behauptete, Ulvi habe ihm die Tat gestanden. Sechs Jahre später widerrief er diese Aussage; die Polizei habe ihn damals dazu gedrängt. Ulvi wurde wieder und wieder vernommen. Achthundert Seiten Vernehmungsprotokolle waren das Ergebnis, so etwas gibt es selten. Schließlich gestand er, nachdem eine der zahlreichen Vernehmungen beendet und sein Anwalt schon gegangen war. Er habe Peggy entführt und umgebracht. Von diesem Geständnis gibt es jedoch nur das »Gedächtnisprotokoll« eines Polizisten, weil das Tonband, das sonst immer mitgelaufen war, just in dem Moment angeblich versagt hatte.

Ulvi hatte der Polizei auch erzählt, welche seiner Freunde die Leiche wo versteckt hätten. Die Leiche war dort nicht, und die Freunde hatten ein Alibi. Peggy ist bis heute nicht gefunden. Es gibt keine Spuren, weder DNA noch andere, keine Zeugen, nichts. Nur ein Motiv und ein Geständnis, das inzwischen widerrufen ist. War es unter Druck zustande gekommen, hatte man Ulvi ein Szenario des Tathergangs nahegelegt, das er übernahm und ausschmückte? Wollte er nur »raus hier«?

Für falsche Geständnisse gibt es noch viele weitere Gründe. Über *Geständniszwang und Strafbedürfnis* hat der Psychiater Theodor Reik schon 1925 geschrieben. Auch ein falsches Geständnis verschafft, wonach sich mancher sehnt: Aufmerksamkeit und Zuwendung. Dieser Wunsch mag bizarr oder pathologisch sein. Es gibt zum Beispiel das Mordgeständnis eines Mannes, der seiner Freundin imponieren wollte. Nachdem 1932 das Baby des berühmten Piloten Charles Lindbergh entführt worden war, drängten sich der Polizei zweihundert Leute mit dem Geständnis auf, sie seien es gewesen. Und in Schweden machte sich Thomas Quick durch Geständnisse von mehr als dreißig Morden zum schlimmsten Serienkiller der Geschichte dieses Landes. Sieben Jahre lang stand er als Angeklagter in Mordprozessen vor Gericht und wurde schließlich wegen acht Morden verurteilt – die er nie begangen, aber detailliert gestanden hatte. Einige seiner »Opfer« lebten noch, wie sich später herausstellte. Nie wurde er zudem mit einem der Opfer gesehen, und er war an keinem der angeblichen Tatorte. Lange Jahre nach seinen erfundenen Taten offenbarte Quick einem Journalisten, dass er nur fantasiert hatte. Die Recherchen dieses Journalisten deckten sowohl die Fehler auf, die Quick gemacht hatte, als er befragt und aufgefordert worden war, die Morde nachzuspielen, als auch die Fehler der Ermittler. Die Regierung setzte schließlich eine Kommission ein, deren Bericht über den Justizskandal 716 Seiten umfasst. In allen Prozessen gegen Thomas Quick agierten dieselben Personen als Staatsanwalt, Verteidiger, Therapeutin, Ermittlungsleiter, psychologischer Sachverständiger. Es entwickelte sich ein Gruppendenken, das bei der fehlerhaften Zuschreibung von Tat und Schuld eine Rolle gespielt haben dürfte. Es mag auch so gewesen sein, dass man bei den Ermittlungen dem Gedächtnis von Quick auf die Sprünge helfen wollte, indem man ihm Informationen lieferte (»Kann es nicht so gewesen sein, dass …«), die Quick dann zurückspielte und bestätigte. Die Ermittler unterlagen der Illusion, dass sie auf diese Weise Erinnerungen wachgerufen hätten. Quick wurde auch in einer psychiatrischen Klinik untersucht. Dort gab er an, als Kind schwer missbraucht worden zu sein und zur Zeit seiner Taten viele Medikamente genommen zu haben. Vor allem bediente er bereitwillig das Konzept der unterdrückten Erinnerungen, mit dem damals in jener Klinik therapiert wurde. Weshalb er alles erfunden und erlogen hat, weiß man nicht genau. Vielleicht wollte er nur Aufmerksamkeit, vielleicht glaubte er, was er sagte.

Nicht selten werden falsche Geständnisse abgegeben, um andere zu schützen. In Fernsehkrimis ist dieses Motiv fast schon ein Klischee, im wirklichen Leben ist es auch nicht selten.

Die Frau des Schauspielers Günther Kaufmann hatte einen Steuerberater von Killern töten lassen. Kaufmann gestand diesen Mord und saß lange im Gefängnis, ehe sich herausstellte, wie es wirklich gewesen war.

Manche Fälle falscher Geständnisse bleiben rätselhaft, wie der des Bauern Rudolf Rupp aus Heinrichsheim. Der Mann war 2001 nach einem Besuch im Wirtshaus betrunken gewesen – und verschwunden. Die Ehefrau und der Exfreund einer der Töchter gestanden, ihn erschlagen zu haben. Zerstückelt hätten sie ihn und an die Schweine auf dem Hof verfüttert, manches auch den Dobermännern, dem Bullterrier und dem Schäferhund zum Fraß vorgeworfen. Sie wurden 2005 vom Landgericht Ingolstadt zu langen Haftstrafen von achteinhalb Jahren verurteilt. Die Töchter, fünfzehn und sechzehn Jahre alt, erhielten Jugendstrafen von mehr als zwei beziehungsweise drei Jahren, weil sie nicht eingeschritten seien. Vier Jahre später wurde der Mercedes von Rupp aus der Donau gezogen, hinterm Steuer saß das unversehrte Skelett des Bauern. Wie es zu den Geständnissen im Ermittlungsverfahren kam, kann oder will bis heute niemand erklären. Erst 2011 gab es ein Wiederaufnahmeverfahren, an dessen Ende die Verurteilten mit mürrischer Begründung (irgendwie waren sie es doch, so das Gericht, wir können es nur nicht beweisen) freigesprochen wurden. Da hatten sie ihre Strafe allerdings schon verbüßt. Nach falschen Geständnissen hat die Justiz so ihre Schwierigkeiten, einzugestehen, dass das Urteil falsch war. Aber das ist ein anderes Kapitel.

Kapitel 4:

Was von Zeugen zu halten ist

Ein Geständnis, so hieß es im vorhergehenden Kapitel, ist auch nur ein Indiz, und einen anderen Beweis als den Indizienbeweis gibt es ohnehin nicht. Niemand will das glauben. Denn Zeugen, gute Zeugen, sind doch das Beste, was man haben kann, ihre Aussagen ein festes Fundament für ein unerschütterliches Beweisgebäude und allemal besser als Indizien, nicht wahr?

Nein, so ist es leider nicht. Alle erfahrenen Kriminalisten stellen den »Sachbeweis« (also Spuren und Dokumente) über den »Personalbeweis« (Geständnis, Zeugen), denn Zeugen sind Menschen. Spuren menscheln nicht. Sie sind einfach da, ebenso vielsagend wie stumm.

Manche Zeugen wollen sich klein machen, bloß nicht hineingezogen werden in diese Geschichte, nach dem Motto: »Ich weiß zwar etwas, aber wer weiß, jedes Wort könnte zu viel sein.« Solche Zeugen werden sich vorsichtshalber an nichts erinnern.

Der Typ am anderen Ende der Skala ist derjenige, der alles noch ganz genau weiß. Er hat zwar keine verlässliche Erinnerung und weiß eigentlich gar nichts. Aber er wird nun endlich gebraucht, einmal im Leben. Jetzt kann er groß herauskommen. Er liefert bereitwillig Informationen, man muss ihn nur das Richtige fragen.

Einen Fingerabdruck hingegen kann man nichts fragen. Ein Fingerabdruck hat keine Interessen. Er ist einfach da. Ein Zeuge jedoch spielt eine Rolle, wie im Theater. Und immer ist die Frage, ob jemand Regie geführt hat. Die Angst, oder ein

Interessent, oder die egoistische Wichtigtuerei. Oder einfach: die Regie des Gedächtnisses.

Treten mehrere Zeugen auf, kommt das Problem hinzu, was sich vor ihrem Auftritt hinter den Kulissen abgespielt hat. Könnten sie sich abgesprochen haben? Den Klassiker dazu erzählt die Bibel. Jojakim war mit Susanna verheiratet. Er war sehr reich und sie sehr schön. Zu den Gästen des Hauses gehörten zwei hoch angesehene ältere Richter. Sie verliebten sich in Susanna und beobachteten sie beim Baden. Wenn sie nicht mit ihnen ins Bett ginge, würden sie ihr einen Ehebruch anhängen, so drohten sie. Susanna weigerte sich und schrie. Die beiden Voyeure auch: Sie hätten Susanna gerade beim Ehebruch ertappt. Dann inszenierten sie einen Prozess und verurteilten Susanna zum Tode.

Die Geschichte findet sich in den apokryphen Schriften der hebräischen Bibel im Buch Daniel (was Künstlern schon sehr früh eine willkommene Gelegenheit bot, unter Berufung auf die Bibel eine nackte Frau im Pool zu malen). Dieser Daniel, der das Urteil vollstrecken sollte, hatte so seine Zweifel und überdies eine Eingebung des Heiligen Geistes: Er fragte die beiden Zeugen der angeblichen Tat, die Richter also, einzeln und unabhängig voneinander, unter welchem Baum denn der Ehebruch geschehen sei. »Unter einer Zeder«, sagte der eine. »Unter einer Eiche«, der andere. Susanna kam frei, und die Richter wurden hingerichtet.

Seither werden Zeugen einzeln vernommen. Das hilft aber auch nicht viel. Der Zeugenbeweis wird glorifiziert. Er ist nicht viel wert. Jeder Richter ist froh, wenn er ihn nicht als Schlussstein seines Beweisgewölbes braucht. Das hat tausend Gründe. Die wichtigsten haben es verdient, näher dargestellt zu werden.

Das Gehirn schreibt die Story

Der Hörsaal ist voll, in wenigen Minuten wird die Vorlesung »Strafprozessrecht« beginnen. Auf einmal wird es laut vorne beim Rednerpult. Zwei Typen schreien sich an, immer wütender. Der eine droht dem anderen eine Ohrfeige an. In diesem Moment kommt der Professor herein und ruft den Studenten zu: »Schreiben Sie alle sofort auf, was sich hier gerade ereignet hat.«

Den Vorfall hatte der Professor inszeniert. Von den vielen Hundert Studenten schrieben nicht wenige, sie hätten »gesehen«, dass einer den anderen tatsächlich geohrfeigt habe, der dann, so beschrieben es einige, eine Pistole zog und, so schrieben manche, einen Schuss abgab, der das Opfer zu Boden sinken ließ. Dabei war die Sache ja erst vor wenigen Augenblicken geschehen, und die Zeugen waren angehende Juristen... Ihnen wollte der Professor beweisen, was sie sonst wohl nicht geglaubt hätten: dass man nämlich fest überzeugt sein kann, etwas gesehen zu haben, das sich nicht ereignet hat.

Dieser Versuch wurde übrigens vor mehr als hundert Jahren an der Universität Berlin durchgeführt. Er ließe sich aber morgen wiederholen, irgendwo, mit vergleichbarem Ergebnis. Damals war es das intuitiv kluge Arrangement eines Amateurs der Aussagepsychologie gewesen, einer Disziplin, die es zu jener Zeit allenfalls in Ansätzen gab. Inzwischen wissen wir viel mehr darüber, wie es zu solchen »Beobachtungen« kommt. Das Gehirn schreibt nämlich die Story – nicht das Auge.

Das ist wieder und wieder bestätigt worden. In dem eben erwähnten Fall waren die Bedingungen geradezu puristisch: Die Studenten sollten nur wiedergeben, was zu *sehen* war. Die Frage nach dem Ablauf des Geschehens war also vollkommen neutral.

Wenn man nun aber eine suggestive Tonspur darunterlegt, notiert das Gehirn eine andere Story. Ich bin mir nicht sicher, wie ich geantwortet hätte: Den Probanden wurde das Video eines Autounfalls in den USA gezeigt, der sich dort in den Siebzigerjahren ereignet hatte. Die schlichte Aufgabe bestand darin, zu schätzen, wie schnell die Autos beim Crash fuhren. Dazu wurde eine Frage gestellt, allerdings in Variationen: Wie schnell fuhren die Autos, als sie: sich berührten/aufeinandertrafen/zusammenstießen/kollidierten/ineinanderkrachten?

Je dramatischer die Frage, desto höher die geschätzte Geschwindigkeit. Einige Probanden sahen auch, wonach sie gar nicht gefragt worden waren, nämlich umherfliegende Glassplitter, die es ebenso wenig gab wie die Schüsse im Hörsaal (im Beispiel weiter oben).

Das Erschütternde daran ist ja, dass die Leute unter dem Einfluss einer Suggestivfrage kommentierten, was sie gerade in Echtzeit sahen. Müssen wir nun, wie das in aller Regel notwendig ist bei der Aufarbeitung von Strafrechtsfällen, eine Zeitreise unternehmen und den Zeugen nach Vorgängen fragen, die lange zurückliegen, so kann man sich vorstellen, was es bedeutet, wenn eine Frage, mag sie nun vom Staatsanwalt kommen oder von der Verteidigung, eingeleitet wird mit: »Kann es nicht auch so gewesen sein, dass …?« Jeder Zeuge wird sich überlegen, was der Fragende wohl hören will. »Die Wahrheit«, wäre die harsche Antwort.

Was aber sagt man als Zeuge, wenn man sich nicht erinnern kann, wie es war, und der andere die Peitsche schwingt? Am besten natürlich: »Ich weiß es nicht mehr.« Jede andere Antwort, die Rücksicht nimmt auf Interessen, seien es eigene oder fremde, kann einen Zeugen ins Gefängnis bringen.

Das Schlimmste sind vermeintlich wohlwollende Suggestivfragen, denn sie funktionieren auch, wenn man jemandem ein Geständnis entlocken will. Forschungen mit Hirnscannern haben erwiesen, dass die neuronalen Muster der Aktivierung bei echten und falschen Erinnerungen nicht zu unterscheiden sind. Das hat sich eine englische Psychologin zunutze gemacht. »Sie helfen mir bei meinem Forschungsprojekt«, bezirzte sie die Probanden, »wir untersuchen, wie sich verschüttete Erinnerungen wieder aktualisieren lassen.« Kaum jemand würde es wagen, die Wissenschaftlerin kühl abzufertigen mit dem Satz: »Suchen Sie sich eine andere Testperson, ich erinnere mich an alles aus meinem Leben ganz genau.« Also lässt man sich auf die Frage ein: »Wie war das denn damals, als Sie den Überfall begangen haben?« Keiner der Studenten, in einer Studie befragt, hatte je einen Überfall begangen. »Ich will Ihnen nur helfen, sich zu erinnern.« So baut man Vertrauen auf, das der Befragende untermauert durch Plaudereien über wahre Vorfälle, die Präsentation von echten Kinderfotos und anderes mehr, das er von den Eltern der Probanden erfahren hatte. Auch bei der erfundenen Geschichte des nie begangenen Verbrechens bezog man sich auf (angebliche) Aussagen der Eltern.

Fast drei Viertel der befragten Studenten waren erleichtert, früher (nie!) begangene Missetaten endlich gestehen und damit verarbeiten zu können. Sie schilderten sogar, wie sie verhaftet wurden und wie die Polizisten aussahen, sich benommen hatten etc. Man muss also nur Vertrauen aufbauen und überlegenes Wissen vorspiegeln, vermischt und garniert mit wahren Details, um zu hören, was man hören will.

Diese psychologische Technik steht natürlich auch der Polizei zur Verfügung. Das war die Zuckerbrot-Variante der Suggestivfragen. Dass Süßes vergiftet sein kann, merkt der Geständige erst bei Wasser und Brot.

Die Schere im Kopf

Für autobiografische Erinnerungen ist gesichert, dass sich das Gehirn bei der Übertragung vom Kurzzeitgedächtnis in das Langzeitgedächtnis als Regisseur aufspielt. Im Gehirn ist ein Cutter am Werk. Er zerschnipselt den Film des Geschehens, setzt ihn neu zusammen und spielt ihn uns als »Erinnerung« vor. Die Geschichte wird dabei geschönt, und wenn sie ohne

Zusätze nicht schön ist, wird sie ergänzt, eine Erfahrung, die auch die renommierte amerikanische Sozialpsychologin Carol Tavris mit ihren eigenen autobiografischen Erinnerungen machen musste. *Ich habe recht, auch wenn ich mich irre. Warum wir fragwürdige Überzeugungen, schlechte Entscheidungen und verletzendes Handeln rechtfertigen* ist der Titel des Buches, das sie über ihre Erkenntnisse schrieb.

Wenn Carol Tavris an ihren Vater dachte, hörte sie ihn auch Jahre nach seinem Tod noch immer vorlesen aus einem Märchenbuch, von dem sie als Kind nie genug hören konnte, und, als wäre es heute, wie sie mit ihm lachen musste über die komische Hauptperson. Sie hatte den Vater als liebevollen Menschen erlebt, stets ihr zugewandt. Vaters Liebling, Tochters Lieblingsbuch. Das passte. Aber es stimmte nicht. Das Buch war nach dem Tod ihres Vaters erschienen. Eine schockierende Entdeckung, die sie eines Tages machen musste, sie, die Wissenschaftlerin.

Unsere Erinnerung verzerrt, sie beschönigt, verziert, unterdrückt Negatives, schmückt aus – und meint es bei alledem ja nur gut mit uns. Dass unser Gedächtnis nicht wahrhaben will, was uns gestört und beeinträchtigt hat, dass es die Geschichte neu schreibt, unsere Fehler minimiert oder ausradiert, aus Schuld Zufall macht, aus Versagen Schicksal – all das ist »nett« von ihm und erleichtert das Leben, manchmal das Überleben. Aber der Wahrheitsfindung vor Gericht dient es natürlich nicht.

Wahrheit und Wahrhaftigkeit

Wann ist denn eine Aussage wahr? Da gibt es, wie immer in der Juristerei, zwei Möglichkeiten. Darüber sollte man nicht spotten. Juristisches Denken ist ein Denken in Alternativen. So oder so, ja oder nein, schwarz oder weiß. Man muss sich entscheiden und kann nicht sagen: »Es ist eher so als so«, »Ich würde sagen wollen, die Wahrscheinlichkeit liegt bei 50 Prozent« und ähnliches Wischiwaschi (das in anderen Disziplinen, etwa in der Naturwissenschaft oder der Statistik, geradezu *state of the art* wäre).

Also dann – wann ist nun eine Aussage wahr? Erste Möglichkeit: Wenn sie mit dem wirklichen Geschehen übereinstimmt. Zweite Möglichkeit: Wenn sie der Erinnerung des Zeugen entspricht. Ein simples Beispiel genügt für den Kontrast der Alternativen.

Der Zeuge wird gefragt, ob er am 19. März in München war. »Nein«, sagt er, »am 18.« Er wollte lügen. Nach seiner Erinnerung war es nämlich der 19. Tatsächlich jedoch ist er einen Tag zuvor, am 18. also, in München gewesen. Worauf soll es für die Wahrheit einer Aussage ankommen – auf ihre Übereinstimmung mit der (objektiven) Wirklichkeit oder der (subjektiven) Vorstellung? Oder, anders gefragt, was muss zusammenpassen – Wort und Wirklichkeit oder Wort und Wissen?

Das Gericht soll herausfinden und will wissen, wie es »wirklich« gewesen ist. Darauf kommt es für die Wahrheit an. Die Divergenz von Wort und Wissen betrifft etwas anderes, nicht die Wahrheit, sondern die Wahrhaftigkeit des Zeugen. Die ist zwar auch von Interesse, steht aber nicht im Vordergrund. Einer wie in unserem Beispiel, der täuschen möchte und letztlich doch den Punkt trifft, also das Böse will und das Gute schafft, ist zwar moralisch ein Schuft, richtet aber für ein richtiges Urteil wenigstens keinen Schaden an.

Wenn nun allerdings das Gericht nachfragt und sich ein Bild von der Glaubhaftigkeit der Aussage machen will, ändert sich das Thema, der Gegenstand der Wahrheit: »Sind Sie sicher, dass es der 18. war?« Nun wird nach der Erinnerung gefragt. Sagt der Zeuge jetzt: »Ganz sicher«, obwohl er es nicht ist, hat er gelogen – selbst wenn es der 18. war.

Wer einmal lügt, dem glaubt man nicht …

… und wenn er auch die Wahrheit spricht, so das Sprichwort. Da haben wir ihn, den Unterschied von glaubhaft und glaubwürdig. Selbst wenn die konkrete Aussage glaubhaft sein könnte, so wird man sie nicht für wahr halten und gar nicht erst überprüfen, wenn der Mensch nicht für glaubwürdig gehalten wird – abgestempelt, weil er einmal gelogen hat.

In der uralten Fabel, auf die das zurückgehen soll, kann man das verstehen. Ein Hirtenjunge ruft aus purer Langeweile: »Wolf!«, und alle eilen zu Hilfe. Falscher Alarm. Als dann wirklich der Wolf kommt und der Hilfeschrei ertönt, kommt niemand mehr (und, je nach Version der Geschichte – siehe oben, der Streit im Hörsaal – wird die Herde dezimiert, ganz aufgefressen oder auch der Junge verspeist).

Gerichte holen manchmal Gutachten über Zeugen ein. Es hat eine Zeit lang gedauert, bis sich der Sprachgebrauch geändert hat. Ob eine konkrete Aussage glaubhaft ist, das ist die Frage. Die »Glaubwürdigkeit« eines Menschen kann man gar nicht beurteilen. Es kommt darauf an, worum es geht. Hat er einen Heiratsantrag gemacht, ein Angebot für einen Gebrauchtwagen, will er einen Schrebergarten verpachten, oder was? Das Sprichwort aus der Fabel geht ja auch zu weit und handelt im Grunde von der Glaubhaftigkeit des Notrufs und nicht von der Glaubwürdigkeit des Hirten. Der Junge hat zwei Mal »Wolf« geschrien, und das glaubt man ihm beim zweiten Mal nicht. Wenn er einmal »Wolf«, später aber gerufen hätte, dass ihm die Muttergottes erschienen sei, wären sie wieder alle gekommen.

Kann man dem glauben?

»Also, erzählen Sie mal«, sagt der Richter. Und wenn unser Zeuge am Ende ist mit seiner Geschichte, glauben wir ihm dann oder nicht, und wovon hängt das ab?

Die naheliegende Antwort ist: Wenn die Details stimmen, dürfte die ganze Geschichte glaubhaft sein. Leider kennt man aber oft die Details nicht, sondern will sie gerade erst durch die Aussage erfahren (wie es zum Beispiel bei Ulvis Angaben über seinen angeblichen Mord an Peggy war). Die Sache funktioniert in aller Regel umgekehrt: Ob wir ein einzelnes Faktum für wirklich geschehen oder wahr halten, hängt entscheidend davon ab, wie plausibel die ganze Geschichte ist. In den USA gibt es schon lange Forschungen zum »Storytelling« als Teil der »Natur des gerichtlichen Beweises«.

Das ist natürlich ziemlich beunruhigend, weil es uns durcheinanderbringt, was den Unterschied von Wahrheit und Wirklichkeit betrifft. Ob etwas »wirklich« geschehen ist, soll also davon abhängen, ob die Story »wahr« erscheint. Dann kommen wir nicht mehr weit mit der klassischen philosophischen Definition von Wahrheit als Übereinstimmung (einer Aussage) mit der (unabhängig davon bestehenden) Wirklichkeit. Die Wirklichkeit ist so gesehen nichts mehr, was sich in einzelne statische Punkte auflösen ließe, sondern hat selbst eine »narrative Struktur«, nicht erst die Wahrheit.

Schon mit der Umgangssprache lassen sich solche Verwirrspiele anstellen. War das in Wirklichkeit so? Ist das wirklich die Wahrheit? Die wahre Wirklichkeit? Wie auch immer – die narrative Struktur der Wahrheitsfindung lässt sich nicht leugnen.

Das ist auch die Krux aller Gutachten zur Glaubhaftigkeit. Die Aussagepsychologen haben ja nur wenige Kriterien zur Verfügung. Die meisten beziehen sich auf die »Story«. Ist sie in sich konsistent? Wird sie immer wieder in der gleichen Weise wiederholt, oder wechseln die Versionen? Bei Kindern: Kann ein Kind dieses Alters so etwas erfinden, oder muss es das erlebt haben (früher einmal ebenso gängige wie verhängnisvolle Lehrmeinung, die vermutlich viele Onkel zu Unrecht wegen Kindesmissbrauchs ins Gefängnis gebracht hat)? Wie detailreich ist die Aussage?

Das wird gleich noch weiter aufzufächern sein, aber das Ergebnis kann man alles in allem vorwegnehmen: Das Gutachten über die Glaubhaftigkeit einer Aussage bezieht sich immer auf eine Geschichte, und zwar auf die *ganze* Geschichte der Aussageperson, also die, die sie erzählt, und die, die sie persönlich hat. Diese Geschichte verdichtet sich im Gutachten zu einem einzigen Punkt: die Glaubhaftigkeit der Aussage. Und der Richter darf nicht etwa glauben, damit die Wahrheit eines Faktums geliefert bekommen zu haben. Ein Indiz hat er jetzt in Händen, mehr nicht. Es *könnte* so gewesen sein. Der Sachverständige urteilt in seinem Gutachten ja nicht über die Wahrheit einer Aussage, sondern, etwas pauschal gesagt, nur darüber, ob einer aus Erlebtem berichtet oder fantasiert.

Wie macht er das, etwas genauer betrachtet? Meist wird er ja in der vertrackten Situation des »Opferzeugen« geholt, das heißt, es gibt nur einen Zeugen, eine Zeugin, zugleich das Opfer der Tat. Der (vermutliche) Täter gegen das (vermutliche) Opfer, *he says – she says*, so kennzeichnen die Kollegen in den USA diese Lage.

Der Sachverständige hört sich zunächst einmal an, was angeblich geschehen ist. Glaubhaft oder nicht? Der Gutachter bildet als Erstes eine »Nullhypothese«: Er nimmt an, die Aussage sei unwahr. Die Annahme konfrontiert er nun mit den Fakten, immer weiter unterstellend, der Zeuge habe gelogen, so lange, bis das angesichts der Fakten nicht mehr haltbar ist. Dann dreht er die Strategie um und stützt seine weitere Arbeit auf die Hypothese, dass es sich um eine wahre Aussage handele. Das ist das Prinzip. Die Wissenschaft von der Aussagepsychologie hat es fein ausziseliert.

Wenn der Sachverständige im ersten Schritt annimmt, die

Aussage sei unwahr, muss er versuchen, das zu erklären. Es kann eine bewusste Falschaussage sein oder eine falsche Aussage, die der Zeuge für wahr hält, weil sie ihm von anderen suggeriert worden ist oder weil er sie sich selbst eingeredet hat. Kinder neigen dazu, ihre Erinnerung unbewusst zu verändern, um geäußerten oder nur gefühlten Erwartungen eines Erwachsenen gerecht zu werden, sich dessen größerer Kompetenz zu unterwerfen. Wenn ein Kind nach Vorfällen gefragt wird, die Jahre zurückliegen (sollen), hat es bis zur Hauptverhandlung mit vielen gesprochen – den Eltern, der Oma, den Lehrern, der Polizei. Da mag sich manches als eigene Erinnerung festsetzen, was die anderen gefragt haben: »War es nicht vielleicht so, dass …?«

Bei Erwachsenen kann sich das Gleiche abspielen. Man will den wirklichen oder vermeintlichen Anforderungen an »Konsistenz« gerecht werden und schließt Erinnerungslücken durch Konstruktionen. Das muss der Sachverständige dann im Detail durch weitere Hypothesen verfolgen. Vielleicht ist an der Beschuldigung sexueller Übergriffe ja etwas dran, aber es ist »nur« gefummelt worden. Warum sagt das Kind oder die Frau, es sei zu mehr gekommen? Welche Gründe kann es dafür geben?

Kehren wir aber noch einmal zurück zu den Prinzipien.

Es ist erwiesen, dass ein Zeuge für eine bewusst unwahre Darstellung eines Geschehens eine ganz andere geistige Leistung erbringen muss als für die Schilderung der Wahrheit. Dafür genügt das Gedächtnis (mit allen Einschränkungen, von denen einige gerade angedeutet wurden).

Viel schwieriger ist die Aufgabe, eine Aussage über ein komplexes Geschehen von Grund auf zu erfinden. Hier ist, wie der Bundesgerichtshof in einer grundlegenden Entscheidung (vom 30. Juli 1999) hoch wissenschaftlich ausgeführt hat, »die Wahrscheinlichkeit beispielsweise nebensächlicher Details, sog. abgebrochener Handlungsketten, unerwarteter Komplikationen oder phänomengemäßer Schilderungen unverstandener

Handlungselemente gering«. Es geht also um Qualitätsmerkmale in der Aussage selbst. Davon hat die Aussagepsychologie eine ganze Reihe zusammengestellt und nennt sie die »Realkennzeichen«. Die helfen einem aber nicht bei der Unterscheidung einer selbst erlebten, wahrheitsgemäßen Aussage von einer suggerierten, weil die ja auch nicht bewusst unwahr ist. Dazu muss man eine Motivationsanalyse durchführen und die Genese der Aussage ermitteln. Damit noch immer nicht genug. Wegen der »geistigen Leistung« bei der reinen Erfindung einer Aussage braucht es auch noch eine »Kompetenzanalyse« der Fähigkeiten des Zeugen, nicht zu vergessen seiner Persönlichkeitsentwicklung (hat er Selbstwertprobleme oder vielleicht ein gesteigertes Geltungsbedürfnis?).

Alles ziemlich schwierig, aufwendig und letztlich nicht so besonders sicher. Wozu eigentlich, wenn es doch den Lügendetektor gibt, auch schon als Gratis-App?

Der Lügendetektor

Diese App ist natürlich ein Spielzeug, mehr nicht. Die wissenschaftliche Ausführung des Geräts heißt Polygraph, weil er eben mehreres aufschreibt: Blutdruck und Puls, ob die Testperson schwitzt und so weiter. Die Anwendung des Polygraphen ist schmerzlos und kostet auch nicht viel. Jeder kann das Gerät allerdings nicht bedienen, man braucht ausgebildete Experten.

Er funktioniert gar nicht so schlecht. Vor etwa zwanzig Jahren nahm ich an einer Veranstaltung eines wissenschaftlichen Instituts von Psychologen teil, bei der das Gerät vorgeführt wurde. Die Expertin, *the examinator*, kam aus Israel. Es wurde ein Fall nachgestellt, der gerade geschehen war – Missbrauch eines Knaben. Der »Täter« war ein erfahrener Psychologe aus ebendiesem Institut, das vor allem damit befasst war, Gutachten über Glaubhaftigkeit zu erstellen, und dem der Polygraph natürlich nicht neu war.

Der Proband wurde erst einmal verkabelt. Dann sagte die Expertin, dass sie das Gerät justieren müsse. Dafür sei es einmal – aber eben nur ein einziges Mal! – erforderlich, dass er lüge. Er solle sich nämlich eine Zahl zwischen eins und zehn denken, sie würde der Reihe nach abfragen, welche Zahl es sei, und er müsse immer mit »nein« antworten, also ein Mal lügen. Bei der Sieben gab es tatsächlich einen Ausschlag auf den Zeigern und Messinstrumenten. Nun konnte es also losgehen.

Nach einigen Präliminarien kamen Fragen zum Kern der Sache. »Haben Sie den Jungen da unten angefasst?«

»Nein, nein, niemals!«

»Haben Sie sich im vergangenen Jahr jemandem in sexueller Absicht genähert?«

»Blöde Frage«, zischelte ich meinem Nachbarn, dem Chef des Instituts, zu, »das hat doch jeder!«

»Eben«, flüsterte er zurück, »das ist ja gerade der Clou.«

Einer, der unschuldig ist, wird nicht nur die tatbezogenen Fragen verneinen, sondern auch die allgemeinen Kontrollfragen, weil er Angst hat, überhaupt mit diesem sexuellen Milieu in Verbindung gebracht zu werden. Der Täter dagegen wird locker sagen: »Na, das eine schon, aber das andere nicht.«

Auf dieser Hypothese beruht die Untersuchung mit dem Polygraphen, das ist alles. Und das ist eben zu wenig, hat der Bundesgerichtshof entschieden. Jedenfalls für die Zwecke des Strafverfahrens sei der Lügendetektor ein unbrauchbares Beweismittel.

Die Amerikaner sehen das wieder einmal lockerer. Die CIA verwendet das Ding ständig. Auch ansonsten ist es verbreitet. Einem Croupier aus einem Las-Vegas-Casino kann man ohne Weiteres in den Arbeitsvertrag schreiben, dass er sich einmal in der Woche testen lassen muss, ob er geklaut hat. Bei uns gibt es Gerichte, die in familienrechtlichen Sachen einen Test von dem Vater verlangen, der das Umgangsrecht mit dem Kind aus seiner früheren Ehe zurück will (»Haben Sie den Jungen da unten angefasst?«).

Die Protagonisten des Polygraphen betonen die Fortschritte, die in den letzten zwanzig Jahren (so lange liegt meine Erfahrung mit dem Gerät ja zurück) gemacht worden seien, und fordern, über seinen Wert neu zu urteilen. Gewisse rechtliche Bedenken aber sind vom Fortschritt, mag er auch noch so groß sein, nie betroffen.

Zunächst einmal kann man die Kiste ins Leere laufen lassen. Ich hatte damals auch gebeten, einmal angeschlossen zu werden. Den Test mit mir brach die israelische Spezialistin damals entnervt ab, weil ich ihn bewusst sabotiert hatte. Das ist ziemlich simpel: Einfach nicht zuhören, was man gefragt wird, und an etwas besonders Schönes denken, oder an einen entsetzlichen Horrorfilm, das läuft auf das Gleiche hinaus (und liegt ja im wirklichen Leben oft nahe beieinander). Mehr aber, als zu konstatieren, dass der Proband sabotiert, kann man nicht sagen, insbesondere nicht, warum er es tut. Das landläufige Vorurteil jedoch – »weil er nicht will, dass man ihn als Lügner überführt« – liegt verdammt nahe.

»Aber«, so sagen viele, »selbst wenn das Gericht einen solchen Test nicht anordnen und erzwingen kann, so sollte er doch möglich sein, wenn ihn der Beschuldigte wünscht, um seine Unschuld zu beweisen.«

Und was machen wir, wenn der Examinator entweder zu keinem eindeutigen Ergebnis kommt oder, schlimmer noch, konstatiert, dass der Proband mit großer Wahrscheinlichkeit gelogen habe? Darf der jetzt ausrufen: »Das gildet nicht!?«, womit – nicht nur unter Kindern – gemeint ist, es sei etwas unfair?

Nein, denn zur Fairness im Prozess gehört nicht die Wohltat, nur zu verwerten, was für den Beschuldigten günstig ist. Der Beschuldigte darf schweigen und braucht nichts zu tun. Wenn er aber aktiv wird, muss das bewertet und in der Beweiswürdigung verwendet werden, sei es für oder gegen ihn.

Der Proband, der mit dem Ergebnis seines freiwilligen Tests nicht einverstanden ist, wird geneigt sein, das auf einen Fehler des Geräts zu schieben. Das wäre gar keine so schlechte Idee. Die Fehlerquote ist allerdings niedrig, prozentual im einstelligen Bereich. Indessen muss man, wie immer bei Fehlern in Alternativen, unterscheiden zwischen »falsch positiv« und »falsch negativ«. Zu einem gewissen Prozentsatz ist das Ergebnis falsch, weil ein wirklicher Täter zu Unrecht als unschuldig getestet wird (um es einmal verkürzt zu sagen, denn es ist ja nicht Sinn des Tests, »Schuld« zu ermitteln). Leider aber ist der umgekehrte Fall doppelt so häufig: Ein Unschuldiger wird fälschlich als schuldig etikettiert. Oft, wie gesagt, kommt das nicht vor. Aber im Strafrecht ist eben schon einer zu viel, der unschuldig eingesperrt wird.

Mit dem Polygraphen würde wieder ein Stück der Hauptverhandlung, die doch mündlich, öffentlich und transparent sein soll, ins Hinterzimmer verlegt. Das allein diskreditiert ihn nicht; auch DNA-Spuren werden unter Ausschluss der Öffentlichkeit im Labor ermittelt, Spuren an Geschossen ebenfalls, und überhaupt Sachverständigen-Gutachten aller Art. Was beim Lügendetektor stört, ist die Art und Weise, wie der Examinator zu Werke geht. Er ist es, der die Fragen stellt – nicht der Richter –, und er stellt sie so, dass man sie mit Ja oder Nein beantworten soll. Was soll daran bedenklich sein, niemand sonst moniert das? Ganz einfach: Es ist der Rückfall ins Mittelalter.

Eure Rede aber sei »ja, ja, nein, nein«

Wie kann man sich an einer Fragetechnik stören, die Antworten von biblischer Qualität provoziert? Weil man damit jeden wegen Hexerei auf den Scheiterhaufen bringen kann. Man muss ja nur eine Hypothese in der Frage verstecken, die dann bestätigt wird, mag die Antwort Ja oder Nein sein. Das Muster ist bekannt: »Haben Sie eigentlich aufgehört, Ihre Frau zu schlagen?«

Aber auch offene Fragen können teuflisch sein.

Der Großinquisitor hatte es mit einem merkwürdigen Fall

zu tun. Barbara sollte eine Hexe sein (in des Wortes »soll« doppelter Bedeutung: Es besteht ein Verdacht, aber man will auch, dass sie es ist). Ihre Buhlschaft sei – neben dem Teufel – der Paul gewesen. Beide hätten sie den wackeren Gendarmen Robert erst zum Narren gehalten, ihn dann dem Teufel versprochen und dazu gebracht, im Namen des Teufels die ehrbare Dirne Annemarie zu töten. Der Inquisitor verhörte Robert.

»Kennt er Barbara?«

»Ja.«

»Hat er sie geliebt?«

»Ja, aber nur…«

»Schweig er still! Ja oder nein. Glaubt er an den Teufel?«

»Ja, Barbara hat immer…«

»Schluss jetzt! Ja oder nein. Ist er getauft?«

»Ja, Barbara wollte…«

»Still! Kennt er Udo?«

»Ja.«

»War das früher die Buhlschaft von Barbara?«

»Ich glaube.«

»Ja oder nein.«

»Ja.«

»Hat Udo eine gewisse Annemarie zur Frau genommen?«

»So hat mir Barbara gesagt.«

»Also ja, rede er kurz! Hat ihm Barbara befohlen, Annemarie zu töten?«

»Ja, sie hat gesagt…«

»Er rede nur, wenn er gefragt ist. Hat ihm Barbara vom Teufel gesprochen?«

»Ja.«

»Dass er ein Menschopfer verlange, nämlich Annemarie?«

»Ja.«

»Weil sonst die Menschheit verloren sei?«

»Ja.«

»Und hat er auf Annemarie eingestochen?«

»Ja.«

Wie endet die Geschichte? Robert wird gehängt, Barbara als Hexe verbrannt.

Dieser Schluss ist erfunden, die Geschichte ist es nicht. Sie ist nur transponiert, um ein paar Jahrhunderte. Ereignet hat sie sich Ende der Achtzigerjahre des 20. Jahrhunderts, und zwar noch verrückter als hier verfremdet. Nachzulesen ist sie in der Entscheidung des Bundesgerichtshofs vom 15. September 1988, Aktenzeichen 4 StR 352/88. Das wäre nicht glaubhaft, wenn nicht einige wörtliche Zitate folgen würden.

Barbara, ihr eigentlicher Freund P. und Robert lebten »in einem von Mystizismus, Scheinerkenntnis und Irrglauben geprägten neurotischen Beziehungsgeflecht zusammen«. Robert war Polizist. Barbara und P. erzählten alles Mögliche über Zuhälter und Gangster, drängten Robert in die Rolle als Beschützer. »Später brachten beide ihn durch schauspielerische Tricks, Vorspiegeln hypnotischer und hellseherischer Fähigkeiten und die Vornahme mystischer Kulthandlungen dazu, an die Existenz des ›Katzenkönigs‹, der seit Jahrtausenden das Böse verkörpere und die Welt bedrohe, zu glauben …« Robert »wähnte sich schließlich auserkoren, gemeinsam mit den beiden anderen den Kampf gegen den ›Katzenkönig‹ aufzunehmen«.

Die beiden hatten erst einmal Spaß mit Robert. Wenn sie nachts um drei am Edersee saßen und Barbara sagte: »Schwimm rüber, der Katzenkönig will es«, dann schwamm Robert los (das steht so nicht in der veröffentlichten Entscheidung, sondern in den Akten des Falles). Als Barbara dann erfuhr, dass ihr Ex eine andere (Annemarie N.) heiraten würde, war sie rasend eifersüchtig und beschloss, Robert in Marsch zu setzen (was P. recht war, weil er ihn für einen Nebenbuhler hielt). »Wegen der vielen von ihm begangenen Fehler verlange der ›Katzenkönig‹ ein Menschopfer« in Gestalt der Annemarie N. Gehorche Robert nicht, werde sie ihn verlassen, »und die Menschheit oder Millionen von Menschen würden vom ›Katzenkönig‹ vernichtet«.

Der Polizist Robert hatte zwar Gewissensbisse, »er wog jedoch die ›Gefahr für Millionen von Menschen‹ ab, die er ›durch das Opfern von Frau N.‹ retten könne«. Er ging in ihren Blumenladen, stach von hinten auf sie ein, ließ aber dann von ihr ab und floh. Es ist nicht überliefert, dass der Katzenkönig nach diesem Misserfolg etwas unternommen hätte.

Diese in jeder Hinsicht irre Geschichte wäre, in ihrer Gesamtheit, nie ans Licht gekommen, wenn man bei den Ermittlungen und vor Gericht nur gezielte Fragen gestellt und verlangt hätte, sie mit Ja oder Nein zu beantworten. Mit dieser Methode der strikten Alternativen lässt sich ein »von Mystizismus, Scheinerkenntnis und Irrglauben geprägtes neurotisches Beziehungsgeflecht« noch nicht einmal erkennen, geschweige denn entflechten. Schattierungen bleiben dann im Schatten.

Wenn man meint, dass Grautöne, Abstufungen, Feinheiten, zur »ganzen Wahrheit« gehören, darf man nicht so vorgehen wie in dem beispielhaft in das Mittelalter zurückverlegten Fall der vermeintlichen Hexe Barbara. Nur derjenige, der glaubt, dass man all diese Details nicht wissen müsse, um »richtig« zu entscheiden, wird nicht beunruhigt sein.

Die Art und Weise der Befragung von Zeugen ist letztlich aber keine Frage von richtig oder falsch. Es ist eine Frage nach der Rechtskultur, nach den Erfahrungen, die man in Jahrhunderten gemacht hat, den Interessen, die man für vorrangig hält, der Ansicht, wie man sie am besten schützen kann, und anderen Präferenzen mehr. Die deutsche Gesetzgebung (in der Strafprozessordnung von 1877) hat auf die mittelalterlichen Erfahrungen mit den Hexenprozessen reagiert und dekretiert, dass der Zeuge erst einmal ungestört im Zusammenhang berichten soll, was er von den Vorgängen weiß. Das ist der »Bericht« des Zeugen. Erst dann beginnt nach den Vorschriften der Strafprozessordnung sein »Verhör«, also seine Befragung im Detail. Das »artikulierte«, das in einzelne »Artikel« oder »Fragestücke« zerstückelte Verhör gibt es bei uns nicht mehr. Man hatte verstanden: Über das Geschick des Delinquenten entscheidet, wie geschickt die Fragen sind.

Andere Länder (Frankreich zum Beispiel) halten den guten Willen und die Fürsorge des deutschen Gesetzgebers für verfehlt: Lasst, um Himmels willen, die Zeugen nicht einfach so vor sich hin plappern, sie könnten sich um Kopf und Kragen reden. Der Zeuge gibt deshalb nicht erst einen »Bericht« ab, sondern wird sogleich befragt.

Einen Inquisitor, der die Fragen stellt, kennen wir nicht mehr. Der Strafprozess ist auch kein Inquisitionsverfahren, dessen verhängnisvolles Kennzeichen die Identität von Ankläger und Richter war. Die Trennung dieser Funktionen verdanken wir der Französischen Revolution. Erst seither ergibt der Satz »Wo kein Kläger, da kein Richter« wirklich Sinn. Zuvor machte sich der Richter selbst zum Kläger.

»Inquisitorisch« ist unser Verfahren aber noch immer. Die Herrschaft über die Untersuchung des Falles (seine »Inquisition«) liegt nämlich beim Gericht. Daher verläuft die Befragung eines Zeugen so, dass der Vorsitzende Richter (falls wir uns beispielsweise in der Verhandlung einer Strafkammer am Landgericht befinden) ihn auffordert: »Dann erzählen Sie mal, wie war das damals?«, und ihm anschließend Fragen stellt, so konkret und detailliert, wie er mag. Sodann fragt er die beisitzenden Richter, ob sie noch Fragen haben. Schließlich wendet er sich damit an die Laienrichter (und hofft inständig und insgeheim, dass sie verneinend den Kopf schütteln; so mancher Prozess ist schon geplatzt, weil Schöffen in dieser Situation ihre Voreingenommenheit offengelegt haben). Nun wandert das Fragerecht an die Staatsanwaltschaft. Dann sind die Verteidiger an der Reihe.

Und gibt es denn kein Kreuzverhör? Auf dem Papier unseres Gesetzbuches schon. In einem inquisitorisch strukturierten Verfahren wie dem unseren macht es aber keinen Sinn. Zum Beweis machen wir einen Ausflug in das anglo-amerikanische Recht.

»Zeugin der Anklage«

So heißt einer der besten Gerichtsfilme aller Zeiten mit den wohl berühmtesten Szenen eines Kreuzverhörs. Nach deutscher Rechtskultur stimmt aber schon der Titel nicht. Bei uns werden die Zeugen vom Gericht benannt und geladen. Staatsanwaltschaft und Verteidigung können Einfluss nehmen und auch selbst dafür sorgen, dass Zeugen »aufkreuzen« – in ein Kreuzverhör werden Zeugen hierzulande aber nicht genommen.

Im anglo-amerikanischen Prozess ist es nicht der Richter, der als Herr des Geschehens aktiv wird und »von Amts wegen« die Wahrheit erforscht. Es ist nämlich Sache von Staatsanwaltschaft einerseits und der Verteidigung andererseits, ihren »Fall« zu präsentieren, also ihre Version des Geschehens. Der Richter thront über allen und sieht zu (ähnlich wie ein Schiedsrichter beim Tennis), wie die Argumente hin- und herfliegen. Am Ende entscheidet das Gericht, wer diesen Disput gewonnen hat.

Die »Wahrheit« entsteht im Diskurs, in der Konfrontation (eine grauenhafte Vorstellung für Deutsche, die nun einmal an die Wahrheit als vergrabenes Goldstück glauben, das man eben nicht »machen« kann, sondern nur finden muss). In England und Amerika sind es Parteien, die um die Wahrheit ringen. Parteien sind parteiisch. Sie sollen die Interessen ihrer Klienten vertreten, die des Staates auf der einen und der Angeklagten auf der anderen Seite, einseitig und energisch. Dazu rufen sie »ihre« Zeugen auf, also Zeugen der Anklage und der Verteidigung.

Das muss man wissen, wenn man den Clou am Kreuzverhör verstehen will. Er besteht ja nicht darin, dass erst der Staatsanwalt einen Zeugen befragt und dann, »über Kreuz«, der Verteidiger (wie es übrigens in den Einträgen der Suchmaschinen beschrieben wird). Wäre es so simpel, könnte man niemandem erklären, weshalb das Kreuzverhör im kontinentalen Strafprozess keine Rolle spielt.

Nehmen wir also an, dass der Staatsanwalt »seine« Zeugin aufgerufen hat, die »der Anklage«. Er befragt sie nun dazu, was damals war, also zur Sache. Das ist die Phase der *direct examination.* Wenn er damit durch ist, kommt die Gegenpartei an die Reihe, die Verteidigung. Thematisch ist sie gebunden, denn der Staatsanwalt hat durch seine Befragung das Terrain abgesteckt. Was nicht zur »Sache« in diesem Sinne gehört, darf der Verteidiger nicht thematisieren.

Das limitiert ihn. Die Freiheiten des Verteidigers in der *cross examination* liegen an anderer Stelle. Ihr methodisches Prinzip ist nämlich, dass nun er (und nur er) die Glaubhaftigkeit der Aussage und ganz generell die Glaubwürdigkeit des Zeugen der Gegenseite angreifen darf. Das gilt natürlich *vice versa* für die Anklage, wenn der Verteidiger seinen Zeugen aufgerufen und zur Sache vernommen hatte.

Früher schon einmal gelogen? Nachts um drei mit Joint erwischt worden? Verheiratet, aber im Bordell gesehen? Gab es da nicht eine Abtreibung, vor zehn Jahren? Wenn der Staatsanwalt (oder Verteidiger) eine derartige Frage beanstandet, weil sie nichts mit der angeklagten Tat zu tun hat und überdies dem Zeugen oder der Zeugin, wie es im deutschen Recht heißt, »zur Unehre gereichen kann« und den »persönlichen Lebensbereich betrifft«, würde er hierzulande recht, dort aber zu hören bekommen, dass die Frage genau deshalb zugelassen werde. Jede *dishonesty* gilt als interessant und relevant.

Der zweite Punkt ist das Privileg, suggestive Fragen stellen zu dürfen. Für Deutschland ein absurder Gedanke – suggestive Fragen sind verboten, niemand darf sie stellen, auch das Gericht nicht. In den USA hält man sie für ein probates Mittel, die Glaubwürdigkeit der Aussageperson zu testen. Sie wird sich gegen unwahre Unterstellungen schon wehren, meint man. Suggestive Fragen sind nicht nur gestattet, wenn man *cross* examiniert, sondern auch bei der »direkten« Befragung eines Zeugen, den man selbst aufgerufen hat, wenn er vermutlich »feindlich« ist.

Das Kreuzverhör ist schon ein ziemlich ausgeklügeltes System. Es zu beherrschen gilt in den USA als hohe Kunst. Kluge Köpfe lehren sie in vielen guten Büchern; es gibt aber auch die Schmuddelecke mit Titeln wie *How to kick him out.*

Eines noch: Ein Angeklagter darf bekanntlich schweigen und muss, wenn er redet, nicht befürchten, wegen Falschaussage belangt zu werden. In den USA kann sich aber der Angeklagte als Zeuge in eigener Sache freiwillig der Wahrheitspflicht unterstellen und einem Kreuzverhör aussetzen! Das verwundert den Deutschen – man kann doch nur entweder Angeklagter oder Zeuge sein.

Nun ginge es allmählich in die juristisch komplizierten Details, die aber nicht ausgebreitet werden müssen, um den entscheidenden Punkt zu sehen: Das Kreuzverhör passt nicht zum Wahrheitsmodell des deutschen Strafprozesses.

High Noon

Was Zeugen betrifft, schütteln andererseits die Amerikaner den Kopf über uns. »Ihr Krauts lasst Zeugen vom Hörensagen zu? Wir schätzen«, sagen sie, »das *right to be confronted*«, nämlich den Anspruch, seinem Gegner, dem Belastungszeugen, *face to face* gegenüberzustehen.

Die Deutschen wiegeln erst einmal ab. Auch in unserem Prozessrecht gibt es das in der Strafprozessordnung verankerte Unmittelbarkeitsprinzip: »Beruht der Beweis einer Tatsache auf der Wahrnehmung einer Person, so ist diese in der Hauptverhandlung zu vernehmen.« Ist das nicht dasselbe?

Ganz und gar nicht, wie schon ein simples Beispiel aus dem Alltag der Polizei zeigt. Ein Polizist in Zivil lungert auftragsgemäß als Scheinaufkäufer dort im Park herum, wo man Stoff kriegen kann. Wenn er später im Prozess gegen den Dealer aussagen müsste, könnte man ihn anschließend nicht mehr einsetzen. Er wäre »verbrannt«. Für V-Leute, die man eingeschleust hat, gilt das Gleiche. Wenn es die ganz harte Szene ist, sind sie vielleicht nach ihrer Aussage sogar »verblüht« – und das heißt ermordet.

Also werden diese Zeugen von der Polizei für die Gerichtsverhandlung »gesperrt«. An ihrer Stelle erscheint als Zeuge der Herr Kriminaloberrat Dr. Ober, dem der Scheinaufkäufer nach seinem Einsatz berichtet hat (oder der, im zweiten Beispiel, als »V-Mann-Führer« tätig war). Was soll ich denn als Verteidiger mit dem? Ich möchte den »tatnächsten« Zeugen hören und sehen. Dr. Ober ist ja nicht dabei gewesen, und ihn, den tadellosen Beamten, braucht man nun wirklich nicht nach seinem Vorleben und seiner Glaubwürdigkeit im Allgemeinen zu fragen.

Dieser Empörung zeigt das deutsche Recht die kalte Schulter. Der Unmittelbarkeitsgrundsatz, so lautet die kühle Entgegnung, schützt das Interesse an Konfrontation mit dem tatnächsten »unmittelbaren« Zeugen nicht. Er besagt nur, dass man eine Vernehmung nicht durch eine Verlesung (zum Beispiel früherer Aussagen) ersetzen darf. Der Personalbeweis hat Vorrang vor dem Urkundenbeweis. Und bitte: Auch der Herr Polizeioberrat ist ja »unmittelbarer« Zeuge, weil er unmittelbar gehört hat, was der andere gesagt hat. Insofern ist der Zeuge vom Hörensagen ein unmittelbarer Zeuge. Was zu beweisen war. Spitzfindig? Nicht für deutsche Denker, die sich eben schon Jahrhunderte vor der Entdeckung Amerikas über die Frage gestritten haben, wie viele Engel auf der Spitze einer Nadel Platz finden.

Das Interesse, den tatnächsten Zeugen zu hören, ist legitim, aber an anderer Stelle geregelt. Es hängt davon ab, wie das Gericht seine Pflicht versteht, die Sache aufzuklären.

Diese Aufklärungspflicht ist eine eher wachsweiche Angelegenheit. Kein Gedanke an High Noon, hinaus ins Licht der Mittagssonne, Konfrontation, er oder ich, entweder – oder. In

Deutschland werden die widerstreitenden Interessen »abgewogen«. Da sind zum Beispiel die Interessen am Schutz des Zeugen und des Opfers, an der Wahrheitsfindung einerseits und der »Funktionstüchtigkeit der Strafrechtspflege« andererseits (so nennt das Verfassungsgericht das Interesse, möglichst wenig Umschweife zu machen), das Interesse der Verteidigung. Würde die Polizeibehörde, um das etwas konkreter auszuführen, den V-Mann, der in ihrem Auftrag in der Szene Beobachtungen gemacht hat, als Zeugen ohne Weiteres zur Verfügung stellen oder Schwierigkeiten machen? Wie lange müsste das Gericht sich darum bemühen, wie gefährlich wäre der Auftritt in der Hauptverhandlung für diesen Zeugen, wie nötig braucht ihn die Polizei in Zukunft noch? Wie wichtig ist seine Aussage für die Wahrheitsfindung, genügt nicht auch der V-Mann-Führer aus dem Polizeipräsidium (»Herr Dr. Ober«)? Wie berechtigt ist das Interesse der Verteidigung, die auf dem tatnächsten Zeugen besteht – und so fort. Die in Deutschland herrschende Rechtsmeinung hält es sogar für zulässig, sich selbst dann mit dem Zeugen vom Hörensagen zu begnügen, wenn man den Gewährsmann anhören könnte, der unmittelbar dabei war – auch das könne das Ergebnis einer pflichtgemäßen Abwägung aller Interessen sein.

Bei »Abwägung« stellt man sich immer eine Waage vor, in die auf der einen Seite die Argumente und auf der anderen Seite die Gegenargumente in die Schale gelegt werden. Dann neigt sich die Waage nach einer Seite, die »überwiegenden« Interessen haben gewonnen. Die anderen bleiben erhalten, rangieren aber etwas tiefer. Sie sind »aufgehoben«, im Sinne Hegels (um noch einmal deutsch-philosophisch zu werden), also einerseits weg, aber auch noch da.

So das Bild. In Wahrheit ist es natürlich anders: Die verdrängten Interessen haben verloren, sie sind futsch, verschwunden, mausetot. Als wären sie im Duell in der Mittagssonne erschossen worden. Sie spielen im konkreten Fall keine Rolle mehr.

Die Deutschen wollen das Instrument des Zeugen vom Hörensagen nicht aufgeben, sind aber unter Druck, weil auch der Europäische Gerichtshof für Menschenrechte massive Bedenken hat. Er sieht das Konfrontationsrecht als eine Ausprägung des übergeordneten Prinzips der Fairness an. Die deutschen Gerichte atmen erleichtert auf: Dann kommt es ja nur darauf an, ob, wie eine typische Formulierung lautet, »das Verfahren bei einer Würdigung aller Umstände in seiner Gesamtheit fair gewesen ist«. Kleine Macke im Verfahren gefunden, nicht alles fair zugegangen? Macht nichts, denn es kommt ja auf die »Gesamtheit« an. Her also mit allen Umständen, auf die Waage gelegt und abgewogen! Die europäische Waage ist zwar ein bisschen anders geeicht als die deutsche, aber einen Obereichmeister gibt es eben nicht …

Wer hat denn nun im Kampf pro und contra Zeugen vom Hörensagen den weißen Hut auf und wer den schwarzen? Niemand mehr. Das Problem hat hüben und drüben so viel Staub aufgewirbelt, dass aus Schwarz und Weiß Grautöne geworden sind. Man kommt sich näher. Deutschland legt strengere Maßstäbe an, wenn es um Aussagen vom Hörensagen geht, und im anglo-amerikanischen Rechtskreis wird das Verbot durch Ausnahmen aufgeweicht. Dennoch – was macht man als Staatsanwalt, wenn von vornherein klar ist, dass man Zeugen vom Hörensagen später nicht heranziehen darf? Man sorgt dafür, dass es einen Sachbeweis gibt. Die Amerikaner haben es uns vorgemacht.

Eine deutsche Hightechfirma stellte spezielles Hubschrauber-Equipment her. Es war für ein Land bestimmt, über das damals ein Embargo verhängt war. Die Firma beteuerte, ihr Produkt sei für Rettungshubschrauber bestellt worden, die vom Embargo nicht betroffen seien; die Ankläger sprachen von Kampfhubschraubern, und die Firma habe gewusst, dass man das gelieferte Teilchen so oder so verwenden könne *(dual use)*.

Die beiden Geschäftsführer der Hightechfirma wussten, als sie in die USA flogen, noch nicht, dass sie gegen das Embargo verstoßen haben sollten und somit in einen Kriminalfall verwickelt waren. Sie wollten ihre Geschäftspartner aus einer Firma treffen, die Spezialteile für das deutsche Spezialprodukt lieferte. Am Flughafen wurden sie von zwei Männern abgeholt, die sie von früheren Besuchen nicht kannten, bekamen das aber einleuchtend erklärt (Urlaub, versetzt, und was man halt so sagt). Die Deutschen wurden ins Hotel gefahren. Man aß und trank, besprach und orderte, *cheers*!

Am nächsten Morgen an der Rezeption: »Wir würden gerne auschecken.«

»Das können Sie nicht. Sieht zwar aus wie ein Hotel hier, ist aber keines. Es ist ein Haus des FBI. Jede Ihrer Bewegungen, jedes Wort ist aufgezeichnet, in Bild und Ton.«

Die unmittelbaren Zeugen, die beiden Polizisten in Zivil, die das »Empfangskomitee« am Flughafen und die Gesprächspartner am Abend waren, will man natürlich im Prozess nicht präsentieren, und den mittelbaren, ihren Chef als Zeugen vom Hörensagen, darf man (wir sind ja mit diesem Fall in den Vereinigten Staaten) nicht präsentieren. Also muss man überall Wanzen und versteckte Videokameras anbringen. Dann hat man wieder einen unmittelbaren Beweis – und noch dazu einen Sachbeweis, der ja, wie bereits erwähnt, ohnehin als verlässlicher eingestuft wird als ein Personalbeweis durch Zeugen.

Diese Zusammenhänge mit dem Beweisrecht hat man uns verschwiegen (oder vielleicht gar nicht gekannt?), damals, als die deutschen Politiker lauthals den Lauschangriff und die Videoaufnahmen forderten, mit der Begründung, die USA hätten das schließlich auch. Ja – aber nach dem amerikanischen System geht es kaum anders. Das will allerdings keiner hören. Also haben wir die Wanzen im Wohnzimmer und die Kameras im Kronleuchter auch bekommen, wie Burger und Coco-Cola, mit der üblichen Verzögerung.

Wir haben die beiden verdutzten Deutschen im Foyer des FBI-Gebäudes stehen lassen. Was ist mit ihnen später geschehen? In dieses Buch gehört das eigentlich nicht, sondern in ein anderes, über Strafen hierzulande und in aller Welt. Dennoch in Kürze, weil eben immer alles mit allem zusammenhängt: Sie erhielten in den USA lange Freiheitsstrafen von etwa sechs Jahren, die aber zur Bewährung ausgesetzt wurden (was dort geht, hierzulande aber nicht: Bewährung kann nur bis zu einer Strafe von zwei Jahren gewährt werden). Als Bewährungsauflage wurde verhängt, dass die Verurteilten Informationen über einen Schweizer Konkurrenten zu beschaffen hätten.

»Aber da kennen wir doch überhaupt niemanden!«

»Dann sorgen Sie dafür, dass Sie einen kennenlernen.«

Und immer wenn die beiden dann lieferten, hieß es, dass noch mehr kommen müsse, wenn nicht die Bewährung widerrufen werden solle. Kostenloses Outsourcing von Detektivarbeit an Sträflinge – das einen gewissen diabolischen Charme hat, wenn man es sehr sportlich sieht …

Es hat übrigens alles ein gutes Ende genommen; die beiden haben ihre »Bewährungsproben« bestanden und sind in Freiheit. Wir könnten erleichtert durchatmen und uns wieder um das zentrale Thema kümmern, wie in Deutschland die Wahrheit festgestellt wird, wenn bei der Geschichte nicht ein Rest von Unbehagen bliebe. Der Herr Polizeioberrat steht im Prozess zur Verfügung, nicht aber der vom Tatort, also der Polizist, der in Zivil auftrat, oder die »V-Person«, die mit der Polizei zusammenarbeitet (V wie »Vertrauen« und »Verbindung«). Haben die sich nicht selbst strafbar gemacht?

Wenn dem so wäre, hätte der Staat ein Problem: Ist es denn legitim, den Erwischten als Straftäter zu verurteilen mithilfe von Akteuren, die dem Staat zuzurechnen sind und sich etwa selbst strafbar gemacht haben?

Mit dieser Frage setzen wir wieder einen Fuß auf ein Gebiet, um das es in diesem Buch gar nicht geht, nämlich das des materiellen Rechts, in dem die Strafbarkeiten geregelt sind, während hier das »formelle«, prozedurale Recht im Zentrum steht. Aber der andere Fuß steht eben noch auf diesem hier vermessenen Terrain. Sehr zugespitzt gesagt: Darf der Staat bei seinen Ermittlungen erst gemeinsame Sache mit dem Verbrechen machen, sich aber dann im Prozess davon distanzieren, auf die »andere Seite« deuten und sagen: »Nur die haben sich strafbar gemacht, während unsere Leute sauber geblieben sind«? Es wäre ja prozessual mehr als anrüchig, wenn man sich bei der Ahndung von Verbrechen auf die Vorarbeit von »Verbrechern im Staatsdienst« stützen dürfte.

Agent Provocateur

Dabei geht es um »Lockspitzel«, eine bestimmte Rechtsfigur (und nicht um einen Laden, der mit Spitze lockt und die Figur zu ihrem Recht kommen lässt). »Anrüchig«, soeben als Makel genannt, wäre das passende Stichwort.

Die dazugehörende, zum Himmel stinkende Geschichte beginnt in den Zwanzigerjahren des vergangenen Jahrhunderts auf einer Herrentoilette. Ein Offizier der Reichswehr tat so, als ginge er einem Bedürfnis nach, sollte aber in höherem Auftrag Herrn General X anmachen, den als homosexuell zu eliminieren dem Militär ein Bedürfnis war. Das Manöver war erfolgreich. Manchmal ist ja auch Deutschland Vorreiter: In den Sechziger- und Siebzigerjahren gab es in den USA verdecktes staatliches Massenpinkeln im Kampf gegen Homos. »Lockspitzel« heißen die Akteure, was nur eine bemühte Übersetzung von »Agent Provocateur« ist.

Was nun ist der rechtliche Gag dabei? Es ist einmal mehr eine Spitzfindigkeit. Zu einer Tat kann man anstiften oder auch Beihilfe leisten. Diese Art von Teilnahme setzt in beiden Varianten einen doppelten Vorsatz voraus. Der Anstifter oder Gehilfe muss sich natürlich darüber im Klaren sein, dass er einen Tatbeitrag leistet, und das auch wollen. Überdies muss er wissen und wollen, was der Haupttäter tut.

Nun kommt der Trick. Das Beispiel in den Lehrbüchern ist der Typ, der einem gerade entlassenen Knacki den Tipp gibt, dass die Familie Steinreich aus der Goldstraße heute Abend nicht zu Hause ist. Als der Knacki sich aufmacht zum Einbruch, ruft der Typ die Polizei an. Die Falle schnappt zu.

Der Tippgeber wird nicht als Anstifter bestraft, weil er nicht wollte, dass die Tat vollendet wird, sondern im Stadium des Versuchs stecken bleibt. Und das soll nach deutscher Doktrin für eine Bestrafung nicht reichen.

Nehmen wir das einmal so hin. Die Praxis sieht anders aus. Sie schießt über das Ziel hinaus, wird dafür aber auch noch belohnt: Die Polizei verzweifelt daran, einen Kofferdieb zu überführen, der im Hauptbahnhof München sein Unwesen treibt und es irgendwie schafft, nicht erwischt zu werden. Schließlich stellen die Beamten einen teuren Koffer auf den Bahnsteig und hoffen, den Kerl in flagranti zu erwischen. Der greift in der Tat zu und macht sich auf, den Bahnhof zu verlassen. Würden ihn die Polizisten jetzt stellen, wäre der Diebstahl nicht vollendet, sondern nur versucht, weil der Dieb noch am Tatort Bahnhof ist. Hat er ihn verlassen, wäre der Augenblick des Zugriffs gekommen.

Der Polizeisprecher sagt der Boulevardpresse hinterher aber voller Stolz: »Wir wollten ganz sichergehen, haben ihn verfolgt und erst in seiner Wohnung festgenommen.« Damit allerdings ist das merkwürdige Privileg verspielt, dass als Anstifter nicht bestraft wird, wer nicht will, dass der Täter seine Tat vollendet. Was macht die herrschende Ansicht? Sie erweitert das Privileg. Es gelte auch dann noch, wenn die Tat zwar abgeschlossen sei, der Staat aber alles unter Kontrolle habe und rückgängig machen könne.

Damit nicht genug. Wie ist es denn, wenn man daran zweifeln muss, ob der Agent Provocateur als Teilnehmer noch Randfigur ist, weil alles darauf hindeutet, dass er vielmehr eine zentrale Rolle übernommen hat und das Geschehen als Täter in Händen hält?

Theo sitzt am Tresen einer Bar in Andalusien und bekämpft seinen Frust mit Alkohol. Den Georg, der neben ihm sitzt, hat er gerade erst kennengelernt, mit dem kann man offenbar reden.

»So ein Marokkaner«, sagt Theo zu Georg, »schuldet mir zehntausend Piepen, hat sie aber nicht und gibt mir stattdessen ein paar Platten so weißes Zeug, soll das Doppelte wert sein. Damit kenne ich mich überhaupt nicht aus.«

»Aber ich«, beruhigt ihn Georg, »das kann ich alles für dich regeln. Ich brauche nur einen Tausender, und du musst mir sagen, wohin mit dem Stoff.«

Theo gibt ihm das Geld und seine Adresse, in der Nähe von Ludwigsburg. Wochen später ruft Georg dort an und sagt, morgen komme die Lieferung.

Eine Spedition bringt einen mehr oder weniger antiken Schreibtisch, mit dem Tausender bezahlt, und Georg hat gesagt, das Zeug sei im Hohlraum unter der Tischplatte. Da ist es auch. Die zwei, die den Schreibtisch ausgeladen haben, zeigen es ihm – und dann die Handschellen. Georg ist nämlich vom Bundeskriminalamt, ebenso wie es die zwei von der »Spedition« sind.

Die Tat – unerlaubte Einfuhr von Betäubungsmitteln – ist natürlich längst vollendet, an der deutschen Grenze nämlich. Doch diese »Grenze« des Privilegs der Straffreiheit haben wir ja gerade schon zugunsten der Teilnehmer verschoben. Ist denn aber, wie eingangs bereits gefragt, der Georg noch Gehilfe, eine Randfigur, die sich dem Willen und der Gestaltungsmacht des Täters Theo untergeordnet hat, nur »Hand- und Spanndienste« leistet – oder nicht schon selbst zum Täter geworden? Dann wäre es endgültig aus und vorbei mit dem Privileg der Straffreiheit.

Der Bundesgerichtshof hat sich noch nicht einmal vernehmlich geräuspert, sondern ganz kühl entschieden, dass der BKA-Mann nur Gehilfe gewesen sei. Weil nicht sein kann, was nicht sein darf?

Was nicht sein soll, ist nämlich, dass sich der verurteilende Staat in Gestalt seiner Ermittlungspersonen selbst auf strafbare

Weise an der Tat beteiligt hat. Daher das Privileg, das auf Biegen und Brechen passend gemacht wird.

Es gibt nun allerdings doch eine Sollbruchstelle. Der BGH hat endlich entschieden, dass man einen Menschen, der vom Staat in das Verbrechen hineingetrieben wurde, nicht bestrafen darf. Bislang hatte die Rechtsprechung diesen massiven Druck der Polizei nur durch einen Strafrabatt kompensiert (der Täter sei schließlich ein Täter, wenn auch vom Staat dazu gemacht worden, müsse also bestraft werden, allerdings nicht mit der vollen Härte des Gesetzes, weil vom Staat verführt und zur Kriminalität gedrängt).

Es ging, wie so oft, um das Drogenmilieu. Die Polizei konnte zwei Verdächtigen nichts nachweisen. Schließlich wurden verdeckte Ermittler auf die beiden angesetzt, die sich aber standhaft weigerten, das erbetene Ecstasy zu besorgen. Sie seien in jeder Hinsicht clean. Dann spiegelte ihnen einer der Ermittler vor, seine Familie würde umgebracht, wenn er nicht liefern könne. Daraufhin organisierten die beiden einen Deal, widerwillig und ohne Geld dafür zu nehmen. Sie wurden wegen Beihilfe zum Drogenhandel zu drei Jahren und zehn Monaten Haft verurteilt.

Die Methode der Ermittler war eindeutig rechtsstaatswidrig. Der BGH leitete daraus ein Prozesshindernis ab. Das Verfahren müsse endgültig eingestellt werden. So wollte es schon zuvor der Europäische Gerichtshof für Menschenrechte. Das Bundesverfassungsgericht hatte einmal für »extreme Ausnahmefälle« eine »Verwirkung des staatlichen Strafanspruchs« für möglich gehalten und dabei wohl nicht bedacht, dass die Konsequenz ein Freispruch sein müsse. Das ist nun auch wieder schwer vermittelbar, weil die beiden ja doch gedealt hatten.

Tatsachen bitte

»Also, erzählen Sie mal«, sagt der Richter zum Zeugen. So hat das Kapitel über die Glaubhaftigkeit der Story begonnen. Und dann lehnen sich alle entspannt zurück und lauschen?

Sie werden es so aussehen lassen, die Richter, Staatsanwälte und Verteidiger. Aber diese Profis sind innerlich immer auf dem Sprung: Hält sich der Zeuge an seine Grenzen? Die sind eng gezogen und werden nicht selten überschritten – in Unkenntnis, aus Geschwätzigkeit, Wichtigtuerei, um den Angeklagten zu belasten oder ihm zu helfen, wie auch immer.

»Ich habe es kommen sehen, dass der Typ in die Küche geht, ein Messer holt und aus Eifersucht zusticht.« Derartige Schlussfolgerungen oder Prophezeiungen soll ein Zeuge nicht von sich geben. Interessant ist nur, was er wirklich gesehen hat: War der Zeuge noch da, als der Angeklagte das Zimmer verlassen hat? Ja, aber dass er in die Küche gegangen ist, hat er nur vermutet.

»Wie kommen Sie darauf«, fragt der Richter, »dass er ein Messer geholt hat?«

»Da war ich schon gegangen«, sagt der Zeuge, »das habe ich aus der Zeitung« – also keine eigene Wahrnehmung. Aus Eifersucht zugestochen: Woher will der Zeuge wissen, was in anderen vorgeht?

Zeugen sollen aus eigener Erfahrung über Tatsachen berichten, sonst nichts. Sie sollen nicht deuten, werten, vermuten, meinen, kommentieren, beurteilen. Deshalb ist es ganz und gar unerheblich, was ihre Wertung oder Deutung des Geschehens wäre, ihre Meinung und ihre Ansicht.

Darf man Zeugen über »negative« Tatsachen befragen, also Dinge, die sich nicht ereignet haben? Das ist eine ziemlich vertrackte Angelegenheit, weil es, wie in der Mathematik, darauf ankommt, an welcher Stelle sich das Minuszeichen befindet. »Ich habe nicht gehört, dass in diesem Meeting über Waffenexporte gesprochen wurde.« Kann aber eben dennoch sein. »Ich bin mir sicher, dass Waffenexporte kein Thema waren.« Das ist etwas anderes.

Nicht weniger sensibel ist der Umgang mit Ereignissen, die man sich hinzudenken könnte, also mit hypothetischen Fragen. Sie sind prinzipiell unzulässig. Der Zeuge soll ja gerade nicht spekulieren über »was wäre gewesen, wenn«. Ist es aber so, dass einen die Strafvorschrift zwingt, Hypothesen zu erörtern, muss man auch fragen dürfen. Ein Beispiel: »Hätten Sie«, fragt der Richter den Opferzeugen, der sich betrogen fühlt, »das Auto auch gekauft, wenn man Sie nicht durch Manipulationen am Tacho über den wahren Kilometerstand getäuscht hätte?« Weil es für die Kausalität im Kopf des Opfers, den Zusammenhang zwischen Täuschung und Entscheidung, auf das »Was wäre gewesen, wenn« ankommt, darf man danach fragen. Aber das sind Ausnahmen von der Regel, dass man sich Prognosen von Zeugen verbitten muss.

Ganz anders beim Sachverständigen: Da muss man sie geradezu erbitten. Und auch ansonsten ist seine Prozessrolle Punkt für Punkt das Gegenteil dessen, was der Zeuge darf und soll.

Kapitel 5:

Ihr Urteil bitte, Herr Sachverständiger

Das Urteil spricht natürlich das Gericht, aber ein Urteil über das, was geschehen ist, erwartet man sich bereits vom Sachverständigen. Er soll Tatsachen herausfinden, für die man Sachkunde braucht, an diese Tatsachen anknüpfen und Schlussfolgerungen ziehen, gestützt auf Erfahrungsregeln. Er soll Meinungen äußern und Wertungen vornehmen, eine Situation beurteilen, Prognosen abgeben. Rechtsfragen allerdings bleiben die ureigene Domäne des Gerichts.

Das sagt sich leicht. Wenn man einen Sachverständigen fragt, welche Anforderungen auf seinem Gebiet für »fachmännische« Arbeit gelten, ist das schwer zu trennen von der eben erwähnten »ureigenen« Aufgabe des Gerichts, ein Urteil darüber zu fällen, ob unter rechtlichen Aspekten etwas falsch gemacht worden ist. Der nächste Fall wird zeigen, wie vertrackt dieses Problem ist.

Halbgötter in Weiß

Bei einer Operation hat es einen Zwischenfall gegeben, der Patient ist auf Dauer geschädigt. Dem Arzt wird vorgeworfen, einen Kunstfehler begangen zu haben. Der Sachverständige soll in einem Gutachten darstellen, wie eine Operation dieser Art *lege artis* durchgeführt wird und auf welche Weise der beschuldigte Arzt operiert hat. Das Gericht muss aber einen Schritt weitergehen und klären, ob die im konkreten Fall durchgeführte Operation den ärztlichen Kunstregeln entsprochen hat oder nicht. Dazu braucht man wiederum ärztlichen Sachverstand. Also wird der Sachverständige auch diesen Auftrag erhalten.

Die Frage, ob die Operation mit den ärztlichen Regeln über die erforderliche Sorgfalt vereinbar war, ist nun allerdings identisch mit der juristischen Frage, ob ein Kunstfehler begangen wurde. So kommt es, dass am Ende der Sachverständige einen Teil des Urteils vorwegnimmt. Es ist unvermeidlich. Zynisch gesagt: Wenn man vor Gericht und auf hoher See in Gottes Hand ist und wenn die Mediziner Halbgötter in Weiß sind, dann ist man halb in ihrer Hand.

Nun gibt es allerdings, um im Bilde zu bleiben, ziemlich oft Streit im Olymp. Wenn ein Gericht drei Sachverständige bestellt hat, weiß man als Verteidiger schon, was herauskommt – nichts nämlich, was den Mandanten ins Gefängnis bringen könnte.

Es war ein Fall, der rätselhaft war und blieb. Die angeklagte Ärztin hatte erfolgreich einen Kaiserschnitt vorgenommen, die engmaschige Überwachung der Patientin angeordnet und die Klinik verlassen. Stunden später war die Patientin tot. In erster Instanz war die Ärztin wegen fahrlässiger Tötung verurteilt worden. Der Kollege, der vor dem Amtsgericht ihr Verteidiger gewesen war, hatte mich gebeten, die Berufungsverhandlung zu übernehmen. Die Ärztin war nicht erschienen (was sie auch nicht musste).

Sympathisch war sie mir nicht, nach allem, was ich in den Akten gelesen hatte, und persönlich lernte ich sie nicht kennen. Das sind eigentlich nicht die schlechtesten Voraussetzungen, wenn es um Rechtsprobleme geht. Man braucht professionelle Distanz, um gut verteidigen zu können. Nichts ist schlimmer als zu viel Sympathie.

Der Rechtsmediziner sagte, wie schon in der ersten Instanz, die Patientin sei mit einer Wahrscheinlichkeit von 80 Prozent innerlich verblutet. Der Pathologe widersprach. Er hatte bei der Obduktion kein Blut in der Frau gefunden (im Bett und darunter war auch keines, bekräftigte das Klinikpersonal). Der dritte Mediziner hatte eine Theorie, über die er sich mit dem Rechtsmediziner in die Haare geriet. Der wiederum ärgerte sich darüber so, dass er sein Wahrscheinlichkeitsurteil auf 99 Prozent erhöhte. Ich fragte ihn, ob es dafür neue Erkenntnisse gebe oder ob wir hier Poker mit *all in* spielten. Und so musste das Gericht achselzuckend freisprechen.

Sachverständige bekommen bestimmte Aufträge vom Gericht. Gehen sie darüber hinaus, riskieren sie, wegen Befangenheit abgelehnt zu werden. Dazu muss ein Sachverständiger nicht befangen sein, sondern nur die Besorgnis erwecken, dass er es sein könnte. Das liegt nahe, wenn er zwischen den Zeilen seines Fachgutachtens oder auch ganz offen erkennen lässt, dass er gewisse juristische Vorurteile hat, sich also mit Fragen beschäftigt hat, die ihm das Gericht nicht gestellt hat und die ihn nichts angehen.

Auf einem Ponyhof gab es Streit zwischen der Inhaberin und ihrem Freund. Angeblich nur deshalb, weil sie ihm ein Straußensteak gebraten hatte und er es nicht essen wollte. Er setzte sich aufs Rad und fuhr hinaus in den Wald. Die Freundin warf sich in ihre S-Klasse, bretterte ihm nach und erwischte ihn auf einem Waldweg. Er flog seitlich in die Büsche. Sie fuhr zurück auf den Hof, bekam Gewissensbisse und bat den anwesenden Tierarzt, nach dem Verletzten zu sehen. Der fand ihn aber nicht mehr, weil er schon von einer Reiterin entdeckt worden war, die einen Krankenwagen herbeigerufen hatte (was die interessante, aber in diesem Buch nicht zu thematisierende Frage aufwirft, ob die Frau mit der S-Klasse von einem Tötungsversuch strafbefreiend zurückgetreten war).

Zwei Professoren wurden mit einem Gutachten zu der Frage beauftragt, ob die Verletzungen tödlich gewesen wären. Das bejahten sie mit dem Zusatz: »Und derartige Verletzungen können nicht anders als vorsätzlich beigebracht worden sein.« Danach hat sie aber keiner gefragt – und auch nicht fragen dürfen, denn die Frage nach dem Vorsatz ist eine Rechtsfrage. Wenn sich die Sachverständigen nicht nur anmaßen, diese zu beantworten und überdies noch die zumindest halbgöttliche Fähigkeit für sich in Anspruch nehmen, anderen in den Kopf schauen und Gedanken lesen zu können, ist ein Verteidiger geradezu verpflichtet, sie als voreingenommen abzulehnen.

Nicht, dass Sachverständige immer Professoren oder Mediziner wären. Die Palette ist bunt: Uhrmacher beurteilen, ob es sich um eine Fälschung handelt; Schusswaffenexperten analysieren Spuren im Lauf und am Geschoss; Linguisten führen aus, wie eine Passage in einem englisch verfassten Dokument zu übersetzen ist, wenn man bedenkt, dass der Verfasser Deutscher war; in den »Richtlinien für das Strafverfahren und das Bußgeldverfahren«, von Bund und Ländern als Roadmap für die Strafjustiz eingeführt, heißt es in Nr. 71: »Bei Arbeitsunfällen empfiehlt es sich, der für den Betrieb zuständigen Berufsgenossenschaft oder ihren technischen Aufsichtsbeamten neben den für die Gewerbeaufsicht zuständigen Stellen Gelegenheit zu geben, sich gutachtlich zu äußern.« Von den Halbgöttern in Weiß zu denen im Blaumann. Die Erde hat uns wieder.

Der Sachverständige, so heißt es oft, sei »Gehilfe des Richters«. Das ist schon richtig, aber nicht wichtig. Zeugen helfen ja auch bei der Wahrheitssuche. Sie handeln aber nicht, wie der Sachverständige, im Auftrag des Gerichts (und Zeugen sind nicht austauschbar, während man sich ohne Weiteres andere Sachverständige holen kann – es gibt ja in aller Regel mehrere Experten für ein Fach). Gewisse Grenzfälle lassen einen zweifeln, ob die »Auskunftsperson«, die das Gericht zur Hauptverhandlung geladen hat, nun als Zeuge oder als Sachverständiger zu vernehmen ist. Womit haben wir es zum Beispiel zu tun, wenn ein Arzt an der Unfallstelle angehalten hat und nun fachmännisch über die Verletzungen der Opfer berichtet? Das Gesetz klassifiziert ihn als »sachverständigen Zeugen«. Sachverstand allein macht eben noch nicht zum Sachverständigen. Einen Auftrag hatte der Arzt nicht. Er war zufällig da und ist deshalb Zeuge. Sachverständiger kann er auch deshalb nicht sein, weil er nicht gegen einen anderen Arzt austauschbar wäre.

Noch einmal aber: Der Sachverständige als »Gehilfe des Richters«, das hat in einer bestimmten Situation eine gewisse Bedeutung.

Zimmer mit Aussicht

Dieter hat sein Baby umgebracht. Ermordet, sagt der Staatsanwalt. Jetzt sitzt Dieter in Untersuchungshaft. Dringend verdächtig ist er natürlich – er hat es ja gestanden. Aber einen Haftgrund braucht man auch. Davon gibt es vier.

Fluchtgefahr besteht nicht. Wohin soll er denn? Er lebt mit seiner Frau auf einem alten Bauernhof und restauriert Antiquitäten. Ein Chalet in der Schweiz hat er nicht. Verdunkelungsgefahr, der zweite häufig verwendete Haftgrund? Welche Beweisquellen soll er denn trüben, was vertuschen? Er ist doch zur Polizei gegangen und hat alles gestanden. Dass er nämlich abends noch in der Kinderstation der Klinik war und dem Säugling einen 100er-Nagel in die Fontanelle getrieben hat, was man halt so zur Hand hat als Restaurator. Weil das Baby schwer behindert zur Welt gekommen ist und er ganz verzweifelt war, weil er nicht wusste, ob er das aushalten würde, ob seine Frau das alles wollte und was aus der Beziehung zu ihr werden würde, bei der Last, ein Leben lang.

Ferner gibt es noch den Haftgrund der Wiederholungsgefahr, der hier ganz und gar ausscheidet. Aber es »passt«, wie im Falle Amaru schon erwähnt, dieser dubiose vierte Haftgrund, der nur auf die Schwere der Tat abstellt, die einer begangen haben soll – zu dem Katalog der Delikte, den das Gesetz aufstellt, gehören vor allem Mord und Totschlag, Terror und Brandstiftung. Auf die »Erregung der Öffentlichkeit« hat man zu NS-

Zeiten verwiesen. Das Bundesverfassungsgericht hat ihn nicht aufgehoben, sondern nur »Verhältnismäßigkeit« angemahnt, die übliche Verlegenheitslösung.

Dieter kam erst einmal in die Nervenklinik, Abteilung Forensische Psychiatrie. »Zur Vorbereitung eines Gutachtens über den psychischen Zustand des Beschuldigten kann das Gericht … anordnen, dass der Beschuldigte in ein öffentliches psychiatrisches Krankenhaus gebracht und dort beobachtet wird.« So steht es in Paragraf 81 der Strafprozessordnung. Bei Mord und Totschlag ist das Routine. Bis zu sechs Wochen darf man eingewiesen werden! Dagegen ist nichts zu machen. Der Verteidiger könnte, wenn sein Mandant sich gegen die Unterbringung sträubt und partout »nicht in die Klapse« will, sofortige Beschwerde einlegen, das schon. Sie wird aber keinen Erfolg haben, wenn der Richter, der die Unterbringung angeordnet hat, Zweifel an der Schuldfähigkeit hatte. Und es gibt eben keinen Richter, der nicht geklärt haben will, ob der Beschuldigte ganz bei Sinnen war, damals zur Zeit der Tat, ob sie vielleicht im Affekt geschah, unter Drogen und so weiter. Vor allem auch die Frage, ob die Schuldfähigkeit womöglich nur vermindert war, sodass eine Strafmilderung zu bedenken wäre, wird kein Gericht aus eigener Sachkenntnis beantworten wollen. Aber es wehrt sich ohnehin kaum einer gegen die Unterbringung in der Psychiatrie. Auch Dieter tat das nicht.

Er hatte ja nun immerhin ein Zimmer mit Aussicht. In der U-Haft war es schrecklich gewesen, grau und kalt, laut und aggressiv. Hier war es weiß, hell und freundlich, leise und aufmerksam. Die Türen fielen nicht zu, sondern gingen auf. Man sprach mit ihm und kümmerte sich. Sie waren alle nett zu ihm. Da öffnet man sich gerne (wie Amaru).

Der Professor fragte nach der Familie, seiner Kindheit und dem ganzen Leben. Wie er die Barbara kennengelernt habe, seine Lebensgefährtin, ob man sich das Kind gewünscht habe, wie es hätte weitergehen sollen im Leben.

Dann gab es noch einen anderen Arzt, der ließ ihn alle möglichen Tests machen. Formulare ausfüllen mit Fragen, wie man sich fühlt, komische Bilder ansehen und erzählen, was einem dazu einfällt, endlose Rechenaufgaben, die einen müde machen, und so Zeug. Dieter wusste nicht, dass das kein Arzt war, sondern ein Psychologe, wie er zu jedem Team der klinischen forensischen Psychiatrie gehört.

Nachts war Dieter oft unbehaglich zumute. Wenn ein Staatsanwalt oder einer von der Kripo etwas fragt, dann weiß man, was er hören und worauf er hinauswill. Hier blieb das alles rätselhaft. »Was denken die über mich, halten sie mich für normal oder gestört?«

Dr. Jekyll und Mr. Hyde

An diese Geschichte musste Dieter denken. Sie handelt von dem gutherzigen Arzt Dr. Jekyll, der sich durch einen Trank in den bösen Mr. Hyde verwandeln konnte und wieder zurück. Dieter kannte sie aus einem Film, in dem John Malkovich den Doppelgänger gespielt hatte, und irgendwie sah dem der Psychiater hier manchmal ähnlich. Sollte dieser gütige, zugewandte Doktor eine dunkle Seite haben? Aber nein, monströse Ängste, ganz und gar unbegründet, nächtliche Gespenster. Und doch: Gerade Psychiater wissen, dass selbst krankhaft wuchernde Wahnvorstellungen oft einen Kristallisationskern mit einem gewissen Bezug zur Realität haben.

So ist es auch mit Dieters Albtraum. Der psychiatrische Gutachter Dr. Jekyll hat keinen Doppelgänger, aber eine Doppelrolle. Er ist Arzt. Der Beschuldigte ist aber nicht sein Patient, sondern »Proband«. Nicht allen, die zur Begutachtung untergebracht werden, dürfte der Unterschied klar sein. Man müsste sie darüber aufklären. Gleich am ersten Tag sollte der frisch Eingewiesene zu hören bekommen: »Wir werden Sie hier untersuchen. Wenn Sie nicht mitwirken wollen, dann müssen Sie das nicht. Sie brauchen uns nicht zu antworten, und Sie dürfen die

Tests verweigern. Dann beobachten wir Sie eben nur. Wenn Sie aber kooperativ sein wollen, dann bedenken Sie bitte, dass wir im Auftrag des Gerichts tätig werden. Wir sind Gehilfen des Gerichts und werden dem Gericht alles sagen, was wir über Sie denken und von Ihnen erfahren. Wir sind nicht ihre schweigepflichtigen Ärzte. Sie können uns nichts anvertrauen.«

Es mag Psychiater geben, die so verfahren. Sie müssen es nicht. Die Rechtsprechung lehnt es ab, den Gutachter zur Belehrung zu verpflichten. Wenn man sich die Situationen einmal vergegenwärtigt – einerseits der Beschuldigte im Gerichtssaal, rechts die Staatsanwaltschaft, vor ihm die Richter, alle in schwarzen Roben, erhöht sitzend und von oben auf ihn herabschauend, andererseits der Beschuldigte im Gespräch mit dem Psychiater, auf Augenhöhe, in einigermaßen bequemem Ambiente und relativ entspannter Atmosphäre –, wo ist denn wohl die »Gefahr« größer, dass der Beschuldigte ins Plaudern kommt und sich selbst belastet?

Mich rief einmal spät am Abend ein Psychiater aus einer Uniklinik an. »Ich habe eben den X exploriert, der wegen des Mordes an einer Prostituierten angeklagt und zur Begutachtung bei uns in der Klinik ist. Du weißt schon, stand ja groß in der Zeitung. Er hat mir noch drei andere Morde an Frauen gestanden, bislang ungeklärt. Wenn ich das in meinem Gutachten verwerten darf, kann ich plausibel machen, an welcher massiven Störung er leidet, die ihn allenfalls vermindert schuldfähig erscheinen lässt. Das kann ich aber nicht begründen, wenn ich mich auf die angeklagte Tat beschränken muss, ein scheinbar einmaliges Geschehen, ein isoliertes Vorkommnis. Was mache ich jetzt?«

Die Antwort ist leicht zu geben, aber schwer vermittelbar. Von den anderen Taten hat der Sachverständige nicht kraft seiner Sachkunde erfahren. Es handelt sich um »Zusatztatsachen«, die nicht von seinem Auftrag umfasst sind. Der Proband hätte sie jedem erzählen können. Insofern hat sie der Sachverständige als Zeuge gehört. Einfach in das Gutachten einführen darf er die Neuigkeiten nicht. Er muss sich an das Gericht wenden und sagen, dass er als Zeuge vernommen werden will.

Der X wird toben: »Das habe ich doch einem Arzt erzählt, und der ist schweigepflichtig!«

Nein, ist er nicht, weil der Psychiater nicht als Arzt mit seinem Patienten, sondern als Gehilfe des Gerichts mit einem Probanden gesprochen hat. Sagt einem das der sogenannte gesunde Menschenverstand, der irgendwo zwischen Schwachsinn und Genialität zu verorten ist? Ohne professionelle Verformung durch ein Jurastudium wohl kaum ...

Wahrheit Größe L

Wir sollten auf dem Weg zur Wahrheit einmal innehalten, mitten im Wald, damit man ihn vor lauter Bäumen noch sieht. Von den Beweismitteln sind abgehandelt die Zeugen und die Sachverständigen; Urkunden und Augenschein stehen noch aus. Das letzte Kapitel über die Begutachtung durch Psychiater, noch ein wenig fortgeschrieben, führt erstmals zu der Einsicht, dass Wahrheit nicht immer Maßarbeit, sondern manchmal bestenfalls Maßkonfektion ist.

Das liegt am Konstruktionsprinzip des Paragrafen 20 des Strafgesetzbuchs über die Schuldunfähigkeit. Er lautet: »Ohne Schuld handelt, wer bei Begehung der Tat wegen einer krankhaften seelischen Störung, wegen einer tiefgreifenden Bewusstseinsstörung oder wegen Schwachsinns oder einer schweren anderen seelischen Abartigkeit unfähig ist, das Unrecht der Tat einzusehen oder nach dieser Einsicht zu handeln.« Man soll also erst gewisse »biologische« Komponenten abklären und dann in einem zweiten Schritt bewerten, was das »psychologisch« für die Fähigkeiten des Beschuldigten bedeutet.

An dieser Stelle, bei den Folgen des Defekts, liegt eine Wunde der Wahrheit, die kaum zu schließen ist. Gleich den Finger in sie zu legen, ohne die merkwürdigen »biologischen«

Kategorien wenigstens zu streifen, fällt schwer. Zu belastet sind diese Begrifflichkeiten. Die moderne Psychiatrie weiß um die Vorgeschichte, die Probleme der Definitionen, die noch immer ungelösten Zweifelsfragen – und sie weiß damit umzugehen. Dieses Lob hat sie verdient und sich schwer genug erarbeitet.

»Krankhafte seelische Störungen« sind psychische, also intellektuelle und emotionale. Die »Seele« ist eine metaphysische Schönheit, die sich wissenschaftlich nicht beschreiben lässt. Krankhaft sind Störungen, wenn sie nachweislich eine somatische Ursache haben (exogene Psychosen, Epilepsie, Alzheimer) oder wenn man sie vermuten muss (endogene Psychosen, Schizophrenie). Für die »tiefgreifenden Bewusstseinsstörungen« bleibt demnach nur, was nicht krankhaft ist. Hierher gehört der hochgradige Affekt, der in jeder Beziehung hochgradig problematisch ist (wobei die Doppeldeutigkeit von »Beziehung« gewollt ist). Unverschuldet soll er auch sein müssen. Wie viele Jahre darf man da zurück? Schon eine schlichte Provokation ist ja eine Frage der Interpunktion. Wo ist der Punkt, hinter dem sie beginnt? Wenn es zwischen zweien zum Streit kommt, dann »gibt ein Wort das andere«, die Kontroverse wird immer schärfer, und jeder beschuldigt den anderen, ihn provoziert und angefangen zu haben. So ähnlich ist das auch beim allmählichen Aufbau und der schlussendlichen Entladung eines Affekts. Die Frage nach der Schuld an einem Affekt ist oft nur so sinnvoll wie die Frage nach dem Anfang in einem Kreis.

Wenigstens über das Merkmal »Schwachsinn« sollte man sich zwischen Menschen verständigen können, die darunter nicht leiden. Lange Zeit war gebräuchlich die Unterteilung in Idiotie als der Intelligenzgrad eines durchschnittlichen Kindes unter sechs Jahren, Imbezillität bis zu vierzehn Jahren und Debilität bis zu achtzehn Jahren. Manche Psychiater folgen ihr noch immer. Ich habe meine Kinder nie für Idioten gehalten.

Die letzte Gruppe versammelt die »schweren anderen seelischen Abartigkeiten«. Die Geschichte dieses Begriffs ist zu schaurig, um sie nicht zu erzählen.

Er taucht zum ersten Mal auf in einer Vorschrift über wehrmachtsärztliche Untersuchungen vom 1. April 1944 (»Oberkommando der Wehrmacht: Vorschrift über wehrmachtsärztliche Untersuchungen im Kriege. Ärztliche Anweisung zur Beurteilung der Kriegsbrauchbarkeit bei Kriegsmusterungen«). Fehler Nr. 15, 3 war die »schwere seelische Abartigkeit von Krankheitswert«, mit zwei Untergruppen. »U«-Fehler waren solche, die den Waffendienst nicht zuließen, aber eine nutzbringende geregelte Arbeitsleistung noch erlaubten, »Uv«-Fehler noch nicht einmal das. »A«-Fehler waren zu vernachlässigen: »geringe seelische Abartigkeit (Charakteropathie)«. Die schwere Abartigkeit kennzeichnete den Psychopathen. In der damaligen Psychiatrie war das nahe an oder gleichbedeutend mit Minderwertigkeit und Entartung, Verfall und Degeneration. Die Ausgrenzung führte zur Ausmerzung. Ein Spuk, der 1945 vorbei war? Keineswegs. Es gab noch in den Siebzigerjahren berühmte Psychiater, die nichts dabei fanden, Abartigkeit und Entartung gleichzusetzen oder von den »chronisch oder habituell Minderwertigen« zu verlangen, dass sie sich besonders anstrengten, ihre Psychopathie zu bekämpfen. Das Ende von Weltkriegen ist eben nicht immer eine Wende in der Weltanschauung, wie wir aus vielen Bereichen wissen.

Von ideologischen Altlasten hat sich die Psychiatrie längst befreit. Die Probleme sind geblieben. Unter die Gruppe der »schweren anderen seelischen Abartigkeiten« fallen Psychopathien, Persönlichkeitsstörungen, Neurosen, Triebstörungen. Es gibt Abhängigkeiten wie Spielsucht, Kaufsucht und Stehlsucht, Fetischismus, Hörigkeit. Für sich allein besagt all das nichts über die Schuldfähigkeit. Grob gesagt, muss dazu der Persönlichkeitskern beeinträchtigt sein. Wann aber ist das der Fall?

Die Frau war bei regem Verkehr wilde Schlangenlinien auf der Landstraße gefahren. Die Polizei konnte sie stoppen und wollte sie ins Röhrchen blasen lassen. Sie lehnte das unwirsch ab. »Haben Sie denn nicht diese Schwärme, ganze Wolken von rosa Bakterien gesehen?«

»Doch, ja«, sagten die Polizisten und brachten sie in die Psychiatrie.

Überall seien diese Bakterien, erklärte die Frau dort, und man könne ihnen nur schwer entgehen. Das Wichtigste sei, kein Wasser zu benutzen. Bilder aus ihrer Wohnung zeigten auf dem Fußboden eine ziemlich hohe Schicht von Sägespänen, die jede Feuchtigkeit absorbieren sollten.

»Wie waschen Sie sich denn?«

»Gar nicht. Ich reibe mich mit Quark ab.«

»Und wie putzen Sie Fenster?«

»Mit Quark.«

Und so weiter. Auch ein Verfolgungswahn hat meist einen realen Kristallisationskern. Die Frau war von Beruf medizinisch-technische Assistentin in einem Labor, das sich auf Untersuchungen zur Wasserreinheit spezialisiert hatte. Ist diese Frau »normativ ansprechbar«, wie man die Frage nach der Vorwerfbarkeit ihres Verhaltens auch umschreiben kann? Ein weiteres Beispiel wird dieses Problem noch drängender erscheinen lassen:

Der Mann war bei einem Einbruch überrascht worden. Das ist keine Tat, die einen im Normalfall in die Psychiatrie bringt. Es war aber auch kein Normalfall. In einer Annonce unter der Rubrik »Bekanntschaften« hätte sich der Mann so beschreiben können: Mitte vierzig, schlank, gut aussehend, sportlich, Akademiker in gehobener Position. Was er sicher nicht geschrieben hätte: Einzelgänger, der sich von Kontakten in seine Fantasie zurückgezogen hat, kaum in der Lage ist, Gefühle auszudrücken, Freude zu empfinden. Das lässt an eine schizoide Persönlichkeitsstörung denken.

Er beschrieb dem explorierenden Psychiater seine Geschichte präzise und emotionslos. Aufgewachsen bei einer Tante, der ein großer Zeh fehlte. Das faszinierte ihn. Wenn er Menschen malte, fehlte immer der große Zeh, und die Tante war zornig: »Male gefälligst anständig!«

Später, schon als junger Mann, kaufte er sich Schaufensterpuppen und sägte ihnen den Zeh ab. Für die wirklich naturgetreuen hatte er nicht genug Geld. Er brach in das Schaufenster einer Edelboutique ein und stahl die Frau seiner merkwürdigen Träume.

Als er sich derartige Puppen finanziell leisten konnte, reichte ihm Plastik nicht mehr. Er stieg in den Leichenkeller der Uniklinik ein, wo in einem großen Becken mit Formaldehyd die Toten schwammen, an denen die Studenten üben sollten. Dort suchte er nach einer Frau, die ihm gefallen könnte. Der Schein seiner Taschenlampe fiel einem Sicherheitsdienst auf, der ihn stellte. In der Hand hatte er eine Säge. Er wollte einen Fuß haben. Ob er eines Tages, fragte ihn der Psychiater, vielleicht eine lebendige Frau …? Der Mann zuckte mit den Schultern.

Die Frau und das Wasser, der Mann und der Zeh – Befunde sind ja leicht erhoben. Aber was bedeuten sie? Ist die Abweichung von der Durchschnittsnorm des »seelischen Zustands« so schwer, dass sie Krankheitswert hat? Schwierig genug. Und wenn ja, ist die Schuldfähigkeit dann ausgeschlossen oder wenigstens vermindert?

Das bemisst sich nach der zweiten Komponente dieses Begriffs, der Einsichts- oder Steuerungsfähigkeit. Die Fähigkeit, das Unrecht der Tat einzusehen, ist ein intellektueller Faktor, das Vermögen, nach dieser Einsicht zu handeln, ein voluntativer. Man nennt beides zusammen die »psychologische« Komponente der Schuldfähigkeit. Das täuscht. »Fähigkeiten« sollte man doch empirisch feststellen können. Jeder weiß aber, dass das ausgeschlossen ist: Ob ein bestimmter Mensch in einer bestimmten Situation fähig war, nicht zu tun, was er getan hat, kann niemand seriös beantworten. Die von den Bakterien verfolgte Frau und der Mann mit den Zehen haben beide beteuert, dass der Drang, der Zwang unwiderstehlich war. Wie »man«

reagiert hätte, allenfalls darüber lässt sich aus Erfahrung etwas sagen.

Wir fragen also, ob der psychische Ausnahmezustand des Täters zu den Defekten gehört, die nach aller Erfahrung die Kontroll- und Steuerungsfunktion des Bewusstseins schwer beeinträchtigen. Selbst das kann man nicht wissen, sondern nur annehmen, zugrunde legen.

Wir ersetzen den Täter durch »Jedermann«, denken uns dann seinen Defekt hinzu und fragen, ob »jemand« in dieser Lage noch normativ ansprechbar ist. Das ist es nämlich, was wir von jedem »Normalen« verlangen: dass er sich durch Rechtsnormen, also Verbote und Gebote, motivieren lässt. Die ganze Debatte um die Schuldfähigkeit dreht sich um die Frage, ob wir das auch von dem konkreten Täter in der Tatsituation erwarten durften. Aber bei der Antwort schließen wir von uns auf den anderen. Wir typisieren, abstrahieren, generalisieren, und das Ergebnis projizieren wir dann in den Täter hinein, dessen ganz persönliches Seelenleben uns auf immer verschlossen bleibt. »Psychologie« ist das nicht. Wir verwenden einen normativen Maßstab.

Was ist gerade geschehen? Wir haben kapituliert, was die Wahrheit betrifft, und sie durch eine Richtigkeit ersetzt. Die Wahrheit kennen wir nicht. Sie steckt im Kopf des anderen, unzugänglich. Die Richtigkeit zu beurteilen, das trauen wir uns: Es ist richtig (oder auch nicht, je nachdem), diesen Täter als schuldfähig anzusehen (oder auch nicht, je nachdem). Die Wahrheit wäre ein Wissen. Wir können es nicht erlangen. Die Richtigkeit ist ein Urteil. Wir müssen es fällen. Auf welcher Wahrheit beruht es? Auf unserem Erfahrungswissen. Statistisch passt es meistens. Wie die Größe L.

Erfahrene Sachverständige präsentieren ihr Gutachten gerne in Größe XL, weil sie wissen, dass eine Hauptverhandlung selten bei 30 Grad im Schonwaschgang abläuft, sondern hitziger, sodass die Wahrheit noch ein bisschen einläuft. Aber L bleibt doch übrig, meistens.

Wo ein Wille, ist auch ein Weg …

… ein Weg nämlich, den der Wille erst schafft und freiräumt, begehbar macht – meint das Sprichwort. Oder ist es nicht umgekehrt so, dass der Weg schon in die Route unseres Lebens eingezeichnet war und wir uns nur einbilden, frei entscheiden zu können, ob wir ihn gehen?

Sich aus dem Kapitel über die Schuldfähigkeit zu verabschieden, ohne die Ewigkeitsfrage auch nur erwähnt zu haben, ob es einen freien Willen gibt, könnte übermäßig lapidar wirken. Sie aber in der gebotenen Gründlichkeit abzuhandeln, hätte mit der Wahrheit im Strafprozess nicht mehr viel zu tun. In aller Kürze also: Setzt Strafrecht den Beweis der Willensfreiheit voraus? Muss man es abschaffen, wenn bewiesen ist, dass es sie nicht gibt?

Wir wissen jetzt, dass im Gehirn in den subcorticalen Teilen des limbischen Systems biochemische und physikalische Prozesse ablaufen, die eine wesentliche Rolle dafür spielen, wie die Abwägung zwischen Alternativen verläuft. Daraus schließen einige Wissenschaftler, dass die fehlende Willensfreiheit, bislang nur postuliert, nun beweisbar sei. Sie sagen: Wir tun nicht, was wir wollen, sondern wir wollen, was wir tun. Aber selbst der Neurobiologe Benjamin Libet, dessen Experimente (veröffentlicht 1985) bahnbrechend waren, hat die Existenz eines freien Willens als eine genauso gute, wenn nicht bessere wissenschaftliche Option als die des absoluten Determinismus bezeichnet. Für seine Experimente hat Libet Mikroprozesse im Labor ablaufen lassen. Die komplexen Makroprozesse in einer Gesellschaft sind bis heute noch nicht auf dem Prüfstand gewesen.

Recht ist ein soziales und ein normatives System. Es darf sich nicht gegen naturwissenschaftlich Bewiesenes auflehnen. Wenn wir Spuren von DNA des Täters am Tatort finden, dürfen wir nicht sagen: »Es ist ausgeschlossen, dass er der Täter war.« Aber wir dürfen noch immer sagen: »Das allein genügt uns als Beweis nicht.« Und wenn es naturwissenschaftliche Beweise dafür gibt, die es nahelegen, dass unser Verhalten prädisponiert ist, zwingt uns das nicht zu der Konsequenz, unser Sozialverhalten und seine Bewertung zu ändern.

Wir wissen zwar nicht, ob wir frei sind in unseren Entscheidungen, aber wir alle tun so. Wir schreiben uns gegenseitig Verantwortung zu und erwarten von den anderen, dass sie verantwortlich handeln.

Solche normativen Zuschreibungen darf man auch in Situationen ontologischer Ungewissheit vornehmen. Darauf beruht die Bewertung eines Verhaltens als schuldhaft. Und vor allem: Auch ein alternatives System, das auf konsequent durchgeführtem Indeterminismus aufbaut, stößt an die Grenzen sozialer und ethischer Bewertungen. Wenn der Vergewaltiger »nichts dafür kann«, weil er eben so handeln musste und keine Schuld hat, dürfen wir ihn nicht bestrafen. Aber wir werden doch wohl die Gesellschaft vor ihm zu schützen haben, ihn also behandeln zum Beispiel. Mit welchem Recht jedoch wollen wir ihn zwangsweise zu einem anderen Menschen machen? Wegsperren dürfen wir ihn, gewiss. Für immer etwa? Wir haben Maßstäbe von Gerechtigkeit, die sich nicht allein aus der Gefährlichkeit ableiten lassen.

Von alledem ganz abgesehen, würde die Leugnung von Willensfreiheit ja nicht nur das Strafrecht betreffen, sondern das gesamte Recht und unseren alltäglichen Umgang miteinander. Wir gehen also auf normativen Krücken.

Man darf bekanntlich aus dem, was ist, nicht darauf schließen, was sein soll (der berüchtigte ontologische Fehlschluss). Was die Willensfreiheit anbelangt, verfahren wir umgekehrt: Wir wissen zwar nicht, was wirklich ist, sind uns aber sicher, was sein soll. Denn Strafe muss sein. Und wenn Strafe Schuld voraussetzt und die wiederum Willensfreiheit, dann muss die eben auch »sein«. Schuld wird zugeschrieben. Sie steckt gar nicht im Kopf des Täters, sondern in unseren Köpfen, die wir über ihn urteilen.

So ist das im Strafrecht. Eben saßen wir noch mit Dieter in seinem Zimmer. Wenn man da nicht aus dem Fenster schaut, sondern hinter die Kulissen, ist man auf einmal in den Sphären der Welträtsel, bei den existenziellen Fragen. Und dabei wollten wir doch nur wissen, wie man in einem Strafprozess die Wahrheit herausfindet. Dahin kehren wir jetzt zurück.

Kapitel 6:

Nur der Schein trügt nicht

Zwei der vier im Strafprozess zugelassenen Beweismittel sind noch zu beschreiben, der Urkundenbeweis und der Augenschein. Das sind handfeste Beweisverfahren; man hat es nicht mit den menschlichen Schwächen von Zeugen zu tun und nicht mit Sachverständigen, die leider nicht ganz ausschließen können, dass es anders ist, als sie in ihrem Gutachten ausgeführt haben. Andererseits ist es auch eine trockene Materie, ein bisschen staubig, wie Urkunden eben so sind.

Was man schwarz auf weiß besitzt

Für Beispiele wechseln wir von den Kapitaldelikten (also Mord und Totschlag) zu den Delikten, bei denen es um Kapital geht. Da hat man zwar auch so manches Mal Mandanten, von denen man eigentlich gerne wüsste, was sechs Wochen Untersuchung in der Psychiatrie wohl ans Licht brächten. Wer das aber beantragen würde, als Verteidiger, liefe Gefahr, selbst für verrückt erklärt zu werden. Bei jedem Mordverdächtigen genügt der Hinweis, dass er als Kind mehrfach vom Dreirad gestürzt und auf den Kopf gefallen sei. Von Betrügern heißt es, dass solche Leute nicht auf den Kopf gefallen seien. Als Wirtschaftskrimineller ist man schuldfähig, basta. Das wird nicht untersucht.

Gutachten werden allerdings auch hier in Auftrag gegeben. Wann hat die Zahlungsunfähigkeit gedroht, wie viel war das gekaufte Unternehmen wert, wie ist das Risiko, einen Schaden zu erleiden, wirtschaftlich zu bewerten? Die Gutachter tragen hier nicht Weiß, sondern Schwarz mit Nadelstreifen. Und Zeugen werden natürlich auch vernommen. Vor allem aber setzt man sich mit Urkunden auseinander.

Sie sind eingesammelt worden, bei der ersten großen Durchsuchung im Unternehmen, das eilfertig versichern lässt, man sei an rückhaltloser Aufklärung interessiert und werde uneingeschränkt mit den Strafverfolgungsbehörden kooperieren. Die Staatsanwaltschaft schreibt dann nach einer ersten Sichtung der Unterlagen Wunschzettel und »bittet« um die Herausgabe weiterer Dokumente. Wehe, wenn nicht geliefert wird! Bei der Durchsuchung ist die IT-Struktur auch komplett gespiegelt worden, alle Server abgesaugt, die Korrespondenz per Mail inbegriffen. Da kommt was zusammen. Ausgedruckt gibt das Berge von Papier. Und wie kommt dieses Material in den Prozess? »Urkunden und andere als Beweismittel dienende Schriftstücke werden in der Hauptverhandlung verlesen«, lautet Paragraf 249 der Strafprozessordnung. Bei »Urkunde« stellt man sich Erhabenes mit Brief und Siegel vor, von einem Notar gefertigt oder einer Behörde ausgestellt – so aber ist es nicht gemeint. Jeder beschriftete Schnipsel, jedes Schriftstück genügt. Wenn man vorlesen und sich anhören kann, was da steht, eignet es sich für den Urkundenbeweis.

Rechtstechnisch gibt es auch Urkunden, bei denen es keinen Sinn macht oder gar nicht möglich ist, die Zeichen vorzulesen. Die TÜV-Plakette ist so eine Urkunde, die man zwar fälschen kann, aber keine, die im Prozess verlesbar wäre. Man muss sie sich ansehen, um zu verstehen, was sie besagt. Das ist dann ein Beweis durch Einnahme eines Augenscheins (die vierte und letzte Form zugelassener Beweismittel).

Aber auch bei Schriftstücken reicht die Verlesung nicht immer aus. Der Zeuge wird befragt, was in einem *meeting* (wie er es als Mann der Wirtschaft nannte) besprochen wurde. »Bei der Durchsuchung«, sagt der Richter, »ist ein Zettel mit Berechnungen gefunden worden, die ein Teilnehmer dieser Konferenz notiert haben könnte. Kommen Sie doch bitte mal vor und sehen Sie sich das an.« Dann steht der Zeuge auf und geht zum Richtertisch; hinter ihm gruppieren sich Staatsanwälte und Verteidiger im Halbkreis und recken die Hälse, um auch zu sehen, was da gekritzelt worden war. Der Richter könnte die Zahlenkolonnen ja verlesen (Urkundenbeweis). Er will aber etwas anderes wissen: »Ist das Ihre Schrift?« Das ist nur durch »Einnahme eines Augenscheins« zu klären.

»Augenschein« darf man nicht wörtlich nehmen. Ohren, Mund und Nase gelten auch. Lässt das Gericht ein Tonband abspielen, führt es einen Augenscheinsbeweis. Wenn ein Schriftstück im ersten Absatz eine andere Schriftart als im zweiten aufweist – schon »aufweist« sagt ja alles –, dann muss man sich das eben ansehen. Es kommt ja nicht auf den Inhalt an. Wo das aber der Fall ist, wird Urkundenbeweis durch Verlesung geführt.

Wer schreibt, der bleibt

»Hohes Gericht«, sagt der Verteidiger, »mein Mandant macht von seinem Schweigerecht Gebrauch.« Weil ja schweigen angeblich Gold und reden nur Silber ist.

In Wirtschaftsstrafsachen kann man mit dieser Strategie, um es im Jargon der Medaillen zu sagen, meist nur die goldene Ananas gewinnen. Das Recht zu schweigen ist für einen Rechtsstaat essenziell, altehrwürdig und sakrosankt. Niemand muss zu seiner eigenen Überführung beitragen. Niemand, der beschuldigt ist, muss etwas tun. Zu dulden hat er allerdings alles. Er muss hinnehmen, dass sich der Staat einen Ersatz für die verweigerte Mitwirkung verschafft. Gibt der Verdächtige die Sache nicht freiwillig heraus, so wird sie eben beschlagnahmt. Schweigt er, so darf man daraus keine Schlüsse ziehen – man kann nämlich sein Schweigen nicht »ersetzen«, weil niemand wissen kann, was er gesagt hätte, und der dunkle Verdacht, irgendetwas werde er ja wohl zu verbergen haben, bleibt dunkel und ist nicht zu erhellen. Das führt nicht weiter. Aber all das, was der Verdächtige zu dem Vorfall notiert hat, der ihn zum Beschuldigten gemacht hat, dürfen die Strafverfolger suchen, einsammeln und beschlagnahmen.

Der Mörder hat Tagebuch geschrieben, und die Staatsanwaltschaft hat es gefunden. Sie darf es auch lesen und auswerten. Nun sind Mörder allerdings nicht verpflichtet, Tagebuch zu führen. Unternehmen sind es schon. Das Wirtschaftsrecht etabliert eine Unzahl von Pflichten. Pflichten zur Dokumentation der Vorgänge, der Entscheidungen, der Grundlage von Entscheidungen, der Ermittlung von Chancen und Risiken eines Vorhabens, ihrer sorgfältigen Abwägung und so weiter. Alles muss überprüfbar sein. Anders könnten die Wirtschaftsprüfer auch nicht arbeiten, Bilanzen durchforsten, Lageberichte abgeben und was sie sonst noch tun müssen, um dem Gesetz zu entsprechen.

»Transparenz« ist das Zauberwort. Was das Wirtschaftsrecht verlangt – die lückenlose »Buchführung« –, wird am Ende zur Beweisführung der Staatsanwaltschaft. Man war verpflichtet, alles aufzuschreiben, und daher letztlich auch, Beweise gegen sich selbst zu sammeln, für den Fall, dass es schiefgehen würde. Was soll da noch eine Verteidigung durch ehernes Schweigen? Es macht keinen Sinn. Wer schreibt, der bleibt, und wer schreiben muss, dem bleibt später nur eines, nämlich das Problem zu erklären, dass alles ganz legal war. Da wird er es schwer haben und sehen müssen, wo er bleibt.

Trau, schau – wem oder was

Wenn der Richter das Dokument verlesen hat, steht nur fest, was da steht. Es muss ja nicht stimmen. Beim Zeugenbeweis ist es auch nicht anders. Hat der Zeuge die Wahrheit gesagt? Das ist eine Frage der Beweiswürdigung.

Wie aber muss oder darf Beweis erhoben werden, wenn ich beides habe, einen Zeugen und eine Urkunde, beides zum gleichen Thema?

Der Klassiker ist der Zeuge, den die Polizei schon im Ermittlungsverfahren angehört hat. Da findet sich in Paragraf 250 unserer Strafprozessordnung eine klare Regel: »Beruht der Beweis einer Tatsache auf der Wahrnehmung einer Person, so ist diese in der Hauptverhandlung zu vernehmen. Die Vernehmung darf nicht durch Verlesung des über eine frühere Vernehmung aufgenommenen Protokolls oder einer schriftlichen Erklärung ersetzt werden.« Der Seufzer des Zeugen (»Das habe ich doch alles schon erzählt!«) wird vor Gericht nicht gehört.

Auf dieses Prinzip der »Unmittelbarkeit« ist der Gesetzgeber stolz. Live geht vor Konserve. Der Personalbeweis (Zeugen) hat Vorrang vor dem Sachbeweis (Urkunden). Der Gesetzgeber wollte damit aber nicht sagen, dass Zeugen immer »besser« sind als Urkunden. Und was eine Regel wert ist, sieht man erst, wenn man die Ausnahmen sichtet.

Sie sind zahlreich. Sind alle einverstanden, geht ohnehin fast alles, auch die Verlesung anstelle der Vernehmung. Es kommt hinzu, dass die Ausnahmen noch zahlreicher werden, wenn es aus früherer Zeit eine richterliche Vernehmung gibt (dass den darüber gefertigten Protokollen mehr getraut wird als denen von Vernehmungen durch Staatsanwaltschaft und Polizei, haben wir ja schon bei Amaru und seinem Geständnis bemerkt).

Diese Welt der Ausnahmen ist nicht genug, dem Juristen nicht. Da muss doch noch mehr gehen, wenn man spitzfindig wird. An den mittelalterlichen Diskussionen, wie viele Engel auf einer Nadelspitze tanzen können, waren auch gelehrte Juristen beteiligt. Es wäre doch gelacht, wenn wir da nicht noch einen oder zwei Engel unterbringen könnten. Man darf eine Vernehmung nicht durch eine Verlesung »ersetzen«. Na ja, aber bitte, ergänzen doch wohl? So ist es. Wenn es Widersprüche oder Unklarheiten gibt zwischen der Aussage von heute und dem

Protokoll von damals, verlesen wir das – zum Zwecke eines Urkundenbeweises.

Was allerdings auch wieder lästig ist, weil das angeordnet, protokolliert und höchst förmlich abgearbeitet sein muss. Geht es nicht auch lässiger? Aber gewiss. Wir lassen noch einen Engel tanzen; einer geht noch.

Der Zeuge ist nicht gekommen und hat mitgeteilt, dass er für zwei Monate nach Italien gezogen ist. Er ist früher schon einmal von der Staatsanwaltschaft vernommen worden. Das Protokoll darüber dürfte verlesen werden, wenn der Angeklagte, sein Verteidiger und die Staatsanwaltschaft einverstanden sind. Die aber sperrt sich, warum auch immer (und noch einmal: Gäbe es ein Protokoll über eine Vernehmung durch den Ermittlungsrichter, wäre die Verlesung leichter möglich). Das Gericht kann nun nicht zur Tagesordnung übergehen und sagen: »Wir wissen doch alle, was er früher gesagt hat, ist ja in den Akten.« Dem Satz »Was nicht in den Akten ist, ist nicht in der Welt« sind wir schon begegnet. Er galt in der alten Welt des schriftlichen und geheimen Verfahrens. Heute heißt es: »Was in den Akten ist, ist damit noch nicht in der Welt.« Das stille Wissen der Verfahrensbeteiligten ist nicht verwertbar. In einem Strafprozess muss alles buchstäblich zur Sprache kommen. Auch dieses Prinzip der Mündlichkeit findet sich in dem oben zitierten Paragrafen 250 der Strafprozessordnung.

Wie trägt man ihm nun Rechnung? Ganz einfach dadurch, dass man denjenigen vernimmt, der damals den Zeugen vernommen hat. Live geht vor Konserve. Ist aber die Konserve, das Protokoll nämlich, nicht verlässlicher, weil unmittelbar bei der Vernehmung erstellt, näher dran als eine Aussage über eine Vernehmung, die vor Jahren stattgefunden hat? Das ist sicher so. Aber jener Unmittelbarkeitsgrundsatz gewährleistet leider nicht, dass das sachnähere Beweismittel benutzt wird. Er sagt nur ganz lapidar: Aussage geht vor Verlesung.

Also muss die »Vernehmungsperson« von damals vor Gericht erscheinen und sich als Zeuge dazu vernehmen lassen, wie das so war, damals. Was er in dem Verhör gefragt und was der Vernommene geantwortet hat. »Ach, wissen Sie«, wird die Antwort meist sein, »das ist nun schon Jahre her, und Vernehmungen gehören zu meinem Alltag; wie soll ich mich da noch konkret und im Detail an die erinnern, derentwegen ich hier bin?«

Dem Manne kann geholfen werden. Da gibt es noch etwas, nicht im Gesetz, aber ganz unten in der Kiste mit den legalen Tricks: den Vorhalt. »Ich lese Ihnen einmal vor«, sagt der Richter, »was Sie damals gefragt haben, und was die Antwort war. Kommt die Erinnerung wieder?«

Jetzt wird es spannend. Der Vorhalt ist bloß ein »Vernehmungsbehelf«, wie es in der hilfsbedürftigen Sprache von Juristen heißt. Verwertbar ist nur das, was der Zeuge jetzt sagt. »Genau«, schlägt er sich vor die Stirn, »so war das!« Dann hat man eine bedeutungsvolle Aussage. Zuckt er jedoch die Schultern und sagt: »Ich weiß nur, dass ich immer korrekt protokolliere, erinnere mich aber nicht an diesen Fall«, dann kann man damit nichts anfangen. Der Trick hat nicht funktioniert.

Er besteht darin, dass man einem das Protokoll vorliest, obwohl man es nicht verlesen darf. Noch einmal, aber genauer: Zum Zwecke eines Urkundenbeweises darf das Protokoll nicht verlesen werden; wenn man aber nur daraus vorliest, um der Erinnerung eines Zeugen auf die Sprünge zu helfen, soll das etwas ganz anderes sein.

Ein Geschenk des Himmels, dieser Vorhalt, sagen die einen. Diabolisch nennen ihn die anderen, weil man die Vorschriften über den Urkundenbeweis umgeht, in der Hoffnung, dass sich das Vorgelesene, auch wenn man es per se nicht verwerten darf, schon irgendwie in den Köpfen der Richter festsetzen wird.

Papier ist geduldiger als wir

Urkundenbeweis ist zum Gähnen. Nehmen Sie doch einmal Ihren letzten Kontoauszug zur Hand, den Steuerbescheid oder womit sonst Sie sich die Laune verderben wollen, und lesen Sie laut vor: »Buchung 03.06., Valuta 03.06., Vorgang SEPA-Überweisung an Müller AG, IBAN: DE12345678900123456780, BIC: ABCDEFMMXXX; Soll -123,45, Kundenkto. 123/456-78, Rechnungsnr. 1234-567/89.« Nicht mogeln bitte, alles muss vorgelesen werden. Je nach Fall auch ganze Bücher. Und nicht nur Handelsbücher.

Es war einmal Mode, die Verbreitung »unzüchtiger Schriften« zu verfolgen. Über irgendetwas regt sich die Gesellschaft immer auf. Das wechselt, wie die Mode. Damals, in den Sechzigerjahren des vergangenen Jahrhunderts und später noch, zog man gegen Pornografie zu Felde. Die Verteidiger beriefen sich darauf, dass es sich bei *Lady Chatterley*, *Josefine Mutzenbacher* und anderem, was manchmal nur unter dem Ladentisch vorrätig war, insgesamt um Kunst handele; die bewussten Sätze dürfe man nicht aus dem Zusammenhang reißen.

Wohlan, so wurden denn diese Romane komplett verlesen, von sechs bis neun Staatsanwält(inn)en, die sich dabei abwechselten (was wahrscheinlich günstig für die Verteidigung war, weil die Texte, heruntergeleiert ab dem frühen Morgen, ihren erotischen oder sonst welchen Charakter verloren haben dürften).

Gegen Ende dieses Ärgernisses der öffentlichen Erregung, in den Achtzigerjahren, hatte der Bundesgerichtshof noch mit einem Fall dieser Art zu tun. Einer der Richter fragte an, ob ich mir das bewusste Buch irgendwie beschaffen und ein Gutachten erstatten könne. Er rief am nächsten Tag wieder an und sagte, das habe sich erledigt, weil er das Buch gefunden habe, in einer katholischen Buchhandlung gleich gegenüber.

Kontoauszüge, Romane, Steuerbescheide, Handelsbücher – muss man wirklich die Geduld aufbringen, sich das alles anzuhören? Der Gesetzgeber erbarmte sich und schuf das Selbstleseverfahren.

Ein Wirtschaftsstrafverfahren, zehnter Verhandlungstag. Auf dem Richtertisch liegen Berge von Papier, gebündelt, jeder Packen so um die sechshundert Seiten. Die Staatsanwaltschaft und die Verteidiger werden gebeten, vorzukommen und sich ihr Exemplar abzuholen. »Wir haben«, sagt der Vorsitzende, »diese Schriftstücke aus den Akten in das Selbstleseverfahren übernommen.« Nun muss er nicht mehr diese Urkunden verlesen, sondern nur noch das Inhaltsverzeichnis des Wälzers, also »Schreiben von A an B vom 16. 03. 2011, Blatt 6326 der Ermittlungsakte« und so weiter. Lektüre für zu Hause.

Nach ein paar Wochen lässt der Vorsitzende in das Sitzungsprotokoll aufnehmen und stellt damit förmlich fest, dass alle Richter die Papiere gelesen haben und dass die anderen Beteiligten dazu Gelegenheit hatten. Auf diese Weise ist der Urkundenbeweis geführt. In größeren Verfahren ist es mit einem einzigen Selbstlesepaket nicht getan. Da kommen schnell Tausende von Seiten zusammen.

Wie war das gerade noch, in einem Strafprozess müsse alles zur Sprache kommen? Wenn die Selbstlesepakete dick und schwer sind, eigentlich nicht mehr viel. So war das nicht gedacht. Das Prinzip der Mündlichkeit ist schwer beschädigt und partiell außer Kraft gesetzt.

Das ist aber noch nicht alles. Im Gerichtssaal sitzen auch Zuhörer, Reporter, Journalisten. Ihnen bleiben die Papiere verborgen, sie verstehen nur noch Bahnhof, können aber nicht mehr verfolgen, wohin die Reise geht. Das Prinzip der Öffentlichkeit ist ebenfalls tangiert und zum Teil suspendiert.

Ist das denn so schlimm? Wer sitzt denn schon da hinten, außer vielleicht Lokalpresse? Angehörige, gelangweilte Rentner, Schulklassen, Obdachlose, wenn es draußen kalt ist. Geht es um Mord und Totschlag, Raub und Vergewaltigung, skandalöse und schockierende Fälle, Promis etwa gar, ist das Interesse riesig, jedenfalls am ersten Tag. Aber da gibt es auch keine zwanzigtausend Mails, auf die es ankäme, oder Geschäftsbriefe und Ähnliches, und das Selbstleseverfahren spielt ohnehin keine Rolle. Bei einem Prinzip jedoch – wie eben dem der Öffentlichkeit – geht es Juristen ums Prinzip. Macht das Sinn, oder ist es eine standestypische Marotte, ein verzopftes Relikt?

Kapitel 7:

Zum Prinzip der Öffentlichkeit und anderen Revolutionen

Es geht Juristen ums Prinzip, weil die Prozessgrundsätze das Fundament und die Strukturelemente des Strafverfahrens bilden. Wenn diese Statik nicht stimmt, besteht Einsturzgefahr für das Beweisgebäude eines gerechten Urteils. Was es für die Suche nach der Wahrheit bedeutet, wenn die Beweisaufnahme nach dem Prinzip der »Unmittelbarkeit« ausgestaltet ist, war gerade ein Thema. Für den Ursprung und die Bedeutung anderer Grundsätze müssen wir eine kleine Zeitreise unternehmen, an deren Anfang die Französische Revolution 1789 steht.

Französische Zustände

Diese Französische Revolution hat die Türen zu den Sälen aufgebrochen, in denen die Richter unter sich im Geheimen tagten. Sie hat die Öffentlichkeit der Gerichtsverhandlungen erzwungen und das Volk nicht nur hineingelassen, sondern seine Vertreter auch gleich noch auf die Richterbank gesetzt.

Es waren turbulente Zeiten. Im Jahre 1806 fand das Heilige Römische Reich Deutscher Nation sein förmliches Ende. Dieses Reich hatte seine einende Kraft, was das Strafrecht betrifft, ohnehin längst verloren. Nach der »Constitutio Criminalis Carolina«, der Peinlichen Halsgerichtsordnung Kaiser Karls V. von 1532, war nichts mehr geregelt worden.

So zersplittert wie die politische Landschaft, so zerfasert war das Recht am Ende des 18. Jahrhunderts. Vielerorts galt noch altes Recht, durch Gerichtsgebrauch verändert, von Landesherren abgewandelt und nur durch den Anspruch der Wissenschaft als übergreifendes »gemeines« Recht notdürftig zusammengehalten. Aus diesem Rechtsverbund war Österreich 1768 durch die bereits erwähnte »Constitutio Criminalis Theresiana« ausgeschieden, ein fürchterliches Monument einer abgelaufenen Zeit, und Bayern durch das nicht weniger erschreckende Strafgesetz von 1751.

Ein ganz anderes Zeichen wollte Preußen mit seinem »Allgemeinen Landrecht für die Preußischen Staaten« von 1794 setzen. Die Kriminalpolitik Friedrichs des Großen war von allen humanistischen Geistern Europas bewundert worden. Dieses große Gesetzbuch sollte den Geist des aufgeklärten Absolutismus einfangen und repräsentieren. Erfolgreich konnte es nicht sein. Es war ein Dinosaurier des Strafrechts – zu groß, zu schwerfällig, zu spät. Mit nicht weniger als 1577 Paragrafen wollte man, ganz im Sinne eines ängstlichen, wohlmeinenden Polizeistaats, die Prävention zur Perfektion treiben und nur ja nichts übersehen, was Ruhe und Ordnung stören könnte. Ein Beispiel: »Wer aus eigennützigen Absichten durch Verleumdung Uneinigkeiten unter nahen Verwandten oder Ehegatten stiftet, soll nach Verhältnis der zugrunde liegenden boshaften Absicht und des daraus entstandenen Schadens mit nachdrücklicher Geld- oder Leibesstrafe belegt werden« (Paragraf 1308).

Von solchen Gesetzen hatte man genug. Der Staat sollte nicht Sitten diktieren, sondern Rechte garantieren, nicht Moral predigen, sondern seine Macht begrenzen. Es kam hinzu, dass von der milden Güte eines Nachtwächterstaats schon bald nichts mehr zu spüren war. Kaum dass das Gesetz in Kraft getreten war, gab es Aufruhr und Tumult; die Obrigkeit schlug zu, nervös und überhart, hilflos und verunsichert durch die Ereignisse in Frankreich.

Und die Bürger Preußens konnten ja sehen, wie es sich mit französischen Gesetzen leben ließ. Links des Rheins galten sie nämlich auch in deutschen Staaten. Französischen Delegierten war es auf dem Friedenskongress von Rastatt 1798 gelungen, die Abtretung des linken Rheinufers durchzusetzen (Preußen hatte sich dem bereits im Frieden von Basel 1795 gebeugt, und Österreich hatte in einem geheimen Artikel des Friedens von Campoformio 1797 zugestimmt). Nach diversen Pirouetten auf diplomatischem Parkett und Rankünen hinter den Kulissen war Fakt, dass im Großherzogtum Hessen, in den Königreichen Preußen und Bayern quasi über Nacht zweierlei Recht galt. Links des Rheins das französische, rechts das jeweils alte.

Der »Code Napoléon« von 1804 versprach vor allem Freiheit und Sicherheit. Er war die Fortsetzung des Krieges mit dem Mittel der Propaganda zum Zwecke moralischer Eroberungen. Schon 1811 wurde er abgelöst vom »Code pénal«, einem methodisch und technisch glänzenden, im Strafenkatalog aber ziemlich scheußlichen Gesetz mit brutalen Freiheitsstrafen, Deportation, Zwangsarbeit, dem bürgerlichen Tod (der vollständigen Entrechtung), öffentlicher Brandmarkung, Pranger – ein Terrorinstrument, eigentlich. Das nahm man hin, vorher war es auch nicht viel besser, würde einen ja wohl nicht treffen, und die Reformen waren unterwegs. Aber das französische Prozessrecht von 1808, das wurde enthusiastisch begrüßt und gefeiert.

Die deutsche Revolution

In jener Zeit wurden die meisten der Prozessprinzipien geschaffen oder durchgesetzt, die unsere Prozessordnung noch heute prägen. Die »französische« Öffentlichkeit des Verfahrens vor Gericht war in ihrem Wert gar nicht mehr anzuzweifeln. Mit ihr wird die Mündlichkeit gewöhnlich in einem Atemzug genannt.

Tatsächlich macht Öffentlichkeit ohne Mündlichkeit wenig Sinn (was uns ja beim modernen Selbstleseverfahren schon sauer aufgestoßen und noch näher zu betrachten ist). Das alte Verfahrensprinzip der Schriftlichkeit war durch alle »Gebrechen«, wie man damals sagte, des Inquisitionsprozesses infiziert und diskreditiert. Aber man wollte mehr als nur die teilnehmende Beobachtung eines mündlich geführten Verfahrens. In Frankreich, so schien es jedenfalls, hatte sich der dritte Stand Zutritt verschafft zur dritten Gewalt, der Justiz, und auch der deutsche Michel wollte nun teilhaben können an ihrer Macht. Nachdem die Türen zum Gerichtssaal einmal aufgebrochen waren, nahmen die Leute aus dem Volke auch noch die Stufe hinauf zur Richterbank, setzten sich als Laienrichter neben die mit Robe und Perücke und redeten mit, anstatt nur zuzuhören.

Hier wie dort war das Misstrauen groß gegenüber abhängigen, untertänigen Richtern. Es kam hinzu, dass diese Richter im Inquisitionsprozess zugleich die Ankläger und daher abhängig waren – nicht nur von der Obrigkeit, sondern vor allem von ihren eigenen Vorurteilen. Man musste also darauf bestehen, dass diese Funktionen getrennt wurden. Nach dem Vorbild der französischen *procureurs du roi*, die im Namen des Königs Anklage erhoben, wurden die Staatsanwaltschaften geschaffen. Den Richtern garantierte man Unabhängigkeit; »Kabinettsjustiz«, also das Hineinregieren in die Rechtsprechung, war fortan verpönt.

Diese großen Errungenschaften – und sie sind wirklich errungen worden –, nämlich Öffentlichkeit, Mündlichkeit, Laienbeteiligung, Staatsanwaltschaften, Trennung von Justiz und Verwaltung, waren schon nach nicht einmal zwanzig Jahren der Herrschaft französischen Rechts links des Rheins unverzichtbar geworden. Das ist, gemessen an dem, was man deutsches Wesen nennt, wahrlich ein revolutionärer Prozess.

All diese Prinzipien und Institutionen haben mehr oder weniger mit der Suche nach der Wahrheit zu tun. Der Grundsatz der Öffentlichkeit (und seine Beschädigung durch das Selbstleseverfahren) war der Anlass für die Suche nach den historischen Ursprüngen unserer Verfahrensstruktur, und ihn greifen wir nun als Ersten auf.

Nur für die Galerie?

Links des Rheins wollte sich niemand mehr von den erlebten Werten des französischen Rechts abbringen lassen. In Berlin sah man das anders. Die Regierung hielt es für selbstverständlich, dass nach 1813 mit Napoleon auch dessen Recht zu verschwinden habe. Schließlich wurde, um den Streit zu beenden, 1816 durch königliche Kabinettsorder eine Immediat-Justiz-Kommission eingesetzt, die gründliche, gewissermaßen rechtsvergleichende Untersuchungen anstellen sollte. »Ich will«, so dekretierte der preußische König Friedrich Wilhelm III. beschwichtigend, »dass das Gute überall, wo es sich findet, benutzt und das Rechte anerkannt werde, dass daher die Kommission überall ohne vorgefasste Meinungen zu Werke gehe.«

Hoffentlich hatten das Majestät in ihrer Jovialität auch wirklich ernst gemeint. Die Kommission votierte nämlich im Ergebnis immer für das französische Recht. Ihr Gutachten »Über das öffentliche und mündliche Verfahren in Untersuchungssachen« (Februar 1818) enthält alles, was man prinzipiell zu diesem Thema sagen kann.

Wissenschaftler betrieben »Feldforschung«. Johann Paul Anselm Feuerbach aus der Familie der Künstler und Philosophen Feuerbach, der Klügste unter den Strafrechtlern nicht nur seiner Zeit, Professor in bayerischen Diensten, hatte für Bayern ein genial modernes Strafgesetzbuch geschaffen, das 1813 in Kraft getreten war, und kümmerte sich nun auch um jene prozessualen Themen. Er veröffentlichte 1825 zwei Bände mit dem Titel *Betrachtungen über die Öffentlichkeit und Mündlichkeit der Gerechtigkeitspflege* (sinnigerweise nicht »Rechtspflege«, wie man heute wahrscheinlich gedankenlos formulieren würde – das Recht wird ja doch nur gebraucht, um die Gerechtigkeit zu pflegen). Über seine linksrheinischen Beobachtungen berichtete der kritische Skeptiker so: »Auf der Galerie erquickte man sich mit Bier, Käse und Würsten und trieb daselbst mancherlei Unanständigkeiten.« Gewiss, das verletzt die Würde des Gerichts (am Rande: Und wenn es nicht verboten wär, dann täten sie's noch heute …). Was aber wiegt das gegen die Unanständigkeiten anderer Art, mit denen eine geheime Justiz über Jahrhunderte hinweg wer weiß wie oft die Würde des Rechts verletzt hatte?

Galerie war gestern

Damals, in den Jahren nach der Französischen Revolution, war der Wert von Öffentlichkeit im Kontrast zum geheimen Inquisitionsverfahren leicht zu begründen. Er lag im Schutz vor Willkür und der Kontrolle durch »das Volk«. Woran aber waren die auf der Galerie denn damals interessiert, außer an Bier und Würsten (nebst »mancherlei Unanständigkeiten« …)? An der Sensation, der Show.

Das ist auch heute noch so. Als ich bei der Verteidigung von Boris Becker morgens an der Schlange derer vorbeimusste, die hofften, noch einen Platz im Saal zu finden, standen da ältere Damen, die ins Taschentuch schluchzten: »Das hat das Bobbele net verdient!«, und daneben reckten rüstige Rentner rächend die Faust: »In den Knast mit ihm!« Die Kontrolle über eine rechtsstaatliche Verfahrensweise sollte man einem derartigen Publikum nicht anvertrauen (und der Gedanke, dass jemand mit solchen Vorurteilen, sie still verschweigend, als Schöffe auf der Richterbank sitzen könnte, ist noch schauerlicher).

Diese unmittelbare Öffentlichkeit – im Gegensatz zu der

durch Medien »vermittelten« – hat heute keine Bedeutung mehr. Natürlich kommen die beschriebenen Gaffer nur selten in Verhandlungen. Im Alltag sitzen da – außer vom Leben Gelangweilte und zum Anschauungsunterricht verurteilte Schulklassen – Angehörige, von Tätern wie von Opfern, sie alle ebenfalls ihren Vorurteilen und Erwartungen ausgesetzt, eifrig notierende Mitarbeiter von Kanzleien, die Prozesse gegen den Angeklagten oder Zeugen führen, einseitig interessiert also, niemand aber, der gekommen wäre, um die Kontrolle über die Justiz zu übernehmen und sich gegen ihre Willkür zu stellen. Das war einmal, und wahrscheinlich war es auch in der Vergangenheit nie Realität, sondern eine wirkungsmächtige Idee, eine positive Ideologie.

Presseprivilegien

Heute dominiert die mittelbare Öffentlichkeit. Die Medien bedienen das Informationsinteresse der Allgemeinheit. Sie dürfen deshalb in der ersten Reihe im Zuschauerraum des Gerichtssaals sitzen. Da liegen auf den Stühlen Zettel mit der Aufschrift »Reserviert für die Presse«.

Das ist die große Ausnahme. Öffentlichkeit heißt nämlich, dass jedermann Zutritt zum Saal gewährt werden muss, solange es da noch einen Platz gibt. Und zwar der Reihe nach. Erscheint eine verhärmte Frau, die alle Plätze durch eine Schulklasse besetzt sieht (Kids, die an Sugarcandys lutschen oder spätestens nach zehn Minuten auf dem Smartphone herumdaddeln), nützt es ihr nichts, wenn sie sagt: »Aber ich bin doch die Mutter!« Sollte sie Glück haben, bleibt ein Presseplatz frei, den sie dann nehmen darf. Ansonsten: Pech gehabt.

Die Medien bedienen allerdings auch das Sensationsinteresse (und damit ihr eigenes). Man muss sich heute oft nicht so sehr um den Schutz durch Öffentlichkeit als vielmehr um den Schutz vor Öffentlichkeit sorgen. Das Interesse daran, nicht in die Öffentlichkeit gezogen zu werden, haben viele. Durchsetzen können es nur wenige.

Zu Beginn der Achtzigerjahre gab es einen Schwurgerichtsprozess, der so unerträglich verlief, dass danach das Recht geändert wurde, geändert werden musste. Wenn man »Dr. Herzog alias« googelt, findet sich die Story.

Die *Nürnberger Nachrichten* schrieben:

Drei dunkelrote Ilona-Rosen, drei rosafarbene Sonja-Rosen, vier blaue Iris und zwei Stiele Schleierkraut standen laut Polizeiprotokoll im Wohnzimmer der Münchner Millionärin Katrin Meier-Karl (alle Namen aus Gründen des Persönlichkeitsschutzes geändert), als ihre Mutter sie in ihrer Grünwalder Villa erdrosselt fand. Ihre Tochter sei nackt gewesen, eiskalt und wie aufgebahrt, wird die 79-Jährige von der Münchner Abendzeitung zitiert. Der Strauß, der sich unweit der Toten auf einem Tisch befand, wird zum Hauptbeweismittel in einem Prozess gegen den Mordverdächtigen Emil Sch., der am 4. Mai 1981 begann …

Der gelernte Hotelkaufmann Emil Sch., der sich früher als Schiffssteward durchgeschlagen hatte und mehrfach wegen Betrugs, Hochstapelei und Körperverletzung vorbestraft war, bezeichnet sich in einer vorbereiteten Erklärung vor dem Münchner Schwurgericht als ›völlig unschuldig‹. Er könne schon deshalb nicht mit einem fairen Prozess rechnen, weil ihn ›die Presse‹ als ›Dr. Mord‹ abgestempelt habe. Und tatsächlich bescherte der Fall den Boulevardblättern plakative Schlagzeilen wie ›Callboy Dr. Mord und seine seltsamen Kunden‹ (Bild), ›Hochzeit mit dem Tod – wenn Heiratsschwindler zu Frauenmördern werden‹ (tz) oder ›Die Sex-Foltern des Dr. Herzog‹ (Abendzeitung).

Pranger in der Presse soll ein faires Verfahren unmöglich machen? Das hatte der falsche Doktor wohl falsch gesehen. Und eine Chance, die Öffentlichkeit und mit ihr die Presse ausgeschlossen zu bekommen, gab es auch nicht. Zum Schutz des Angeklagten kann das ohnehin kaum je geschehen (außer, wenn die Unterbringung in einem psychiatrischen Krankenhaus im Gespräch ist – und immer bei Jugendlichen).

Bis zu der Gesetzesänderung, die nicht zuletzt unter dem Eindruck dieses Verfahrens zustande kam, gab es nur die traditionellen Gründe, die Verhandlung ganz oder teilweise nicht öffentlich zu führen. Deren Katalog (Paragraf 172 des Gerichtsverfassungsgesetzes) beginnt mit der Gefährdung von Staatssicherheit, der öffentlichen Ordnung oder der »Sittlichkeit« – was, hätte man derartige Gefahren gesehen, seit der sexuellen Revolution der Sechzigerjahre als ein Rückfall in viktorianische oder andere Prüderie erschienen wäre.

Dann gäbe es noch den Schutz von Geschäfts-, Betriebs- und anderen Geheimnissen. Es hätten zwar sicherlich manche gerne gewusst, was das Geheimnis des triebhaften Dr. Herzog gewesen war, so viele Frauen … Für sie aber, die Frauen, stellte sich das eigentliche Problem. Zu ihrem Schutz war nichts geregelt. Sie mussten als Zeuginnen alles im Detail erzählen, wo, wann, was und wie. Genauer bitte. Die Zeuginnen weinten, die Zeitungen trieften, und die Leser sabberten. Es war widerlich.

Wenig später fand der Deutsche Juristentag statt, der in seiner strafrechtlichen Abteilung, dem zeitlichen Zufall sei Dank, die Reform der Vorschriften über die Öffentlichkeit des Verfahrens diskutierte. Da hatten es die Referenten, zu denen ich zählte, ausnahmsweise einmal nicht schwer, den Gesetzgeber zu motivieren. Seither kann die Öffentlichkeit ausgeschlossen werden, »soweit Umstände aus dem persönlichen Lebensbereich … zur Sprache kommen, deren öffentliche Erörterung schutzwürdige Interessen verletzen würde …«, und auf Antrag des Betroffenen muss das sogar geschehen.

Wenn es geschieht, hat die Presse wieder ein Privileg, genau genommen zwar nicht den Anspruch, wohl aber die Chance, begünstigt zu werden. Das Gericht kann nämlich auch bei nicht öffentlichen Verhandlungen den »Zutritt einzelnen Personen« gestatten. »Dann aber«, so würden jene Zeuginnen ausrufen, »bin ich doch wieder allem ausgeliefert!« Der Richter versucht zu beruhigen: »Ich werde der Presse die Geheimhaltung zur Pflicht machen.« Das darf er (Paragraf 174 Absatz 3 des Gerichtsverfassungsgesetzes). Verstehen allerdings muss man diese Echternacher Springprozession nicht. Zwei Schritte vor – »Kommen Sie herein, schreiben Sie mit!« – einer zurück: »Wehe aber, wenn Sie darüber schreiben.«

Monstranz oder Monstrum?

Bei einer Prozession wird eine Monstranz feierlich vorangetragen. Prozess und Prozession unterscheidet mehr als nur ein Ion. Aber ist es nicht dennoch so, dass das Prinzip der Öffentlichkeit des Verfahrens auch hochgehalten und verehrt, vielleicht verklärt wird?

Von einer Monstranz, geheimnisvoll geheiligt, sollte man im profanen Umfeld von irdischer Gerechtigkeit lieber nicht sprechen. Andererseits muss man nicht verschweigen, dass die Öffentlichkeit des Verfahrens auch schon mal eine »heilige Kuh« genannt und vom »Tanz um das Goldenen Kalb« gesprochen wird. Und als ein »Monstrum« darf man sie, ohne den Vorwurf der Blasphemie befürchten zu müssen, ohne Weiteres bezeichnen. Monstrum ist nach der ursprünglichen lateinischen Bedeutung des Wortes ja auch nur ein Zeichen (wie Monstranz). Es soll mahnen, das Maß zu wahren, und davor warnen, es zu verlieren. Ungestalt und Missbildung – hütet euch vor Schreckgespenstern.

Für den Richter im Prozess, der darüber zu entscheiden hat, ob die Sache nun öffentlich verhandelt wird oder nicht, ist das Prinzip eher ein Monster, das lauernd damit droht, sein Urteil eines Tages in der Revision schmatzend zu verschlingen. »Wie man es macht«, wird er seufzen, »macht man es falsch.« Ganz unrecht hat er nicht. Kurz gesagt, ist es nämlich so: Zu wenig Öffentlichkeit ist immer falsch, zu viel Öffentlichkeit aber nur manchmal.

Wenn »die Vorschriften über die Öffentlichkeit des Verfahrens verletzt sind«, ist das ein Revisionsgrund (Paragraf 338 Nr. 6 der Strafprozessordnung). Das geht schneller, als man denkt.

Die 4. Strafkammer tagt eigentlich immer im Gerichtssaal 123, und da steht auch, in dem kleinen Schaukasten neben der Eingangstür, dass heute ab 9.30 Uhr die Sache Pimpelhuber wegen Insolvenzverschleppung verhandelt wird. Nun lässt sich aber just an diesem Dezembertag in diesem Saal ein Fenster nicht schließen, und es ist saukalt da drin. Man zieht kurzerhand um in Saal 127. Der Vorsitzende hat allerdings vergessen darauf zu achten, dass das in dem Schaukasten bei Saal 123 mitgeteilt wird. Das war's dann. Eine Revision führt dazu, dass alles noch einmal von vorn anfangen muss. Auch wenn man schon sechsundvierzig Verhandlungstage hinter sich hat und am siebenundvierzigsten die Plädoyers sein sollten, am achtundvierzigsten dann das Urteil? Auch dann. Und wenn schon lange kein Zuhörer mehr da war in diesem langweiligen Prozess? Auch dann.

Der Grundsatz der Öffentlichkeit, eine heilige Kuh. Er garantiert das Recht zu wissen, wo was läuft. Aber nicht nur das. Der Vorsitzende des Gerichts hat über die Ordnung in der Sitzung zu wachen (er ist die »Sitzungspolizei«, wie das Gesetz sagt) und auch darauf zu achten, dass niemand die »Würde des Gerichts« verletzt. Er kann jemanden des Saales verweisen. In der zweiten Reihe da hinten, im Zuschauerraum, sitzt eine Dame mit einem Hut, dessen ausladende Krempe ihr Gesicht fast ganz verdeckt. Eine große dunkle Sonnenbrille trägt sie überdies, und sie hält den Kopf gesenkt, weil sie unablässig etwas notiert auf dem Block, den sie auf den Knien hält.

»Hallo, Sie«, fragt der misstrauische Vorsitzende, »was schreiben Sie da«?

»Mein Tagebuch«, antwortet sie, ohne aufzusehen. Nicht plausibel, aber vollkommen gleichgültig. Sie »stört« ja weder Ordnung noch Würde. Der Vorsitzende bekommt dennoch einen cholerischen Anfall und wirft sie raus. Das war's dann – Revision, und alles noch einmal von vorn.

Aber wenn doch außer der geheimnisvollen Dame noch viele andere Zuhörer da waren? Heilige Kuh – nicht nur der völlige Ausschluss, sondern auch die gesetzwidrige Dezimierung der Öffentlichkeit lässt den Prozess platzen.

Die Kuh stampft aber nur in einer Richtung alles nieder. »Der Saal ist zu klein!« Diesen Aufschrei kennt man aus Fällen, in denen der Andrang von Publikum und Presse groß ist. Er verhallt zwar immer schnell, ist aber vor Prozessbeginn besonders laut.

Im Windhundverfahren – *first come, first serve* – hat das Magazin *Hallo Du* einen Platz bekommen, die *New York Times* aber nicht. Das Problem – so es denn eines ist – ließe sich beheben, wenn man in ein Kino mit Bühne oder in die Messehallen umziehen würde. No way. Dass die Szene zum Tribunal wird, kennt man aus Schillers Balladen oder aus Western, in denen eine aufgebrachte Menge Selbstjustiz übt; einen Baum gibt es immer und ein Seil zum Aufknüpfen auch. Schrecklich. Was jedoch ebenfalls nicht geschehen darf, ist das Umgekehrte, nicht weniger Schreckliche: das Tribunal zur Szene zu machen. Auch das wäre ein Revisionsgrund.

Hat dann aber unser Richter nicht recht mit seinem Seufzer »Wie man es macht, macht man es falsch«? Nicht ganz. Die fehlerhafte Beschränkung der Öffentlichkeit ist ein absoluter Revisionsgrund, die fälschlich erweiterte Öffentlichkeit nur ein relativer.

Absolut falsch und relativ daneben

Davon muss irgendwann einmal die Rede sein: von den Revisionsgründen. Warum aber jetzt, da wir noch ganz am Anfang der Erforschung von Wahrheit stehen, die Beweisaufnahme noch nicht beendet, das Urteil nicht gesprochen ist? Weil in diesem Prozess der Wahrheitsfindung der Richter von Anfang an aufpasst, nur ja nichts falsch zu machen, was die Revision begründen könnte, und die Verteidiger und Staatsanwälte sich von Anfang an überlegen, was sie tun könnten, um ein späteres Urteil angreifbar zu machen. Alle belauern sich stillschweigend und sollten deshalb frühzeitig erkennen, wo die Fallen vergraben liegen und wo man noch welche verbuddeln könnte.

Spezialisten für eine Revision sind unter Strafverteidigern so etwas wie früher die Alchemisten, die man dafür bezahlt hat, aus irgendetwas Gold zu machen. Die Anwälte sind immerhin etwas erfolgreicher als die Alchemisten, wenn auch nicht sehr, und mindestens genauso teuer. Sie können sich es auch leisten, auf die Frage nach ihrer Kunst mit Andy Warhol zu antworten: »There is nothing behind it.« Das Publikum, in beiden Fällen, hält diese Wahrheit für Koketterie. Die Grundregeln zum Rechtsmittel der Revision sind aber wirklich einfach.

Es ist aussichtslos, das angefochtene Urteil anzugreifen mit dem Vortrag »So war es nicht« oder: »Die Verurteilung meines Mandanten geht an den Tatsachen vorbei.« Das Revisionsgericht (zum Instanzenzug später mehr) kontrolliert nur das Recht und seine richtige Anwendung. Man müsste also vortragen, wenn wir für ein Beispiel im Bereich des Grundsatzes der Öffentlichkeit bleiben: »Das Landgericht hat falsche Vorstellungen über das Rechtsprinzip der Öffentlichkeit des Verfahrens und die Öffentlichkeit zu Unrecht beschränkt« (oder »erweitert«, je nach der Gestaltung des Falles). Man hat einen Rechtsfehler namhaft zu machen. Den zu finden und richtig zu benennen, ist nicht immer einfach und zeichnet die Spezialisten aus.

Es kommt als weitere Voraussetzung für eine erfolgreiche Revision hinzu, dass das Urteil auf diesem Fehler »beruhen« muss. Würde man das im Sinne von Kausalität verstehen, wäre alles vergebliche Liebesmüh. Kausalität verstehen die Juristen als »gesetzmäßige Bedingung« und behelfen sich mit einer gedanklichen Krücke, die im Normalfall auch stützt: Wenn ich mir das Ereignis X hinwegdenke, wäre dann das Gleiche geschehen? Dann war X offenbar nicht ursächlich.

Wie aber soll man jemals »beweisen«, dass ohne den Fehler im Prozess sicher (!) ein anderes Urteil ergangen wäre? Das weiß ja niemand niemals. Was wäre denn geschehen, wenn das Gericht den Antrag auf Vernehmung eines Entlastungszeugen nicht zu Unrecht abgelehnt und der Zeuge ausgesagt hätte? Darüber kann man nur spekulieren. Also muss es für das »Beruhen« (auf einem Rechtsfehler) genügen, dass das Urteil ohne den Fehler möglicherweise anders ausgefallen wäre.

Mit anderen Worten: Ein Urteil »beruht« nur dann nicht auf einem Fehler, wenn man ausschließen kann, dass er von Bedeutung war. So sieht die Revisionslandschaft schon wieder rosiger aus, in milderes Licht getaucht.

Im Beispiel von dem rechtswidrig nicht angehörten Entlastungszeugen funktioniert das. Wer weiß, was er beigetragen hätte.

Aber wie ist das bei Fehlern im Umgang mit der Öffentlichkeit? In der einen Situation relativ einfach, in der anderen »eigentlich« absolut unlösbar. Wer in der Revision rügen will, dass man die Öffentlichkeit zu Unrecht erweitert hätte, muss etwas zum »Beruhen« vortragen, weil es sich nur um einen relativen Revisionsgrund handelt – relativ, weil es einer Relation zwischen dem Fehler und dem Urteil bedarf. Er könnte zum Beispiel anführen, dass sein schüchterner, introvertierter Mandant durch die Massen von Zuhörern in dem riesigen Rathaussaal (in den man die Verhandlung wegen des Andrangs verlegt hatte) so verunsichert und beeinträchtigt war, dass er sich nicht mehr sachgerecht verteidigen konnte. Das wird kaum auszuschließen sein.

Wie aber soll das gehen, wenn die Öffentlichkeit zu Unrecht beschränkt oder ausgeschlossen war?

Unser erstes Beispiel war der nicht annoncierte Umzug von

einem eiskalten in einen anderen Sitzungssaal. Es war aber doch ohnehin seit Langem schon kein Zuhörer mehr da gewesen und auch an diesem Tage keiner zu erwarten? Da könnte man noch sagen: »Tja, wer weiß ...«

Auch das versagt aber in dem zweiten Beispiel: Die Dame mit dem Hut wird rechtswidrig rausgeworfen, doch es bleibt Publikum in Hülle und Fülle. Dass vielleicht ein anderes Urteil ergangen wäre, wenn der Fehler unterblieben wäre, wird niemand ernsthaft behaupten wollen.

Die Lösung ist ebenso einfach wie radikal. Der Gesetzgeber hat sich von dem Gedanken des »Beruhens« gelöst, den Fehler verabsolutiert und absolute Revisionsgründe geschaffen. Bei ihnen wird fingiert, dass das Urteil auf ihnen beruht – eine alte Technik. Vor Jahrhunderten sprach man in Deutschland (und tut es zum Beispiel in Österreich noch immer) von Gründen, die ein Urteil »nichtig« machen oder dazu zwingen, es zu kassieren (der »Kassationsgerichtshof« in Frankreich und Italien zum Beispiel).

Was steckt dahinter? Zum einen die Verlegenheit, in der sich ein Gesetzgeber befindet, der prozessuale Fehler sanktionieren will. Viele sinnvolle »Strafen« kann man sich da nicht ausdenken. Alles zurück auf »Los!« ist natürlich drakonisch, aber es spiegelt auch den hohen Wert wider, den das Prinzip der Öffentlichkeit repräsentiert.

Der Katalog der absoluten Revisionsgründe in Paragraf 338 der Strafprozessordnung ist kurz. Fast alle haben mit »heiligen Kühen« zu tun, wie etwa auch dem Prinzip des gesetzlichen Richters, wonach vom Gesetz vorab festgelegt sein muss und nicht etwa von der Exekutive bestimmt werden darf, wer für einen bestimmten Fall als Richter zuständig ist.

Und was hat all das mit Wahrheit zu tun? Niemand soll dem Prozess der Wahrheitsfindung misstrauen können. Die Öffentlichkeit konnte ihn kontrollieren (und, um das soeben erwähnte zweite Beispiel auch noch aufzugreifen, niemand hat missliebige Richter verhindert oder willfährige eingesetzt). Das mag am Ende mehr symbolische als praktische Bedeutung haben. Es sind aber in einem schwer zu bestimmenden Ausmaß auch diese Symbole, die in einer Gesellschaft den Glauben an das Recht aufrechterhalten.

Kapitel 8:

Der Staatsanwalt, Wächter des Gesetzes

Den Glauben an das Recht aufrechtzuerhalten, das vor allem ist die Aufgabe derjenigen, die es zu verteidigen haben. Von den Agenturen der Gerechtigkeit, die sich auf die Suche nach der Wahrheit machen, handeln die folgenden Kapitel über die Staatsanwaltschaft und die Verteidigung. Später dann wird es um die Richter gehen, die mit ihrem »Wahrspruch« das letzte Wort haben.

»Staatsanwälte küsst man nicht«

So der Titel eines Films aus den Achtzigerjahren, der, wenn man heute ein Remake drehen und statistisch korrekt sein wollte, auf »Staatsanwältinnen« bezogen werden müsste. In München übten schon um die Jahrtausendwende mehr Frauen als Männer das Amt der Staatsanwaltschaft aus, und im Bundesgebiet dürfte es heute nicht anders sein.

Dass dieses Amt eher symbolische als praktische Bedeutung hätte, wird keiner denken, der an das Recht glaubt. Man muss, ganz im Gegenteil, eher besorgt sein, dass die Institution der Staatsanwaltschaft überfrachtet wird mit Erwartungen und Aufgaben, die sie nicht erfüllen kann. Sie soll Straftaten aufklären – nicht Skandale. Nun hat zwar in unserer Gesellschaft jedes Problem die Tendenz, erst zum Rechtsproblem und am Ende zum Strafrechtsproblem zu werden. Die Leute setzen ihr Vertrauen in die Fähigkeiten und die Machtmittel der Staatsanwaltschaft und haben auch recht damit. Aber zur moralischen Instanz darf man sie nicht erheben. Strafrecht kann mangelnde Moral nicht ersetzen, und Strafverfolger können nicht Wächter über gute Sitten sein. Damit würde man ihnen zu viel zumuten und zu viel zutrauen. Eine »sittenbildende Kraft« des Strafrechts gibt es nicht, und wer meint, Strafrecht könne sie haben, muss wohl ideologischen Träumen nachhängen, die in einem liberalen Rechtsstaat nicht legitim sind.

Staatsanwälte haben nicht »Unsitten« zu bekämpfen, sondern nur Rechtswidrigkeiten. Sie sind auch nicht dazu da, all das, worüber sich eine Gesellschaft aufregt, zur »Staatsaffäre« zu machen.

Sie haben jedwedem Verdacht einer Straftat von Amts wegen nachzugehen, nicht mehr und nicht weniger. »Legalitätsprinzip« nennt man das in Deutschland, international höchst missverständlich. Dass eine staatliche Behörde der Legalität verpflichtet, also an das Gesetz gebunden ist, versteht sich ja wohl von selbst. Oder sollte das in einem Land, das die Perversion dieses Gedankens in einem »Dritten Reich« erlebt hat, doch der Rede wert sein? Der Verdacht liegt nahe, ist aber nicht berechtigt. Den Terminus »Legalitätsprinzip« gibt es seit den Reichsjustizgesetzen von 1877.

Die Macht der Staatsanwaltschaft

Jedem Verdacht nachgehen müssen sie also, die Staatsanwaltschaften, und wenn er sich bestätigt, haben sie anzuklagen, andernfalls das Verfahren »mangels Tatverdachts« einzustellen. Nicht in der Befugnis zur Anklage liegt ihre Macht, sondern in dem Recht der Einstellung. Anklagen darf jeder junge Staatsanwalt vom ersten Tag an, dann bleibt der Fall ja in der Welt und gelangt zu Gericht. Wenn er aber eingestellt wird, ist der Fall »aus der Welt«. Wo kein Kläger, da kein Richter.

Die Staatsanwaltschaft hat das Anklagemonopol – und ebendeshalb auch eine Anklagepflicht bei »hinreichendem« Tatverdacht. Wann ist diese Schwelle überschritten? Wenn die Wahrscheinlichkeit einer Verurteilung größer ist als die des Freispruchs (also bei 50 Prozent plus x).

Monopole müssen kontrolliert werden. Diese Befugnis hat man in bescheidenem Umfang dem Verletzten zugesprochen. Darunter darf man sich nicht nur die mit dem blauen Auge vorstellen. Als Verletzter darf sich jeder an die Staatsanwaltschaft wenden, der geltend machen kann, in seinen Rechten oder geschützten Interessen verletzt worden zu sein. Bei der Auslegung dieses Begriffs hat die Justiz ein großes, weiches Herz. Wenn ein Zeuge in einem Schadensersatzprozess falsch ausgesagt haben soll, ist der Kläger Verletzter, sofern ihn das betrifft (obwohl Aussagedelikte wegen des Allgemeininteresses an der Wahrheit strafbar sind), und wenn ein Kind vielleicht fahrlässig getötet wurde, ist seine Mutter verletzt in diesem Sinne.

Der Verletzte darf, wenn er Anzeige erstattet hatte und sich nun durch die Einstellung mangels Tatverdachts ungerecht behandelt fühlt, ein Klageerzwingungsverfahren betreiben.

Klingt martialisch, ist aber zuallermeist nur ein Don-Quichotte-Kampf gegen Windmühlenflügel. Der empörte Verletzte beschwert sich über die Einstellung beim Generalstaatsanwalt. Der hat keine Lust, seine Leute zu desavouieren, und weist die Beschwerde ab. Dagegen rennt der Verletzte an beim Oberlandesgericht. Das hat wenig Neigung, die Justiz insgesamt zu blamieren, indem es die Anklage anordnet – was es durchaus könnte –, weist den Antragsteller ab und macht den Deckel drauf. Ende des Verfahrens.

Die zweite Art der Kontrolle ist wesentlich wichtiger und rein innerdienstlich. Ehe sie dargestellt wird, muss man als Arabeske einflechten, dass das Monopol eine Ausnahme kennt:

Die Privatklage

Was es damit auf sich hat, ist traurig und lustig und tragisch, von allem ein wenig. Damals, zu Zeiten der »Carolina«, 1532 also, war das auf dem Papier des Gesetzes der Normalfall: Der Verletzte meldete sich als Kläger und machte den Fall gerichtsnotorisch. Auf dem Papier, wie gesagt. In der Praxis war längst das inquisitorische Verfahren von Amts wegen die Regel.

Unsere Strafprozessordnung erweist dem Verletzten die Ehre, in einigen Fällen selbst Staatsanwalt spielen und die Anklage erheben zu dürfen. Der Katalog (in Paragraf 374) enthält einige wirtschaftlich wichtige Fälle wie Verstöße gegen das Patentgesetz, Urhebergesetz und Ähnliches, in der Hauptsache aber typisch persönliche Konflikte wie Hausfriedensbruch, Beleidigung, Sachbeschädigung und anderes, was sich für gewöhnlich im Hausflur oder auf der Hintertreppe abspielt. Die Staatsanwaltschaft kann den Fall übernehmen, das aber auch ablehnen und ihn dem Betroffenen überlassen. Dann folgt ein Stück in drei Akten, »Die Privatklage«, das jeder nach seinem Belieben als Drama, Tragödie oder Komödie bezeichnen mag.

Im ersten Akt preist der Verletzte das Rechtssystem, das es ihm gestattet, die himmelschreiende Ungerechtigkeit einer ihm, wie wir als typisches Beispiel annehmen, im Treppenhaus widerfahrenen unerhörten Beleidigung selbst anklagen zu können. Er schlüpft nun also in die Rolle (nicht auch die Robe) des Staatsanwalts und bringt die Sache als Privatkläger vor das Amtsgericht. Ehe dort eine Hauptverhandlung stattfindet, gibt es übrigens noch den ebenso obligatorischen wie notorisch vergeblichen Sühneversuch, meist vor der Gemeinde als Vergleichsbehörde, in dem die Kontrahenten in aller Regel die Gelegenheit wahrnehmen, ihre wechselseitigen Beleidigungen zu wiederholen und zu vertiefen.

Im zweiten Akt kommt es zur Gerichtsverhandlung. Der Richter hat verständlicherweise keine Lust, über diesen Quatsch ein Urteil mit kunstgerechten Gründen zu schreiben, und schlägt einen Vergleich vor. Darin erklärt der Beklagte, dass er die fragliche Äußerung, sollte er sie überhaupt getan haben und überdies richtig verstanden worden sein, mit dem Ausdruck des Bedauerns zurücknehme, und der Kläger, dass er die Angelegenheit, sollte es jemals eine gewesen sein, damit für beendet erkläre.

Im dritten Akt sitzen die beiden Parteien gegenüber vom Gerichtsgebäude in der »Bar jeden Rechts«, fragen sich angesichts der Kosten des Verfahrens, die sie je zur Hälfte zu tragen haben, was das Ganze sollte, und bestellen sich das vierte Bier. Das ist das Wesen des Privatklageverfahrens.

Der General

Nein, im Alltag hat ein Staatsanwalt weder Zeit noch Anlass, an mehr oder weniger exotische Dinge wie Klageerzwingungsverfahren oder Privatklage auch nur einen kurzen Gedanken zu verschwenden. Er hat anderes genug zu tun und muss überdies auf seinen Vorgesetzten achten, den Abteilungsleiter. Der hat auch einen Vorgesetzten, den Leitenden Oberstaatsanwalt beim Landgericht. Über dem wiederum steht der Generalstaatsanwalt beim Oberlandesgericht. Dann ist allerdings Schluss. Justiz ist Ländersache, und der Generalbundesanwalt beim Bundesgerichtshof thront nicht über den Generalstaatsanwälten. Die Hierarchie endet im Bundesland.

Der Staatsanwalt ist also eingegliedert in eine hierarchisch aufgebaute, monokratische Behörde. Wenn er in einer Hauptverhandlung agiert, vertritt er nicht »seinen« Fall. Er ist immer nur der Sitzungsvertreter der Staatsanwaltschaft. Es kann ihm also passieren, dass ihn der Vorgesetzte ablöst und einen anderen schickt oder den Fall sogar selbst übernimmt. Beides kommt sehr selten vor. Es kann ihm auch widerfahren, dass fünf vor neun jemand von seiner Geschäftsstelle kommt, Akten bringt, die er nicht kennt, und mitteilt, dass er in fünf Minuten im Sitzungssaal 123 sein und dort die Rolle der Staatsanwaltschaft spielen solle.

Der Staatsanwalt, dem ich als Referendar zur Ausbildung zugeteilt war, trug meist himmelschreiende Hemden, im Design irgendwie zwischen Hawaii und Götterdämmerung, und als ich mich zu fragen traute, weshalb, bezog er sich auf ebendiese Situation, in der er dann sagen könnte: »Aber ich bitte Sie, ich kann doch nicht in diesem Hemd…« Es war natürlich, um einen juristischen Ausdruck zu verwenden, eine Scherzerklärung.

Weniger lustig ist die Tatsache, dass es, wie in jeder Behörde, Weisungsrechte gibt. Der Staatsanwalt kann Weisungen vom Leitenden Oberstaatsanwalt, seinem Chef auf der Ebene des Landgerichts, aber auch vom Generalstaatsanwalt (Oberlandesgericht) direkt erhalten. In einigen Ländern war der Generalstaatsanwalt früher »politischer Beamter«. Wer diesen Status hat, darf von seinem Vorgesetzten ohne Angabe von Gründen über Nacht entlassen werden. In gewissen Regierungsfunktionen macht das Sinn. Zum Amt des Generalstaatsanwalts jedoch passt diese Abhängigkeit von politischen Ansichten und Absichten, von Wohlgefallen und Wohlverhalten in keiner Weise (weshalb sie auch abgeschafft wurde, wenn auch in Mecklenburg-Vorpommern als dem letzten Land erst 2010). Geblieben ist aber das externe Weisungsrecht des Justizministers. Er kann dem Generalstaatsanwalt eine Weisung erteilen, der sie dann intern weitergibt. Im Extremfall könnte also politischer Einfluss so genommen werden, dass das Kabinett einen Beschluss fasst, den der Justizminister dann wie beschrieben umsetzen muss. Nach allem, was man weiß, kommt das nicht vor.

Jedenfalls nicht mehr. Anfang der Achtzigerjahre gab es in Deutschland eine große Parteispendenaffäre, einen Flick-Untersuchungsausschuss, über 1800 Ermittlungsverfahren, Rücktritte und Verurteilungen bekannter Politiker, Erschütterungen allerorten. Spenden an Parteien waren von den Unternehmen als steuermindernd geltend gemacht worden, auf Wegen und Umwegen, die viele Staatsanwälte und Gerichte für strafbar hielten. Mich hatte ein berühmter ehemaliger Vorstandsvorsitzender eines – wie sagt man korrekt? – »großen deutschen Automobilunternehmens aus Baden-Württemberg« mit seiner Verteidigung beauftragt (was mutig von ihm war, weil ich bis dato noch nie verteidigt hatte; der Fall endete zum Glück mit einem Sternchen für mich, weil man die Anklage gegen ihn nicht zuließ). Da kam ein Studienfreund zu mir, der in einem bayerischen Ministerium eine Sonderaufgabe zugewiesen bekommen hatte: Er sollte alle Argumente zusammentragen, die gegen eine Strafbarkeit der Unternehmer sprächen, und ich würde die wohl kennen. Mir ist nicht bekannt, dass bayerische Unternehmen Probleme mit der Staatsanwaltschaft bekommen hätten. Wie das zu erklären ist, weiß ich nicht. Kein Politiker würde es (heute) wagen, auf die Justiz einzuwirken, sei es aus moralischer Grundüberzeugung oder der schlichten Angst vor den Folgen.

Staatsanwälte sind zwar nicht unabhängig wie die Richter, fühlen und benehmen sich aber so. Weisungen sind für den Vorgesetzten eine heikle Sache. Jeder Staatsanwalt wird vom Gesetz sowohl mit Strafe bedroht, wenn er Unschuldige verfolgt, als auch, wenn er es unterlässt, eine gebotene Strafverfolgung aufzunehmen.

Nicht so sehr aus diesem Grunde jedoch gibt es in der Praxis kaum schriftliche Weisungen, sondern vor allem deshalb, weil die Vorgesetzten es auch schätzen, wenn die nachgeordneten Staatsanwälte selbstbewusst eigenständig arbeiten. Einfluss, wenn überhaupt, nimmt man anders. Da kommt dann zum Beispiel der Herr Generalstaatsanwalt zu Besuch und sagt: »Da haben Sie aber einen schwierigen Fall, Herr Kollege; ich will Ihnen nicht dreinreden, aber ich an Ihrer Stelle würde …«

Illegal und doch egal

Von solchen ebenso hässlichen wie seltenen Pressionen abgesehen, ist es ja nicht falsch, wenn eine Staatsanwaltschaft eine einheitliche Linie verfolgt, die »oben« festgelegt und überwacht wird. Das gilt für Anklagen ebenso wie für Einstellungen des Verfahrens. Die Verfechter einer absoluten Unabhängigkeit des Staatsanwalts müssten sich auch mit dem Gedanken abfinden, dass jener junge Berufsanfänger, von dem vorhin die Rede war, einen Fall einstellt, der in seiner Staatsanwaltschaft normalerweise verfolgt würde. Macht braucht Kontrolle. Wie anders als durch den »Apparat« einer Behörde sollte sie ausgeübt werden?

Eine Einstellung des Verfahrens »mangels Tatverdachts« kann tatsächliche Gründe haben (da war gar nichts) oder rechtliche (da war was, das nicht strafbar ist). Die Staatsanwaltschaft hat dem Legalitätsprinzip Genüge getan, ist dem Verdacht einer Straftat getreulich nachgegangen und hat ihn nicht bestätigt gefunden.

Nun gibt es aber noch das Opportunitätsprinzip als Gegenspieler des Legalitätsprinzips. Auch dieses Prinzip ist unglücklich bezeichnet. Es geht nicht darum, dass aus kruden Gründen der Zweckmäßigkeit die eigentlich gebotene Strafverfolgung verschämt vermieden wird. Die Staatsanwaltschaft könnte der Sache auf den Grund gehen und die Wahrheit herausfinden. Die Gründe, weshalb sie es nicht immer tut und nicht in jedem Falle tun muss, sind sehr verschiedenartig. Vier Gruppen sind besonders wichtig.

Der Fall wird nicht »durchermittelt«, weil es sich nicht lohnt, Kleinigkeiten aufzugreifen – *minima non curat praetor* hieß es schon im alten Rom, und wenn ein Mädchen zum ersten Mal einen Lippenstift im Kaufhaus mitgehen lässt, muss Justitia nicht gleich das Schwert zücken.

Es gibt auch Fälle – zweite Variante der Einstellung des Verfahrens –, die zwar so klein und unbedeutend nicht sind, in denen Strafe aber unangemessen wäre und das durchaus vorhandene öffentliche Interesse an einer Strafverfolgung »abbezahlt« werden kann (auf diese problematische gesetzliche Urform des »Deals« werden wir noch zurückkommen).

Oder, dritte Konstellation, man muss die Tat 1 nicht verfolgen, wie vom Legalitätsprinzip eigentlich gefordert, weil sie neben der zu erwartenden Strafe für Tat 2 nicht beträchtlich ins Gewicht fällt. Wenn man Tat 1 einstellt, beschleunigt man das Verfahren und gewinnt viel Zeit, ohne dass die Gerechtigkeit leiden würde. Der Angeklagte bekommt auch so, was er »verdient« hat. In jener Parteispendenaffäre der Achtzigerjahre war es so, dass Unternehmen ihre Spenden an Parteien entweder zum Schein über eine gemeinnützige Vereinigung laufen ließen (die zu diesem Zweck in den frühen Jahren der Republik eigens gegründet worden war) oder Zahlungen über Arbeitgeberverbände leisteten und als Betriebsausgaben von der Steuer absetzten. Der erste Weg war als Trick leicht zu durchschauen, der zweite aber rechtlich schwer zu klassifizieren; da zeichnete sich ein Krieg der Sachverständigen ab. Über beide Kanäle hatten die meisten der damals angeklagten Unternehmer etwa gleich hohe Beträge geleitet, nehmen wir an, je fünf Millionen D-Mark. Für Untreue (oder Steuerhinterziehung) in einem besonders schweren Fall kann man bis zu zehn Jahre Freiheitsstrafe verhängen. Für eine Strafe in diesem Ausmaß reichen die ersten fünf Millionen; die zweiten muss man nicht verfolgen. Beschleunigung durch Konzentration ist wertvoll, weil immer noch viele Fälle auf der »langen Bank« liegen, die dringend abgearbeitet werden müssen.

Und schließlich gibt es Fälle, in denen eine Strafverfolgung mehr schaden als nützen würde: X erpresst seinen Arbeitskollegen Y, weil er dessen Diebstahl in der Firma beobachtet hat. Der Erpresste Y soll sich nicht aus Furcht vor Strafverfolgung wegen seiner Tat von einer Anzeige und Aussage gegen den Erpresser X abhalten lassen. Dessen Erpressung ist übler als der

Diebstahl. Die Staatsanwaltschaft muss kein Verfahren gegen Y einleiten.

So darf sie auch verfahren, wenn der Prozess gegen einen Agenten, der gegen die Bundesrepublik spioniert hat, noch mehr Schaden anrichten würde als dessen Spionage.

In all diesen Fällen lassen wir den lieben Gott einen guten Mann beziehungsweise Justitia eine gute Frau sein und verzichten darauf, die »ganze« Wahrheit ans Licht zu bringen. Es gibt Wichtigeres.

Der schöne Schein des Legalitätsprinzips

Das Problem des Legalitätsprinzips sind aber gar nicht diese soeben skizzierten »Ausnahmen« oder »Durchbrechungen«. Das Problem ist vielmehr, dass es sich um eine Utopie handelt. Es ist schlicht nicht darstellbar, dass die Staatsanwaltschaft jedem Verdacht einer Straftat nachgeht. Dazu fehlen die Ressourcen, finanziell und personell. Der Seufzer »Ich habe auch nur zwei Hände« wäre untertrieben. Von der Staatsanwaltschaft sagt man, sie sei »ein Kopf ohne Hände«.

In der Tat, für die Arbeit vor Ort und die Bekämpfung der Kriminalität hat sie kein eigenes Personal. Die »Kriminalpolizei« heißt nur so. Sie ist Teil der Polizei, und die untersteht dem Innenministerium. Die meisten Dienstgrade der Polizei müssen allerdings Weisungen der Staatsanwaltschaft befolgen. Sie wurden früher »Hilfsbeamte der Staatsanwaltschaft« genannt und sind inzwischen verbal befördert worden zu »Ermittlungspersonal«. Immerhin kommt nun besser zum Ausdruck, dass die Polizei auch das »Recht des ersten Zugriffs« hat, Ermittlungen also initiativ aufnehmen darf. Sie untersteht zwar der Leitung der Staatsanwaltschaft, arbeitet nach deren Weisung, oft aber weitgehend selbstständig. Was die Polizei nicht leisten kann, bleibt liegen.

Wenn den knappen Ressourcen unbegrenzte Bedürfnisse

der Gesellschaft gegenüberstehen, sprechen die Volkswirte von einem »Allokationsproblem«. Strukturell hat die Strafjustiz das hier auch, weil das Legalitätsprinzip das »unbegrenzte Bedürfnis« des Staates nach der Verfolgung jedweden Verdachts formuliert. Die Bedürfnisse der Gesellschaft schwanken und wechseln. Über irgendetwas regen sich die Leute immer auf, und die Justiz tut gut daran, das nicht völlig zu ignorieren. Sind es zum Beispiel gerade die Banker, denen man den Henker an den Hals wünscht, wäre es nicht sinnvoll, eine Kampagne gegen strafbare Abtreibung zu starten. Niemandem, auch der mächtigsten Presse nicht, würde es zur gleichen Zeit gelingen, eine Abtreibungsdebatte loszutreten. Hinterherlaufen muss die Justiz den Moden der Entrüstung nicht, und prognostizieren, welche Farbe der Entrüstung man nächste Saison trägt, kann und soll sie nicht.

Wie aber werden die knappen Mittel nun eingesetzt, und wer entscheidet das? Wohnungseinbrüche, Fahrraddiebstahl, Versicherungsbetrug, Börsenkursmanipulationen, Drogendelikte, Waffengeschäfte, Menschenhandel, Schleuserkriminalität, Markenpiraterie – was ist wichtiger als das andere und warum?

Die Staatsanwaltschaft filtert die Fälle, und sie tut es nach Kriterien, die nicht vom Parlament abgesegnet und nur sehr entfernt über den Justizminister demokratisch legitimiert sind. Dafür kann sie nichts. Es bleibt ihr nichts anderes übrig. Da gibt es also wieder eine Menge Wahrheiten, die im Verborgenen bleiben.

Organ der Rechtspflege

Wohin gehört die Staatsanwaltschaft nun eigentlich im System unserer Gewaltenteilung – zur Exekutive oder zur dritten Gewalt, der Judikative?

Für die Exekutive sprechen der hierarchische, monokratische Aufbau als Behörde und das Weisungsrecht der Vorgesetzten. Sie »verwaltet« aber nicht. Die Affinität zur dritten Gewalt wird begründet durch die Pflicht zur Objektivität und die Macht zur eigenen Sachentscheidung durch Einstellung, die aber nicht Rechtsprechung ist, sondern sie gerade verhindert.

In dieser Situation des Weder-noch entscheiden sich die Juristen für die Eigenständigkeit, und sie werden bildlich. Nicht eine eigenständige Institution, sondern ein »eigenständiges Organ der Rechtspflege« sei die Staatsanwaltschaft. Dieses anthropomorphe Denken beginnt im 19. Jahrhundert. Da hat man versucht, das »Wesen« der Vereine und anderer Verbände zu ergründen – auch so eine deutsche Frage, die nach dem Wesen –, dem juristischen Lehmklumpen Leben eingehaucht und ihn zur »Juristischen Person« erklärt. Diese Personen müssen dann natürlich Organe haben (wie den Vereinsvorstand), Haupt und Glieder und was so dazugehört.

Nun ist die »Rechtspflege« zwar keine juristische Person. Aber Organe hat sie doch, wie eben die Staatsanwaltschaft, und die hat sogar einen Kopf, aber leider keine Hände. Wo gehört dieses Gebilde denn nun hin? Die Staatsanwaltschaft ist der Justiz näher als der Verwaltung, und so untersteht sie nicht etwa dem Innenminister, sondern dem Justizminister.

Die »objektivste Behörde der Welt«

So nennt sich die Staatsanwaltschaft gern, und so wird sie auch in der Fachliteratur oft etikettiert. Dafür gibt es auch gute Gründe. Sie ist »Wächter des Gesetzes«, wie der preußische Justizminister und Jahrhundertgelehrte Friedrich Carl von Savigny lobend hervorhob, als sie 1840 in Preußen etabliert wurde. Sie hat in der Tat auch darüber zu wachen, dass die Strafprozessordnung richtig umgesetzt wird. Zugunsten des Angeklagten darf sie Rechtsmittel einlegen, wenn sie meint, das Urteil sei zu seinem Nachteil falsch. »Die Staatsanwaltschaft hat nicht nur die zur Belastung, sondern auch die zur Entlastung dienenden

Umstände zu ermitteln«, wie unsere Prozessordnung dekretiert (Paragraf 160 Absatz 2).

Franz von Liszt, einer der früheren Päpste des Strafrechts, wird gerne in Anspruch genommen für die Gratulation zur »objektivsten Behörde« der Welt, hat diese Redewendung auch gebraucht, aber in einem ganz anderen, nämlich entgegengesetzten Sinne:

»Durch die Aufstellung des Legalitätsprinzips, durch die dem Staatsanwalt auferlegte Verpflichtung, in gleicher Weise Entlastungs- wie Belastungsmomente zu prüfen, durch das ihm eingeräumte Recht, Rechtsmittel zugunsten des Beschuldigten einzulegen, u.s.w. könnte ein bloßer Civiljurist zu der Annahme verleitet werden, als wäre die Staatsanwaltschaft nicht Partei, sondern die objektivste Behörde der Welt. Ein Blick in das Gesetz reicht aber aus, um diese Entgleisung als solche zu erkennen« (in der *Deutschen Juristenzeitung* 1901, auf Seite 180).

Das geht nun auch wieder zu weit. »Partei« ist die Staatsanwaltschaft ebenso wenig wie die Verteidigung. In unserem inquisitorisch ausgestalteten Prozess kämpft nicht der Staatsanwalt gegen die Verteidigung und umgekehrt, sondern es ringt das Gericht mit sich um die Wahrheit. Daher gibt es auch weder Sieger noch Verlierer, offiziell jedenfalls. Gewinnen kann nur das Recht, offiziell jedenfalls. Hehre Worte von hoher Warte, kein bisschen geheuchelt?

Kapitel 9:

Vom Beruf des Strafverteidigers

»Juristen, böse Christen« – Luther hat diese Redensart oft in seinen Tischreden gebraucht, aber nicht selbst geprägt. Es war Hugo von Trimberg, ein universell gebildeter Mann der Kirche, der um 1300 in seinem Lehrgedicht »Der Renner« eine Pathologie des Juristenstandes seiner Zeit entwarf.

In diese Zeit des 14. Jahrhunderts fällt die späte Phase der Rezeption des römischen Rechts, das nun von gelehrten, meist in Italien ausgebildeten Richtern auf den deutschen Alltag angewandt wurde. »Vom Rechte, das mit uns geboren ist« (von dem Goethe seinen Faust sprechen lässt), das von den Vätern erzählt und ererbt worden war, durfte man nicht mehr viel erwarten, und wer Recht suchte, fand es nun nicht mehr von seinesgleichen gesprochen, sondern von Leuten in schwarzen Roben. Deren Sozialprestige war rasch abgesunken. Die Figur des Notars in komischen Opern (wie zum Beispiel in Rossinis *Barbier von Sevilla*, uraufgeführt 1782) ist eine freundliche Karikatur; sie zeigt den nützlichen, letztlich aber unnützen Trottel. Die Karikaturen Honoré Daumiers fünfzig Jahre später rücken schon deutlicher ins Bild, was man über Juristen dachte: eitel und aufgeblasen, geldgierig und geltungssüchtig, verschlagen und listenreich, nur an das gute Ende, aber nicht an das Gute denkend. Sie rechtfertigen sich über den Erfolg. Das war es auch, was Luther, jenes Sprichwort zitierend, sagen wollte. Er kritisierte die Rechtfertigung über die Werke.

»Juristen, böse Christen« – Hugo von Trimberg hatte das gar nicht so geschrieben. Bei ihm heißt es böse »Judisten«,

Judassöhne. Aber bei allen, die es abgeschrieben haben, liest man »Juristen«, wohl deshalb, weil diese Wendung bereits als Sprichwort im Umlauf war (ebenso wie auch niemand merkt, dass Franz von Liszt mit der »objektivsten Behörde der Welt« falsch zitiert wird).

Diesen Effekt kennt man als Strafverteidiger: Die Leute sehen, was sie zu sehen glauben, sie lesen, was sie hineinlesen, sie hören, was sie hören wollen. »Böse Christen« sind die Juristen, weil sie sich von der Macht korrumpieren lassen. »Der Gelehrten Recht ist der Macht und Geldes Knecht«, hieß es 1630. Recht und Macht, *jus* und *vis*, das ist eine Verdrehung, zu der vor allem Juristen fähig sind. Ein letztes Sprichwort noch: »Wes Brot ich ess, des Lied ich sing.« Das war zwar auf Söldner gemünzt, aber es passt auch auf Anwälte. Wir finden die Assoziation zu bezahltem Gewehrfeuer wieder in der Wendung, mit der heute in den USA die Anwälte bezeichnet werden: *Hired gun*.

Mit diesem Sprung in die Jetztzeit beende ich die historischen Reminiszenzen, die ja ohnehin keine waren, sondern nur Worte von gestern für Ansichten, die auch heute noch nicht ausgestorben sind.

Strafverteidigung, muss das sein?

Wozu Strafverteidigung, wenn, wie soeben noch einmal hervorgehoben, das Gericht von Amts wegen die Wahrheit erforschen muss und auch die Staatsanwaltschaft zur Objektivität verpflichtet ist?

Dieser Frage merkt man es nicht an, dass sie im Nationalsozialismus verschärft gestellt worden ist. Sie macht ja auch unbefangen noch Sinn. Bei uns ist die Verteidigung nicht, wie im anglo-amerikanischen Recht, ein Konstruktionsprinzip des Prozessmodells. Dort treten sich, wie schon erwähnt, Anklage und Verteidigung als »Parteien« gegenüber, die ihren *case*, also ihre Version der Wahrheit, präsentieren. Der Richter entscheidet, welche der Geschehensalternativen als wahr zu gelten hat; er entscheidet den Kampf und kämpft nicht selbst. Ein solcher Parteiprozess *(adversarial system)*, in dem Staatsanwaltschaft und Verteidigung kontradiktorisch um die Wahrheit streiten und sie (re-)konstruieren, ist der deutsche Prozess gerade nicht. Er ist inquisitorisch angelegt: Das Gericht hat die Macht und trägt die Verantwortung für die Suche nach der Wahrheit. Im Systemvergleich dominiert und garantiert, sehr vereinfacht gesagt, das kontradiktorische Modell eher die Fairness und das inquisitorische eher die »wirkliche Wahrheit«. Im inquisitorisch strukturierten Verfahren ist die Verteidigung – theoretisch! – eher ein Störfaktor als ein konstituierendes Element.

Das ist leider nicht nur Theorie. Noch immer sieht sich die Verteidigung als Institution dem Vorurteil ausgesetzt, sie würde nur verhindern und blockieren; noch immer begegnet ihr das Misstrauen, sie würde einseitige Interessen über das gesellschaftliche Interesse an der Wahrheit stellen. Selbst der Bundesgerichtshof hat sich in einigen Entscheidungen gesorgt, die Verteidigung könnte die »Effektivität der Strafrechtspflege« beeinträchtigen und das Verfahren manipulieren. Von der Staatsanwaltschaft hat er dergleichen noch nie befürchtet.

Besteht die Existenzberechtigung der Verteidigung also nur darin, dass das theoretisch perfekte Modell des deutschen Strafprozesses praktisch nicht so glänzend funktioniert? Muss man die Unentbehrlichkeit der Verteidigung pragmatisch begründen, damit nämlich, dass die Objektivität unter Alltagsbedingungen nicht (ausreichend) gewährleistet ist?

So groß ist die Verlegenheit nun auch wieder nicht, in der wir uns befinden. Es ist von allen anerkannt, dass die Verteidigung zur Rechtsstaatlichkeit und Fairness des Verfahrens beiträgt. Seit 1950 ist sie in der europäischen Konvention zum Schutze der Menschenrechte und Grundfreiheiten (MRK) garantiert. Der Beschuldigte ist nicht nur bloßes Objekt des Verfahrens, sondern hat seine eigenen, auch in dieser Konvention manifestierten Rechte. Die Verteidigung sorgt dafür, dass sie gewahrt werden und zur Geltung kommen. Sie ist der notwendige Widerpart der Strafverfolgungsbehörden. Jede vernünftige Strafkammer weiß, dass für ihre Arbeit eine gute Verteidigung eher ein Segen ist denn ein Fluch.

Der himmelblaue Rolls-Royce

Himmelblau war mein erster Eindruck, als mich der Fahrer am Flughafen in London abholte, in einer Livree, die exakt die Farbe des Wagens hatte. Natürlich heißt die Farbe bei Rolls-Royce edler, Silverlake oder Pearl Blue. Und damit hatte der Fall auch zu tun, mit Silber und Perlen, mit Gold und Geld.

Der Mandant wollte mich tatsächlich noch einmal sehen, nach seinem Urteil. Oft kommt das nicht vor. Die meisten Klienten hatten zum ersten Mal Kontakt mit dem strafenden Staat und sind froh, wenn alles vorbei ist, bedanken sich (vielleicht) und sagen manchmal gedankenlos »Auf Wiedersehen«, denn genau das wollen sie natürlich nicht: einen geschäftlich wiedersehen.

Verteidiger in Wirtschaftsstrafsachen ist so ein *one touch job*. Kaum einer sagt: »Das war sehr angenehm und erfolgreich mit Ihnen, ich möchte, dass Sie mich in Zukunft begleiten und beraten.« Sie sind ein einziges Mal in die Mühlen der Justiz geraten. Wiederholungstäter gibt es in diesem Metier nur wenige. Nicht selten fehlt schon die Gelegenheit, weil das Strafverfahren die Karriere beendet hat. Vielleicht wirken auch ethisch-moralische Gründe mit.

Dem Mandanten mit dem Rolls-Royce wurde ich empfohlen durch den Anwalt, der zahlreiche Prozesse für ihn führte, in denen angeblich Geschädigte ihr Geld zurückverlangten. Die Zeitungen machten den Fall groß auf, mit Bild und vollem Namen (der hier durch P. ersetzt wird). P. sei Milliardär, habe sich den größten Teil seines Vermögens ergaunert, mit einem Münchener Finanzinstitut, das er gegründet und inzwischen zum größten Teil zwar an seinen Mitgesellschafter verkauft, dennoch aber im Hintergrund alle Fäden in der Hand behalten habe. Er befinde sich auf der Flucht und sei mit seiner Freundin in Südamerika untergetaucht. Und er liebe den Gin.

Das war untertrieben, er war Alkoholiker. Alles andere war nicht nur übertrieben, sondern falsch. Gefüttert wurde die Presse durch den Leiter der Ermittlungen bei der Kriminalpolizei, der sich gerne als Quelle beim Namen nennen ließ.

Sein Ergebnis lag als Ermittlungsbericht der Staatsanwaltschaft vor, und die konnte sich (zumindest erst einmal) auch kein anderes Bild machen. Der Schaden sollte im zweistelligen Millionenbereich liegen. P. lebte in London und hatte keinen Wohnsitz in Deutschland. Dass die Staatsanwaltschaft da einen internationalen Haftbefehl beantragte, war verständlich.

P. war zwar nicht auf der Flucht, sondern mit seiner schwer krebskranken Freundin nach Mexiko gereist, um dort einen Wunderheiler aufzusuchen. Jener Anwalt, der ihn in allen zivilrechtlichen Angelegenheiten vertrat, erfuhr von dem Haftbefehl, wusste auch, wo sich P. aufhielt, und riet ihm, erst einmal dort zu bleiben (sodass P. ab diesem Zeitpunkt juristisch doch auf der Flucht war). Ich sollte ihn dort treffen. Es war anzunehmen, dass die Zielfahnder des Bundeskriminalamts hinter ihm her waren, und es wäre nicht illegal gewesen, wenn die versucht hätten herauszufinden, wohin die Anwälte des Gesuchten reisen.

Sie sind mir nicht gefolgt. Es wäre gar nicht so schwer gewesen, P. aufzustöbern. Die Kripo hatte ja ermittelt und der Presse erzählt, dass P. den Luxus liebe und lebe. Dazu gehörte auch die Angewohnheit, im jeweils besten Hotel der Stadt die jeweils teuerste Suite zu beziehen.

Er war, als ich ihn in Mexiko traf, dabei, seine Abreise nach Miami vorzubereiten. Mit größerer Sicherheit könne man nicht verhaftet werden, gab ich zu bedenken. Diese Prophezeiung wies er zurück; als Test habe er seinen Neffen gleichen Namens dahin fliegen lassen, und der sei unbehelligt geblieben. P. aber war, sehr im Unterschied zu dem jungen Mann, fast zwei Meter groß und hager, trug nur Maßanzüge mit Einstecktuch, nicht wenig Schmuck und stets Krawatte mit funkelnder Nadel. Vor allem trug er – beziehungsweise ließ er tragen – drei große Samsonite-Koffer mit Kleidung und drei weitere mit Akten, die ständig um sich zu haben ihm wichtig war. Das reicht ja wohl für eine gründliche Kontrolle.

Es kam aber doch ein bisschen anders. Die Dame von der Passkontrolle wunderte sich, dass im Pass von P. so viele Ein- und Ausreisen in Miami am selben Tag verzeichnet seien.

»Ach so«, meinte er, »ich bin da oft mal für einen Tag von der Yacht an Land gegangen.«

»Mag sein«, erwiderte sie, »aber für uns ist das ein typisches Indiz für Drogenkuriere.« Sie werde den Pass erst einmal einbehalten und diesen Verdacht überprüfen; er könne aber gerne in sein Hotel. Dort besuchten ihn am nächsten Morgen zwei Herren und versicherten ihm, dass er kein Drogenkurier sei. Sein Foto habe sich allerdings aus einem anderen Grund im Fahndungscomputer gefunden.

Ich hatte darauf gedrungen, dass er sich ein Ticket für einen Weiterflug nach München kaufte. Er hatte das zwar nicht verstanden, aber getan. So konnte ich später sagen, dass er im Begriff war, sich zu stellen.

Nach drei Tagen Auslieferungshaft war der vom BKA »begleitete« Flug nach München organisiert. Dort saß P. neun Monate in Untersuchungshaft. Im Maßanzug und mit Krawattennadel. Er nutzte die Zeit, um sich auf die Hauptverhandlung vor Gericht vorzubereiten.

Dunkle Wolken

Die Anklage gegen P. war umfangreich und schwerwiegend. Es ging um Wertpapierpensionsgeschäfte. Damals, noch zu D-Mark-Zeiten, war das eine eher exotische Nische, jedenfalls für private Finanzdienstleister; heute ist es längst ein gängiges Instrument der Europäischen Zentralbank.

P. hatte sich nach einer Banklehre darauf spezialisiert und zusammen mit S. eine Gesellschaft gegründet, nennen wir sie G. Sie finanzierte nun in großem Stil Kommunen und Unternehmen. Diese stellten im Gegenzug zur Sicherheit Schuldscheine aus. Damit konnte man, solange sie liefen, wieder Geschäfte machen. Der wirtschaftliche Clou lag in der Differenz zwischen den Zinsen für »kurze« und »lange« Laufzeiten, und das funktionierte auch geraume Zeit gut. Man musste natürlich stündlich auf die Kurse schauen und darauf achten, dass sich nicht etwa eine inverse Zinsstruktur abzeichnete – wenn also zum Beispiel Anleihen über zwei Jahre höhere Zinsen abwerfen als solche mit zehnjähriger Laufzeit.

Nachdem P. sich aus dem aktiven Geschäft zurückgezogen und S. viele seiner Geschäftsanteile übertragen hatte, war S. alleiniger Geschäftsführer und P. nur noch Minderheitsgesellschafter. Einige der Machenschaften von S. waren kriminell. Zu Betrügereien gegenüber Kunden kamen Fälle von Untreue zum Nachteil der Gesellschaft G. Wer eine Vermögensfürsorgepflicht gegenüber der Gesellschaft hat, also deren Vermögen bewahren und mehren muss, begeht Untreue, wenn er ihr pflichtwidrig Nachteil zufügt. Diese Pflicht trifft nur Geschäftsführer, nicht jedoch Gesellschafter. Dafür kommt es aber nicht nur darauf an, was im Handelsregister eingetragen ist. Auch der »faktische« Geschäftsführer steht im Fokus des Strafrechts, und das ist eben einer, der die Fäden in der Hand hält. So agiert zu haben wurde P. in der Anklage vorgeworfen.

Und nicht nur das. Bei zwei weiteren Geschäften lagen die

Dinge komplizierter. P. hatte den S. veranlasst, zwei Schuldscheindarlehen über insgesamt vierhundert Millionen D-Mark im Namen der Gesellschaft zu vergeben. Im Innenverhältnis geschah das aber auf Rechnung des P., sodass S. als verdeckter Treuhänder handelte. Einige Zeit später wollte P., dass S. diese Geschäfte für die Gesellschaft übernahm, und so geschah es auch. Die Anklage nahm an, dass sich P. mit diesem Manöver aus dem unerwartet gestiegenen Risiko stehlen wollte und den Ankauf durch G. im Einvernehmen mit S. auf einen »harmlosen« Monat zurückdatiert habe. Die Gesellschaft habe schließlich einen Schaden von etwa vierzig Millionen D-Mark erlitten, zwanzig Millionen pro Geschäft.

Der Vorsitzende Richter, dem ich mich vor Prozessbeginn vorstellte, war nicht eben berühmt für Milde, aber für seine Sachkunde und seine pointierte Ausdrucksweise.

»Wissen Sie«, sagte er, »das macht nach dem Haustarif der Strafkammer etwa elf Jahre – nur für das erste Geschäft natürlich. Das zweite käme noch hinzu.«

Die goldene Ananas

Mit dem guten Recht zu schweigen könnte man in Wirtschaftsstrafverfahren selten Gold gewinnen, sondern allenfalls die goldene Ananas, hieß es oben schon im Jargon der Medaillen, und dieser Ausdruck muss hier wiederholt werden, um dem Lebensstil von Herrn P. gerecht zu werden, anstatt von »Blech« zu sprechen. Es geht nun allerdings um einen anderen Aspekt als den bereits erwähnten.

Der Angeklagte muss, wie gesagt, nichts tun, sondern nur dulden. Also muss er auch nichts beweisen. Es ist Sache des Staates, ihm eine Schuld nachzuweisen. Der Angeklagte trägt keine Beweislast. Die gibt es in zwei Erscheinungsformen: Die objektive Beweislast regelt, zu wessen Lasten es geht, wenn etwas zweifelhaft bleibt; das ist ein Thema für später, wenn das Gericht über das Ergebnis der gesamten Verhandlung berät. Die andere Ausprägung der Beweislast ist die subjektive; da geht es um die Frage, wer Beweise vortragen und führen muss.

Diese Beweisführungslast, wie man sie auch nennt, hat im Strafverfahren nie der Angeklagte, der ja passiv bleiben darf. Wer seinem Mandanten dieses Prinzip ans Herz legt, täte besser daran, ihn darüber aufzuklären, wie ihm selbiges Herz in die Hose rutschen wird.

In einem erfundenen Beispiel nehmen wir an, dass der Angeklagte, ein Arzt, mit Tempo siebzig bei Rot geblitzt worden ist und fast einen Fußgänger erwischt hat. Er schweigt eisern und wird wegen Straßenverkehrsgefährdung verurteilt. Oder wir stellen uns in einem zweiten Beispiel einen am Steuer vor, der bei herrlichem Sonnenschein auf der Landstraße nicht um die Kurve, sondern geradeaus in einen Acker gefahren ist und sein nur geleastes Auto ziemlich demoliert hat. Er wird ebenfalls wegen Straßenverkehrsgefährdung verurteilt werden (weil die auch vorliegt, wenn man fremdes Eigentum von bedeutendem Wert gefährdet hat). Nun verlangen beide von ihren Verteidigern, dass sie Revision einlegen und die »Aufklärungsrüge« vorbringen, also geltend machen, dass das Gericht seiner Pflicht, den Sachverhalt von Amts wegen aufzuklären, nicht gerecht geworden sei. Der Arzt beruft sich – jetzt erst – darauf, dass er zu einem Notfall unterwegs war, und der andere behauptet, auch erst jetzt, dass von dem Bauernhof rechts in der Kurve ein Kind auf die Fahrbahn gelaufen sei. Sie werden beide verlieren.

Die Aufklärungspflicht verlangt vom Gericht nicht, dass es jeder irgendwie denkbaren Geschehensalternative nachgeht und sich mögliche Entlastungszeugen ausdenkt. Nur greifbare, naheliegende Möglichkeiten muss es verfolgen, für die es Anhaltspunkte gibt. Wenn die fehlen, darf es vom Normalfall ausgehen. Dann hat es seine Pflicht erfüllt, die Wahrheit zu erforschen! Und solche Anhaltspunkte zu liefern, ist eben oft nur dem Angeklagten möglich. Nein, es ist niemand verpflichtet,

Beweise vorzubringen, aber es ist in aller Regel sein Schaden, es nicht zu tun.

Die Frage, wozu Strafverteidigung, dürfte schon damit beantwortet sein. Es gibt noch viel dazu zu sagen. Aber erst wollen wir doch noch sehen, wie Herr P. von der Anklagebank wieder in seinen Rolls-Royce gekommen ist.

Welcome back

Fälle wie den von Herrn P. kann man auch alleine bewältigen. Ich arbeite lieber im Team. Ein Anwaltsfreund war gerne bereit, Mitverteidiger zu werden. Nicht nur, dass der andere vielleicht anderes sieht oder dasselbe anders – man kann sich auch mal abwechseln mit *good guy – bad guy*, selbst gegenüber dem Mandanten, wenn es sein muss. Außerdem sieht sich die Verteidigung in größeren Verfahren einer »Übermacht« gegenüber: Da teilt sich auch die Staatsanwaltschaft die Arbeit, und es tritt meistens nicht nur ein Staatsanwalt auf; oben auf der Richterbank sitzen, wenn der Fall von einer Strafkammer des Landgerichts verhandelt wird, ohnehin vier oder fünf Richter, und selbst wenn man arrogant genug ist, die zwei Schöffen nicht zu rechnen, bleiben wenigstens zwei Juristen.

Mein Kollege und ich hatten zunächst einmal das Problem, vom Mandanten verlässlich zu erfahren, woran er sich noch erinnern konnte. Das meiste war von Gin Tonic weggespült. Seine ehrliche Antwort wäre in der Regel gewesen: »Das weiß ich nicht mehr.« Diese Aussage vor Gericht ist nahezu gleichbedeutend mit einer Bestätigung der Anklage. P. hatte in der U-Haft seine Kalender der fraglichen Zeit studiert und sich durch die Akten gewühlt. Da war ihm vieles wieder eingefallen. Wirklich? Die Gefahr, dass es sich um *synthetic memory* handelt, um eine nachträgliche Rekonstruktion, an die er aber als tatsächlich erlebt felsenfest glaubt, entsteht bei einem Studium der Akten leicht und ist nicht beherrschbar.

Ein Verteidiger erstellt aus allen verfügbaren Unterlagen eine Chronologie des Geschehens, spricht sie mit dem Mandanten durch und gleicht sie ab mit dessen wirklichen oder vermeintlichen Erinnerungen. Aber eine Chronologie kann ja Vorstellungen, Gedanken, Absichten, Motive nicht erfassen, sofern es nicht Dokumentationen oder Anhaltspunkte im Schriftverkehr etc. gibt. Was hat sich P. gedacht, als er das Treuhandverhältnis beendete und die Papiere der Gesellschaft verkaufte? Wie kann ich wissen, ob es stimmt, was er heute dazu sagt?

Diese Mühe macht sich ein Staatsanwalt in aller Regel nicht. Warum sollte er auch, wenn ihm zwei Verteidiger gegenübersitzen, die gut bezahlt werden dafür, dass sie nach Anhaltspunkten für die Unschuld ihres Mandanten suchen?

Es sprach vieles dagegen, dass P. etwas von den krummen Touren des S. wusste. Auch diese Details musste man so behutsam ausgraben wie ein Archäologe einen zerbrochenen Krug. Diese Mühe macht sich ein Staatsanwalt nicht. Warum sollte er auch, wenn …

Der S. war wegen seiner kriminellen Geschäfte bereits rechtskräftig verurteilt und trat nun als Zeuge im Verfahren gegen P. auf. Er durfte die Aussage nicht mehr verweigern, und er wollte das auch gar nicht. Nicht, dass er noch Vorteile für sein Verfahren herausschlagen könnte, wenn er den P. belasten würde. Aber es entlastet doch moralisch, wenn man mit dem Finger auf einen anderen deuten kann: »Der da war es eigentlich, er hat alles gewusst, mich geknechtet und beherrscht, ich war zu schwach« – das ganze Melodram. Dagegen dürfte der Staatsanwalt nichts einzuwenden haben, und die Richter würden S. nicht desavouieren, um ihr eigenes Urteil gegen S. nicht in ein schiefes Licht zu rücken (oder das ihrer Kollegen einer anderen Strafkammer, das läuft auf dasselbe hinaus). Den Versuch, S. zu erschüttern, mag er erfolgreich sein oder nicht, wird nur die Verteidigung unternehmen. Einer muss es aber tun, damit die Wahrheit so unerschütterlich dasteht, wie es ihr Anspruch ist.

Das Wahrheitsprogramm des Straftatbestandes der Untreue

ist besonders anspruchsvoll. Die Tathandlung, ein pflichtwidriges Geschäft zum Nachteil der Gesellschaft, könnte nur der Ankauf der Papiere durch S. für die Gesellschaft gewesen sein. Als Täter käme allein S. infrage; P. wäre Anstifter. War es pflichtwidrig, so zu verfahren? War es nachteilig für die Gesellschaft G.? Beides muss man für den Zeitpunkt des Ankaufs beurteilen. Für den Schaden kommt es lediglich darauf an, ob das Vermögen der G. durch den Ankauf gemindert worden ist. Ein effektives Loch in der Kasse gab es da aber noch nicht, das würde man erst am Ende der Laufzeit der Papiere beurteilen können.

So lange wartet das Recht nicht. Wenn man einen Kredit vergibt und alles sorgfältig erwogen hat, wird das nicht nachträglich zur Untreue dadurch, dass der Schuldner überraschend pleitegeht. Also muss die Frage sein, ob man durch den Ankauf der Papiere ein übermäßig hohes, nicht mehr zu vertretendes Risiko eingegangen ist und das Vermögen so gefährdet hat, dass man bei wirtschaftlicher Betrachtung von einem Schaden sprechen muss.

Das ist viel verlangt, aber noch nicht alles. Diese Fehler, wenn es denn welche waren, müssen vorsätzlich begangen worden sein. »Das habe ich doch nicht gewollt« ist der Standardsatz. Meist sogar glaubhaft, aber unerheblich. Für den Vorsatz genügt es, wenn einer das Risiko gesehen und es in Kauf genommen, einkalkuliert hat. Der typische Bruder Leichtfuß, der es fahrlässig beiseitegeschoben hat, wird nicht bestraft. Davon hängt es also ab, Vorsatz ja oder nein, ob einer Jahre ins Gefängnis muss oder als freier Mann nach Hause gehen darf.

P. wurde zu einer Freiheitsstrafe verurteilt, durfte aber dennoch als freier Mann nach Hause gehen. Wie dieses? Wir hatten den Fall hart an den Rand eines Freispruchs verteidigt, der Bogen war zum Zerreißen gespannt. Es machte (wie meist) keinen Sinn, ihn zu überspannen. Das Gericht ließ nicht erkennen, dass es zum Freispruch auf ganzer Linie neigte. Das wäre auch ungewöhnlich gewesen, wenn der Angeklagte bereits neun Monate in Untersuchungshaft saß. »U-Haft schafft Rechtskraft«, lautet eine der Bauernregeln der Verteidigerzunft. Und außerdem würde die Staatsanwaltschaft energisch in Revision gehen. Wir allerdings auch, wenn die Strafe zu hoch ausfiele.

Keiner konnte wissen, was da herauskommen würde – es hatte aber auch keiner Lust auf eine Neuauflage des Verfahrens, noch nicht einmal der Mandant. Also wählten wir einen selten beschrittenen Weg, in angebahntem, aber stillschweigendem Einvernehmen: Das Urteil lautete auf achtzehn Monate Freiheitsstrafe. Der zu verbüßende Strafrest beträgt im Regelfall zwei Drittel davon. Hier wurde er, was möglich, aber selten ist, durch einen Beschluss auf neun Monate festgesetzt (»echte Halbstrafe«), und da die U-Haft angerechnet wird, war nichts mehr zu verbüßen.

Vor dem Gericht wartete schon Toni, der Chauffeur, mit dem Rolls-Royce. Getränke waren im Kofferraum, ausreichend für eine lange Fahrt. Das Verfahren vor dem Strafgericht hatte ein halbes Jahr gedauert.

Sage und schreibe dreizehn Jahre später rief mich der Zivilanwalt an, mit dem ich damals in Mexiko gewesen war, ob ich mich noch erinnern könne … Er wollte mir mitteilen, dass er soeben den letzten Zivilprozess, der gegen P. geführt worden war, auch noch gewonnen und P. nun seine Ruhe habe. Von der letzten war er nicht mehr weit entfernt: Kurz darauf ist er verstorben.

Zu Risiken und Nebenwirkungen fragen Sie Ihren Strafverteidiger

Solche Probleme können einem Angeklagten weder die objektivste Behörde der Welt noch ein überaus fürsorglicher Strafrichter abnehmen: Was droht ihm sonst noch? Das sind oft Forderungen von Gläubigern. Für viele Beschuldigte ist das kaum weniger wichtig als die Frage, wie das Strafverfahren ausgehen werde. Schadensersatzforderungen drohen ruinös zu sein. Bei

Herrn P. waren es weit mehr als hundert Millionen D-Mark, die man von ihm wollte. Und es hat dreizehn Jahre gedauert, bis er aufatmen konnte; Geld hat es alles in allem hoffentlich nicht gekostet (falls die Gegner alle Kosten tragen mussten), aber unendlich viel Zeit, Kraft und Nerven.

Man könnte ein Strafverfahren oft relativ schnell, elegant und mit erträglichen Konsequenzen beenden, wenn der Mandant nicht befürchten müsste, dass jene zivilrechtlichen Folgen unerträglich werden würden. Darauf muss ein Verteidiger Rücksicht nehmen.

Es gibt aber noch vieles mehr, je nach Metier, das man als Anwalt dem Mandanten sagen muss: Die Aufsichtsbehörden werden sich eingehend mit dem Fall beschäftigen, wenn es zum Beispiel um Banken und Versicherungen geht; die Kammern, etwa die der Wirtschaftsprüfer und Rechtsanwälte, werden mit der Lupe hinschauen; Zulassungen und Lizenzen stehen auf dem Spiel; Geschäftsführer einer Gesellschaft kann man nicht mehr sein (ab einer Verurteilung zu einer Strafe in gewisser Höhe); man verliert Posten.

»Darf ich meine Ehrenämter behalten?«, war die erste Frage eines Mandanten, dem Schlimmeres drohte. Die Mitteilung, dass ab sechzig Tagessätzen Geldstrafe der Waffenschein weg und der Jagdschein futsch ist, hat schon manchen mehr deprimiert als alles andere. Auf der Skala der Empfindlichkeiten von Mandanten steht die Strafe nicht immer ganz oben.

Trost und Rat

Im Rechtspositivismus des späten 19. Jahrhunderts, der nur auf das Gesetz und nicht über diesen Horizont hinaus schaute, hat man Juristen nicht buchstäblich verbieten wollen, politisch oder ökonomisch, philosophisch oder psychologisch zu denken. Von Empfindungen war ohnehin nicht die Rede. Was aber Sache des »Juristen als solchem« sei, darüber hatte man enge und strenge Ansichten. Das nun Folgende hätten jene Gelehrten mit Spitzbart und Kneifer sicher nicht mehr als Sache des Strafverteidigers als solchem bezeichnet. Nicht alles jedenfalls.

Wenn ich in einem Amt arbeiten würde, sagen wir, als Jurist in einem kommunalen Zweckverband der Abwasserversorgung, und ich hätte mich zu befassen mit dem *Merkblatt Gülle-Festmist-Jauche-Silagesickersaft-Gärreste Gewässerschutz*, herausgegeben vom Umweltministerium (das gibt es wirklich!), würde ich mich um fünf Uhr von den Kollegen verabschieden, sollten noch welche da sein, und müsste nicht befürchten, dass mir dieses Rechtsproblem die Feierabendlaune verderben oder gar den Schlaf rauben könnte.

Wenn ich als Anwalt in einer internationalen Großkanzlei seit Jahren denselben Streitfall bearbeiten müsste – eine Spedition gegen ihre Auftraggeber oder was weiß ich –, würde ich abends gegen neun Uhr das Büro verlassen (sicher nicht schon um fünf, denn das sind ja keine Nine-to-five-Jobs), den Schalter umlegen, etwas Schönes machen und nachts nicht von diesem Fall träumen. Es geht ja »nur« um Geld, und wahrscheinlich nicht einmal um das der Kläger oder der Beklagten, sondern von deren Versicherer; also was soll's, würde ich denken.

In größeren Strafsachen aber geht es immer um Existenzielles. Ich empfinde es jedenfalls so. Wahrscheinlich ist man da als Strafverteidiger nicht alleine. Auch ein Insolvenzverwalter könnte das sagen, vielleicht sogar jener Anwalt, der für oder gegen die Spedition kämpft. Ich meine aber auch nicht die wirtschaftliche Existenz, sondern die moralische Integrität, die Reputation, das Ansehen in der Gesellschaft und den Blick in den Spiegel, die Herabminderung oder Entwertung der Lebensleistung, die Existenz als Person. »Aber«, höre ich zivilrechtliche Freunde sagen, »auch wir kennen Mandanten, die eine gesellschaftliche Bruchlandung hingelegt haben und darunter leiden, die geradezu vernichtet sind!« Gewiss, und Strafrechtler kennen die auch, die nicht nur zu Zahlungen verurteilt, sondern insgesamt am Ende sind. Was den Unterschied macht, ist die

Bedeutung, die der Strafe zugeschrieben wird. Sie symbolisiert das moralische Verdikt, das ethische Unwerturteil, die schärfste Sanktion, die dem Recht zu Gebote steht. Der Staat lässt das jeden spüren, gegen den er dieses sein letztes Mittel einsetzt. Nicht alle, die sie trifft, empfinden das so. Aber von individuellen Befindlichkeiten war auch nicht die Rede.

Bis hierher nicht. Nun muss es aber sein. Es gibt Mandate, die zu 95 Prozent oder mehr aus Jura bestehen, und solche, bei denen es allenfalls 5 Prozent sind. Der jeweilige Rest ist Psychologie, Trost und Rat in schwieriger Lebenslage. Das muss man nicht leisten (und wirklich von diesem Fach ist ja keiner von uns Verteidigern). Aber eine Beziehung zum Mandanten stellt sich von selbst ein, notgedrungen, und da ist es besser, sie für sich von Anfang an zu steuern und zu kontrollieren, wie viel Empathie und wie viel Sympathie im Spiel ist. Ohne sich dem Mandanten zu nähern, kann ich ihn nicht verstehen, nicht wissen, ob er mich belügt, und ihn also nicht richtig verteidigen. Und wenn ich ihm zu nahe komme, verliere ich die professionelle Distanz und damit die Fähigkeit, ihn überhaupt zu verteidigen. Diese Balance muss man finden, in jedem Fall und immer wieder neu.

Ich will es wissen

Manche Mandanten und solche, die es werden wollen, lügen aus Verlegenheit. Sie wollen sich nicht eingestehen (geschweige denn einem anderen gestehen), dass sie einen strafbaren Fehler gemacht haben. Das muss aber nicht schamhaft, sondern kann auch bockig sein, überheblich und selbstgerecht. Dann verteidigt es sich schwer. Wenn es der Verteidiger ist, der dem Mandanten beibringen müsste, wo die Grenze zwischen erlaubt und verboten, zwischen nur falsch und schon strafbar verläuft, dann wird er oft innerlich abgelehnt als einer, der ja »genauso schlimm ist und genauso danebenliegt« wie der Staatsanwalt.

Zu den Zeiten, als Pharmafirmen und Ärzte wegen Korruption verfolgt wurden – die Fachkongresse waren ganz oder überwiegend Vergnügungsreisen, und auf dem Hotelbett lagen teure Geschenke –, wandte sich ein Chefarzt an mich, sehr aufgeregt. Er entrüstete sich aber vor allem darüber, dass man nur ihm und nicht auch seiner »Begleitung«, die in diesem Fall wirklich seine Ehefrau war, ein Ticket erster Klasse zugesandt hatte. Diese Verteidigung wäre mir zu mühsam gewesen.

Dann gibt es Mandanten, die einem nicht sagen wollen, was denn war, weil sie glauben, dass sie ihren Verteidiger »im Stande der Unschuld« halten müssen. In München wurden, lange her, zahlreiche Strafverfahren wegen illegaler Absprachen am Bau eingeleitet. Ein Betriebsprüfer hatte bei einer Baufirma beanstandet, dass vier Reifen für ein Baufahrzeug abgesetzt worden waren. Er als Autonarr argwöhnte, dass sie wohl nur auf einen Porsche passen könnten. Und der gehörte, unübersehbar knallrot, einem Kontrolleur, der nicht so genau hinsehen sollte.

Der Abspracheskandal zog immer weitere Kreise; am Ende waren so gut wie alle Baufirmen involviert. Und einer schreibt immer alles auf. Man trifft sich in großer Runde, um festzulegen, wer den Auftrag bekommt, wer Schutzangebote abgibt, wem »Punkte« für das nächste Vorhaben gutgeschrieben werden und wer Abstandszahlungen bekommt. Das zu schützende Angebot wird ermittelt. Einer notiert darauf »plus 2% für Freunde, plus 3% für Freude am Bauen«. Da rückt ein Freispruch in weite Ferne.

Eine der Firmen avisierte ihren Niederlassungsleiter. Der Mann war kühl und zugeknöpft, grauer Anzug, graues Gesicht, abweisender Blick. Anstelle einer sinnlosen Aufwärmphase konnte man das Gespräch auch gleich mit einem Rippenstoß beginnen: »Wie viel Geld ist im Umschlag überreicht worden?«

»So etwas kommt bei uns nicht vor.« Zwischen den Lippen hervorgepresst, den Mund kaum geöffnet.

»Schön. Und wie hoch waren die Summen, die über Scheinverträge, wie zum Beispiel angebliche Baustelleneinrichtung, an andere als Abstandszahlung geleistet wurden?«

Mit Blick aus dem Fenster: »So etwas gibt es bei uns nicht.« Und immer so weiter.

Ich bin dann aufgestanden, habe ihn gespielt freundlich lächelnd verabschiedet und zur Tür begleitet.

»Sie werfen mich hinaus?«

»Aber nicht doch. Ich beglückwünsche Sie, weil Sie so jemanden wie mich nicht brauchen.«

Am nächsten Tag rief er an, ob er noch einmal kommen könne. Nach fünf weiteren zähen Gesprächen hatte ich wenigstens einen Überblick.

Da war mir der von einem anderen Unternehmen schon lieber. Rote Bäckchen, vom Innendienst noch nicht gezeichnet, bunt kariertes, offenes Hemd, die gute Laune pur.

»Lassen Sie uns doch einmal die Liste der Objekte durchgehen, bei denen die Staatsanwaltschaft annimmt, dass Ihre Firma an Absprachen beteiligt gewesen sei.«

Er, mit fröhlicher Stimme, in der Münchener Mundart, die auch einen sarkastischen Unterton haben kann: »Machen wir's uns einfach: In München ist nach dem Krieg alles abgesprochen, bis auf den Hauptbahnhof, da hat es nicht funktioniert.«

Das wollte ich nicht wissen. Zu viel des Schlechten ist auch nicht gut.

Dass man als Verteidiger von seinem Mandanten rückhaltlose Offenheit verlangt, hat gute Gründe. Es dient seinem Schutz. In den Grenzen der Legalität effektiv zu verteidigen, setzt voraus, dass man die Lage des Mandanten in allen Einzelheiten kennt. Wenn er einem Stein und Bein geschworen hat, dass er nie mit X korrespondiert habe, und einem der Staatsanwalt dann einen Stapel Briefe oder fünf Megabyte E-Mails vorhält, ist nicht nur der Mandant blamiert.

Der Verteidiger hat Rechte, die er nur voll ausschöpfen kann, wenn er alles weiß. Und er hat Pflichten, die zu erfüllen nicht möglich ist, wenn er belogen oder im Dunkeln gehalten wird.

Die Pflichtentrias

Was aber hat all das mit der Wahrheit zu tun, die vom Gericht gefunden werden soll? Ich bezahle einen Verteidiger doch nicht dafür, wird der Mandant sagen, dass er dem Gericht willfährig dient; *mir* soll er helfen, und sonst nichts!

Ganz unrecht hat er nicht, ganz recht aber auch nicht. Diesen rätselhaften Satz kann man nicht vollkommen in Wohlgefallen auflösen.

Alles Tun und Lassen des Verteidigers muss vereinbar sein mit seinen drei Pflichten: zur Fürsprache, zur Verschwiegenheit und zur Wahrheit.

Die Fürsprachepflicht versteht sich fast von selbst. Im *Sachsenspiegel* von 1220 war vom Verteidiger als »Fürsprecher« die Rede, und in der Schweiz heißt er heute noch so. Man muss es wörtlich nehmen. Der Verteidiger darf nur für und nie gegen die Interessen des Mandanten eintreten. Er ist zur Einseitigkeit verpflichtet, nicht zur Objektivität.

Greifen wir für ein Beispiel den seltenen Fall auf, dass der Mandant seinem Verteidiger die Tat gestanden, sie in der Hauptverhandlung aber geleugnet hat und das Gericht zu erkennen gibt, dass es seine Zweifel an der Schuld des Angeklagten nicht überwinden kann und nicht genug Beweise für eine Verurteilung sieht. Wenn der Verteidiger nun eine Einstellung des Verfahrens gegen eine Geldauflage anregt, anstatt auf Freispruch zu plädieren, verletzt er seine Fürsprachepflicht.

Die weist oft in die gleiche Richtung wie die Verschwiegenheitspflicht. Dass der Verteidiger nur vortragen darf, was für den Mandanten günstig ist, folgt schon aus der Fürsprachepflicht. Belastende Umstände darf er ohne Zustimmung seines Mandanten nicht offenbaren; er würde sich strafbar machen (»Verletzung des Privatgeheimnisses«, Paragraf 203 des Strafgesetzbuchs).

Es gibt aber auch Situationen, in denen eine Pflichtenkollision droht. Ich erinnere an den nächtlichen Anruf des Psychiaters aus der forensischen Psychiatrie der Uniklinik, dem der Proband, zur Begutachtung eingewiesen wegen eines einzigen Tötungsdelikts, gestand, dass er noch weitere begangen hat. Dürfte der Sachverständige dieses Wissen verwenden, könnte er, anders als bei der Würdigung nur einer isoliert erscheinenden Tat, einen Defekt konstatieren (welchen, ist jetzt nicht von Bedeutung) und zumindest verminderte Schuldfähigkeit attestieren. Für einen Verteidiger würde es in einer derartigen Situation die Fürsorgepflicht gebieten, die ihm eingestandenen Taten zu offenbaren. Dieser Weg ist jedoch durch die Schweigepflicht blockiert. Wenn ihn der Mandant nicht gehen will und sich nicht zu einem Geständnis durchringt, ist der Verteidiger gezwungen zu schweigen.

Der Mandant darf lügen, der Verteidiger nicht. Er hat eine Wahrheitspflicht. Damit ist nicht immer leicht umzugehen. Der Verteidiger darf die Wahrheit nicht sagen, wenn er damit gegen seine Fürsorgepflicht oder seine Verschwiegenheitspflicht verstoßen würde. Andererseits darf er die Interessen seines Mandanten nicht auf Kosten der Wahrheit durchsetzen. Kurz gesagt: Er darf nicht alles sagen, was wahr ist, aber alles, was er sagt, muss wahr sein.

Was aber darf der Anwalt, wenn er nicht weiß, was wahr ist, sondern Zweifel hat? Nehmen wir an, dass der Mandant behauptet, er sei zur fraglichen Zeit »anderswo« gewesen, und der Verteidiger grübelt, ob das wohl stimmt oder nicht. Bekannt aus Film, Funk und Fernsehen ist das falsche Alibi. Man kann es auch im Internet bestellen. »Wir kümmern uns«, so wirbt dort eine Agentur, »um alle Buchungen und Reservierungen sowie darum, Ihre Spuren zu verwischen, sodass keine Rückschlüsse über Ihren Aufenthalt von Dritten zu ziehen sind.«

Die Frage nach dem Alibi wird nicht nur bei Mord und Totschlag, bei Brandstiftung, Entführung und ähnlich grauenhaften Fällen gestellt, sondern auch in Wirtschaftsstrafsachen, wenn es zum Beispiel darum geht, wann Herr P. – der mit dem Rolls-Royce – in München war oder Herr X mit dem Privatjet von da nach dort geflogen ist.

Da geht es oft gar nicht darum, dem angeblich oder wirklich anderswo Weilenden die Täterschaft zu beweisen, sondern die Glaubhaftigkeit seiner Angaben zum Lauf der Dinge zu überprüfen. Ein Verteidiger, nehmen wir an, will seinen Mandanten unbedingt »heraushauen« und benennt, dumm genug, einen Zeugen, von dem er weiß, dass er dem Angeklagten ein falsches Alibi verschaffen wird (beziehungsweise will). Das ist mit seiner Wahrheitspflicht nicht vereinbar. Wie ist es aber, wenn das Gericht einen Zeugen geladen hatte, den Chauffeur oder Piloten, und der zur Überraschung des Verteidigers zugunsten des Chefs falsch aussagt? Da darf der Verteidiger, der es besser weiß, nicht intervenieren, weil es ihm die Verschwiegenheitspflicht verbietet, den Mund aufzumachen.

So eindeutig liegen die Fälle, jedenfalls die mit den Leuten in den Nadelstreifen, leider meist nicht. »Mein Kalender«, sagt der Angeklagte, »enthält keinen Eintrag für den fraglichen Vormittag; ich glaube, dass ich da den Y getroffen habe.« Er weiß es schlicht nicht mehr. Der Verteidiger überlegt, ob er einen Beweisantrag stellen soll und vor allem: ob er es darf. Zu einem Beweisantrag gehören drei Elemente. Er muss ein bestimmtes Beweismittel bezeichnen. Das wäre im Beispiel der Y als Zeuge. Eine genau bestimmte Beweisbehauptung muss der Antrag enthalten (hier also die Tatsache, dass Y am – es folgt das Datum – den Angeklagten getroffen hat, und zwar, wo). Und schließlich muss es sich um einen entschiedenen »Antrag« handeln und nicht nur um eine vage Anregung, das Gericht möge doch mal den Y fragen. Der Verteidiger müsste also sagen: »Hohes Gericht, ich stelle einen Beweisantrag. Zum Beweis der Tatsache, dass der Angeklagte am … in … Herrn Y getroffen hat, beantrage ich Vernehmung des Y als Zeugen, zu laden unter seiner Adresse …«

Darf der Verteidiger, obwohl er sich doch gar nicht sicher ist, mit entschlossener Miene und Bestimmtheit behaupten, dass der Angeklagte den Y getroffen hat und den dafür als Zeugen benennen? Ja, denn der Verteidiger muss nicht untätig bleiben, wenn ein Geschehen zweifelhaft scheint, und er muss diese Zweifel auch nicht offenbaren. Das ist nicht anders, wenn sein Mandant im Brustton der Überzeugung von sich gegeben hat, dass er da mit Y zusammen gewesen sei, der Verteidiger aber im Stillen so seine Bedenken hat. Wie soll er den Wahrheitsgehalt denn überprüfen? Auch jetzt würde ein Beweisantrag nicht gegen seine Wahrheitspflicht verstoßen.

Einspruch, Euer Ehren

Diese pathetische Floskel, mit der ein Verteidiger vom Gericht verlangt, eine Frage der Staatsanwaltschaft zurückzuweisen, steht hier nur als Metapher für die Abwehrrechte, die ein Verteidiger in der Hauptverhandlung vor Gericht hat. In diesem Stadium eines Strafverfahrens kann er auch Einfluss auf dessen Gang nehmen, insbesondere durch die eben erwähnten Beweisanträge. Sie jederzeit stellen zu können, gehört zu den wichtigsten Rechten des Verteidigers.

Im Ermittlungsverfahren (auch Vorverfahren genannt) macht das keinen Sinn. Da herrscht die Staatsanwaltschaft, die es wegen eines Anfangsverdachts eingeleitet hat und am Ende ihrer Untersuchungen mit einer Einstellung des Verfahrens oder damit abschließen wird, dass sie eine Anklage erhebt.

In dieser Phase des Verfahrens kann der Verteidiger fast nichts tun. Seine Rechte sind schwach ausgeprägt und kaum der Rede wert. Das ist ein Webfehler in der Textur unseres Prozessmodells. Es würde allen dienen und am Ende sogar der Gerechtigkeit, wenn man der Verteidigung mehr Mitsprache zugestehen und mehr Gestaltungsmöglichkeiten einräumen würde. Das bestreiten nicht einmal mehr die ewig Gestrigen, sozusagen die Kreationisten der Strafprozessordnung. Die Mutationen lassen aber auf sich warten.

Bei den Rechten der Verteidigung muss man, wie übrigens immer bei strafprozessualen Fragen, unterscheiden zwischen dem, was im Buche des Gesetzes steht, dem Recht, wie es im Alltag praktiziert wird, und dem, was in den Krimiserien präsentiert wird. Das sind drei sehr unterschiedliche Horizonte.

Im Ermittlungsverfahren wäre der Verteidiger schon froh, wenn für ihn das olympische Motto »Dabei sein ist alles« gelten würde. Noch nicht einmal das aber ist ihm durchweg gestattet. Dass der Richter im Vorverfahren vernimmt, ist selten; Amaru hat es erlebt, und wir wissen, welchen Grund das hatte. Da hätte sein Verteidiger anwesend sein dürfen. Sollte Amaru ihm von dem Vernehmungstermin erzählt haben, könnte den Verteidiger niemand daran hindern, zu kommen. Der Richter muss ihn »eigentlich« auch von dem Termin benachrichtigen, kann das aber bleiben lassen, wenn es »den Untersuchungserfolg gefährden würde«, sagt das Gesetz. Da sieht man, was es von Verteidigung hält.

Dieses Misstrauen zieht sich durch alle Institutionen und Instanzen. Ein Staatsanwalt muss, wenn er Zeugen oder Sachverständige hört, dem Verteidiger von diesen Terminen nichts erzählen. Der kann dann später erst in den Akten die Fragen und Antworten nachlesen. Anwesend sein und Fragen stellen dürfen gestattet ihm das Gesetz nicht. Es hält solche Vernehmungen nur für vorläufig und meint, die Hauptsache würde sich in der Hauptverhandlung abspielen. Vor Gericht in aller Öffentlichkeit, so war es ursprünglich gedacht, sollten die Beweise produziert werden. In Wirklichkeit findet da nur ihre *Re*produktion statt. Hergestellt und quasi in Stein gemeißelt werden sie schon im Ermittlungsverfahren. Da beißt man als Verteidiger auf Granit, wenn man in der Hauptverhandlung einen Zeugen von seiner früheren Aussage im Kämmerlein der Staatsanwaltschaft abbringen will. Hat ihn die Staatsanwaltschaft damals nicht sehr suggestiv befragt? Hatte er befürchtet, selbst zum Beschuldigten zu werden? Der Zeuge wird bei seiner früheren Aussage bleiben, aus Angst, aus Prinzip oder weshalb auch immer.

Nur bei der Vernehmung seines Mandanten, des Beschuldigten, darf der Verteidiger im Ermittlungsverfahren zugegen sein. Das ist gewissermaßen der Ausgleich dafür, dass der Beschuldigte einer Ladung der Staatsanwaltschaft Folge leisten muss.

Zur Polizei, die von der Staatsanwaltschaft oft damit beauftragt wird, Vernehmungen durchzuführen, muss er nämlich nicht. Wenn die eine »Vorladung« verschickt, handelt es sich genau besehen nur um eine Einladung. Sie lautet allerdings nicht auf »Herrn X und Begleitung«. Der Verteidiger hat kein Anwesenheitsrecht. Die Polizei ist aber meist so vernünftig, noch einen Stuhl für den Anwalt zu holen. Wenn der nämlich seinem Mandanten geraten hätte, sich nicht von der Polizei vernehmen zu lassen, weil die seine Anwesenheit nicht gestattet habe, würde ihn eben die Staatsanwaltschaft laden.

Der Anwalt, der im Krimi auf die Wache stürmt und den Polizisten barsch erklärt, dass diese Vernehmung hier beendet sei und er seinen Mandanten mitnehme, lebt von der Milde der Polizei. Die könnte den Herrn, der von der Filmregie und der Tagespresse meist »in feinen Zwirn« gekleidet wird, auch hinauskomplimentieren und den Beschuldigten vorläufig festnehmen. Der muss dann »spätestens am nächsten Tag« freigelassen oder dem Richter vorgeführt werden. Da sähe er dann seinen Anwalt wieder, weniger forsch vermutlich. »Am nächsten Tag« übrigens bedeutet, wenn die Festnahme um null Uhr war, noch 23 Stunden und 59 Minuten.

Was darf der Verteidiger im Ermittlungsverfahren sonst noch tun?

Er wäre befugt, eigene Ermittlungen anzustellen. Aber in Häuser eindringen und sie durchsuchen, Papiere beschlagnahmen, Leute festnehmen, das steht ihm natürlich nicht zu. Eingriffsbefugnisse hat er nicht. Es würde hohl klingen, wenn in diesem Stadium des Verfahrens jemand auf das Prinzip der Waffengleichheit zwischen Staatsanwaltschaft und Verteidigung pochen wollte. Einer hat es dennoch einmal getan und vom Bundesverfassungsgericht prompt zu hören bekommen, dass der Informationsvorsprung der Staatsanwaltschaft mit »Waffengleichheit« zwar nicht vereinbar, im Interesse einer wirksamen und funktionstüchtigen Strafrechtspflege aber unvermeidbar sei. Das Prinzip der Waffengleichheit solle nämlich seine Bedeutung, so unser höchstes Gericht, erst nach Erhebung der Anklage entfalten und dann auch nicht Gleichheit der Rechte, sondern nur eine faire Balance zwischen Anklage und Verteidigung gewähren.

Dieser Informationsvorsprung steht im Ermittlungsverfahren überdies zur Disposition der Staatsanwaltschaft. Sie kann ihn behalten, solange sie will. Der Verteidiger hat zwar ein Recht auf Akteneinsicht, und es ist eines seiner wichtigsten Rechte. Es ist jedoch zugleich das einzige, das ihm nach dem Gesetz bis zum Abschluss der Ermittlungen verweigert werden darf. Das ist selten eine vernünftige Maßnahme, und das weiß die Staatsanwaltschaft auch. Sie gewährt deshalb oft mitschreitend, aber zeitversetzt Akteneinsicht. Die Verteidigung ist damit zwar nicht auf dem Laufenden, sondern hinkt ein paar Wochen oder Monate hinterher – aber immerhin. Jedenfalls in Wirtschaftsstrafsachen geht es kaum anders. Man hat Fälle, deren Akten elektronisch einige Terabyte umfassen. Macht für eine Person, Seite für Seite schnell gelesen und das fünf Stunden am Tag, einige Jahre, mit ein bisschen Urlaub dazwischen ... Das ist selbst von einem Team kaum noch zu schaffen.

Und dann gibt es, wichtig vor allem im Ermittlungsverfahren, das Recht auf ungehinderten Kontakt und Austausch mit dem Beschuldigten. Verteidigerpost darf nicht beschlagnahmt werden, beim Verteidiger ohnehin nicht, aber eben auch dann nicht, wenn sie noch auf dem Schreibtisch des Beschuldigten liegt. Wird in dessen Räumen gerade durchsucht und ein Umschlag mit der Aufschrift »Verteidigerpost« gefunden, heißt das für die Beamten nicht »Finger weg«. Sie dürfen schon flüchtig überprüfen, was da drinsteckt. Ungut wäre ein Prospekt über ein Hotel in einem fernen Staat nebst Quittung über Flugscheine dahin. Es ist auch verboten, Telefonate mit dem Verteidiger abzuhören. Ich beginne solche Gespräche meist mit dem Satz »Das ist ein Verteidigergespräch«, damit eventuelle Lauscher wissen, dass sie abschalten müssen.

Sitzt der Mandant in U-Haft, darf seine Korrespondenz mit dem Verteidiger nicht kontrolliert und gelesen werden. Besuche des Verteidigers in der Haftanstalt dürfen nicht überwacht werden. Während es für Angehörige und Besucher generell ein Stundenkontingent gibt – meist sind es, insgesamt und für alle, zwei Stunden pro Monat –, darf der Verteidiger kommen, wann immer und so lange er will (in den Grenzen der Öffnungszeiten natürlich).

Dieses Recht wächst sich moralisch zur Pflicht aus. Man ist der einzige jederzeit verfügbare Kontakt des Mandanten zur Außenwelt. Mich belastet die Erwartung eines Besuchs so sehr wie ein Besuch auf der Intensivstation. Noch am angenehmsten (nahezu »wohnlich«) war die Atmosphäre in der Haftanstalt des Internationalen Strafgerichtshofs in Den Haag, bei den Kriegsverbrechern, wenn man einmal drin war. Dazu mussten einem die Wärter allerdings fünfzehn Türen aufschließen. Der Abschied von der Freiheit war geräuschvoll. Schlüssel klapperten, Türen schepperten, fünfzehnmal. Wieder draußen, weiß man erst, was frische Luft ist.

Pflicht und Neigung

Bisher war, ohne dass es gesagt werden musste, von Mandaten die Rede, die man als Verteidiger geneigt ist zu führen, sei es, weil man den Fall interessant findet, weil man sich gerne um den Mandanten kümmern möchte, weil man seine Leute und die Miete für die Kanzlei bezahlen muss oder warum auch immer. Manchmal aber muss ein Anwalt Fälle übernehmen, weil ihn das Gericht dazu verpflichtet.

In den allermeisten Strafverfahren ist ein Verteidiger notwendig. Welche das sind, hat das Gesetz in einem Katalog zusammengefasst, der kaum noch Lücken lässt. Es sind ein paar kleinere Fälle von Vergehen, zu verhandeln vor dem Amtsgericht oder in der Berufung vor dem Landgericht, bei denen man sich darauf verlässt, dass der Angeklagte sich selbst zu verteidigen in der Lage ist. Genau genommen ist das eine Illusion: »Wer sich selbst verteidigt, hat einen Narren als Mandanten und einen Narren als Anwalt«, sagt das Sprichwort.

Ist ein Verteidiger notwendig, so prüft das Gericht, ob sich der Mandant schon einen ausgewählt und der sich als Verteidiger bestellt hat. Wenn nicht, wird von Amts wegen ein Pflichtverteidiger bestellt. Das ist meist hartes Brot (und viel mehr kann man sich von dem vergleichsweise kargen Honorar auch nicht leisten). Die Mandanten sind oft arme Teufel. Und der Pflichtverteidiger – bayerisch verkleinernd und leise herabwürdigend der »Pflichtl« genannt – ist, um im Bilde zu bleiben, das Gegenteil des Advocatus Diaboli. Diese Figur ist ursprünglich der Kirchenanwalt, der in einem Verfahren der Heiligsprechung die Aspekte und Belege vorbringen soll, die dagegen sprechen. Das ist auch die Aufgabe des Pflichtverteidigers – mit dem umgekehrten Vorzeichen allerdings, eine Verurteilung zu verhindern. Der kirchliche Advocatus Diaboli verwendet Argumente, die er nicht selbst glauben muss. Sie stammen aus dem Arsenal der Gegenseite, zu der er selbst ja gar nicht gehört. So fühlt sich manchmal auch der Pflichtverteidiger, wenn er pflichtschuldigst vorträgt, was sich gegen Pflichtwidrigkeit und Schuld seines Mandanten sagen lässt.

Pflichtverteidigung ist auch in einem Umfeld gang und gäbe, in dem man sie nicht vermuten würde: in den großen Wirtschaftsstrafsachen. Da gibt es schließlich gewählte und auserwählt erlesene Verteidiger genug. Aber die Verfahren dauern lange, und die Gerichte wollen sicher sein, sie auch zu Ende bringen zu können. Würde ein Richter krank und länger ausfallen, müsste man mit dem Verfahren von vorn beginnen; deshalb gibt es Ergänzungsrichter, die nur »Eingreifreserve« sind und meist still bleiben. Für die Schöffen werden Ergänzungsschöffen bestellt, die auch nur stumm auf der Bank sitzen. Wenn ein Verteidiger krank wird, haben wir dieses Problem nicht. Er ist ja austauschbar, und es muss eben ein anderer gewählt oder bestellt werden. Der aber wird eine Pause brauchen, um sich einzuarbeiten, und beliebig lange kann man einen Prozess nicht unterbrechen, ohne wieder von vorn anfangen zu müssen. Damit konnte man auch Spielchen treiben: Zu den Zeiten, als man die Konfliktverteidigung bis aufs Äußerste trieb, die Grenzen der Strafprozessordnung zu sprengen und die Verfahren zu sabotieren versuchte, legte der Wahlverteidiger nieder. Dann musste ein Pflichtverteidiger her. Kaum hatte der sich eingearbeitet, musste er wieder von seiner Aufgabe entbunden werden, weil der Angeklagte einen Wahlverteidiger präsentierte. Das Gesetz hat es so vorgesehen – keinen Pflichtverteidiger neben einem Wahlverteidiger.

Die Justiz, bestätigt durch den Bundesgerichtshof, hat diese Vorschrift ausgehebelt. Man wollte sich nämlich nicht auf der Nase herumtanzen lassen und hat diese Parallelverteidigung doch erlaubt, weil nicht sein kann, was nicht sein darf. Da haben wir ihn wieder, den Unterschied von *law in book* und *law in practice*. Dieser Verteidiger wird nett umschrieben als »Ergänzungs-« oder »Sicherungsverteidiger«. Er ist natürlich nichts anderes als ein aufgezwungener Verteidiger (wobei kluge Gerichte die bereits in dem Verfahren tätigen Wahlverteidiger fragen, ob sie einen Kollegen nennen können, den sie gerne an ihrer Seite hätten). Anders nämlich als Ergänzungsrichter, die erst dran sind, wenn sie gebraucht werden, weil ein Richter des Kollegiums ausgefallen ist, hat der zusätzlich bestellte Pflichtverteidiger von vornherein alle Rechte und Möglichkeiten eines Verteidigers. Er kann Anträge stellen, die der vom Mandanten gewählte Verteidiger nie stellen würde; er muss sich nicht an die vom Mandanten verordnete Zurückhaltung gegenüber den Medien halten – *no trial by newspaper* –, sondern kann die Gelegenheit benutzen, sich als Lokalmatador zu profilieren und hemmungslos Interviews geben; er kann eine konträre Verteidigungsstrategie verfolgen und so weiter.

Den Wahlverteidiger kann der Mandant von heute auf morgen entlassen, ohne Angabe von Gründen. Den Ergänzungsverteidiger – noch einmal euphemistisch so bezeichnet – wird er nicht los, weil er ihn ja auch nicht bestellt hat. Er wurde ihm aufgezwungen, und er kann nun machen, was er will. Wieso eigentlich?

Ich bin so frei

Muss sich ein Verteidiger nicht an den Wünschen seines Mandanten orientieren und dessen Weisungen respektieren?

Diese Bindung sollte sich doch aus dem Vertrag ergeben, den der Mandant mit dem Anwalt geschlossen hat. Das ist ein Geschäftsbesorgungsvertrag, und der eröffnet Weisungsrechte. Der Ansatz bei einem vertraglichen Auftrag passt dazu, dass der Verteidiger, wie schon gesagt, einseitig zielgerichtet die Interessen seines Mandanten zu verfolgen hat. Er führt, fortgeschrieben, zu der These, dass die Verteidigung nicht etwa den Zweck hat, eine rechtsstaatliche Strafverfolgung zu sichern – das ist ja schließlich eine staatliche Aufgabe, zu erfüllen von den Justizbehörden, also Staatsanwaltschaft und Gericht.

Bis hierher ist diese Vertragstheorie sympathisch. Manche verlängern sie noch und leiten daraus her, dass der Verteidiger, ebenso wie sein Mandant, lügen dürfe. Das geht zu weit. Damit schadet man letztlich dem Ansehen und der Effizienz der Verteidigung, am Ende also dem Mandanten.

Juristen nennen einen Gedanken, der eine bestimmte Institution umfassend erklärt, gerne etwas hochtrabend eine »Theorie«. Damit sie stimmt, muss sie gut und schön sein. Der Gedanke, die Verteidigung vertraglich zu fundieren, ist zwar im Ansatz schön, deckt aber nicht alles ab. Er versagt bei der Pflichtverteidigung. Noch nicht einmal der ironische Rat eines studierten Juristen (Goethe, aus den *Zahmen Xenien*) hilft weiter: »Im Auslegen seid frisch und munter! Legt ihr's nicht aus, so legt was unter!« Der richterlichen Bestellung eines Pflichtverteidigers kann man beim besten Willen nicht unterlegen, dass der Richter damit zwangsweise ein Vertragsverhältnis zwischen dem Anwalt und dem Beschuldigten begründet habe, das noch dazu unkündbar sei und nur vom Richter wieder aufgehoben werden könne.

Wenn nichts wirklich passt, haben Juristen immer einen passenden Ausweg: die Eigenständigkeit. Die Verteidigung ist eine »eigenständige Rechtsfigur«. Das lässt sich in der Tat hören. Der Verteidiger ist nämlich nicht nur unabhängig von Gericht und Staatsanwaltschaft, sondern auch von seinem Mandanten. Dafür gibt es Anhaltspunkte im Gesetz. Er darf Rechtsmittel nicht gegen den Willen des Mandanten einlegen. Das müsste man nicht regeln, wenn er an dessen Willen gebunden wäre. Der Verteidiger handelt aus eigenem Recht. Er darf also Erklärungen abgeben, die sein Mandant nicht hören will, Beweisanträge stellen, die der Mandant nicht gestellt haben möchte (»Ich will nicht in die Klapse und mich begutachten lassen!«) und umgekehrt. Er ist »Beistand« des Mandanten, aber nicht sein Vertreter im bürgerlich-rechtlichen Sinne dieses Wortes (von marginalen Ausnahmefällen abgesehen).

Diese Eigenständigkeit des Verteidigers muss nach deutscher Sitte auf einen Begriff gebracht werden. Richtig geraten: Er ist ein »Organ der Rechtspflege«. In der Literatur, nicht nur der juristischen, auch der schöngeistigen – was nicht immer ein Widerspruch sein muss –, kommt der »Justizkörper« vor. Der hat nun ein Organ mehr (die Staatsanwaltschaft hatten wir ja schon als inkorporiert kennengelernt). Man darf nur nicht weiter symbolisieren und fragen, wozu es dient. Entgiftung, Kreislauf, Verdauung?

Die Eigenständigkeit macht die Freiheit des Verteidigers aus. Er ist aber:

So frei nun auch wieder nicht

Mit dem Begriff »Organ der Rechtspflege« werden vor allem auch Grenzen gesetzt. Der Verteidiger bringt die Interessen des Beschuldigten zur Geltung und dient damit zugleich dem öffentlichen Interesse an einem rechtsstaatlichen Verfahren, gleichberechtigt neben Staatsanwaltschaft und Gericht. So umschreibt die herrschende Lehre seine Rechtsstellung. Darin kommt bereits eine gewisse Nähe zu öffentlichen Funktionen zum Ausdruck. Aber dabei bleibt es nicht. Mit der Wahrheitspflicht, die man dem Verteidiger auferlegt, wird er an der originär staatlichen Aufgabe beteiligt, die Wahrheit in einem Verfahren zu ermitteln, das »justizförmig« ist, also den gesetzlichen Regeln folgt. Die Organtheorie hat den Verteidiger an die Interessen der staatlichen Rechtspflege gebunden.

Das geht über seine Bindung an Recht und Gesetz hinaus. Es versteht sich, dass (auch) ein Anwalt nicht durch falsche Angaben einen anderen betrügen, zu Unrecht beschuldigen, in seiner Ehre verletzen oder mit gefälschten Dokumenten agieren darf. Auch für seinen Mandanten gelten diese Strafgesetze. Der darf nur insofern straflos lügen, als er sich nicht einer falschen Aussage schuldig machen kann, und einer Strafvereitelung auch nicht: Wer sich selbst einer Bestrafung entziehen will, begeht Selbstbegünstigung, und die ist straflos. Wenn nun der Mandant durch falsche Angaben den Kopf aus der Schlinge ziehen will und der Anwalt dabei mitmacht, ist das für ihn straflose Teilnahme an einer Tat, die keine Straftat ist (Selbstbegünstigung), oder wird der Anwalt dann seinerseits zum Täter einer Strafvereitelung? Eine akademische, spannende Frage, mit der sich der Verteidiger lieber nicht näher beschäftigen sollte. Praktisch droht ihm stets ein Verfahren wegen Strafvereitelung.

»Und dann«, sagt der Verteidiger zu seinem neuen Mandanten, »muss ich Sie noch darauf hinweisen, dass ich Sie nicht der Strafverfolgung entziehen, also nicht vereiteln darf, dass Sie bestraft werden.«

Der Mandant wird geneigt sein zu antworten: »Na, hören Sie mal, was glauben Sie, wofür ich Sie bezahle?«

Sie haben beide recht, und das ist das Problem. Eine scharfe Grenze zwischen »erlaubt« und »verboten« gibt es nicht.

An knackigen Fällen aus dem Kernbereich der Strafbarkeit gibt es nichts herumzudeuteln. Ein Anwalt hat seinen Mandanten in der U-Haft besucht. Auf dem Weg zu seinem Auto sieht er, nicht weit davon geparkt, den Golf der Frau des Mandanten, schreibt einen Zettel, dass sie alle Akten aus dem Bootshaus holen und verbrennen solle, und klemmt ihn unter den Wischer. Komische Idee – wenn die Frau zum Besuch angemeldet gewesen wäre, hätte er das ja wohl von seinem Mandanten gerade erfahren. Und keine gute Idee. Der Golf hatte zwar die gleiche Farbe, gehörte aber einem Kriminalhauptkommissar.

Oder, auch noch nicht lange her und nur leicht abgewandelt: Mittäter 1 ist vernommen worden. Sein Anwalt wird von einem Kollegen, der den Mittäter 2 verteidigt, darum gebeten, doch einmal das Protokoll lesen zu dürfen.

Es gibt drei Möglichkeiten der Reaktion auf ein rechtwidriges Ansinnen dieser Art. Die erste: »Vergessen Sie es, *no go area.*« Die zweite ist geschmeidiger: »Kommen Sie doch einmal bei mir in der Kanzlei vorbei, es gibt einiges zu besprechen.« Und da liegt dann zufällig dieses Protokoll auf dem Tisch, während man sich für ein dringendes Telefonat kurz entschuldigen muss. Die dritte ist in der Zunft zum Brüller geworden. Das Protokoll wird per Fax versandt, landet aber wegen eines Zahlendrehers bei einem Pizzabäcker, der es johlend der Boulevardpresse übergibt.

Das Grundproblem wird erst in den zahlreichen Grenzfällen deutlich. Wenn man wissen will, wann man als Verteidiger die Grenze zur strafbaren Strafvereitelung überschritten hat, liest man in einem Kommentar zum Strafrecht nach. Dort steht, dass »prozessordnungsgemäßes Verhalten« nicht strafbar ist. Will man dann sichergehen, was »prozessordnungsgemäß« ist, muss man den Kommentar zum Prozessrecht aufschlagen. »Alles«, heißt es da, »was nicht strafbar ist.« Da fühlt man sich im Kreis geführt wie (ein Mal noch Goethe …) der Schüler im *Faust*: »Mir wird von alledem so dumm, als ginge mir ein Mühlrad im Kopf herum.« Am Ende triumphiert wieder die alte Juristenplattitüde »Es kommt darauf an«. Die Kasuistik ist verzweigt. Wenn man nur wüsste, worauf es ankommt! Manchmal leider nur darauf, wie geschickt man sich ausdrückt. Das ist besonders ärgerlich. Strafbarkeit sollte nicht von Geschicklichkeit abhängen, jedenfalls nicht von der nach der Tat …

Die oberste Regel ist, dass man als Verteidiger immer Rechtsrat geben darf. Wenn ein Mandant entschlossen ist, alles zu gestehen, und der Verteidiger ihm die Konsequenzen vor Augen führt, macht er keinen Fehler. Rät er ihm stattdessen eindringlich, um Himmels willen nicht zu gestehen, ist er schon in der Zone von pro und kontra Strafbarkeit.

Wer als Verteidiger einen Zeugen »präpariert«, der demnächst aussagen soll, macht sich strafbar. Wer ihn »vernimmt« – was man als Verteidiger ja darf, wenn es auch misstrauisch beäugt wird – und ihn dann fragt, ob er nicht von seinem Recht Gebrauch machen möchte, das ganze Zeugnis oder jedenfalls die Aussage zu heiklen Punkten zu verweigern, handelt legal.

Man darf den Mandanten, wenn man Anhaltspunkte für eine bevorstehende Verhaftung hat oder zu haben glaubt, nicht anrufen und sagen: »Verschwinden Sie in irgendeine Bananenrepublik, die nicht nach Deutschland ausliefert« (nicht nur ein strafbarer, sondern auch ein schlechter Rat, weil es einen solchen Staat, auslieferungstechnisch, nicht gibt). Weist der Verteidiger darauf hin, dass jederzeit eine Verhaftung drohen könne, so im Allgemeinen, ist das unbedenklich. Fragt der Mandant dann, ob etwas gegen eine Reise spreche, kann man das ohne Arg verneinen. »Nun bitte ich Sie noch um einen Rechtsrat: Welche Länder liefern denn nicht aus?« Man darf antworten. Es fällt auch nicht schwer, weil es eben keine verlässliche Länderliste gibt.

Aber grenzwertig ist das Ganze natürlich schon. Es sollte, wie gesagt, nach puristischen Maßstäben der Gerechtigkeit nicht von der Geschicklichkeit abhängen, ob einer ins Gefängnis muss oder nicht, und von geschickten Formulierungen schon gar nicht. Vordergründig funktioniert es allerdings – vielleicht.

»Ich habe es wirklich nicht bemerkt«, sagt der neue Mandant, »dass ich dem geparkten Auto einen Spiegel abgefahren habe; das hätte ich doch gehört!«

»Das sagen alle, und man wird es Ihnen nicht abnehmen. Ich allerdings glaube Ihnen schon. Als ich neulich mit meinem Kombi zum Flaschencontainer gefahren bin, zig scheppernde Flaschen hintendrin und das Radio voll aufgedreht, da hätte ich wahrscheinlich so eine Berührung auch nicht gehört.«

»Augenblick mal, das muss ich mir aufschreiben. Also noch mal: Glascontainer und Radio …«

Mit billigen Tricks wird auf die Dauer keiner glücklich.

Strafverteidigung als Borderline-Syndrom

»Wie können Sie nur«, werden Verteidiger nicht selten gefragt, »jemanden verteidigen, von dem Sie wissen, dass er schuldig ist? Muss man da nicht ein bisschen ›schizo‹ sein?«

Aber nein – nicht mehr jedenfalls, als es das Recht selbst ist. Es hat seine eigene Art, das Verhältnis von Procedere und Resultat zu bestimmen. Das eine hat nicht notwendig mit dem anderen zu tun.

Die Wahrheit, so hatten wir schon ganz am Anfang deren deutsche Idee beschrieben, ist nicht abhängig von ihrem Beweis, weil es sie »gibt« wie ein vergrabenes Goldstück, ob man es nun findet oder nicht. Wie man sie beweisen muss und soll, kann oder darf, gilt als eine andere Frage.

Für die Naturwissenschaften – oder sollte man sagen, die »exakten« Wissenschaften? – ist es die ebenfalls schon erwähnte Lachnummer, wenn einer hinausposaunt: »Ich weiß genau, dass es diesen Stern gibt, kann es aber momentan leider nicht beweisen.« Für jene Kollegen ist das »richtige« Verfahren nur ein Mittel zum Zweck. Für Juristen hat es einen eigenen Wert. Das ist ein fundamentaler Unterschied, der nicht leicht zu akzeptieren ist. Er macht aber den Rechtsstaat aus, und der ist eben nicht »fundamentalistisch«.

Wir Juristen trennen »Sachrüge« und »Verfahrensrüge«, also die Beanstandung des Ergebnisses und die der Vorgehensweise. Ein Naturwissenschaftler wird das kaum verstehen. »Wie um alles in der Welt«, würde er fragen, »kann ein falsches Verfahren zu einem richtigen Ergebnis führen?«

Juristen haben damit kein gravierendes Problem. Die »Gerechtigkeit« als im Ergebnis »richtige« Anwendung des materiellen Rechts ist ein Wert, der nicht zwingend abhängig ist von der »Justizförmigkeit des Verfahrens«, die wiederum ihren Wert in sich trägt.

Verteidiger können also etwas wissen (die ihnen gestandene Täterschaft zum Beispiel) und, ohne ein anderes Ich anzunehmen, dennoch auf einem Freispruch bestehen, weil das Gericht in der Beweisaufnahme seine Zweifel an der Täterschaft des Angeklagten nicht hat überwinden können. Wenn es unser Rechtssystem ist, das diese Fragen aufspaltet, wird man selbst nicht zur gespaltenen Persönlichkeit, wenn man es anwendet und für den Mandanten Nutzen daraus zieht.

Am Ende ist es eigentlich ganz komfortabel, Mandanten zu verteidigen, von denen man weiß oder zu wissen glaubt, dass sie schuldig sind. Da kennt man wenigstens seine Grenzen. Zu denen gehört, dass man im Plädoyer nicht verlogene Phrasen drischt: »Und ich beschwöre Sie, meine Damen und Herren Richter, meinen Mandanten, dieses Unschuldslamm, nicht auf dem Altar der Justizirrtümer zu opfern.« Es bleibt genug zu tun. Jeder, und vor allem auch der Schuldige, verdient ein faires Verfahren. Das Vor-Urteil »Der war's« ersetzt Beweise nicht. Wenn man sich länger mit einem unterhält, der in der Presse als »Monster« abgestempelt wurde, entdeckt man meist allzu Menschliches. Amaru hat, entsetzlich und grauenhaft genug, ein Baby umgebracht. Aber wer könnte ihn nicht verteidigen?

Manchmal, zum Glück jedoch selten genug, muss man »im Besonderen« gegen seine eigene Überzeugung »im Allgemeinen« verteidigen. Da kann man sich dann schon fragen: »Wer bin ich – und wenn ja, wie viele?«, wie Richard David Precht getitelt hat. Man muss sich aber auch in dieser Situation nicht darum sorgen, dass man »schizo« ist. Genauer genommen, würde es sich übrigens wohl nicht um Schizophrenie handeln, sondern eher um eine »dissoziative Identitätsstörung«, was es allerdings nicht besser macht. Diese psychiatrischen Beschreibungen sind auf den ersten Blick so allgemein, dass nicht nur Hypochonder erschrecken. Als diagnostische Kriterien werden nämlich genannt mindestens zwei unterschiedliche Persönlichkeitszustände, die sich abwechseln, aber nie gemeinsam auftreten und getrennte Gedanken haben. Solange man das bemerkt und alles unter Kontrolle hat, ist alles in Ordnung.

Als Wissenschaftler, der an der Uni Studenten unterrichtet und sagen muss, was er für richtig hält, hatte ich mich damals, als die Absprachen am Bau in zahllosen Ermittlungsverfahren aufgedeckt wurden (ich erinnere an den knallroten Porsche und die Folgen), an der Praxis der Staatsanwaltschaft gestört. Die ließ die Leute in die U-Haft stecken und erklärte, dass man ihnen das, was im Haftbefehl stehe, ohnehin beweisen könne; wenn sie aber neue Fälle nennen und Kollegen von anderen Firmen hinhängen könnten, würde man sie deswegen nicht belangen, sondern nur jene anderen.

Das Angebot lief auf eine Kronzeugenregelung hinaus, die

es für solche Fälle gar nicht gab, und ich schrieb einen Aufsatz über diese vom Recht nach meiner Überzeugung nicht gedeckte Praxis.

Der Generalstaatsanwalt war erbost. Er hielt mir vor, dass man »Beanstandungen« ihm vorzutragen, aber nicht zu veröffentlichen habe (was eine Kindheitserinnerung an die erste bewusst wahrgenommene Werbung in mir weckte; bei dem Schuster, zu dem meine Eltern gingen, hing ein Schild im Laden: »Sind Sie zufrieden, sagen Sie es anderen, sind Sie es nicht, sagen Sie es mir!«). Da kann man sich als Professor entspannt zurücklehnen und sich sowohl auf die Freiheit der Wissenschaft berufen wie auf ihren Auftrag.

Ein junger Staatsanwalt derselben Behörde, bei dem ich wenig später vorsprach, war auch entspannt und gar nicht böse, sondern amüsiert. »Soll ich jetzt«, grinste er, »nach unserer Praxis verfahren oder nach Ihrem Aufsatz?«

Ich hatte in diesem Absprachekartell einen Fall übernommen. Wenn ich nicht schriftlich geredet hätte, wäre ich zwar nicht, wie die Römer sagten, ein Philosoph geblieben, aber ein Verteidiger ohne Konflikt. Nun musste ich meine Ansicht vom »Richtigen« opfern und verraten, weil es falsch gewesen wäre, den Mandanten zu verraten und zu opfern. Die Fürsorgepflicht gebietet, ihn aus der Haft zu holen.

Kapitel 10:

Unschuldsvermutung und Verdacht

Die Suche nach der Wahrheit hat uns noch nicht bis vor die Schranken des Gerichts geführt. Im Ermittlungsverfahren, das bislang im Zentrum stand, geschieht alles »auf Verdacht«. Gewissheit, wenn überhaupt, gibt es erst am Ende des Hauptverfahrens, dessen Verlauf nun zu verfolgen ist.

Der »mutmaßliche Täter«

So wird er immer genannt, selbst wenn keiner daran zweifelt, dass er es war. Das »mutmaßliche Opfer« gibt es selten. Es lässt sich gerne als das definitive Opfer präsentieren, mögen auch Zweifel angebracht sein. Ein Täter hingegen legt immer Wert darauf, es nur »mutmaßlich« zu sein. Seinen Ruf dadurch zu beschädigen, dass man ihn als den wahren und wirklichen Täter hinstellt, ist erst erlaubt, wenn er rechtskräftig verurteilt ist. So will es die Unschuldsvermutung.

An dieses Grund- und Menschenrecht ist aber unmittelbar allein der Staat gebunden. Gegenüber Dritten, den Medien zum Beispiel, wirkt es nur mittelbar, »über Eck« sozusagen. Wer sich da durch eine identifizierende Berichterstattung getroffen fühlt, muss sich auf sein allgemeines Persönlichkeitsrecht berufen, und wenn diesem dann von der anderen Seite die Pressefreiheit gegenübergestellt wird, ist bei der Abwägung der Interessen die Unschuldsvermutung von Gewicht. Das ist ein wirklich weites Feld, das aber abseits unseres Weges liegt.

Wozu verpflichtet denn nun die Unschuldsvermutung die Agenturen des strafenden Staates? Jedenfalls nicht zu einer Gedankenakrobatik, die auch garantiert misslingt: »Stellen Sie sich keinen blauen Elefanten vor«, lautet der alte Psychologengag, und schon sieht man ihn vor dem geistigen Auge.

Man muss sich nicht auf die Lippen beißen, wenn man einen für schuldig hält. Es ist in gewissen Prozesslagen mindestens erlaubt, dass der Richter sagt: »Nach dem bisherigen Verlauf der Hauptverhandlung halten wir Sie, Herr Angeklagter, bei vorläufiger Würdigung der erhobenen Beweise für schuldig. Wir«, so könnte er fortfahren, »sehen die Beweisaufnahme als beendet an; wenn wir noch etwas zu Ihren Gunsten ermitteln sollen, bringen Sie es bitte vor.« So gesehen kann es sogar fürsorglich geboten sein, dem Angeklagten zu sagen, dass man ihn für schuldig hält.

Die Unschuldsvermutung ist ein normatives Maßprinzip. Sie verpflichtet dazu, die Verhältnismäßigkeit der Mittel zu wahren. Der Staat soll sich gegenüber einem wahrscheinlich Schuldigen nichts herausnehmen, was er nicht mehr rechtfertigen könnte, wenn sich am Ende doch noch dessen Unschuld herausstellen sollte. Alles, was bis zu einem rechtskräftigen Urteil geschehen darf, ist nur auf Verdacht gegründet. Und es sind tiefe Einschnitte in sein Leben, die der Verdächtige zu erdulden hat. Durchsuchungen und Beschlagnahmen, von zwei Polizisten flankiert durch den Ort geführt werden, damit auf dem Revier die Fingerabdrücke genommen werden, Untersuchungshaft, die Jahre dauern, Beruf und Beziehungen ruinieren kann …

Zu Vermutungen greift das Recht oft, wenn es keine Sicherheit gibt. Man kann auf Dauer nicht alles in der Schwebe lassen. So wird zum Beispiel vermutet, dass der Besitzer einer Sache auch der Eigentümer ist. Sollte einer kommen und das bestreiten, hat er es zu beweisen.

Auch das ist eine Funktion der Unschuldsvermutung: Der Verdächtige muss nicht beteuern, dass er unschuldig ist. Das wird ja zu seinen Gunsten vermutet. Es ist Sache des Staates, diese Vermutung zu widerlegen und den Beweis der Schuld zu führen. Im Urteil muss er aussprechen, ob ihm das gelungen ist oder nicht. »Im Namen des Staates« ergeht es aber nicht.

Im Namen des Volkes

Das steht über den Urteilen, weil der Staat zum Ausdruck bringen will, dass alle Staatsgewalt vom Volke ausgeht, wie vom Grundgesetz formuliert. Früher hieß es einmal »Im Namen des Königs«, der als absoluter Monarch die Richter nur als seine Vertreter ansah, später dann »Im Namen des Reiches«. Dass im Nationalsozialismus getitelt wurde, »Im Namen des deutschen Volkes«, kontaminiert die heute verwendete Formel nicht, wenngleich es zu denken gibt, dass unmittelbar nach dem Ende jener Herrschaft die Urteile für kurze Zeit »Im Namen des Rechts« ergingen.

Das Urteil kann nur auf Verurteilung oder Freispruch lauten – eine Reaktion darauf, dass es jahrhundertelang die *absolutio ab instantia* gab, eine üble Form des Psychoterrors. »Wir können«, verkündeten die Richter dem Angeklagten, »Ihre Sache noch nicht endgültig entscheiden; für eine Verurteilung reicht es nicht, und einem Freispruch steht einiges entgegen. Sie dürfen einstweilen aber mal nach Hause gehen.«

»Und wann geht es weiter?«

»Das wissen wir noch nicht.«

Hängepartien dieser Art soll es nicht geben.

Entweder Schuldspruch oder Freispruch also. Um der ganzen Wahrheit die Ehre zu geben, ist am Rande zu erwähnen, dass das Gesetz eine dritte Form des Urteils kennt, nämlich die Einstellung des Verfahrens. Das ist nicht besorgniserregend. Es handelt sich um Fälle, in denen eine »Prozessvoraussetzung« fehlt. Diese Bezeichnung ist zumindest dann unglücklich, wenn der Mangel erst in einem schon fortgeschrittenen Prozess (vor Gericht) bemerkt wird.

Man unterscheidet heute zwei Fallgruppen. Das Gericht darf sich mit einer Sache nicht befassen, wenn – einige Beispiele nur – eine wirksame Anklage nicht erhoben ist, die deutsche Gerichtsbarkeit fehlt, der Beschuldigte Immunität genießt, die Sache bereits rechtskräftig entschieden ist (sodass man sie nicht noch einmal verhandeln darf: *ne bis in idem*). Da hat man gar keinen Zugriff auf die Sache, und das Verfahren wird durch Einstellung beendet.

In der zweiten Variante der Kategorie Prozessvoraussetzungen (oder auch Prozesshindernisse, was mit anderem Vorzeichen das Gleiche ist) darf das Gericht den Angeklagten nicht bestrafen, wenn die Sache verjährt ist, unter eine Amnestie fällt, der erforderliche Strafantrag fehlt und anderes mehr. Wird das erst bemerkt, wenn ein Freispruch zum Greifen nah ist, muss er auch ausgesprochen werden, weil ihn der Angeklagte verdient hat; ansonsten wird das Verfahren auch hier durch eine Einstellung abgebrochen.

Bei einer Einstellung kommt es also niemals zu einem »Sachurteil«, das sich zur Sache von Schuld oder Unschuld verhält und den Angeklagten freispricht oder schuldig spricht.

Bis zu diesem Punkt auf der Zeitschiene eines Strafverfahrens war, wie gesagt, alles auf Verdacht gegründet. Damit hat es jetzt ein Ende. Nun muss Gewissheit über die Wahrheit erzielt werden.

Strafen für Verdacht gibt es nicht mehr. Sie waren im alten Prozessrecht vergangener Zeiten eine Konsequenz des übermäßig strengen Beweisrechts. Wann hatte man schon einmal die übereinstimmende Aussage zweier klassischer Zeugen oder ein glaubhaftes (nicht durch Folter erzwungenes) Geständnis. Da flüchtete man sich in die eigens gemachte Erfindung einer »außerordentlichen Strafe«, zu verhängen schon bei Verdacht.

Nach dem Ende der Folter – und im Herzogtum Sachsen-

Coburg und Gotha wurde sie als letztem deutschem Staat erst 1828 offiziell abgeschafft – war die Situation noch prekärer. Indizien gab es oft so viele, dass heute kein Gericht zögern würde zu verurteilen. Damals aber, bis weit ins 19. Jahrhundert, war der Indizienbeweis eben verboten. Kein Richter hat es damals je so gesagt, aber insgeheim stets gewusst, dass es in manchen Fällen so war: »Dürften wir den Angeklagten schuldig sprechen, würde er zum Tode verurteilt. Die gesetzlich vorgesehenen Beweise reichen dafür leider nicht aus. Der Angeklagte war es aber höchstwahrscheinlich, wird deshalb verurteilt und ins Zuchthaus geworfen.«

So schrecklich gestrig, längst überwunden ist das aber auch wieder nicht. Man konnte früher beim Bergwandern in Südtirol Schilder studieren, auf denen geschützte Blumen abgebildet waren. Darunter folgten die Sanktionen für Verstöße. Wer solche Blümlein pflückte, musste 1000 berappen (um irgendeine Zahl zu nennen). Wer sich weigerte, der Aufforderung zuständiger Beamter zu folgen und »tragbare Behältnisse« zu öffnen, hatte das Gleiche zu zahlen.

Der italienische Verfassungsgerichtshof kippte diese unzulässige Verdachtsstrafe. Für den Schlosspark Nymphenburg in München gibt es eine Benutzungsordnung, am Eingang angeschlagen, die vermutlich kaum einer liest, es sei denn, er interessiert sich dafür, was alles in einem freien Land penibel geregelt wird. Hunde sind an der Leine zu führen, damit sie nicht die vielen Jogger und das wenige Wild anfallen, gut so. Sehr angenehm auch für erholsame Spaziergänge, dass niemand Fahrrad fahren darf. Es ist aber sogar verboten, Fahrräder zu schieben. Recht so, weil die Radler ja doch aufsteigen würden, wenn es keiner sieht, oder wie?

Die Wahrheit des Verdachts

Strafen für Verdacht darf es nicht geben, und es gibt sie auch nicht mehr. Wenn der Gesetzgeber aber den Verdacht einer Tat selbst zur Tat macht, dann entgeht er dem Vorwurf, rechtsstaatswidrig eine Verdachtsstrafe durchsetzen zu wollen.

Das Gebäude ist heruntergekommen. Von der Straße sieht man die alte Werkstatt im Hinterhof nicht. Früher war da mal eine Druckerei. Die Polizei hat alles umstellt. Auf einen Schlag gehen die Scheinwerfer an. Man muss die Tür nicht eintreten; es öffnet einer. Zwei andere stehen von einem zerschlissenen Sofa auf, stellen die Bierflaschen ab und machen den Fernseher aus. »Was soll das, was wollen Sie hier?«

»Es besteht der Verdacht, dass Sie Falschgeld in Umlauf gebracht haben.«

»So was machen wir nicht, könnt ihr auch nie beweisen.«

»Außerdem gibt es Hinweise darauf, dass Sie es hergestellt haben.«

»Blödsinn.«

Die Polizisten durchwühlen alles – Regale, Kartons, Schränke –, Geldscheine finden sich nicht. Zur Strafbarkeit der Geldfälschung gehört der Nachweis, dass die Absicht bestand, die »Blüten« als echt in den Verkehr zu bringen, und wie will man den führen, wenn man dem Verdächtigen noch nicht einmal die Scheine unter die Nase halten kann?

Vielleicht aber lässt sich der Verdacht beweisen, dass man vorhatte, sie zu produzieren. Die Druckmaschinen sind allerdings wirklich antik und verrostet, untauglich zum Gelddrucken. Das führt nicht weiter. Aber es gibt ja noch andere Vorbereitungshandlungen, die immerhin bis zu fünf Jahre Freiheitsstrafe kosten können.

»Wir haben da in einigen Kartons Papier gefunden, das gegen Nachahmung besonders gesichert, also dazu da ist, Geld zu drucken.«

»Sie liegen schon wieder daneben. Lassen Sie es doch im Landeskriminalamt untersuchen, da platzen Ihre Blütenträume.« Er lacht dabei, freut sich aber zu früh.

Nun müssten unsere Einsatzkräfte eigentlich wieder abziehen – wenn es nicht im Gesetz eine weitere Handhabe gäbe. Es genügt nämlich auch der Besitz von Papier, das einer solchen Papierart »zum Verwechseln ähnlich ist«.

»Kommen Sie doch mal her«, sagt der Einsatzleiter zu einem der Polizisten, die sichergestellte Kartons in die Autos laden, »und sehen Sie sich dieses Papier an. Kann man damit Falschgeld herstellen?«

»Na ja«, meint der, »ich bin ja nicht vom Falschgelddezernat, sondern nur einfacher Polizist, aber gegen das Licht sieht man so etwas wie ein Wasserzeichen, das ich allerdings nicht kenne, und es fühlt sich auch so an wie Geld.«

Danke, das genügt. »Zum Verwechseln ähnlich« ist ein Papier nämlich nach offizieller Lesart schon dann, wenn es alles in allem geeignet ist, einen Durchschnittsmenschen, der keine besondere Sachkunde hat und auch nicht genau prüft, zu dem Irrtum verführt, er halte Banknotenpapier in den Händen.

Die »Tat«, deren Wahrheit man beweisen muss, besteht nun also nur noch darin, dass dieser Durchschnittsmensch ein Papier mit Banknotenpapier verwechseln könnte. Das sollte nicht so schwerfallen. Den Durchschnittsmenschen, weil es ihn nicht gibt, basteln wir uns selbst, und weil es ihn nicht gibt, muss das falsche Papier auch nur *geeignet* sein, ihn an echtes glauben zu lassen. Viel Empirie braucht man für diese Wertungen nicht.

Wo sind wir gelandet? Bei der Strafbarkeit des Verdachts eines Verdachts. Der Verdacht, es könnte sich um Banknotenpapier handeln, genügt, weil der Besitz besonders gesicherten Papiers den Verdacht begründen würde, man wolle Falschgeld herstellen und in den Verkehr bringen.

Das ist eine Gesetzgebungstechnik, die sich nicht selten findet, und der Gesetzgeber wendet sie immer häufiger und exzessiver an. Er weicht so lange in das Vorfeld der »eigentlichen« Tat aus, bis etwas Greifbares gefunden ist, das sich leicht beweisen lässt.

Die offizielle Begründung lautet anders: Die Vorbereitungshandlungen selbst seien ja so gefährlich, dass man sie mit Strafe belegen müsse. Im Umkreis von Staatsschutz und Terrorismus verfällt der Gesetzgeber schon immer in Schnappatmung. Nichts getan, außer einer terroristischen Vereinigung beizutreten? Reicht schon, seit es damals die RAF gab. Und nun der neue Terror. Wer eine schwere, staatsgefährdende Gewalttat vorbereitet, indem er sich zum Beispiel zeigen lässt, wie eine Kalaschnikow funktioniert, riskiert nach dem »Terrorcamp-Gesetz« zehn Jahre Knast. Wer das nur vorhat und mal im Terroristen-Reisebüro anfragt, macht sich auch strafbar. Da sind wir inzwischen bei einer tertiären Vorbereitung, also einer Handlung im dritten Ring, der sich um den Kern der Sache lagert.

Auch im Wirtschaftsstrafrecht ist diese Methode des Vorfeldschutzes gang und gäbe. Die im Bundesrat ausgebrochene Aufregung über Leute, die sich ihre Luxuskarossen »stehlen lassen«, und die ganze internationale Autoschieberei haben uns den Tatbestand des Versicherungsmissbrauchs beschert. Eine schöne Bescherung. Danach macht sich strafbar, wer in der Absicht, die Versicherung zu betrügen, die versicherte Sache »beiseiteschafft«, einem anderen überlässt und anderes mehr tut, was man eben als Eigentümer eigentlich alles so darf.

Wir brauchen nur zwei Fahrräder, um diesen Tatbestand zu demontieren.

Das erste steht im Keller und ist in der Hausratversicherung mitversichert. Der Eigentümer bringt es zu einer Stelle, an der gerne Fahrräder gestohlen werden, und zwar, wie vom Gesetz vorausgesetzt, »um sich Leistungen aus der Versicherung zu verschaffen«. Dummerweise steht es da nach drei Tagen immer noch, sodass er es nicht als gestohlen melden kann. Der

Dumme ist dennoch er. Denn »beiseitegeschafft« ist das Rad schon, wenn es der Eigentümer aus seinem (versicherten) räumlichen Herrschaftsbereich verbracht hat. Er hat einen vollendeten Versicherungsmissbrauch begangen.

Was ist hier strafbar? Nur ein Gedanke. Wenn Sie Ihren Nachbarn sehen, wie er mit dem Rad aus dem Keller kommt, dann versuchen Sie doch einmal, ihn vorläufig festzunehmen, weil Sie ihn auf frischer Tat ertappt haben, diesen üblen Versicherungsmissbraucher.

Zu welchen Vorstellungen Bundestagsabgeordnete fähig und vor allem nicht fähig sind, davon macht man sich erst eine Vorstellung, wenn man in Hearings von Ausschüssen aufgetreten ist. Niemand hat unsere Volksvertreter davon abbringen können, auch noch den Versuch für strafbar zu erklären.

Wenn also unser Eigentümer, unbeirrt von jenem betrügerischen Gedanken beherrscht, mit dem Fahrrad auf der Schulter schon im Hausflur ist, aber wieder in den Keller zurückkehrt, weil er einen Termin beim Zahnarzt vergessen hat, zählt er bereits zu den Kriminellen, die es immerhin versucht haben. Das Unternehmen jedoch, einen Nachbarn im Namen des Rechtsstaats vorläufig festzunehmen, der sein Fahrrad in seinen Keller trägt, würde wahrscheinlich für unbestimmte Zeit zur Einweisung in die Psychiatrie führen.

Mehr muss man nicht sagen; es genügt ja schon, um diesen Schwachsinn zu desavouieren.

Wir nehmen aber noch ein zweites Fahrrad her, das eigens gegen Diebstahl versichert ist. Damit ist der Eigentümer zum Biergarten geradelt. Dort trifft er am Eingang einen Bekannten, der das Rad bewundert und es kaufen will. Variante 1: Der Eigentümer geht darauf ein, überlässt es ihm und denkt sich dabei im Stillen, dass er doppelt kassieren und das Rad als gestohlen melden will. Strafbarer Versicherungsmissbrauch, begangen schon vor dem ersten Bier. Variante 2: Nach dem dritten Bier findet der Eigentümer, dass er das Rad viel zu billig hergegeben hat, und beschließt erst jetzt, sich bei der Versicherung einen Nachschlag zu holen. Strafrechtsgehalt null Promille (erst mit der Meldung bei der Versicherung käme wieder das Strafrecht ins Spiel).

Äußerlich auffällig ist in all diesen Abläufen rein gar nichts. Über die Strafbarkeit entscheiden allein Gedanken. Aber nicht nur das – es kommt auch darauf an, *wann* man sie hat. Das ist nicht nur rechtsstaatswidrig. Es ist schlimmer. Es ist lächerlich.

Zum Schluss noch ein Beispiel für eine höchst ernst zu nehmende, aber ebenfalls problematische Gestaltung.

Im Wirtschaftsstrafrecht nimmt der Gesetzgeber offen beklagte Beweisprobleme häufiger zum Anlass, neue Strafgesetze zu schaffen. Wie vermeidet man das Problem, jemandem nachzuweisen, dass er bestimmte Handlungen vorgenommen, Folgen ausgelöst, Absichten gehabt hatte? Nichts einfacher als das: Voraussetzungen der Strafbarkeit (Tatbestandsmerkmale), die es nicht gibt, muss man auch nicht beweisen.

So kam es zu der Strafnorm gegen Subventionsbetrug. Diese Machenschaften haben schon früh begonnen und durch die EU-Subventionen noch einmal einen Schub bekommen. Wie immer, wenn es etwas umsonst gibt, fällt den Leuten eine Menge ein. Subventionen sind ja auch nicht die Lösung eines Problems, sondern das stillschweigende Eingeständnis, es nicht lösen zu können, und der Versuch, die Betroffenen mit Geld ruhigzustellen. Zum Kampf gegen diese Gaunereien sei der klassische Tatbestand des Betruges nicht effektiv genug, hieß es. Einen Betrug begeht, wer einen anderen täuscht, der sich deshalb falsche Vorstellungen macht und über sein Vermögen zum eigenen Nachteil verfügt.

Das ist die objektive Tatseite. All das muss vorsätzlich geschehen (und in Bereicherungsabsicht, die aber nie das Problem war, wenn einer etwas ergattern wollte). Schon der Schaden sei so schwer zu beweisen, klagte der Gesetzgeber. Subventionen sind ja einseitige Leistungen. Wer sie vergibt, weiß schließlich in jedem Augenblick, dass er Geld hergibt, und erwartet als

Ausgleich, dass ein bestimmter Zweck erreicht wird. Der aber sei, so ließ das Ministerium verlauten, oft unklar; jedenfalls würden sich viele darauf hinausreden, Schadensvorsatz hätten sie nie und nimmer gehabt.

Na, dann streichen wir aus den vier objektiven Elementen des Betruges doch einfach das vierte, das Merkmal des Schadens; dann kommt es auf diesen Vorsatz nicht mehr an. Wenn wir einmal mit dem Rotstift zugange sind, können wir auch darauf verzichten, dass die Subvention überhaupt ausgereicht wird, also verfügt worden ist, was das dritte Merkmal eines Betruges wäre. Und dann muss ich nach dem zweiten, den Irrtümern und Fehlvorstellungen beim Subventionsgeber, auch nicht mehr fragen.

So ist es geschehen. Und was ist übrig geblieben? Allein das Merkmal der Täuschung. Wer unrichtige Angaben macht, wird bestraft. Beweisproblem gelöst, Strafrecht denaturiert.

Das Strafprozessrecht muss das hinnehmen. Es ist, wie schon gesagt, an das Programm gebunden, das ihm vom Strafrecht vorgegeben wird. Wenn dieses Programm radikal verschlankt und dürftig ist, bleibt vieles ungeklärt. Es ist dann zwar nicht die halbe Wahrheit, die zutage gefördert wird. Man kann aber schon das ungute Gefühl haben, dass es die ganze Wahrheit einer nur halben Sache ist. Das ist die Kulisse, vor der agiert wird, um die Wahrheit zu finden.

Die Fundstelle der Wahrheit

Wo sucht man sie, die Wahrheit, in einem Urteil? Dazu muss man wissen, wie ein Strafurteil aufgebaut ist.

Nach den Formalien folgt der Urteilstenor, auch Urteilsspruch genannt. Er lautet, wie soeben gesagt, auf Verurteilung oder Freispruch und manchmal Einstellung des Verfahrens. Für die Urteilsgründe ist eine gewisse Abfolge üblich.

Es beginnt mit den persönlichen Verhältnissen: »Der Angeklagte wurde am 29. März 1982 in Altneuhausen geboren, besuchte die Grundschule bis …, schloss eine Lehre als Heizungsmonteur ab und übernahm 2006 den elterlichen Betrieb …«

Dann wird der Tathergang geschildert. Die Gründe müssen, wenn der Angeklagte verurteilt wird, »die für erwiesen erachteten Tatsachen angeben, in denen die gesetzlichen Merkmale der Straftat gefunden werden«, wie es im Gesetz heißt. Führen wir das Beispiel rudimentär fort: »Er war der alleinige Geschäftsführer und zugleich Gesellschafter der Baufirma Schlüsselfertig GmbH. Spätestens im März 2013 war er nicht mehr in der Lage, die Sozialversicherungsbeiträge der Arbeitnehmer der GmbH abzuführen. Er ist der Einzugsstelle insgesamt € 123 456,78 schuldig geblieben. Den Großteil dieses Geldes, mindestens jedoch € 70 000,00, hat der Angeklagte für sich verbraucht und seine Entnahmen in der Buchhaltung der GmbH verschleiert. Am 10. Mai 2014 war die GmbH zahlungsunfähig. Den Insolvenzantrag stellte der Angeklagte jedoch erst am 15. Juni 2014.«

Das war, wie gesagt, nur eine rudimentäre Skizze. Ein Urteil dürfte sich nicht mit der pauschalen Feststellung begnügen, dass der Angeklagte Gelder »für sich verbraucht« habe. Das würde genauer aufgelistet: zehn Tage mit der Freundin Amanda nach Rio geflogen, im Hotel »Gran Lusso« eine Rechnung über € 14 252,00 mit der Kreditkarte bezahlt, die auf die GmbH läuft, und so weiter. Das Gericht muss auch Feststellungen zur »subjektiven Tatseite« treffen. Damit ist im Wirtschaftsstrafrecht der Vorsatz gemeint (fast immer jedenfalls – Fahrlässigkeit ist nur selten für strafbar erklärt). Manchmal kommt noch eine Absicht hinzu, eine Bereicherungsabsicht zumeist oder, wenn wir es im Beispiel mit einem besonders schweren Fall zu tun hätten, das anstößige Bestreben des »groben Eigennutzes« (wohingegen »feiner« Eigennutz ja das moralisch unbedenkliche Grundprinzip der Marktwirtschaft ist).

Diese Feststellungen zum Sachverhalt sind die Wahrheit. So prosaisch ist das. Spannender ist die Frage, wie sie zustande gekommen ist. Auch das muss in den Urteilsgründen dokumentiert werden. Deren nächster Abschnitt beginnt etwa so: »Dieser Sachverhalt steht fest aufgrund des glaubwürdigen Geständnisses des Angeklagten, soweit ihm gefolgt werden konnte, der Aussagen der Zeugen…« Und nun kommen all die Beweismittel, die das Gericht verwendet hat, also auch Urkunden (die Hotelrechnung und viele andere), Gutachten von Sachverständigen (zum Zeitpunkt der drohenden Zahlungsunfähigkeit oder Überschuldung), Augenschein (»Ist das Ihre Unterschrift?«). Diese Beweiswürdigung spiegelt den Kampf um die Wahrheit wider.

Daran schließt sich im Urteil die rechtliche Würdigung an (»Der Angeklagte hat damit die Tatbestände der Paragrafen… erfüllt«), gefolgt von der Strafzumessung (»…war zu berücksichtigen, dass der Angeklagte wegen Lohnsteuerhinterziehung vorbestraft ist. Zu seinen Gunsten fällt ins Gewicht, dass…«).

Urteilstenor, die persönlichen Verhältnisse des Angeklagten, die Feststellungen zum Sachverhalt, die Beweiswürdigung, rechtliche Würdigung und Strafzumessung – das sind die Abschnitte eines Strafurteils. Beziffert werden sie in aller Regel nicht, auseinandergehalten aber stets.

Kapitel 11:

Die Freiheit der Beweiswürdigung und ihre Grenzen

In der Mitte dieser Gliederung eines Strafurteils, zwischen dem Sachverhalt, dem Tatgeschehen also, und dessen rechtlicher Einordnung, steht als Herzstück die Beweiswürdigung. Im Sachverhalt wird festgestellt, wie es zur Tat kam, und in der Beweiswürdigung wird dokumentiert, wie das Gericht dazu kam, dieses Geschehen für wahr zu halten. Nach den Plädoyers und vor der Urteilsverkündung zieht sich das Gericht zur Beratung zurück, lässt noch einmal den »Film« der Hauptverhandlung vor dem geistigen Auge ablaufen, ordnet alles ein und setzt zueinander in Beziehung, was die Beweisaufnahme ergeben hat. So macht es sich abschließend ein Bild von dem Fall.

Im Brustton der Überzeugung

Was die Strafprozessordnung dazu sagt, hatten wir in Kapitel »Glauben und Wissen« schon zitiert: »Über das Ergebnis der Beweisaufnahme entscheidet das Gericht nach seiner freien, aus dem Inbegriff der Verhandlung geschöpften Überzeugung« (eine Freiheit, die jene Richter in dem Fall mit dem verschwundenen Baby des Türken übel missbraucht hatten, als sie ihn verurteilten, weil er es »irgendwie« umgebracht haben müsse, was sie zwar nicht wussten, dennoch aber fest glaubten).

Viel ist mit jenem Kernsatz über die Freiheit der Überzeugung nicht gesagt – wie meist, wenn der Gesetzgeber vor allem proklamieren will, dass er sich vom früheren Recht abgewendet hat. Da gab es noch die Fessel der Beweisregeln, zur Erinnerung: ein Geständnis oder zwei klassische Zeugen mit übereinstimmenden Aussagen, kein Indizienbeweis. Man meinte damals im Mittelalter, die Beweiswürdigung rechtlich verfestigen zu müssen. Einer der – schon erwähnten – Gründe war, dass das Urteil »extern« gesprochen wurde, von Juristenfakultäten oder anderen, die den Angeklagten und Zeugen nie zu Gesicht bekommen hatten; der »blickende Schein«, wie man den Augenschein in den Anfängen des Rechts nannte, blieb ihnen verwehrt.

Wichtiger dürfte gewesen sein, dass die Vorstellung, ein Richter könne ohne Bindung an Rechtsregeln entscheiden, eine Horrorvision war – falls sie überhaupt zu den Visionen zählte, zu denen man damals fähig war. Die strenge Form galt als der einzige Schutz vor formloser Willkür. Das hat seine Wurzeln im ganz alten, germanischen Recht. Jeder »Versprecher« hatte fatale Folgen. Gesagt ist gesagt; ein Mann, ein Wort – unwiderruflich. Nicht nur Versprecher, selbst ein Räuspern konnte als Formverstoß dazu führen, dass der Prozess verlorenging. Die Form dominierte die Wahrheit. Sprachlich dem Versprecher scheinbar nah verwandt, zeitlich und sachlich aber meilenweit entfernt ist das englische *verdict*, das lateinische *veredictum*, der Wahrspruch, das Urteil.

Die früher einmal als schützend geltende Form, der Katalog der Beweisregeln, wurde am Vorabend der Französischen Revolution als hinderliche Förmlichkeit empfunden, von der man sich jedoch ohne Auflehnung gegen das Gesetz nicht befreien konnte. Nun aber eröffnete jene Revolution auch dem deutschen Michel die Chance, die Nachtmütze abzulegen und ins Licht der Freiheit zu blinzeln. Wie sollte man, da es nun Laienrichter gab, diese Leute aus dem Volk auf ein Recht verpflichten, das sie nicht kannten, nicht gelernt hatten und auch nicht lernen sollten, da man doch auf ihren gesunden Menschenverstand baute? Weg mit den juristischen Beweisregeln also! Ein neuer Maßstab für die Wahrheit war gefragt. Die Antwort, und sie wurde in Frankreich gegeben, konnte nur lauten: *intime conviction*, die innere, höchstpersönliche Überzeugung. In dieser Übersetzung ist sie ins deutsche Strafprozessrecht übernommen worden.

Das schafft viel Freiraum. Ebenso wenig, hat der Bundesgerichtshof entschieden, wie der Richter »gehindert werden kann, an sich mögliche, wenn auch nicht zwingende Folgerungen aus bestimmten Tatsachen zu ziehen, ebenso wenig kann ihm vorgeschrieben werden, unter welchen Voraussetzungen er zu einer bestimmten Schlussfolgerung und bestimmten Überzeugung kommen muss«. Kann der Richter also das Kind schaukeln wie er will, in den Wellen auf hoher See und vor Gericht, wo man evident in seiner und vielleicht noch Gottes Hand ist? Sollen wir uns etwa von einem richterlichen »Brustton der Überzeugung« einlullen lassen?

Wahrheit und Wahrscheinlichkeit

Jedes empirische Beweisverfahren führt, objektiv gesehen, nur zu Wahrscheinlichkeiten und nie darüber hinaus. Es kann nicht anders sein. Ein Strafurteil jedoch muss auf Wahrheit gegründet sein, und das ist, wie hier vorausgesetzt, die Übereinstimmung mit der Wirklichkeit.

Wie es wirklich gewesen ist, lässt sich aber nie sagen. Der Abstand zwischen objektiver, hundertprozentiger Wahrheit und bloß statistischer Wahrscheinlichkeit ist mit empirischen Mitteln und vernünftigem Aufwand nicht zu überbrücken. Ein berühmtes Beispiel aus der Logik der Forschung haben wir schon im Kapitel über »Die ganze Wahrheit« aufgegriffen: Dass alle Schwäne weiß sind, ist wahr nur dann, wenn es keinen schwarzen gibt. Das jedoch weltweit und lückenlos zu überprüfen, kann man sich nicht leisten; als Richter mit begrenzten Mitteln in begrenzter Zeit jedenfalls nicht.

Die Lücke zwischen Wahrheit und Wahrscheinlichkeit haben früher die Beweisregeln geschlossen. Damit hatte das Recht selbst die Verantwortung für die Wahrheit übernommen. Diese Brücke ist abgebrochen. An ihre Stelle ist die persönliche Überzeugung getreten. Die Verantwortung für die Wahrheit liegt nun beim Richter.

Was ist das, diese persönliche Überzeugung? Es ist eine subjektive (für manche: irrationale) Komponente. Wahr ist, wovon der Richter sich überzeugt hat. Überzeugung ist subjektive Gewissheit, der Richter muss sich seiner Sache sicher sein. Vor Richtern, die keinerlei Zweifel haben, sollte man dieselbe Angst haben, die einen vor Fundamentalisten erschrecken lässt.

Theoretische, denkbare Zweifel gibt es immer. Um die geht es nicht. Überzeugt darf man sein, wenn vernünftige Zweifel verstummt sind. Gewissheit hat mit Gewissen zu tun. Die Gesellschaft verlangt viel vom Richter. Es ist eine moralische Leistung, von einem Geschehensablauf so überzeugt zu sein, dass man ihn als wahr bezeichnen kann. Stellvertretend für uns alle muss sich der Richter guten Gewissens dazu entschließen, »im Namen des Volkes« zu sprechen.

Da kann einem schon unbehaglich werden. Gibt es denn nicht die eine unbezweifelbar rationale Fundierung der Wahrheit, lassen sich moralische und personale Elemente wirklich nicht eliminieren?

Das hat man lange versucht zu begründen, und entsprechende Theorien werden noch immer entworfen. Erfolg hatten sie nicht, und das derzeitige »Design« der Wissenschaft lässt auch nicht erwarten, dass sie ihn je haben werden.

Die Krux liegt im Begriff der »Rationalität«. Während man sich in der Ökonomie damit schon lange beschäftigt, hat es den Anschein, dass man in Kriminalpolitik und Strafrechtslehre noch immer ganz unbefangen Rationalität so versteht, wie sie im wirtschaftlichen Modell des *Homo oeconomicus* inbegriffen ist oder, was ungefähr auf das Gleiche hinausläuft, wie man sie seit der Aufklärung begriffen hat. Sehr grob vereinfacht, verhält sich danach rational, wer dem persönlichen Eigennutz den ersten Platz in der Liste seiner Präferenzen einräumt. Das ist widerlegt. Die Leute werten anders. In einem Experiment wurden einem, nennen wir ihn A, hundert angeboten (Euro oder was auch immer – es funktioniert weltweit). Er solle sich diese Summe mit einem anderen (B) teilen. Akzeptiere der das Angebot nicht, bekämen beide nichts. A bietet dem B an, fifty-fifty zu machen. Da kommt es schnell zum Handschlag, einverstanden, wir teilen brüderlich. Wenn nun aber der A nur zwanzig anbietet, wird B, der weiß, dass der A achtzig behalten will, entrüstet ablehnen (und so war es, in allen Versuchsreihen). »Rational« in jenem Sinne ist das allerdings nicht – zwanzig geschenkt wäre ja auch was, und so geht B leer aus. Ihm ist aber die Fairness wichtiger als das Geld, und deshalb schert es ihn wenig, dass auch A nichts bekommt – »geschieht ihm recht«. Das ist für unser Thema von besonderer Bedeutung. Könnte es sein, dass das Recht und die Gesellschaft mögliche Defizite der »Wahrheit« hinnehmen, wenn nur die Fairness des Verfahrens gewahrt wurde? Das wird uns noch beschäftigen.

Die Planierraupe der neueren Forschungen macht aber auch an anderen Stellen den klassischen Begriff der Rationalität dem Erdboden der Realität gleich. Die Erkenntnisse zur eingeschränkten (oder begrenzten) Rationalität sind für niemanden, der eine Entscheidung zu treffen hat, besonders überraschend: Vollständig rationales Verhalten ist eine Utopie. Idealbedingungen findet man nie vor; es mangelt oft an Zeit oder Informationen.

Die Abkehr vom Paradigma des *Homo oeconomicus* hat ihren Grund überdies in der Erkenntnis, dass es nicht um Maximierung des Nutzens geht (also Hitliste, erster Rang) und oft noch nicht einmal in seiner Optimierung. Man stellt die Suche nach Alternativen ein, wenn man eine gefunden hat, mit der man alles in allem zufrieden ist. *Satisficing* wird das genannt.

Zufrieden ist aber entschieden zu wenig für ein Strafurteil – überzeugend muss es sein.

Einen letzten Schubs hinunter in den Abgrund der Geschichte braucht die Strohpuppe des *Homo oeconomicus* noch. Es geht, sehr verkürzt gesagt, darum, dass viele Entscheidungen nach traditioneller wirtschaftlicher Denkweise fehlerhaft getroffen werden. Die Leute gehen die Sache nämlich anders an, mit einfachen Heuristiken. Sie verwenden Daumenregeln und nehmen geistige Abkürzungen, reagieren gar nicht auf das Problem, sondern auf seine Darstellung, sind relativ leicht manipulierbar, haben ihre Emotionen nicht im Griff. Diese Fehler sind nach der alten Lehre Zufälle oder Anomalien. Für einen neuen Ansatz (»Verhaltensökonomie«) sind sie systematisch und konstitutiv.

Als Jurist muss man dieses Modell der Ökonomen nicht »übernehmen«, sollte es aber auch nicht abtun. So ist es nämlich tatsächlich, wie die Erfahrung des Alltags lehrt. »Die Leute« sind in diesem Zusammenhang auch die Richter, selbst die sorgfältigsten unter ihnen. Es menschelt eben.

Was folgt daraus? Dass es keinen Sinn macht zu beklagen, eine absolut rationale Wahrheitsfindung sei unerreichbar. Es geht vielmehr darum, wie sich die Fehler minimieren und kontrollieren lassen. Das mag pragmatisch sein. Aber ein Gerichtssaal ist kein philosophischer Hörsaal, und wir reden über das diesseitige Gericht, nicht über das jenseitige und schon gar nicht über das Jüngste.

Sherlock Holmes und die Elfen

Die Extreme berühren sich, sagt ein Sprichwort, und so manch glühender Rationalist war zugleich ein esoterischer Spinner. Für Sherlock Holmes war die absolut rationale Wahrheitsfindung alles andere als unerreichbar, sondern schlicht sein Arbeitsprinzip. Er war, wie ihn sein Schöpfer Sir Arthur Conan Doyle beschrieb, die vollkommenste Denk- und Beobachtungsmaschine, die die Welt je gesehen hat. Sherlock registrierte alles, den Fotoapparaten gleich, die damals für die meisten erschwinglich wurden.

Bei Fotoapparaten allerdings kommt es darauf an, wohin das Objektiv gerichtet wird, und das ist eine subjektive Entscheidung. Die tiefere Bedeutung des Fotos liegt ja darin, dass der Fotograf die gewählte Perspektive für wichtig gehalten hat und nicht irgendeine andere.

Auch die Romanfigur Sherlock Holmes hat so gearbeitet. Der Detektiv registriert einen Ausschnitt der Wirklichkeit, der für den Leser zunächst zufällig und bedeutungslos scheint, als die entscheidende Spur, die ihn zur Lösung führt, zu einer systematisch gefundenen, realen Wahrheit. Diese positivistische Denkweise verführt jedoch dazu, die Realität der Spur auf das Ergebnis zu übertragen und es ebenfalls für real zu halten.

Fantastische Fotos waren damals verbreitet, in großer Zahl, auf denen zu sehen war, wie sich eine Aura der Person materialisierte, wie Geist aus ihrem Gehirn floss als weißer Nebel, wie Elfen auf Blumen posierten und neckisch lächelten, wie die Seelen Verstorbener Gestalt annahmen.

Sir Arthur Conan Doyle hielt all das für real. Er gab sehr viel Geld dafür aus, über diese existierenden Wirklichkeiten in aller Herren Länder Vorträge zu halten und in Westminster eine (defizitäre) Buchhandlung zu betreiben, deren Sortiment darin bestand, Illusionen als technische Realitäten zu präsentieren. Warum auch nicht, wenn die Wissenschaft damals bewies, dass es Magnetismus, Strahlen und Wellen gibt, die real, aber nicht gegenständlich sind…

Sir Arthur Conan Doyles erbittertster Gegner war ausgerechnet Harry Houdini, wie einer der größten Zauberer und Illusionisten nicht nur jener Zeit sich nannte. Er tat den Hype um Fotografien von Aura und Geist, von Elfen und den Seelen Verstorbener als reinen Spuk ab, als bloßen Unfug. Mit der

Realität der Wahrnehmung ist es so eine Sache. Der Erfinder des Sherlock Holmes war ein Esoteriker, der seine Schöpfung, den Detektiv, als gnadenlosen Positivisten zeichnete. Houdini hingegen war ein Realist, der den Leuten etwas vorgaukelte. »Nur der Schein trügt nicht«, hätte er sagen können. So aber sprach etwa hundert Jahre später ein anderer Künstler, Josef Albers, der sich mit subjektiven sinnlichen Erfahrungen beschäftigte und optische Täuschungen zeichnete. Es ist wahr: Nur der Schein trügt nicht. Der Schluss vom Schein auf das Sein ist immer trügerisch. Sir Arthur Conan Doyle hätte das eigentlich wissen müssen …

Die Erde ist eine Scheibe

Darf ein Richter seine persönliche Überzeugung von Rechts wegen auch dann durchsetzen, wenn er sich damit gegen wissenschaftliche Erkenntnisse wendet? Selbst im angeblich ach so finsteren Mittelalter herrschte diese Vorstellung von der Gestalt der Erde nicht. Erst das 19. Jahrhundert hat die Mär vom Glauben an die Scheibe aufgebracht, um jene Epoche zu diskreditieren, als abstrus wissenschaftsfern und verkrustet durch religiöse Dogmen. Das Problem jedoch existiert fort: Wenn das Recht die persönliche Überzeugung zum Maßstab der Wahrheit macht, akzeptiert es dann auch »Irrglauben«?

Das kann nicht sein, weil es nicht sein darf. Kreationisten zum Beispiel mögen unbehelligt vom Recht glauben, dass diese ganze Welt in sieben Tagen erschaffen wurde und der Mensch neben dem Dinosaurier spazieren ging. Aber sie dürften es als Richter nicht durchsetzen wollen. Für das Recht ist im Grunde irrelevant, ob es »stimmt«. Es handelt sich bei diesem Kreationismus um eine Mindermeinung, die in einer pluralistischen Gesellschaft nicht »staatlich verordnet« werden darf. Und wenn es – was der liebe Gott zum Schutze seiner Schöpfung verhindern möge – die vorherrschende Ansicht werden würde, dann müsste das Recht noch immer Rücksicht auf Darwinisten nehmen, andere Mindermeinungen schützen und weltanschaulich neutral bleiben. Es ist für den Frieden in der Gesellschaft verantwortlich und nicht für die »Richtigkeit« von Glaubensbekenntnissen. Auch dieser Satz impliziert natürlich ein Glaubensbekenntnis: Unser Staat will nicht die Scharia oder andere religiöse Regelwerke über das Recht stellen.

Wenn nun aber das Recht in dieser Weise das Primat genießt, muss man sich an das halten, was jenseits aller Überzeugungen »beweisbar« ist. Nach unseren kulturellen Grundlagen sind das Erkenntnisse der Naturwissenschaft. Eine persönliche Überzeugung, die mit ihnen nicht vereinbar ist, darf nicht im Namen des Volkes durchgesetzt werden. Das sind die ersten Grenzen der Freiheit jeder Beweiswürdigung. Sie sind aber nur so eindeutig gezogen, wie eine Naturwissenschaft »exakt« ist.

Jeder glaubt zu wissen, was Kausalität ist. Philosophieren sollte man über das Verhältnis von Ursache und Wirkung lieber nicht; es ist geeignet, einen zum Jünger der Chaosforschung zu machen. Und an solche Sachen wie die Heisenberg'sche Unschärferelation (wonach, grob gesagt, exakte Messungen prinzipiell unmöglich sind) darf man gar nicht erst denken.

Das muss man auch nicht, weil das Recht die Wirklichkeit nicht so subtil betrachtet, sondern ziemlich grob klassifiziert. Forscher, die bewiesen haben, dass Neutrinos, rätselhafte winzige Elementarteilchen, tatsächlich auch eine Masse haben, wurden mit dem Nobelpreis ausgezeichnet, weil die Physik nun umgeschrieben werden muss. Das Recht wird von ihrer Entdeckung nicht erschüttert. Für das Strafrecht spielt es eigentlich auch keine Rolle, ob die Erde eine Scheibe oder eine Kugel oder wie eine Kartoffel geformt ist. Kein Mordprozess, der morgen irgendwo in Deutschland beginnt oder endet, hängt davon ab. Für das Recht gilt auch noch immer der bis auf Aristoteles zurückgeführte Satz, dass die Natur keine Sprünge macht. Heisenberg hat diese Regel nach mehr als zweitausend Jahren zwar widerlegt. Wenn man aber als Verteidiger seine Unschärferelation, letztlich also einen klitzekleinen Messfehler, vortragen würde, zugunsten eines Mandanten, der mit Tempo 92 geblitzt worden ist, wo 80 erlaubt war … Bei der 18. Stelle nach dem Komma käme es auf Heisenberg an. Strafrecht hat mit dem Makrokosmos zu tun. Da gibt es Probleme mit der Kausalität, die von dem Mikrokosmos der Elementarteilchen weit entfernt, aber elementar und bedrückend genug sind.

Es begann mit dem Contergan-Fall. Dieses Medikament war zunächst rezeptfrei. Verschrieben wurde es Schwangeren in den Sechzigerjahren dann massenweise, zur Beruhigung und als Schlafmittel. Tausende von schwer behinderten Kindern kamen zur Welt. Erst dachte man, wie damals üblich, an Folgen von Atomtests. Dann geriet der Wirkstoff in Verdacht, Thalidomid. Der zeitliche Zusammenhang war evident – alle Mütter der geschädigten Kinder hatten das Medikament genommen. Aber das sagt ja noch nichts. Die juristische Pi-mal-Daumen-Formel der Kausalität lautet, dass ein Umstand dann kausal ist, wenn, sofern man ihn hinwegdenkt, auch der Erfolg entfällt. Das hilft aber nur, wie der Fall zeigt, wenn man ohnehin schon weiß, dass etwas ursächlich ist. »Entfallen« die Missbildungen, wenn ich mir Contergan hinwegdenke? Das war ja gerade das Problem. Es kommt für die Kausalität vielmehr darauf an, ob zwischen A und B eine gesetzmäßige Verknüpfung besteht (und wenn die bekannt ist, braucht man auch die Wenn-dann-Formel nicht mehr).

Da aber haben die Wissenschaftler damals die Schultern gezuckt: Ob Thalidomid derartige Folgen habe, wisse man nicht. »Wenn das so ist«, hat das Landgericht Aachen damals gesagt, »scheidet eine Verurteilung aus.« Eine naturwissenschaftlich nicht begründbare Verknüpfung kann man nicht durch richterliche Überzeugung ersetzen.

Wirklich nicht? Der Richter darf nicht gegen naturwissenschaftliche Erkenntnisse verstoßen, klar. Darf er aber, wo sie fehlen, die Lücke in der Beweiskette eigenmächtig schließen?

Der »Lederspray-Fall« gab Anlass, das noch einmal zu überdenken. Es ging um Sprühdosen, mit denen man Schuhe und anderes imprägnieren, pflegen, färben konnte. Die Beschwerden von Kunden häuften sich, sie beklagten Atembeschwerden, Husten, Übelkeit, Schüttelfrost und Fieber. Das alles kann man auch aus anderen Gründen kriegen. Aber der Zusammenhang mit dem Gebrauch des Sprays wurde dann doch auffällig. Nicht wenige kamen ins Krankenhaus und dort, weil Lebensgefahr bestand, auf die Intensivstation. Alle hatten Lungenödeme. Daran gestorben ist niemand.

Die Firma ließ das Spray gründlich untersuchen, intern und extern. Es war aber, wie der Bundesgerichtshof schlussendlich urteilte, nicht möglich, »diejenige Substanz oder Kombination von Substanzen naturwissenschaftlich exakt zu identifizieren, die den Produkten ihre spezifische Eignung zur Verursachung gesundheitlicher Schäden verlieh«.

Im Contergan-Fall hatte das Gericht aus diesem Grunde resigniert. Lederspray war zwanzig Jahre später. Da sagte das Landgericht sinngemäß: »Wir können zwar die Substanz nicht benennen, die das alles auslöst, sind uns aber sicher, dass sie in dieser Dose ist. Einen wissenschaftlichen Namen hat der Flaschengeist nicht, aber es gibt ihn, davon sind wir überzeugt.«

Das dürft ihr auch sein, applaudierte der Bundesgerichtshof, falls ihr »alle anderen« in Betracht kommenden Schadensursachen ausgeschlossen habt.

Das hatten die Richter vom Landgericht auch getreulich getan. Sie hatten sogar Tierversuche angeordnet und Versuchstiere lungenkrank sprühen lassen…

Alle anderen Ursachen ausschließen – wie soll das denn gehen? Man muss ja nur an den einen schwarzen Schwan denken, den es irgendwo im hintersten Winkel dieser Erde geben könnte.

Nicht viel später hatte der Bundesgerichtshof wieder Gelegenheit, das Korsett zu lockern. Im Holzschutzmittel-Fall ging es um Farben, mit denen die Leute die Balken, Wandverkleidungen, Partykeller, Fahrradlauben, Hundehütten und anderes aus Holz gestrichen hatten, und es ging ihnen dann alles andere als gut. Ein Grafikerpaar hatte ein altes Fachwerkhaus liebevoll hergerichtet und dabei hundert Liter Holzschutzmittel verbraucht. Als die Idylle fertig war, begann die schleichende Seuche: Die Kinder tollten nicht mehr herum. Sie jammerten über Kopfschmerz und Fieber, bekamen Hautausschläge und Lymphdrüsenschwellungen. Die Mutter konnte nicht mehr Klavier spielen; zu heftig schmerzten die Gelenke, und an Ballett war auch nicht mehr zu denken. Den Bernhardiner streckten epileptische Anfälle zu Boden.

Es gab Hunderte Leidensgeschichten dieser Art. Die Staatsanwaltschaft bündelte sie in einer Anklageschrift von 645 Seiten. Dieses Mal war nicht zweifelhaft, dass Gifte im Spiel waren – PCP (Polychlorphenol) und Lindan.

Das Problem war, dass man keine Erfahrungen damit hatte, wie diese Gifte in niedriger Konzentration wirken, wenn man ihnen länger ausgesetzt ist. Die Sachverständigen konnten dazu nichts sagen. Es kam sogar zum Streit unter ihnen. Einige trugen vor, dass die geschilderten Symptome auch bei Leuten aufträten, die Amalgamfüllungen in den Zähnen hätten.

Der Bundesgerichtshof ging vor diesem Fall in die Knie und nahm die Gestalt einer Sphinx an. Alle anderen möglichen Ursachen müsse man nicht aufzählen und ausschließen. »Ein Ausschluss anderer Ursachen kann vielmehr – ohne deren vollständige Erörterung – auch dadurch erfolgen, dass nach einer Gesamtbewertung der naturwissenschaftlichen Erkenntnisse und anderer Indiztatsachen die – zumindest – Mitverursachung des Holzschutzmittels zweifelsfrei festgestellt wird.«

Da bleibt einiges rätselhaft. Welche Indizien nicht-naturwissenschaftlicher Art für die Kausalität soll es denn geben können? Und wie kann man eine »Mitverursachung« feststellen, wenn schon die Verursachung zweifelhaft bleibt? Und so sehen wir betroffen, um es mit Brecht zu sagen, »den Vorhang zu und alle Fragen offen«. Praktische Antworten kann man dennoch geben. Im Ergebnis hat der Bundesgerichtshof die Kausalitätsdoktrin vom gesetzmäßigen Zusammenhang aufgegeben. Wenn es genügen soll, dass plausible Alternativursachen ausgeschlossen werden, dann genügt eben ein nur plausibler Zusammenhang zwischen Grund und Folge.

Diese Diagnose halten die hohen Herren Richter sicherlich für falsch. Man habe doch nichts am Begriff der Kausalität ändern, sondern nur ihren Beweis erleichtern wollen.

Hütchenspiele

Mit »Beweis« kann man zwei Hütchenspiele veranstalten. Eines kennen wir schon: Von der Existenz der Wahrheit müsse man ihren Beweis unterscheiden, doziert die Juristerei in der Abteilung Prozessrecht. Es kann die Wahrheit also »geben«, ohne dass man sie »gefunden« hat. Wenn man das Hütchen hochhebt, von dem man sich sicher ist, dass darunter die Wahrheit liegt, aber enttäuscht feststellen muss, sie da nicht gefunden zu haben, dann ist sie eben woanders zu suchen.

Andere Wissenschaften kommen mit dieser Denkweise nicht zurecht. Von dem Sterngucker war schon die Rede, der behauptet, er habe einen neuen Stern entdeckt, den es ganz gewiss gebe, er könne es leider nur noch nicht beweisen. Sollte ihm überhaupt die Aufmerksamkeit der Astronomie zuteil werden, so wird sie bestenfalls in einem mitleidigen Lächeln bestehen.

Es gibt aber nicht nur ein Hütchenspiel mit Existenz und Beweis, sondern auch, nicht minder verwirrend, mit Begriff und Beweis. Die Diskussion um die Kausalität hat es schon ahnen lassen. Das beste Beispiel ist die Promillegrenze. Im Strafgesetz steht sie nicht. Da heißt es nur, dass sich strafbar macht, wer ein Fahrzeug führt, »obwohl er infolge des Genusses alkoholischer Getränke … nicht in der Lage ist, das Fahrzeug sicher zu führen«. Man müsste also eigentlich von »Fahrunsicherheit«

sprechen; es hat sich aber eingebürgert, »Fahruntauglichkeit« zu sagen, und die gibt es »absolut« und »relativ«.

Das Gesetz kennt diese Unterscheidung nicht, sie hat sich in der Rechtsprechung herausgebildet. »Absolut« fahruntauglich ist man ab 1,1 Promille (1,0 plus 0,1 Sicherheitszuschlag). »Relativ« ist es einer, der beim Alkoholtest nur 0,3 hatte, aber zum Beispiel in Schlangenlinien gefahren ist, sich bei der Kontrolle kaum auf den Beinen halten konnte und die Polizisten mit fröhlichem Gesang unterhalten hat (»Es gibt kein Bier auf Hawaii, drum bleib ich hier«). Zum Alkohol müssen also in Relation zum konkreten Fall viele Indizien hinzukommen.

Was heißt denn nun aber »absolut«, losgelöst wovon? Von diesem konkreten Einzelfall. Keiner soll sagen können: »Bei 1,2 bin ich erst so richtig gut am Steuer.« Man muss sich nur einmal vorstellen, der Verteidiger würde zum Beweis der Tatsache, dass sein Mandant bei diesem Wert noch (sozusagen absolut) fahrtauglich sei, beantragen, ihn in der Hauptverhandlung so lange bechern zu lassen, bis er 1,2 hat, und dann das Gericht nach Hause zu chauffieren.

Trinkversuche vor Gericht, in öffentlicher Hauptverhandlung, am Ende noch auf Kosten des Staates – undenkbar. Und außerdem soll keiner sagen dürfen: »Herr Ober, mein Freund verträgt nichts, bringen Sie ihm einen Tomatensaft, ich aber kann mir locker noch eine Bloody Mary leisten.« Wenigstens da findet die Freiheit ihre Grenzen an Gleichheit und Brüderlichkeit. Das leuchtet als gesellschaftspolitischer Hintergrund zwar ein, ist aber alles andere als eine juristische Begründung für einen absoluten Grenzwert.

Nach offizieller Lesart handelt es sich beim Grenzwert um eine Beweisregel. Das kann sich zunächst hören lassen: Ab 1,1 Promille gilt die Fahruntauglichkeit als bewiesen. Die Wissenschaft hat ja schließlich entsprechende Erfahrungssätze erarbeitet und abgesichert. Erfahrungssätze allerdings gelten nur für den Regelfall, lassen also Ausnahmen zu. Es sind Vermutungen, die man widerlegen kann. Hier aber haben wir es mit einer »unwiderleglichen« Vermutung zu tun – ab 1,1 Promille gilt ein für alle Mal, ausnahmslos, dass einer fahruntauglich ist.

Ein derart starrer Regelungsmechanismus passt nicht zum Prozessrecht. Er kennzeichnet vielmehr die Tatbestandsmerkmale des materiellen Rechts: Immer dann, wenn … Man könnte sich ja gut eine Strafvorschrift vorstellen, die da heißt: »Wer mit 1,1 Promille oder mehr ein Kraftfahrzeug führt, wird mit … bestraft.«

Weshalb macht der Gesetzgeber das nicht so, aus welchem Grund ist er stillschweigend froh darüber, dass man seine Vorschrift durch eine Promillegrenze konkretisiert, die angeblich zum Prozessrecht gehört?

Dieser Etikettenschwindel ist leicht zu erklären: Ändert sich die Ansicht der Fachwelt zur Grenze der Fahruntüchtigkeit (wie die »Fahruntauglichkeit« offiziell heißt), kann das Gesetz bleiben, wie es ist. Nicht der Begriff wird anders definiert, sondern nur sein Beweis.

Den größten Nutzen zieht der Gesetzgeber jedoch aus einer anderen Regel. Für das materielle Recht gilt ein strenges Rückwirkungsverbot. Man darf eine Strafbarkeit nicht rückwirkend schaffen oder verschärfen (wie es nach dem Reichstagsbrand von 1933 geschah, der nicht nur in dieser Hinsicht das Ende des Rechtsstaats markierte). Für das Prozessrecht soll das nicht gelten. Und da der Beweis zu diesem Rechtsgebiet gehört, fühlt man sich frei, die Promillegrenze sogar rückwirkend zu verschärfen.

Das ist auch schon geschehen. Ein Angeklagter, der zur Tatzeit 1,26 hatte, als die Grenze noch bei 1,3 lag, wurde verurteilt, weil das Gericht sagte: »Heute gilt aber 1,1.« Er zog vor das Bundesverfassungsgericht und holte sich eine Abfuhr. In Karlsruhe sah man das ganz nüchtern so: Das strafrechtliche Unwerturteil, das dem Gesetz über Trunkenheitsfahrten zugrunde liegt, habe sich gar nicht geändert; man verfüge nur inzwischen über neue Erkenntnismethoden.

Das ist eine höchst zweifelhafte Sache, weil diese Beweisregel ja funktioniert wie ein Tatbestandsmerkmal des Strafgesetzes, und das dürfte rückwirkend nicht verschärft werden – Stichwort Etikettenschwindel.

Ansonsten leuchtet es ein, dass man neue Beweisverfahren auch rückwirkend auf alte Fälle anwenden darf. Nicht selten ist zu lesen, dass ein Mord nach zwanzig Jahren mit den neuen Methoden der DNA-Analyse aufgeklärt werden konnte. Es wäre ja auch seltsam, wenn der Täter sagen dürfte: »Das gilt nicht, damals konnte man mir das nicht beweisen.« Das Vertrauen auf »Ihr kriegt mich nicht« ist wahrlich nicht schützenswert.

Der Apfel fällt nicht weit vom Stamm

Gegen diese gesicherte naturwissenschaftliche Erkenntnis von der Schwerkraft kann man nicht mit abweichenden persönlichen Überzeugungen ankämpfen: »Wunder gibt es immer wieder.« Wenn der Apfel dreißig Meter vom äußersten Rand der Krone eines nur zwei Meter hohen Apfelbaums entfernt im Gras liegt, kann er nicht einfach heruntergefallen sein, selbst in einer Orkanbö nicht. Das ist ausgeschlossen. Vielleicht hat sich Adam geweigert, in diese wurmstichige Frucht des Baumes der Erkenntnis zu beißen, und sie weit weggeworfen. Liegt aber der Apfel nur einen halben Meter vom Stamm entfernt, ist damit nicht bewiesen, dass er heruntergefallen ist. Es ist lediglich *möglich*. Eva hat vielleicht mal kurz geschüttelt, und da ist er zu Boden geplumpst. Aber es könnte ja auch sein, dass sich Adam nicht die Mühe gemacht hat, das gepflückte, ihm überreichte angefaulte Teil zu werfen, und es angewidert hat fallen lassen.

So ist das im Strafprozess immer. Was naturwissenschaftlich ausgeschlossen ist, kann nicht wahr sein. Was aber naturwissenschaftlich möglich ist und vielleicht sogar sehr nahe liegt, muss allein deshalb noch nicht wahr sein.

Die eben erwähnte DNA-Analyse ist ein typisches Beispiel.

Das Opfer hat sich offenbar verzweifelt gewehrt. Wenn die DNA der unter seinen Fingernägeln gefundenen Hautpartikel nicht mit der DNA des Verdächtigen übereinstimmt, *kann* der es nicht gewesen sein. Stimmt sie jedoch überein, heißt das noch nicht, dass er der Täter *ist*. Ein sehr starkes Indiz ist das allerdings – mehr aber auch nicht. Es müsste noch durch andere Indizien gestützt und erhärtet werden. Das ist die sozusagen »negative Beweiskraft« der Wissenschaft.

In wenigen Fällen gibt es auch eine »positive«. Wenn die Schlussfolgerung von A auf B nach aller Erfahrung nicht nur sehr wahrscheinlich, sondern gesichert ist, darf sie auch das Recht nicht bezweifeln.

Nicht immer jedoch ist sicher, was den Juristen als sicher präsentiert wird. In den Zeiten vor der gängigen DNA-Analyse waren in den USA vom FBI Haare unter dem Mikroskop untersucht worden. Das am Tatort gefundene Haar wurde neben ein Haar des Verdächtigen gelegt, verglichen und auf »Identität« untersucht. Diese vermeintlich unangreifbaren Analysen waren hundertfach falsch und führten zu Hunderten von Fehlurteilen. 2500 Fälle aus den Jahren zwischen 1980 und 2000 müssten noch überprüft werden. Unter der unzuverlässigen Methode zu leiden hatten auch 32 zum Tode Verurteilte, von denen 14 bereits hingerichtet oder gestorben sind.

Fingerabdrücke verdienen solches Misstrauen nicht. Auf dem Weinglas am Tatort fand sich ein Fingerabdruck, der eindeutig dem Angeklagten zuzuordnen war. Der Richter sollte allerdings nachfragen, ob der Abdruck nach allen Regeln der Kunst genommen und aussagekräftig sei (was die Spurensicherung bei etwa einem Viertel der gesicherten Abdrücke verneint). Eines aber kann er nicht sagen: »Ich glaube nicht daran, dass ein Fingerabdruck einzigartig auf dieser Welt ist.«

»Es gibt mehr Ding' im Himmel und auf Erden, als eure Schulweisheit sich träumt«, ließ Shakespeare seinen Hamlet sagen, und vielleicht hatte er recht damit. Um Sein oder Nichtsein geht es vor Gericht aber nicht, sondern um Schuld oder

Unschuld, nicht himmlisch und moralisch, sondern irdisch-pragmatisch juristisch, und dafür können wir nur auf die Schulweisheit zurückgreifen. Alles andere wäre womöglich eine transzendentale wahre Wahrheit, wer weiß, sicher aber nicht die Wahrheit im Namen des Volkes, die zu finden und zu verkünden die Pflicht des Richters ist.

Also erbringt ein Fingerabdruck den »vollen Beweis«, basta. Allerdings natürlich nur dafür, dass der Inhaber des Fingers denselben am Glas hatte. Das macht ihn ja noch nicht zum Mörder. Und eine DNA-Spur beweist nur, von welchem Träger sie stammt, erlaubt aber keinen Schluss darauf, wie sie an den Tatort gekommen ist.

Lange ist es nicht her, dass die Polizei ein Phantom jagte, eine Frau, die sich jedem Muster widersetzte, wie entnervte Profiler sagten. Sie sollte in Heilbronn eine Polizistin erschossen, in Freiburg einen Rentner beraubt und ermordet, in Idar-Oberstein eine alte Frau mit Blumendraht erdrosselt haben. Man fand ihre DNA im Auto einer Krankenpflegerin, die tot in einem Teich lag; man fand die DNA in vielen Fällen, bei Drogendelikten, Einbrüchen in Schulen. Die Polizei suchte eine reisende Schwerkriminelle, hochmobil und eiskalt. Was sie fand, war die Frau, die die Wattestäbchen für die Abstriche verpackt und dabei unsauber gearbeitet hatte.

Den vollen Beweis der ganzen Tat bringen naturwissenschaftliche Regeln so gut wie nie. Die für uns alle lästige Ausnahme sind fehlerfrei arbeitende »Blitzer« in Radarfallen. Und eben jene Promillegrenze, die von der herrschenden Meinung auch zu den Beweisregeln gezählt wird. Ich sehe den Kollegen vor mir, der in hundert Jahren den Studenten sagen wird: »Beweisregeln waren seit der Französischen Revolution ausgestorben. Nur zwei gab es noch im 21. Jahrhundert, und sie hatten beide mit dem Auto zu tun. Das ist für uns heute nicht mehr verständlich. Es symbolisiert die besondere Bedeutung, die das Auto damals hatte, für den Alltag, die Kultur und auch den Kult jener längst vergangenen Epoche. Vergessen Sie nie, dass sich im Strafprozessrecht der Zeitgeist spiegelt.«

Der Geist der Zeiten

Was wir im Spiegel sehen, hängt zuallererst davon ab, wem er vorgehalten wird. Wie geht unsere Rechtskultur mit Strafprozessrecht um, insbesondere dem Recht des Beweises?

Die Rechtslehre beschäftigt sich mit dem Recht. Eine Beweislehre, die sich mit der Beweisführung oder gar dem Beweisrecht beschäftigt, hat es früher nicht gegeben. Die Antwort war ja auch über Jahrhunderte ganz einfach: Der Richter brauchte zwei klassische Zeugen oder ein Geständnis. Wo sollte da ein Problem sein, das es verdient hätte, wissenschaftlich durchdrungen zu werden?

Ein gewisser Jacob Friedrich Ludovici hat sich als Professor mit vielen Sparten des Prozesses beschäftigt. Seine *Einleitung zum Peinlichen Proceß* von 1709 trug den Untertitel *Wie sich der Richter bey vornehmender Untersuchung und Inquisition in Peinlichen Sachen so wohl auch der Inquisit und dessen Defensor bey Führung der zustehenden Defension den gantzen Proceß hindurch verhalten müsse von Stück zu Stück ohne einmischung theoretischer unnützer Fragen gezeiget*... Eine Art Prozess-Knigge also, eine Checkliste für *do's and dont's*. Man beschäftigte sich mit der Lehre vom Prozessverlauf, nicht aber mit einer Wissenschaft vom Prozessrecht.

Der kluge, große Feuerbach hat sein Lehrbuch hundert Jahre später in dieser von ihm nicht hinterfragten Tradition so gegliedert: »Erstes Buch. Philosophischer oder allgemeiner Theil des peinlichen Rechts... Zweytes Buch. Positiver oder besonderer Theil des positiven Rechts... Drittes Buch. Pragmatischer Theil des peinlichen Rechts«. Dieses dritte Buch war das Prozessrecht, der » pragmatische«, praktische Teil des gesamten Strafrechts.

Und weil sie nicht gestorben sind, diese Gliederungspunkte, so leben sie noch heute. Unsere Studenten lernen, als wäre noch anno dazumal, den Allgemeinen und den Besonderen Teil des Strafrechts, wie es auch im Buche steht, dem Strafgesetzbuch nämlich, in dieser Aufteilung unverändert seit 1871. Aus Feuerbachs »Drittem Buch« ist unterdessen das Strafprozessrecht geworden. In Teilen wird es aber auch heute als »pragmatisch« behandelt. Beweisrecht wird gelehrt, Beweiswürdigung aber nicht. Nach dem Wegfall der gesetzlichen Beweisregeln ist die Beweiswürdigung »frei«.

»Gibt es denn«, fragt der Student, »keine Regeln, wie man mit dieser Freiheit umgeht?«

»O doch«, antwortet man ihm, »aber die lernen Sie dann später, in der Praxis.«

Genauso gut hätte der Student fragen können, wo an der Uni das Skatspielen gelehrt wird.

Die Gezeiten des Geistes

In den USA und England hingegen gibt es an den Universitäten Professuren für Theorie und Praxis der Beweisführung. Dort ist Flut, bei uns ist Ebbe. Das englische System mit einer *jury,* Geschworenen also, hat vermutlich schon seit ungefähr 1500 dazu geführt, dass man für das *fact finding* fein verästelte, detaillierte Direktiven für die Beweiswürdigung entwickelte und tradierte. Dieses Wissen wurde zunächst nicht schriftlich niedergelegt. Ab 1790 hat man aber entsprechende *reports* gedruckt. Das führte bis 1830 zu einer Springflut von Erkenntnissen. John H. Wigmore, einer der unsterblich großen Richter, sprach von einer *full spring-tide of the system*. Er schrieb das 1908 in seinem Überblick über die Geschichte der Regeln der Beweiswürdigung.

Zu einem derartigen Überblick gab es bei uns damals keinen Anlass; er hätte auch nur wenige Seiten gefüllt. In England hingegen konnte man Resümee ziehen, anknüpfend an William Blackstone und seine *Commentaries on the Laws of England*, die alle Erfahrung bündelten, die er als Richter gesammelt und als Professor gelehrt hatte. Niedergeschrieben hatte er sie von 1765 bis 1769. Da wäre dergleichen bei uns mit Ludovici und anderen noch als eine »Einmischung theoretischer unnützer Fragen« abgetan worden.

Ludovici? Kennt kein Mensch mehr bei uns. Googeln hilft nicht weiter und verwirrt nur. Nach Blackstone und Wigmore jedoch, den großen Namen, sind in den USA Lehrstühle benannt worden. Beide sind Ikonen des Beweises, die man als Jurist dort kennt wie das Loch in der Mitte der Donuts, weil das Hauptproblem des Beweises die Lücke ist.

Springfluten im System, wie sie Wigmore beschrieb, gibt es nicht mehr. Es schwappt allerdings so einiges über, von Amerika über den Großen Teich, von England über den Kanal, und von *merry old Europe* zurück. Der Kanal hat einmal Welten getrennt, juristische (und andere vielleicht auch). Auf der Insel der Glückseligen des »Common Law« sucht man nach Präjudizen, und seien sie auch noch so alt, um den aktuellen Fall zu entscheiden. In Deutschland skandierten rebellische Studenten in den Sechzigerjahren des letzten Jahrhunderts: »Unter den Talaren Muff von tausend Jahren.« Niemand hätte in England in Anspielung auf die Berufskleidung der Justiz gerufen: »Unter den Perücken tausend Jahre Tücken.« Es gilt nicht als schrullig, sich auf Urteile aus der Zeit Heinrichs des Verschleimten zu berufen.

In diesem »Case Law« sucht die Anklage nach einem Präjudiz, das mit dem Fall vergleichbar ist und ihre Rechtsauffassung stützt; die Verteidigung wird das Gleiche tun. Im »Statute Law«, dem gesetzten Recht, brauchte man lange nicht zu suchen, weil es keines gab. Auf dem Kontinent hingegen hatten spätestens die Römer ein kunstvolles System etabliert, das sich an Gesetzen orientierte, sie auslegte und Regeln in einer Dogmatik zusammenfasst.

Nicht anders ist die Kirche mit dem göttlichen Gesetz umgegangen. Sie hatte die Bibel, die Juristen ihren Kodex. Man dachte nicht »englisch« quer von Fall zu Fall, sondern von oben nach unten, aus dem Himmel geordneter Begriffe mit einem Kanon von Regeln bis zu den Niederungen des konkreten Falles (die Römer waren zwar auch einmal in England gewesen, was aber für das Recht folgenlos blieb).

So schroff darf man den Unterschied nicht mehr sehen. Im Common Law hat man längst eingesehen, dass Gesetze auch kein schlechtes Instrument sind, um Recht und Ordnung zu schaffen. Und auf dem Kontinent arbeitet man, nachdem das passende Gesetz gefunden ist, ebenfalls mit Vergleichsfällen. Juristisches Denken ist ein Denken in Alternativen. Man sucht zwei Extremfälle, die das linke und das rechte Ende einer Skala von Entscheidungsmöglichkeiten markieren, und fragt sich, wo der konkrete Fall eher hingehört, *very british*.

Die Rechtskulturen sind sich nähergekommen, vor allem auch in der Art, mit Beweisen umzugehen. War das Beweisrecht in England über Jahrhunderte hinweg ausschließlich altehrwürdiges Richterrecht gewesen, so hat man es in jüngerer Vergangenheit durch Gesetze reformiert (vor allem durch den »Police and Criminal Evidence Act« von 1984 und den »Criminal Justice Act« von 2003). In Deutschland hingegen haben die Richter viele subtile, differenzierte Regeln über die Beweiswürdigung geschaffen, und auch das ist noch nicht lange her.

Nachdem die gesetzlichen Beweisregeln ausradiert und durch das Prinzip der freien Beweiswürdigung ersetzt worden sind, war erst einmal ein weißer Fleck auf der Roadmap zum Urteil entstanden. Inzwischen ist dieses weite Feld nicht nur kartografiert. Es sind auch viele Wege eingezeichnet (zu viele, um sie hier alle zu begehen). Der Richter kann sie nicht ohne Weiteres verlassen, ohne sich den Vorwurf eines Fehltritts oder sogar den einzuhandeln, er habe Freiheit mit Willkür verwechselt.

»High Noon, die zweite«

Wir hatten es schon mit V-Leuten und anderen »unmittelbaren« Zeugen zu tun, die man in der Hauptverhandlung nicht zu sehen und nicht zu hören bekommt. Stattdessen wird ein Polizeibeamter präsentiert, der als Zeuge vom Hörensagen berichtet. In Deutschland ist es rechtlich zulässig, ihn zu vernehmen (anders im Prinzip das anglo-amerikanische Recht, das, wie bereits im Kapitel »High Noon« notiert, die Konfrontation mit dem Belastungszeugen verlangt und *hearsay evidence* – Zeugen vom Hörensagen – prinzipiell ausschließt).

Wie wertvoll ist aber, was dieser »mittelbare« Zeuge sagt? Wenn sich nun der Amtsrichter in die Brust wirft, den Bundesgerichtshof zitiert und tönt, dass die Beweiswürdigung die ureigenste Aufgabe des Tatrichters sei und er sich da nicht dreinreden lasse, wird ihn ebenjenes oberste Gericht mundtot machen. Er hat ja recht, unser Amtsrichter, aber eben nur im Prinzip. Was ein Grundsatz wert ist, sieht man immer an den Ausnahmen, und die sind hier so zahlreich, dass die symbolische Bedeutung der freien Beweiswürdigung ihren praktischen Rang fast schon überwiegt. Mit dem markig-selbstbewussten Satz: »Ich glaube dem Zeugen vom Hörensagen uneingeschränkt und halte deshalb alles für widerlegt, was uns der Angeklagte (nicht auf dieser Tonspur: ein widerlicher Drogendealer) hier erzählt hat«, kommt keiner mehr durch. Der Bundesgerichtshof hat stets zur Vorsicht gemahnt und (1988) die Anforderungen noch einmal deutlich erhöht. Schon die ganz allgemeine Gefahr, »dass die den Zeugen vom Hörensagen gemachten Angaben entstellt oder unvollständig wiedergegeben werden«, macht eine »besonders sorgfältige und kritische Würdigung« erforderlich.

Das aber genügt nicht. Grundlage einer Verurteilung dürfen Angaben des Typs »man hat mir erzählt« nur werden, wenn sie durch andere, von dieser Aussage unabhängige Beweisanzeichen (Indizien) bestätigt werden. Schließlich liefert der Zeuge vom Hörensagen nur einen mittelbaren, indirekten Beweis ab – ein Indiz, mit anderen Worten, und ein einziges Indiz reicht nie.

Einen Schritt weiter geht der Europäische Gerichtshof für Menschenrechte in seiner Auslegung der Konvention zum Schutz der Menschenrechte, jener schon erwähnten MRK, die auch für Deutschland verbindlich ist. Da ist nämlich das Recht garantiert, dem unmittelbaren Belastungszeugen Fragen zu stellen. Der Gerichtshof hat statuiert, dass eine Verurteilung ohnehin nicht ausschließlich, aber noch nicht einmal »maßgebend« auf anonyme Zeugen gestützt werden darf.

Man windet sich im guten alten Europa, weil es auch Situationen gibt, in denen es nur zu verständlich ist, Zeugen vom Hörensagen zu Wort kommen zu lassen. Das Kind, vier Jahre alt, hat der Mama erzählt, wie der Onkel herumgefummelt hat, und die Mutter hat es dem Jugendamt berichtet. Soll man das Kind überhaupt hören und damit erneut und schwer belasten? Soll man das Kind allein hören, wenigstens auch, oder nur die anderen? Macht da ein Recht des Angeklagten auf »Konfrontation« noch Sinn, und überwiegt es die Pflicht, den kindlichen Zeugen zu schützen?

Die Überschrift »High Noon, die Zweite« soll erinnern an jene Situation der Konfrontation, während hier der anonyme Gegner sozusagen von der Polizei versteckt wird, die einen anderen als Zeugen vom Hörensagen in das Gefecht des Strafprozesses schickt. Vielleicht ist es eines gar nicht fernen Tages so weit, dass sich der amerikanische Rechtsgedanke durchgesetzt haben wird und wir es verbieten werden, in solchen Fällen *hearsay evidence* überhaupt zuzulassen.

Mit der Assoziation an einen Western war aber auch gemeint, dass man sich unter »Freiheit der Beweiswürdigung« nicht einen Richter vorstellen darf, der das Lasso der Beweiswürdigung schwingt, wie er will, damit einfängt, wen er will, und die Schlinge zuzieht, wann er will. Da haben, um in Bilde zu bleiben, der Bundesgerichtshof und der Europäische Gerichtshof für Menschenrechte einige Kakteen gepflanzt, um die man besser herumreitet. Der Richter, um weiter im Bilde zu bleiben, wird aber auch niemanden finden, noch nicht einmal einen Ureinwohner des Strafrechts, der ihm sagen kann, wie er zum Ziel des Urteils gelangen kann, sondern allenfalls einen, der ihn auf die Untiefen, Irrwege und Sümpfe hinweist. Nun muss er sehen, wie er mit der ihm noch verbliebenen Freiheit zurechtkommt. Die Pfade sind schmal.

Den kenne ich!

Sagen die Zeugen häufig. Oder auch: »Der war's!«

Mit dem Wiedererkennen ist es so eine Sache. Es gibt flache Witze darüber: Das Opfer der versuchten Vergewaltigung macht einigermaßen gute Angaben über den Verdächtigen, der von Zivilfahndern rasch gefasst und dann zur Gegenüberstellung auf die Bühne gestellt wird, zusammen mit vier Polizisten, die den gleichen Gammellook tragen und sich dafür noch nicht einmal umziehen mussten; das Opfer wird unten hereingebracht, der Täter deutet auf sie und ruft spontan von oben: »Die war's!«

Im Ernst: Vermutlich funktioniert Wiedererkennen nur in dieser Richtung einigermaßen verlässlich.

Ich habe eine Nacht im KDD verbringen dürfen, dem kriminalpolizeilichen Dauerdienst im Polizeipräsidium München, weil ich wissen wollte, was da so abgeht, von Freitagabend um sechs an, die Nacht durch.

Um versuchte Vergewaltigung ging es da auch. Eine Frau kam, um sie anzuzeigen. Sie wurde von einer Polizistin, die zum Team gehörte, vernommen, und man bat mich um Verständnis dafür, dass ich, wie die anderen Männer auch, da nicht dabei sein könne. Ich habe dieses Verständnis mit Mühe aufgebracht.

Nach einer Stunde kamen die beiden aus dem Verhör heraus, und die Polizistin tippte ein Protokoll von einer halben Seite. Wie soll man da eine Aussage aus einer so langen Vernehmung wiedererkennen? Aber darum sollte es hier ja gar nicht gehen, sondern um Bilder und Personen.

Es war eine Tankstelle überfallen worden, die Zeitungen hatten ein Überwachungsfoto gedruckt. Das war natürlich nicht so besonders gut, aber der KDD hatte das Original aus der Kamera, schon besser. Gegen Mitternacht rief ein Taxifahrer an: »Den kenne ich«, und nannte dessen Namen.

»Haben wir eine Akte über den?«

Und ob. Noch dazu mit einem frischen Foto des Erkennungsdienstes, keine Woche alt.

Alle drängten sich um den Tisch, auf dem das eine Foto neben dem aus der Überwachungskamera lag.

»Na klar, das ist der!«

Alle – das waren mehr als zehn Frauen und Männer mit einiger kriminalistischer Erfahrung (und ich). Nur der Chef sagte: »Merkt's euch endlich, ich hab es schon oft genug gesagt: Von einem Foto kann man keinen sicher identifizieren!«

Wir gingen in die Details. Augen vergleichen, die Nase, den Mund, die Wangenknochen.

»Aber, Chef, der ist es wirklich!«

»Merkt's euch«, wiederholte er ungerührt in tiefstem Bayerisch, »von am Foto kannst koan identifiziern.«

Die Adresse war ebenfalls in der Akte. Aber da stand auch groß und rot und quer geschrieben: »Vorsicht bewaffnet!« Das dämpfte den Verfolgungseifer.

Kurz darauf kamen zwei Jungs von einer Einheit herein, die nachts in Zivil unterwegs ist, Jeans und dicke Bomberjacken, unter denen eine .38er im Holster nicht auffällt. Sie wollten eigentlich nur erzählen, dass ihnen in einer Bar im Bahnhofsviertel angeboten worden sei, die Ladung eines Trucks mit Schweinehälften zu kaufen, was sie gerne getan hätten, um dieser Schlachthofmafia auf die Spur zu kommen, aber der Herr

Oberstaatsanwalt habe sich geweigert, das Geld lockerzumachen, obwohl es doch einen geheimen, im Staatshaushalt gut getarnten Etat für solche Aktionen gibt. Dann eben nicht.

»Aber wenn ihr schon mal da seid, auch wenn es nicht euer Ding ist …« Man bat sie um den Gefallen, bei dem vom Foto zu klingeln. Es war zwei Uhr nachts inzwischen.

Sie kamen ohne ihn zurück, und die Enttäuschung war groß. »Wieso ist er es denn nicht?«

»Der hat einen dicken Vollbart.« Auf den Fotos hatte er keinen.

Einer aus der Truppe nervte noch mit der Frage, ob sie denn daran gezupft hätten …

»Wie oft«, seufzte der Chef, »soll ich es euch noch sagen!«

Grenzen der Freiheit

Wenn das Gericht sich ein Bild macht und darüber befindet, was davon zu halten ist, dass ein Zeuge etwas oder jemanden wiedererkannt hat, ist es bei der Würdigung dieses Beweises wieder nicht gänzlich frei. Zum Wiedererkennen hat der Bundesgerichtshof einen sehr kleinteiligen Katalog von Regeln aufgestellt, die vom Richter zu beachten sind. Sie zielen auf den gleichen Punkt: Es muss »nachvollziehbar« sein, dass und weshalb das Gericht die »Wiedererkennungsleistung« für zuverlässig hielt.

»Nachvollziehbar« ist das Zauberwort für alles. Die gesamte Beweiswürdigung muss nachvollziehbar sein.

Der erste Grund ist erst einmal ziemlich pragmatisch: Das Gericht, das über das Rechtsmittel Revision entscheidet, darf zwar niemals selbst Beweiswürdigung betreiben, muss aber prüfen können, ob in dem angefochtenen Urteil die Regeln der freien Beweiswürdigung befolgt und die Grenzen dieser Freiheit nicht überschritten wurden. Folglich gibt es auch eine pragmatische Ausnahme: Wenn eine Revision nicht möglich ist, weil alle darauf verzichtet haben oder die Fristen zur Einlegung verstrichen sind, kann sich der Richter in seinen Urteilsgründen sehr kurz fassen (wovon er natürlich immer träumt).

Der andere Grund ist, ohne pathetisch zu werden, tief in Rechtskultur und Gesellschaftsethik verwurzelt. Recht und Gesellschaft verlangen vom Richter, dass er sich von der Wahrheit eines Geschehens überzeugt, dass er also seinem Urteil guten Gewissens die Wahrheit zugrunde legt, an der es keine vernünftigen Zweifel mehr gibt.

Das ist viel verlangt. Empirisch lässt sich niemals mehr als eine Wahrscheinlichkeit ermitteln und beweisen. Diese Wahrscheinlichkeit mit dem Etikett »Wahrheit« zu versehen, darin besteht die Verantwortung und die moralische Leistung des Gerichts. Der Sprung vom sicheren Ufer der Wahrscheinlichkeit hinüber zur Wahrheit kann nur gelingen, wenn das reißende Flüsschen da unten, das in den See der Justizirrtümer mündet, nicht allzu breit ist. Zu kurz gesprungen wäre fatal. Die Ufer müssen nahe beieinanderliegen, und das tun sie nur dort, wo die Wahrscheinlichkeit sehr hoch ist.

Die Wahrscheinlichkeit ist eine objektive Größe, persönlichen Wertschätzungen, Ansichten und Meinungen weit entrückt. Dieses Gütesiegel der Objektivität wird aber nur verliehen, wenn das Fundament des Urteils für andere nachvollziehbar ist. Die Feststellungen des Richters dürfen sich also, wie es der Bundesgerichtshof einmal formuliert hat, nicht »so sehr von einer festen Tatsachengrundlage entfernen, dass sie letztlich bloße Vermutungen sind, die nicht mehr als einen – wenn auch schwerwiegenden – Verdacht begründen« (das war in dem Fall, den wir schon kennen: Flotte Richter aus Schimanski-Land hatten zwar keine Ahnung, wie das Baby des Türken gestorben war und wo die Leiche sein könnte – aber egal, wir sind überzeugt, irgendwie hängt er drin in einem Mord).

Das Zauberwort »nachvollziehbar« öffnet allerdings auch Schleusen und lässt Fluten von Arbeit auf die Richter einströmen. Verantwortungsbewusste Richter handeln ohnehin nicht anders: Die Beweiswürdigung muss »umfassend« sein, vollständig also. Hätte sie Lücken, wäre sie nicht nachvollziehbar. Wer das Urteil liest, darf eine Auseinandersetzung mit allem, was Beweisbedeutung hat, nicht vermissen. Lückenlos haben sich die Argumente aneinanderzureihen. Lücken sind im Strafprozess immer verdächtig. Weisen die Unterlagen, die man bei einer Durchsuchung gefunden hat, Lücken auf, die darauf schließen lassen, dass da einige Seiten vernichtet worden sind, führt das schnell zur Untersuchungshaft (wegen Verdunkelungsgefahr), Lücken in der Erinnerung erregen schnell den Verdacht, dass die Aussage unwahr sei, und Lücken in der Beweiswürdigung des Urteils lassen es als zweifelhaft erscheinen, dass es der Richter genau genug genommen hat. Er muss nämlich dokumentieren, dass er die einzelnen Beweisergebnisse nicht nur isoliert betrachtet, sondern in eine umfassende Gesamtwürdigung eingestellt hat. Tut er das nicht, kann sein Urteil gekippt werden.

Was bleibt, nach alledem, frei in der Beweiswürdigung? Nicht viel, aber immer noch genug. Der Bundesgerichtshof hat sich allerdings Instrumente geschaffen, mit denen er eingreifen kann, wo immer er will. Er hält einerseits daran fest, dass man dem Tatrichter nicht vorschreiben kann, was er zu glauben, woran er zu zweifeln und welche Schlüsse er zu ziehen hat. Andererseits verlangt er, dass die Beweiswürdigung nachvollziehbar dokumentiert wird. Auch ohne Dokumentation könne ja die Urteilsfindung korrekt sein – überprüfbar sei sie aber dann nicht, und dieser Verdacht allein rechtfertige die Aufhebung des Urteils. Im Revisionsrecht heißt das »Darstellungsrüge«.

Ich habe, als ich noch Professor in Konstanz war, oft bei einem väterlichen Freund, ebenfalls Professor, vor allem aber im Zweitberuf auch Revisionsrichter, auf seiner Terrasse mit Blick auf den sonnigen Bodensee gesessen und sollte nach gemeinsamem Fallstudium eine Antwort auf seine Frage geben: »Was meinst du, weisen wir die Revision zurück mit der Begründung, dass es sich um einen unzulässigen Angriff auf die freie Beweiswürdigung handelt, oder sagen wir, ganz in Gegenteil, die Beweiswürdigung sei nicht in sich geschlossen, lückenlos und widerspruchsfrei, und heben das Urteil auf?« Das liegt oft sehr nahe beieinander. Meist war es samstags, und nebenbei lief die *Sportschau.* Im Fußball ist es ja ähnlich: Die Grenzen zwischen Regelverstoß und Tatsachenentscheidung des Schiedsrichters sind fließend. Optieren wir, so lautet die Parallele, für die Freiheit des Tatrichters bei der Feststellung des Sachverhalts, oder sehen wir als Kontrollgremium einen Regelverstoß?

Gewürfelt haben wir aber nie. Dieser Mann besaß ein ungeheures Judiz, also ein sicheres Gefühl für die richtige Entscheidung. Zum Glück für die Verurteilten, um deren Existenz es in jedem Einzelfall geht.

Der Indizienprozess

Die Richter, denen das Gesetz die Freiheit der Beweiswürdigung einräumt, sind also auch im Umgang mit Indizien frei? Hängt das Wohl und Wehe eines Angeklagten etwa nur davon ab, ob er vor einem Richter steht, der das sichere Gefühl für die richtige Entscheidung hat? Dunkle Wolken hängen über dem Indizienprozess, diffuse Ängste begleiten ihn, und Misstrauen schlägt ihm entgegen.

Ihre Majestät das Geständnis, die abgedankte Königin der Beweismittel, ist in dem so überschriebenen Kapitel nicht nur in ihrer Würde herabgemindert und sogar geradezu beleidigt worden durch die Bemerkung, dass es nichts anderes als Indizienbeweise gibt, weil das Geständnis auch nur ein Indiz sei. Wie bei Beleidigungen üblich, muss man versuchen, den Wahrheitsbeweis anzutreten und zu retten, was zu retten ist.

Um also der Wahrheit die Ehre zu geben und bislang Verschwiegenes zu offenbaren: Es ist zu unterscheiden zwischen unmittelbar und mittelbar beweiserheblichen Tatsachen. Unmittelbar beweiserheblich sind alle Tatsachen, die für die Merkmale des Straftatbestandes gebraucht werden, bei Totschlag also, um das einfachste Beispiel zu nehmen, eine Handlung, die ursächlich geworden ist für den Tod eines anderen und vorsätzlich ausgeführt wurde. Wenn nun einer gesteht, dass er aus zwei Meter Abstand auf das Opfer gezielt und bereits der erste Schuss offenbar ins Herz getroffen habe, weil der Mann sofort zusammengesackt und regungslos liegen geblieben sei, haben wir ein Geständnis, das alle Tatbestandsmerkmale des Totschlags umfasst.

In der Variante des Beispiels schweigt unser Angeklagter. Wir haben einen Zeugen, der im Nachbarzimmer einen Schuss gehört hat und sofort hinzugeeilt ist; er hat den Angeklagten da stehen sehen, vielleicht zwei Meter von dem offenbar leblosen Opfer auf dem Boden entfernt, und mit einer Pistole in der Hand.

Was uns der Zeuge berichtet, sind Indizien dafür, dass der Angeklagte einen Totschlag begangen hat. Es werden andere Indizien hinzukommen, wie etwa die schusswaffentechnische Untersuchung von Pistole und Projektil und das Gutachten der forensischen Medizin.

Der Unterschied zum Ausgangsfall liegt darin, dass in der Variante nur mittelbar beweiserhebliche Tatsachen zur Verfügung stehen, die einen Schluss auf die unmittelbar erheblichen zulassen. Und genau diese Situation nennt man einen Indizienbeweis.

Ich höre den Einwand: »Moment mal, in der Variante gibt es einen Zeugen, dann ist es kein Indizienprozess!«

O doch, denn der Zeuge ist ja nicht dabei gewesen und kann uns nur Indizien dafür liefern, wie es gewesen sein könnte. Das Missverständnis ist allerdings verbreitet, dass in einem »Indizienprozess« der Beweis nur mit Sachen geführt würde. Es kommt aber, um es zu wiederholen, lediglich darauf an, ob über »Haupttatsachen«, also unmittelbar erhebliche, Beweis geführt wird, oder über mittelbar erhebliche, die einen Schluss auf die Haupttatsachen zulassen.

Das wiederum hat überhaupt nichts damit zu tun, wie verlässlich der Beweis ist. Mit der abschätzigen Wendung »nur ein Indizienprozess« ist ja gemeint, dass der weniger wert sei, weniger zuverlässig. Nicht selten ist das Gegenteil der Fall. Erfahrene Kriminalisten sind froh, wenn sie einen klaren Sachbeweis führen können. Was von Zeugen zu halten ist und wie oft Geständnisse falsch sind, davon war schon die Rede.

Wo sind denn nun die Schwachpunkte beim Indizienbeweis? Für den Schluss vom Indiz auf die »Haupttatsache« braucht man einen Erfahrungssatz, der diesen Schluss möglich macht. Den muss es erst einmal geben; er muss gesichert sein. Ein Beispiel: Wenn eine Tötung in allen Einzelheiten geplant war, handelt es sich erfahrungsgemäß (in aller Regel also) nicht um eine Affekttat. Die Freiheit der Beweiswürdigung geht natürlich nicht so weit, dass man solche Verknüpfungen erfinden darf, wie es eine Strafkammer in einem Fall von falscher Anschuldigung getan hatte: »Wenn eine Frau einen Mann zu Unrecht einer Vergewaltigung verdächtigt, kann das nur aus Rache geschehen sein.« Diese Richter mussten sich vom Bundesgerichtshof belehren lassen, dass es einen derartigen Erfahrungssatz gar nicht gebe.

Hat man aber einen anerkannten gefunden, ist die nächste Frage, wie sicher er ist. Erfahrungssätze vermitteln ja (fast) immer nur Wahrscheinlichkeiten und nie Gewissheit. Und dann kommt es noch auf die konkrete Situation an.

Zu den wenigen allgemeingültigen (»deterministischen«) Erfahrungssätzen gehört, dass ein Fingerabdruck einmalig ist. Er lässt also, auf dem Weinglas gefunden, den sicheren Schluss zu, dass der Verdächtige das Glas in der Hand hatte.

Der Schluss von A auf B ist also eine prinzipiell zweifelhafte Angelegenheit, und daher rührt das geradezu archaische Misstrauen gegenüber dem Indizienbeweis. Aber ein Geständnis oder die Bezeugung einer Haupttatsache ist ja nicht minder problematisch, weil deren Glaubhaftigkeit auch nur nach Erfahrungswerten bemessen werden kann. Insofern hat der »direkte« Beweis die gleiche Schwäche wie der Indizienbeweis. Und darauf hat sich die provokante Bemerkung bezogen, dass jeder Beweis ein Indizienbeweis sei. Terminologisch ist das falsch. »Praktisch« ist es richtig. Der Wert einer Beweisführung hängt nicht davon ab, ob gar keine Indizien herangezogen wurden oder ob es, ganz im Gegenteil, ausschließlich Indizien waren.

Beim Indizienbeweis spricht man meist von einer »Indizienkette«: Eines reiht sich an das andere, und eine Lücke macht alles zunichte. Es gibt auch das Indizienbündel: Die Indizien sind nicht verknüpft, sondern unabhängig voneinander, zielen aber auf den gleichen Punkt und treffen sich dort. Indizien, sagen alle in Deutschland, müssen bewiesen sein, unzweifelhaft feststehen, ehe man Schlüsse daraus ziehen darf. Alle? Fast alle. Diese allgemeine Ansicht ist ja sehr sympathisch, aber wissenschaftstheoretisch nicht begründbar. Nehmen wir an, für das Indiz gilt: Kann sein, kann nicht sein – Wahrscheinlichkeit also 0,5 auf der Skala von 0 (wie nix) bis 1 (so ist es). Die Erfahrung lehrt, dass man aus diesem Anzeichen mit einer Wahrscheinlichkeit von 0,7 auf das Ziel schließen darf. Das macht dann eine Gesamtwahrscheinlichkeit des Schlusses von 0,35 – und das ist eben schlicht zu wenig als Basis für eine objektiv nachvollziehbare Beweiswürdigung.

Wenn aber nun das Indiz zwar wiederum nicht feststeht, aber mit einer Wahrscheinlichkeit von 0,8 anzunehmen ist, dann landen wir bei 0,56, also schon einer »überwiegenden«. Reicht uns das? Der Satz, wonach das Indiz feststehen muss, ist zwar nicht logisch, aber höchst sinnvoll. Er soll solche Debatten gar nicht erst aufkommen lassen (ganz abgesehen davon, dass es unseriös sein dürfte, zu behaupten, man könne mit hinreichender Sicherheit sagen, dass die Wahrscheinlichkeit 0,8 betrage und nicht 0,7 – und so weiter).

Iudex non calculat, hieß es im alten Rom, der Richter rechnet nicht (in scherzhafter neuerer Übersetzung: Juristen können nicht rechnen). Das war ursprünglich nur von technischer Bedeutung. Hatte sich der Richter verrechnet, so konnte man das ganz einfach berichtigen (wie im Zivilprozess auch heute noch). Würde man das auf die Multiplikationen von eben anwenden, müsste man erschauern; »Ich habe mich verrechnet, der Angeklagte ist unschuldig.«

Immer wieder gibt es Bestrebungen, dem Richter die Freiheit der Beweiswürdigung zu nehmen, sie wenigstens zu reduzieren, ihr den Ruch der Beliebigkeit zu nehmen und »wissenschaftliche« Modelle der Beweisführung zu entwickeln, die sich meistens die Genauigkeit der Mathematik zunutze machen wollen. Unsere Rechenexempel sollten auch statuieren, dass daraus nichts werden kann.

Kapitel 12:

Daran dürfen Sie noch nicht einmal denken – die Beweisverbote

Die Polizei, nach einem spektakulären Fall von der Presse bestürmt, lässt gerne verlauten: »Wir ermitteln in alle Richtungen.« Das ist ja auch ihre Aufgabe. Dabei darf sie aber nicht alle Mittel anwenden und alle Wege beschreiten. Ebenfalls in alle Richtungen denken, sich also fragen, was für und was dagegen spricht, dass der Angeklagte schuldig zu sprechen ist, soll, wie soeben bei der Beweiswürdigung besprochen, das Gericht. Es stößt dabei allerdings ebenfalls an Grenzen, die zu überschreiten ihm das Gesetz verbietet; nicht alle Beweise darf es erheben oder verwenden. Von solchen Hindernissen auf dem Weg zur Erforschung der »ganzen« Wahrheit handelt dieses Kapitel.

Wer schweigt, scheint zuzustimmen

Schon wieder lateinisch, *qui tacet consentire videtur*, aber diesmal nicht aus dem alten Rom. Papst Bonifaz VIII. berief sich dafür auf das kanonische Recht, im 13. Jahrhundert, und ein Papst kann verlangen, dass seine Schäflein reden; beichten müssen sie schließlich auch.

Unser Zivilrecht kennt heute noch Situationen, in denen man Antworten erwarten darf, sodass Schweigen einen Erklärungswert hat. Im Strafrecht darf man nichts dergleichen erwarten. Niemand muss gestehen; jeder Angeklagte mag schweigen, wenn er will. Daraus dürfen keine Schlüsse zu seinem Nachteil gezogen werden. Andernfalls würde er indirekt gezwungen, auf sein Schweigerecht zu verzichten. Die verweigerte Mitwirkung lässt sich meist ersetzen: Wer eine Sache nicht herausgibt, dem wird sie eben genommen. Wodurch aber sollte man eine verweigerte Erklärung ersetzen? Der Schluss »Wer schweigt hat Schuld« ist alles andere als zwingend. Es gibt viele Gründe, nichts zu sagen. Sie erforschen zu wollen ist unzulässig.

Der Staat gewährt dieses Recht aber mit verkniffenem Gesichtsausdruck, zähneknirschend sozusagen, und setzt alles daran, es einzuschränken. Einigermaßen großzügig kann er mit zeitweisem Schweigen umgehen. So nennt man unterschiedliches Aussageverhalten in den diversen Phasen des Verfahrens. Wenn der Angeklagte zum Beispiel bei der Polizei geredet hat und nun in der Hauptverhandlung schweigt, darf man das nicht gegen ihn auslegen. Diesen Luxus kann man sich leisten, weil man an die frühere Aussage sowieso herankommt, durch Vernehmung des Polizisten etwa.

Giftiger ist die Reaktion auf teilweises Schweigen: Zu einigen Punkten sagt der Angeklagte aus, zu anderen nicht. Das darf jetzt gegen ihn gewendet werden, wenn zu den verschwiegenen Punkten Äußerungen zu erwarten gewesen wären (der Papst lässt grüßen) und wenn es der Lebenserfahrung entspricht, dass sich ein Unschuldiger da verteidigt hätte.

Nicht jeder Angeklagte, der gewillt ist zu schweigen, hält das auch eisern durch. Vielleicht platzt es ja doch aus ihm heraus. Die verschwiemelte Hoffnung, dass das geschehen könnte, dürfte der Grund dafür sein, dass in Deutschland auch Angeklagte, die nichts sagen wollen, in der Hauptverhandlung vor Gericht immer und dauernd anwesend sein müssen. Die offizielle Begründung für diese Fron, dass nämlich jeder das Grundrecht habe, sich zu verteidigen, wird einer, der das nicht tun will, so unverständlich finden wie den anderen Grund, das Gericht müsse sich einen Eindruck machen können. Von seinem Gesichtsausdruck, oder was? In der Tat soll es erlaubt sein, aus lebhafter Mimik und Gestik, aus abfälligem Lachen, Aufstöhnen und Handbewegungen etwas abzuleiten. Gebärdensprache ist auch eine Sprache, sagen manche … Nicht alle Richter haben vergessen, dass ihre Kollegen im Mittelalter ein Gebärdenprotokoll verfassten, um es höheren Orts zur Bewertung einzureichen.

Das Beweisgebäude

Im Grundsatz steht fest: Alles muss gewürdigt werden, jedes Pro und Kontra, der »Inbegriff der Hauptverhandlung« hat sich abzubilden in der Beweiswürdigung.

Alles? Fast alles. Anspielungen auf gallische Dörfer in Comics sind hier allerdings völlig fehl am Platze. Es wird nun ernst, für manchen schwer verständlich und kaum erträglich.

Eine erste Ausnahme von »alles« haben wir soeben erörtert: Gänzliches Schweigen muss der Richter gänzlich ignorieren, ausblenden, aus seinen Überlegungen zu Schuld oder Unschuld verbannen. Er darf es nicht verwerten. Solche Verwertungsverbote gibt es nicht wenige. Das Gericht weiß etwas und darf es doch nicht wissen. Die Wahrheit, die »eigentliche«, »ganze« Wahrheit bekommt Risse und Löcher, wird verzerrt und verbogen. Was übrig bleibt, ist eine forensische Wahrheit, und das ist die einzige, auf die es letztlich ankommt.

Die Wahrheit, hat der Bundesgerichtshof einmal gesagt und zum geflügelten Wort erhoben, wird nicht um jeden Preis erforscht. Damit ist nicht die Selbstverständlichkeit gemeint, dass der Strafprozess kein historisches Forschungsvorhaben ist, für das beliebig Zeit und Geld zur Verfügung stünde. Es heißt vielmehr, dass wir andere Interessen auf Kosten der Wahrheit schützen.

Würden wir, um beim Schweigerecht zu bleiben, den Beschuldigten verpflichten auszusagen, so sollten wir auch verlangen, dass er die Wahrheit sagt, und wenn er sich verweigert, uns das Recht nehmen, ihn zur Erfüllung seiner Pflicht zu zwingen. Er ist aber schon seit Langem nicht mehr Objekt, sondern Subjekt des Verfahrens, dessen Freiheit zur »Willensentschließung und -betätigung« respektiert werden muss. Diese Freiheit darf nicht beeinträchtigt werden »durch Misshandlung, durch Ermüdung, durch körperlichen Eingriff, durch Verabreichung von Mitteln, durch Quälerei, durch Täuschung oder durch Hypnose«, durch unzulässige Drohungen oder Versprechen. Und, so sagt das Gesetz weiter, »Aussagen, die unter Verletzung dieses Verbots zustande gekommen sind«, dürfen nicht verwertet werden.

Das Schwurgericht hat festgestellt, dass der Angeklagte nach einem Streit mit seiner Frau und seinen Schwiegereltern seinen drei Jahre alten Sohn mit einem Messer getötet habe. Er hatte ursprünglich gesagt, dass er sich an die Tat selbst nicht erinnern könne. Die Polizei und der Staatsanwalt haben ihm wiederholt angedroht, sie würden ihn in die Leichenhalle bringen und vor die Leiche seines Kindes stellen, wenn er nicht etwas genauer gestehe.

»Bitte nicht«, hat er gefleht, »ich halte den Anblick meines toten Kindes nicht aus!« Und dann hat er ein schriftliches Geständnis abgelegt. Das reichte der Polizei nicht. Sie wollte mehr Einzelheiten und drohte wieder mit der Leichenhalle. Er bat verzweifelt unter Tränen, das nicht zu tun; er werde alles sagen, was er noch wisse.

Sie schleppten ihn dennoch zur Leiche, wo er schreiend zusammenbrach. Er lieferte dann ein weiteres Geständnis ab. Das war verbotene Quälerei. Nichts von alledem, was er unter deren Eindruck gestanden hatte, durfte verwertet werden. Das Urteil wurde in der Revision kassiert. In der neuen Verhandlung musste man ohne diese Geständnisse auskommen.

List und Tücke

Diese Psychofolter gegenüber einem Verzweifelten war ein klarer Übergriff. Aber ansonsten hat es die Polizei schon schwer. »Kriminalistische List« ist erlaubt, Täuschung verboten. Die Unterscheidung ist tückisch. Und dass man sie überhaupt treffen muss, gegenüber Typen, die einen grinsend anlügen (vermutlich), die ihre ganze Knasterfahrung aus den Vorstrafen ausspielen, die einen zur Weißglut bringen können … Aber nein, wir halten uns zurück, und das heißt, an Recht und Gesetz, auch wenn es schwerfällt.

List also ist erlaubt. Wer als Polizist auf Fragen nicht antwortet, Tatsachen verschweigt, macht nie etwas falsch.

»Bin ich verdächtig«?

»Wir ermitteln in alle Richtungen.« Besser noch: keine Antwort.

Das Gegenbeispiel für eine verbotene Täuschung wäre, gegenüber einem, den die Polizei für den Hauptverdächtigen hält: »Sie sind einer unser wichtigsten Zeugen, und da müssen Sie die Wahrheit sagen.« Das war das Grundprinzip der Kultserie *Columbo* mit Peter Falk (schon eine Weile her): Er hatte von Anfang an den Täter in Verdacht, ging ihm die ganze Zeit mit angeblichen Routinefragen auf die Nerven, ohne ihn je zu beschuldigen, und schlug in den letzten zwei Minuten zu. Sehr spannend, sehr unterhaltsam und nach deutschem Recht sehr illegal (in den USA jedoch zulässig).

Nennen wir noch ein paar Klassiker für die nicht erlaubte Täuschung:

»Wir ermitteln in einer Vermisstensache« – obwohl der Kopf des Opfers hundert Meter entfernt vom Rumpf gefunden worden war.

»Ihr Mittäter hat schon gestanden, leugnen ist zwecklos.«

»Sie müssen hier die Wahrheit sagen, und wenn Sie weiter schweigen, ist das ein Schuldbeweis.«

»Es macht keinen Sinn, wenn Sie leugnen, die Beweislage ist erdrückend« – obwohl sie nichts in der Hand haben.

Quälerei und Täuschung, das waren zwei Fallgruppen aus dem Katalog verbotener Vernehmungsmethoden, dem drastischsten und plastischsten Fall eines Verwertungsverbots.

Wie man Beweisverbote begründen kann

Manche sind die Konsequenz eines Fehlers, den man bei der Beweiserhebung gemacht hat. So ist das bei den soeben geschilderten verbotenen Vernehmungsmethoden. Gesetzliche Regelungen dieser Art gibt es jedoch nur sehr wenige. Manchmal kommt man weiter, wenn man nach dem Schutzzweck der verletzten Norm fragt. So ist zum Beispiel vorgeschrieben, dass Blutentnahmen von einem Arzt durchzuführen sind. Der Eingriff soll so kunstgerecht und schonend wie möglich vorgenommen werden. Und wenn es nun ein Krankenpfleger im weißen Kittel war, der ein Arzt zu sein schien? Zu den Folgen dieses Fehlers sagt das Gesetz nichts. Aber man kann es sich denken: Der Fehler ist ja nicht dadurch wiedergutzumachen, dass man die Verwertung der Blutprobe verbietet. Davon hat der gepiekste »Patient« nichts. Und in ihrem Beweiswert kontaminiert ist die Blutprobe nicht dadurch, dass sie der Falsche abgenommen hat.

Die Sache stellt sich aber anders dar, wenn die Polizisten den Verdächtigen in die Klinik gebracht und ihn darüber getäuscht haben, dass ihm jetzt ein Arzt – der im weißen Kittel – die Spritze setzen und Blut abnehmen wird. Diese bewusste Umgehung von Vorschriften muss Folgen haben. Beweisverbote wirken auch generalpräventiv: Sie hindern die Strafverfolgungsbehörden an rechtswidrigen Aktionen, die nutzlos bleiben sollen, weil man ihre Ergebnisse nicht verwerten darf (was in Deutschland nur als Nebeneffekt gilt, in den USA aber im Vordergrund steht).

Schon jetzt ist deutlich zu sehen, dass Beweisverbote in einem ambivalenten Verhältnis zur Wahrheit stehen. Manche errichten Hindernisse auf dem Weg zur Wahrheit, andere verhindern die Verwertung von Erkenntnissen, die in ihrem Wahrheitswert mehr als zweifelhaft sind (wie das abgenötigte Geständnis).

Über den Schutzzweck von Normen kann man sich allerdings oft streiten. Zeugen dürfen die Antwort auf solche Fragen verweigern, die sie (oder Angehörige) in die Gefahr bringen könnten, zum Beschuldigten zu werden. Darüber müssen sie belehrt werden. Wenn das jedoch versäumt wurde, darf man dann ihre Aussage verwerten? Dass der Zeuge vor allem sich selbst da raushalten wollte und deshalb womöglich gelogen hat, wird der Angeklagte nicht zu Unrecht befürchten. Seinem Schutz aber, so sagt die Rechtsprechung, dient die Vorschrift nicht, sondern allein dem des Zeugen. Seine Aussage ist verwertbar. Man müsse allerdings bei der Beweiswürdigung vorsichtig umgehen mit solchen zweifelhaften Zeugenaussagen. Das ist in kritischen Situationen oft die Verlegenheitslösung der Rechtsprechung: Der Beweis ist brauchbar, aber sozusagen nur ein bisschen, mit gemindertem Wert. Wasch mir den Pelz, aber mach mich nicht nass.

Manchmal macht es keinen Sinn, sich über den Zweck von Normen zu streiten, weil es gar keine gibt, die verletzt worden sind. Das Verwertungsverbot lässt sich dann nicht aus einem »Übergriff« herleiten, weil keiner stattgefunden hat. Es geht vielmehr um den – originären, erstmaligen – Eingriff in Rechte, den die Verwertung eines legal gewonnenen Beweismittels bedeuten würde.

Beim Verdächtigen hat eine Hausdurchsuchung stattgefunden, ordnungsgemäß angeordnet, vorschriftsmäßig durchgeführt. Dabei hat man sein Tagebuch gefunden. Er soll ein mehrfacher Frauenmörder sein. Darf man es lesen und verwerten?

Für die Leser gewisser Journale, die nichts anderes als eine sofortige Veröffentlichung erwarten, dürfte das eine Frage sein, zu der nur Juristen fähig sind. Das Bundesverfassungsgericht hat sie beantwortet.

Es geht von einem Menschenbild aus, das uns in drei Sphären leben lässt. Wir arbeiten im Sozialbereich, befinden uns noch immer darin, wenn wir mit dem Bus nach Hause fahren, und betreten erst dort den privaten Bereich, »hallo, Schatzi«. Diese zweite Sphäre muss man – schwierig genug – von einer dritten abgrenzen, der Intimsphäre nämlich (Schlafzimmer).

Andere als juristische Absichten hat das Gericht mit dieser Zuordnung des Menschen zu konzentrischen Kreisen wohl nicht verbunden. Was in der ersten Sphäre passiert, ist immer offen und allgemein zugänglich, prozessual gesprochen: ohne jede Umschweife verwertbar. Auch die dritte Sphäre lässt keine Differenzierungen zu. Sie ist hermetisch abgeriegelt. Jeder Eingriff führt ohne Wenn und Aber zu einem Verwertungsverbot.

»Wenn und Aber« ist die Domäne der zweiten Sphäre. Bei Eingriffen in die schlichte Privatsphäre ist abzuwägen zwischen der Schwere des Tatvorwurfs einerseits, der Unverzichtbarkeit des Beweismittels und der Schwere des konkreten Tatvorwurfs andererseits. Sphäre eins ist abwägungsfrei, Sphäre drei ist abwägungsfest, und dazwischen kommt es darauf an.

Der Bundesgerichtshof hat das 1964 so formuliert: »Werden tagebuchartige Aufzeichnungen, die mit der Persönlichkeitssphäre des Verfassers verknüpft sind und die er nicht zur Kenntnis Dritter bringen wollte, im Strafverfahren als Beweismittel gegen seinen Willen benützt, so liegt hierin ein Verstoß gegen die Menschenwürde und das Grundrecht auf freie Entfaltung der Persönlichkeit, es sei denn, das Interesse des Staates an der Strafverfolgung überwiegt, im Lichte des Grundrechts abgewogen, das persönliche Interesse am Schutz des eigenen Geheimbereichs.« Mehr könne man allgemein nicht sagen; der Einzelfall sei entscheidend.

Was in diesem konkreten Fall im Tagebuch der Frau stand, erfährt man nicht genau. Offenbar wurde ihr vorgeworfen, einem

Mann zuliebe, der unter dem Verdacht der »Unzucht mit einer Abhängigen« stand (wie das damals in den Sechzigerjahren noch hieß), vermutlich nämlich ihr, einen Meineid geleistet zu haben. Ein Meineid, urteilte der BGH, sei zwar »in sehr vielen Fällen ein gewichtiges Verbrechen«, hier aber nicht so schwerwiegend, dass man das Persönlichkeitsrecht zurückstellen dürfe.

Geschäftliche Aufzeichnungen sind nicht geschützt. Das versteht sich fast von selbst; viele »Buchführungen« sind ja zur Vorlage oder sogar Veröffentlichung bestimmt. Bei Terminkalendern kann man ins Zweifeln geraten, wenn sie Daten enthalten, die in gewisser Weise pikant sind.

Ein Mandant des alten Schlags, Sturschädel von der Schwäbischen Alb, Fabrikant und Patriarch, hatte in seinen dicken Jahreskalender, jeder Tag eine Seite, dunkelblaues Saffianleder, nicht nur Termine eingetragen (pikante übrigens gab es für ihn als Pietisten nicht). Aber er benutzte ihn zugleich als Tagebuch, ebenfalls der alten Schule. Den Streit um die Verwertbarkeit habe ich vor dem schwäbischen Gericht verloren, weil es sich alles in allem um einen Kalender gehandelt habe.

Im Bereich des Oberlandesgerichts Schleswig hätte ich vielleicht gewonnen. Da ging es ebenfalls um einen Terminkalender, der »über reine Daten und Fakten hinaus auch Gefühle und Gedanken« enthielt, persönliche Überlegungen, Einschätzungen und Erlebnisse »teils auch intimer Natur«. Die wurden dem Angeklagten auch nicht vorgeworfen. Er hatte mit Kokain gehandelt und sechsundfünfzig Fälle penibel notiert. Das Oberlandesgericht (in seiner Entscheidung aus dem Jahr 2000): »Das in einem derartigen Delikt liegende strafrechtliche Unrecht ist jedoch nicht so gewichtig, dass es das Zurücktreten des Grundrechtsschutzes der Persönlichkeitssphäre zwingend gebieten würde.« Den Kalender könne man nicht auftrennen und unterteilen in Geschäftliches und Privates; er sei insgesamt als Tagebuch zu behandeln und nicht verwertbar. Das wäre unverhältnismäßig.

Die beiden Probleme, die man mit der Verhältnismäßigkeit immer hat, sind ganz einfach erstens das Maß und zweitens die Verhältnisse. Welche bezieht man mit ein und welche nicht? Wenn man den getreulich zitierten Kernsatz so isoliert sieht, wie er hier steht, wirkt er kernig – sechsundfünfzig Fälle Kokainhandel gegen das Recht auf Tagebuch. Aber die Verhältnisse, sie waren nicht so, insgesamt betrachtet. Der Angeklagte hatte weitgehend gestanden, und es gab diverse Zeugen. Da musste das Gericht nicht auf die Einträge im Kalender zurückgreifen. Andererseits: Wer weiß, wie entschieden worden wäre, wenn es keine Zeugen und einen verschlossenen Angeklagten gegeben hätte …

Die Verhältnismäßigkeit als der entscheidende Faktor der Abwägung pro und kontra Verwertung von Tagebüchern führt dazu, dass die Verwertbarkeit umso näher liegt, je grauenhafter die Tat ist.

Die Frau hatte ein Sonnenbad auf einer abgelegenen Wiese genommen, sich auf dem Bauch ausgestreckt, war eingeschlafen oder in sich versunken. Der Angeklagte hatte sie nie zuvor gesehen. Er trat von hinten an sie heran und schlug mit einem Beil zu, mindestens vier Mal, äußerst wuchtig auf den Hinterkopf. Er sei es nicht gewesen, sagte er. Alle Indizien sprachen dagegen. Im Jahr vor der Tat hatte er »tagebuchartig« vieles niedergeschrieben, was ihn beschäftigte, vor allem, wie er darunter litt, keinen Kontakt zu Frauen finden zu können. Er wohnte noch bei seinen Eltern. In seinem Zimmer waren bei einer Durchsuchung die Blätter mit den Notizen gefunden, aber noch nicht sichergestellt worden. Sie lagen da noch. Das Telefon im Hause wurde abgehört. Seiner Mutter erzählte er in einem Ferngespräch von den Papieren im Bücherregal. Sie wusste bis dahin nichts von dem, was in ihrem Sohn vorgegangen war, zerriss die Aufzeichnungen und warf sie in den Müll. Dort wurden sie bei einer zweiten Durchsuchung gefunden und wieder zusammengesetzt. Das Schwurgericht hat sie nicht gelesen, aber verwertet (ein Sachverständiger hatte sie ausgewertet und darüber berichtet). Die Richter fanden, dass die Tat »auf einen außergewöhnlichen, außerhalb normaler Kategorien denkenden und empfindenden Menschen« hindeute; das habe er »treffender als jeder Sachverständige« in seinen »tagebuchartigen Aufzeichnungen« beschrieben, die eine »schwere andere seelische Abartigkeit« dokumentierten. Der BGH hat (1987) die Verwertung für zulässig gehalten.

Dazu musste er eine Hürde umgehen, die in jener früheren Entscheidung (zum Meineid) errichtet worden war. Fertigt »ein Straftäter Aufzeichnungen über seine Verbrechen und Opfer an«, hieß es dort, »so ist für Persönlichkeitsschutz kein Raum. Die Entfaltung, nicht der Verfall der Persönlichkeit wird durch die Grundrechte geschützt.«

Nur Erblühen darf man also aufschreiben, nicht Verwelken? Nicht, wie man darunter leidet, dass einen Alkohol, Drogen, gescheiterte Beziehungen, Gewissensqualen, Depressionen, unaufhaltsam scheinender Niedergang kaputt machen?

Was für ein merkwürdiges Verständnis vom Grundrecht der Handlungsfreiheit und dem Recht auf Unvernunft. Aber Richter des BGH widersprechen nicht gerne Richtern des BGH. Sie zitieren artig die Kollegen – man will ja die Kontinuität der höchstrichterlichen Rechtsprechung wahren oder wenigstens suggerieren – und sagen dann, in ihrem Falle, dem des Frauenmörders nämlich, sei jedoch die Sachlage eine andere. Es gehe um »Notizen höchstpersönlichen Inhalts« (bei Aufzeichnungen über den »Verfall der Persönlichkeit« etwa nicht?). Der Angeklagte habe sich mit seinem Frauenproblem und der deutlich empfundenen, aber von ihm bekämpften Spannung auseinandergesetzt, vor der Begehung schwerster Straftaten zu stehen. »Diese Notizen zeigen damit den Versuch, einer vom Angeklagten befürchteten Verstrickung in Straftaten zu entgehen.« Sie fallen daher unter den Schutzbereich des Persönlichkeitsrechts. Der aber sei eingeschränkt: Die gebotene »Abwägung zwischen den Persönlichkeitsrechten einerseits und den Belangen der Strafrechtspflege andererseits führt hier zur Zulässigkeit der Verwertung der Tagebuchaufzeichnungen«.

Als ob es sich von selbst verstünde, argumentiert der BGH in jener zweiten Sphäre des Modells der Persönlichkeit, die eine Abwägung gestattet. Gibt es aber etwas Intimeres als das Eingeständnis, unter einer schweren seelischen Abartigkeit zu leiden und mit Tatgelüsten zu kämpfen? Dieser innerste Bereich wird doch durch die »Entäußerung« im Tagebuch nicht in eine andere Sphäre verschoben. Die Rechtsprechung erweckt den Eindruck, dass sie den unantastbaren Kernbereich nicht mehr selbstständig und aus sich selbst heraus bestimmt, sondern sich mit Blick auf das erwünschte Ergebnis der Abwägung für die Zuordnung zum zweiten Ring der Persönlichkeit entscheidet. Das Dilemma ist, dass gerade die schwersten Delikte oft die »intimsten« sind.

Der Fluch der guten Tat

Wir sind bei Weitem nicht am Ende mit den Beweisverboten. Über deren Anfang haben wir noch gar nichts gesagt. Schuld ist ein gewisser Ernst Beling. Er war zweifellos einer der bedeutendsten Strafrechtler. Seine *Lehre vom Verbrechen* hat Fundamente gelegt, die noch heute tragen. Von 1913 bis zu seinem Tod 1932 lehrte er in München, und ich hätte mir beim Gang durch die Bibliothek des Instituts immer gerne eingebildet, zu seinen universitären Urenkeln zu gehören. 1903 hatte er einen Ruf nach Tübingen erhalten und musste dort, wie es üblich war, eine Antrittsvorlesung halten (was man von mir, als ich in Konstanz meinen ersten Lehrstuhl übernahm, auch noch verlangte, und ich sprach dann über »Wahrheit und materielles Recht im Strafprozess«).

Wie das nun einmal ist mit Antrittsvorlesungen – für etwas Endgültiges hat man weder Zeit noch lange genug darüber nachgedacht, aber irgendwie interessant und neu sollte es eben schon sein. Beling sprach über »Die Beweisverbote als Grenze der Wahrheitserforschung im Strafprozess«. Dieser Titel gibt zugleich die einzige unumstößliche Wahrheit über die Beweisverbote wieder. Alles andere ist bis heute zweifelhaft geblieben. Beling selbst hat es auch nicht weiterverfolgen wollen oder klären können.

So ist das eben: »Die deutschen Strafrechtslehrer verhalten sich wie die Seeschildkröten. Sie legen ihre Eier in den Sand und kümmern sich dann nicht mehr darum.« Das hat Peter Noll gesagt, einer der eindrucksvollsten, unabhängigsten Köpfe unserer Zunft, souveräner Schweizer, der mit vierundfünfzig Jahren erfährt, dass er einen Krebs hat, den Entschluss trifft, sich nicht behandeln zu lassen, nicht ins Krankenhaus zu gehen, und der, wie ihm vorhergesagt, nach einigen Monaten stirbt. Die Zeit bis dahin hat er in einem Tagebuch aufgezeichnet (*Diktate über Sterben und Tod,* 2005 posthum herausgegeben von seinem Freund Max Frisch). Womit wir, wenn auch auf traurigste Weise, assoziativ wieder bei Tagebüchern wären und dem Thema der Beweisverbote.

Über deren Grundgedanken hat man sich bis heute nicht einigen können. Wäre das gelungen, würden dennoch Fragen offenbleiben. Bewegen wir uns noch einmal in jenen »Sphären« der Persönlichkeit. Wer sich mit anderen unterhält, weiß um den Sozialbezug; er führt eben ein Zwiegespräch. Anders ist das beim Selbstgespräch.

Der Angeklagte lag im Krankenhaus. Sein Telefon wurde überwacht, und eine »Wanze« hatte man auch versteckt. Er sagte zu sich selbst, dass es besser gewesen wäre, das Opfer durch einen Kopfschuss zu töten. Der BGH hat dieses Gespräch, »weil es in keiner Form verdinglicht und der Gefahr des Zugriffs preisgegeben war«, dem unantastbaren Kernbereich zugeordnet und die Verwertung untersagt.

Mit »Verwertung« ist ja stets die als Beweis in einem Strafverfahren gemeint. Wie wäre es eigentlich, wenn es nicht um diesen repressiven, sondern um einen präventiven Zweck ginge?

Der Beschuldigte, wiederum abgehört im Krankenhaus,

spricht mit sich selbst über das Entführungsopfer und den Ort, an dem er es gefangen hält. Bislang hat er alles abgestritten. Jetzt hätte man den Beweis der Entführung, den man aber, wie eben gesehen, nicht verwenden darf – andererseits aber die ersehnte Möglichkeit, das Opfer zu retten. Darf man das eine tun, während man das andere lassen muss?

Wie ist es, wenn einer im abgehörten Selbstgespräch (oder im unverwertbaren Tagebuch) nur Dinge sagt (oder notiert hat), die ihn entlasten? Darf er verlangen, dass dies herangezogen und verwertet wird?

Nach vorherrschender Ansicht ist das ausgeschlossen. Über Verwertungsverbote soll der Betroffene nicht disponieren dürfen. Man beruft sich auf eine Passage in dem Gesetz, das als Folge der verbotenen Vernehmungsmethoden nicht nur das Verwertungsverbot regelt, sondern auch statuiert: »Aussagen, die unter Verletzung dieses Verbots zustande gekommen sind, dürfen auch dann nicht verwertet werden, wenn der Beschuldigte der Verwertung zustimmt.« Dahinter steckt unausgesprochen eine gute Absicht: Wenn die Polizei einen Verdächtigen auf verbotene Weise malträtiert und zur Aussage gebracht hat, soll sie ihn nicht noch einmal malträtieren, damit er den Verzicht auf das Verwertungsverbot unterschreibt.

Muss man das aber auch gelten lassen, wenn der Beschuldigte sich gar nicht anders als durch die Verwertung seiner Aussage effektiv verteidigen kann? Gilt das Verbot überhaupt, wenn die Aussage zur Entlastung beitragen kann? Dürfte der Beschuldigte auch teilweise disponieren, also verlangen, dass Günstiges verwertet wird und Ungünstiges ausgeblendet bleibt? Oder muss ihm nicht wenigstens gestattet sein, die Verwertung insgesamt – nicht nur der herausgepickten Rosinen – zu verlangen? Was rechtfertigt es denn, in einem Strafverfahren das Recht auf informationelle Selbstbestimmung ganz und gar zu negieren? Es sind ja schließlich Informationen (Aussagen) des Beschuldigten selbst, um die es geht.

All das ist noch nicht geklärt. Und es ist noch nicht alles.

Die Früchte des vergifteten Baumes

In Deutschland darf man sie genießen, ohne dass der Prozess in Siechtum und Tod verfällt, in den USA nicht.

Ende der Dreißigerjahre hob das Oberste Gericht der USA eine Verurteilung wegen Alkoholschmuggels auf, weil man dem Angeklagten nur durch eine illegale Telefonüberwachung auf die Schliche gekommen war. Die Staatsanwaltschaft erhob nun Anklage wegen des Steuerbetrugs, den Schmuggler zu begehen pflegen. Ein anderes Delikt auf der Basis anderer Tatsachen und Beweise – das Gericht verurteilte ihn. Wieder kassierte das Oberste Gericht in einem Grundsatzurteil von 1939 die Verurteilung, nun mit der Begründung, dass dieses zweite Verfahren *fruit of the poisonous tree* gewesen sei.

Diese biblisch anmutende Formulierung – oft wird sie ja assoziativ falsch mit »verbotenem Baum« übersetzt – stammt von Felix Frankfurter, der damals, 1939, gerade zum Richter am Obersten Gericht ernannt worden war (und das bis 1962 blieb). Seine Eltern waren 1896, als er vierzehn Jahre alt war, aus Wien ausgewandert. Er absolvierte Harvard als einer der Besten, die es je gegeben hatte, und wurde Anwalt. Zusammen mit Roscoe Pound, einem Pionier der Rechtssoziologie, untersuchte er in jungen Jahren die Berichterstattung über Kriminalfälle in Cleveland. In nur einem Monat (Januar 1919) war sie auf das Siebenfache gestiegen, während die Polizei nur 5 Prozent mehr Fälle registriert hatte. Die Leute ängstigten sich vor einer gefühlten Epidemie von Kriminalität, Polizei und Justiz griffen, energisch dazu aufgefordert, wesentlich härter durch als je zuvor. Politiker wollen ja wiedergewählt werden. Von denen übrigens argwöhnte Frankfurter nach weiteren Studien, dass die wahren Herrscher in Washington unsichtbar seien und ihre Macht hinter den Kulissen ausüben würden. Rechtsgeschichte hat er damit nicht schreiben können. Seine Metapher von den Früchten des vergifteten Baumes aber ist berühmt bis heute.

Sie setzt sich leider auch in den Köpfen deutscher Jurastudenten fest, obwohl es hierzulande doch ganz anders ist. Wie sähe denn der Ausgangsfall bei uns heute aus? Schmuggel ist im Katalog der Delikte, derentwegen man die Telekommunikation überwachen darf, nicht enthalten (es sei denn, er würde, was ja oft der Fall ist, gewerbsmäßig oder von einer Bande begangen). Wenn die Polizei bei einem »einfachen« Schmuggel abhört, ist das also eine rechtswidrige Maßnahme. Die Protokolle dieser Gespräche dürfen nicht als Beweismittel verwertet werden. Dieses Beweisverbot hat aber keine »Fernwirkung«; sie vergiftet andere Beweise nicht, die man sich jetzt verschaffen kann. Das Wissen um den Schmuggel ist durch das Gespräch nicht zu beweisen, führt aber zu einem Anfangsverdacht der Steuerhinterziehung (insofern ist die »Fernwirkung« eigentlich, bezogen auf den neuen Verdacht, eine »Frühwirkung«). Wenn der Schmuggler in dem Gespräch erzählt hat, wo das Zwischenlager seiner Ware ist, schlägt man da auf: Durchsuchung, Beschlagnahme, neue Beweise, die nach deutscher Auffassung nicht kontaminiert sind.

Ein anderes Beispiel: Der auf verbotene Weise gequälte Beschuldigte sagt, wo er die Leiche vergraben hat, gleich hinter der alten Scheune unten am Fluss. Sie wird exhumiert, die Kugel im Kopf stammt aus der Pistole des Verdächtigen, Faserspuren seiner Kleidung werden beim Opfer gefunden. Es ist wieder das Gleiche: Eine unverwertbare Aussage, die aber keine Fernwirkung hat und deshalb der Verwertung der neuen Beweise nicht entgegensteht.

Diese Rechtsauffassung ist heftig umstritten. Es ist so ähnlich wie bei den Zeugen vom Hörensagen: Der Europäische Gerichtshof für Menschenrechte ist strenger als die in Deutschland herrschende Auffassung; viele Strafrechtler hierzulande sind ganz energisch für eine Fernwirkung; vielfach wird aber auch wieder eine Abwägung der Interessen empfohlen.

Nun würde man ja doch gerne nicht nur die Spuren, sondern auch die Aussage selbst verwerten. Das ist machbar, weil das

Verwertungsverbot keine »Fortwirkung« hat. Wenn man sich den Beschuldigten also noch einmal vorknöpft, ihn darüber belehrt, dass seine Aussage wegen des Fehlers bei der ersten Vernehmung nicht verwertbar sei und er natürlich auch weiterhin keine Angaben machen müsse, sich es aber überlegen solle, ob er nicht doch noch zu einer nun »unbelasteten« Aussage bereit sei, es könne ja sein Schaden nicht sein … Diesen Weg darf man in Deutschland beschreiten.

Auch in den Vereinigten Staaten hat man sich Routen ausgedacht, die »eigentlich« Unbrauchbares doch verwertbar machen und kontaminierte Beweise entgiften. Es genügt, wenn man den sauberen Weg hätte gehen können, die *hypothetical clean path doctrine*. »Ach, hinter der alten Scheune unten am Fluss haben Sie die Leiche vergraben? Genau dieses Gebiet wollten wir morgen mit einer Hundertschaft Polizei und Spürhunden absuchen; da hätten wir sie auch gefunden.«

Und wie konkret muss das sein? Das weiß niemand so genau. Auch für das deutsche Recht muss man klären, wann das Argument vom »hypothetisch sauberen Weg« anwendbar ist. Es ist zum Beispiel nicht besonders schwer oder umständlich, vom Richter einen Beschluss zu erhalten, mit dem Durchsuchung und Beschlagnahme angeordnet werden. Wenn das der Polizei aber zu lästig ist und sie von ihrer »Notkompetenz« Gebrauch macht, obwohl Zeit genug und keine Gefahr im Verzug war, dann soll sie nicht sagen dürfen: »Na ja, den richterlichen Beschluss hätten wir allemal gekriegt.« Eine bewusste Umgehung des Richtervorbehalts, der den Sinn richterlicher Kontrolle von Zwangsmaßnahmen hat, darf man ihr nicht durchgehen lassen.

Der Gedanke, Beweisverbote sollten auch generalpräventiv wirken und die Strafverfolgungsbehörden daran hindern, nutzlose (weil unverwertbare) Beweiserhebungen durchzuführen, ist eben nicht so falsch, gilt allerdings in Deutschland nicht viel – Beweisverbote dienen nach offizieller Lesart vielmehr der Rechtsstaatlichkeit des Verfahrens. Ich kann nicht erklären, was den Unterschied ausmacht, weil ich ihn nicht sehe.

Faule Früchte

Die Strafprozessordnung regelt, welche Beweise erhoben werden dürfen und auf welche Weise das zu geschehen hat. Diese Vorschriften binden aber nur die staatlichen Organe der Strafverfolgung. An Private wenden sie sich nicht. Sie gelten insbesondere nicht für das Opfer, das die Verfolgung der Tat selbst organisiert. Na, da nimmt man sich eben einen Privatdetektiv, der sich nicht an die lästigen Grenzen der staatlichen Eingriffsbefugnisse und diese kleinlichen Vorschriften über verbotene Vernehmungsmethoden halten muss, sondern den Verdächtigen schon mal so lange mit dem Kopf an die Wand haut, bis der gesteht – also, geht doch! Kostet zwar was, aber beim Staat, wo man nichts für Ermittlungen zahlen muss, ist es eben umsonst in jeder Hinsicht, der kriegt ja nichts raus, wegen Rechtsstaat und so.

Und das Schönste daran ist, dass man erprügelte Aussagen auch noch verwerten darf. Ein Verwertungsverbot soll aus rechtswidrigen Maßnahmen von Privaten nämlich nur und erst dann entstehen, wenn die in extremer Weise menschenrechtswidrig waren.

Noch einmal von vorn, Wort für Wort: Schlicht rechtswidrig reicht für ein Verwertungsverbot nicht, einfach nur menschenrechtswidrig auch nicht, »extrem« menschenrechtswidrig muss es schon sein. Schwer verständlich, und das Nachschlagen im Kommentar behebt die Zweifel auch nicht. »Einkerkerung« soll extrem menschenrechtswidrig sein. Was heißt das – drei Tage im dunklen Keller bei Wasser und Brot oder eine Woche in der Garage, aber mit Fernsehen, Tiefkühlkost und Mikrowelle? Wo die UN humanitär eingreift und Flüchtlinge notdürftig unterbringt, die schlecht versorgt sind in jeder Hinsicht, aber immerhin überlebt haben, setzt sie da eine Messlatte für »menschenrechtsgemäß«? Dann wäre ja gegen eine geheizte Garage nichts einzuwenden …

Folter ist sicher auch menschenrechtswidrig. Es gibt aber in Sophistik und Rabulistik geübte ausländische Amtsträger, die davon überzeugt sind, einen Unterschied zu sogenannten »verschärften Verhörmethoden« glauben machen zu können (um es mit verschärften linguistischen Mitteln zu verklausulieren). Und wann fängt nach westlichen Maßstäben die »extreme« Menschenrechtswidrigkeit von Peitschenhieben an, bei Staaten, die dergleichen in ihren Gesetzen vorsehen? Na ja, bei zehn offenbar nicht, wenn der weltweite Aufschrei erst bei tausend orientalischen Stockschlägen hörbar wird. Da darf man doch wohl, ganz privat, den Verdächtigen zwei Tage in den Keller sperren und ihm dort zwanzigmal den Arsch versohlen, bis die Schwarte kracht, oder?

»Darf man«, war die Frage soeben – eine rhetorische Frage. Sie war in prozessualem Zusammenhang gestellt. Man »darf« im Prozess verwerten, was bei diesen privaten Eingriffen herauskommt. Das waren aber nicht Eingriffe, sondern Übergriffe. Man »darf« eben nicht jemanden einsperren, wo und wie lange auch immer. Strafrechtlich ist und bleibt das eine Freiheitsberaubung, die verboten ist und strafbar bleibt. Der Privatdetektiv, der den Verdächtigen mit dem Kopf an die Wand haut oder auf den Kotflügel dengelt, begeht eine verschärft strafbare Körperverletzung. Er wird sich zweimal überlegen, ob es das Geld wert ist, das man ihm zahlt, wenn er auf diese Art Beweise besorgt, die zwar prozessual verwertbar sind, ihn aber die Lizenz kosten. Einer dieser Zunft, der seine Möglichkeiten kennt und Grenzen einzuhalten weiß, fragt mich manchmal, wenn ich ihn etwas frage: »Wollen Sie es nur wissen, oder muss es gerichtsfest sein?«

Man soll also auch hierzulande leben müssen mit der rechtlichen Schizophrenie, die darin besteht, dass eine strafbare Handlung von Privaten den Staat nicht daran hindert, so gewonnene Beweise achselzuckend ungerührt als ganz legal in den Prozess einzuführen.

Das hat natürlich Grenzen. »Natürlich« sind sie natürlich nicht, wie stets, wenn Juristen dieses Wort verwenden, sondern rechtlich. Abgesehen von jenen extrem menschenrechtswidrig gewonnenen Beweisen – die ja eben nicht »gewonnen« sind, sondern verloren – darf der Staat auf die nützliche Vorarbeit von Privatleuten zurückgreifen. In zwei Situationen ist das eindeutig nicht der Fall.

Die erste: Wenn man Polizeifunktionen privatisiert, erweitert man nicht den Handlungsspielraum. Neue Klamotten schaffen nicht neue Befugnisse.

Die zweite: Der Beschuldigte sitzt in U-Haft. Wenn er ausgesagt hätte, wäre er wohl in Freiheit geblieben. Schweigen ist erlaubt und also (eigentlich) kein Haftgrund. Der aber ist nicht so schwer darstellbar. Bis die in den Haftbefehl geschriebenen Begründungen »Fluchtgefahr« oder »Verdunkelungsgefahr« von den Rechtsmittelinstanzen als nicht haltbar disqualifiziert sind, falls sie es je werden, vergeht viel Zeit. Und die kann man nutzen. Horchen wir ihn doch aus, den Häftling. Wir legen ihm einen auf die Zelle, einen Polizisten in Zivil (das ist eher die »Tatort«-Variante) oder einen Knacki, dem man alles Mögliche versprochen hat, falls er das »Zielobjekt« zum Reden bringt. Der Staat muss nicht »mit offenem Visier« auftreten (meint der Bundesgerichtshof). Er darf eine Tarnkappe tragen. Aber Fallen stellen darf er nicht.

Was er sonst noch darf, wenn er sich strafbare Handlungen seiner Bürger zunutze machen will, ist heftig umstritten.

Räuber und Gendarm

In Hitchcocks Klassiker *Das Fenster zum Hof* sitzt der Held (James Stewart), ein Journalist, am Fenster, weil ihm mit gebrochenem Bein nichts anderes übrigbleibt, und beobachtet das

Leben der Leute von gegenüber. Ein Mann im zweiten Stock benimmt sich merkwürdig. Offenbar bereitet er eilends eine Reise, vielleicht sogar seinen Auszug vor. Er räumt einiges zusammen. Seine Frau ist auf einmal wie verschwunden. Unter den Koffern ist einer so groß, dass man eine Leiche darin unterbringen könnte.

J. S. kommt das alles höchst verdächtig vor. Er ruft die Polizei an. Sie schickt bei dem Mann eine Streife vorbei, die aber achselzuckend wieder abzieht. Die energische Freundin unseres investigativen Journalisten (Grace Kelly) nutzt einen Moment, in dem der Typ die Wohnung verlassen hat, schleicht sich ein, sucht und findet den Ehering der Frau, nimmt ihn an sich und kann sich gerade noch retten. Dass dieser gestohlene Ring später als Beweis gegen den Mörder benutzt wird, finden alle toll.

Warum haben sich dann so viele darüber aufgeregt, dass die deutschen Steuerbehörden gestohlene Daten von geheimen Konten in Liechtenstein (und der Schweiz) als Beweis der Steuerhinterziehung verwendet haben? Die Angst davor, selbst aufzufliegen, wird es nicht gewesen sein. Abscheu hat erregt, dass Geld im Spiel war. Man muss ja nur eine Variante des Films bilden und sich vorstellen, dass die Freundin zur Polizei geht und fragt, wie viel sie kriegt (Geld, nicht Strafe), wenn sie den Ring hergibt, den sie gestohlen und gut versteckt hat. Dann wäre die engelsgleiche Grace Kelly allerdings eine grandiose Fehlbesetzung gewesen.

Und so ist es eben in den CD-Fällen auch: Die Daten sind nicht vom Himmel gefallen. Sie haben Millionen gekostet. Gewiss, sie haben viele Millionen mehr wieder »eingespielt«. Aber dieses Argument trägt nicht weit. Ganz abgesehen davon, dass man den Rechtsstaat nicht entfesseln und in ein Wirtschaftsunternehmen umdefinieren sollte, kommt es darauf an, wer den Deal eingefädelt hat. Kam der Dieb daher und hat die Daten angeboten, darf sie der Staat kaufen und verwerten. Dieses Geschäft hat den Segen des Bundesverfassungsgerichts erhalten. Ganz anders stellt sich die Sache dar, wenn der Staat nachgefragt und dazu aufgefordert hat, die Daten zu beschaffen. Beweise, die sich Private kriminell verschafft haben, darf der Staat nicht verwerten, wenn er diese Aktionen initiiert oder inszeniert hat (»angestupst« nennt das, ach, wie süß, die neuere Lehre von einer legalen gesellschaftlichen Verhaltenssteuerung, als ob es darum ginge, dass ein niedlicher kleiner Hund mit seiner feuchten Schnauze um Futter bettelt).

In der sogenannten Liechtensteiner Steueraffäre war es der Bundesnachrichtendienst, der die Daten heimlich angekauft hatte. Wie es dazu gekommen war, hat sich nie klären lassen. Das ist nun auch wieder irgendwie beruhigend. Wenn man einem Geheimdienst nachweisen könnte, dass er jemanden angestupst und zum Klauen im Ausland angestiftet hätte, müsste man ihn wohl wegen Unfähigkeit liquidieren.

Da wäre noch ein nicht aufgelöster Unterschied zwischen dem Hinterhof-Fall und dem CD-Fall, der sich im Hinterzimmer des Rechtsstaats abspielt. Im Film war Geld nicht im Spiel. Aber Geld allein macht nicht unglücklich. Wenn die Frau mit dem Ring zur Polizei gegangen und gesagt hätte, dass sie da ein wichtiges Beweismittel verkaufen könnte, dann wäre sie darüber belehrt worden, dass sie es herausgeben müsse, als staatsbürgerliche Pflicht, für deren Erfüllung nichts bezahlt werde. Sie denkt nicht daran? Dann kommt sie in Beugehaft, bis sie redet. Die ist zwar begrenzt auf sechs Monate, aber in dieser Zeit wird man schon fündig werden.

Der Staat hätte Mittel und Wege gehabt, das ebenso privat wie kriminell beschaffte Beweismittel auch offiziell und legal zu erlangen. Wenn diese Zeugin den Ring in der Wohnung geklaut hat, dann wäre er auch bei einer gründlichen Durchsuchung durch die Polizei gefunden worden. Umgekehrt jedoch: Die CD mit den Daten der Steuerdaten hätte sich der deutsche Staat durch eigene Aktivitäten nie und nimmer beschaffen können, es sei denn, total illegal.

Das ist ein gutes Kriterium dafür, wie man von Privaten auf

strafbare Weise erlangte Beweismittel etikettieren sollte: verwertbar dann, wenn der Staat sie sich auch legal hätte beschaffen können. Diese Rechtsmeinung ist (mir) sehr sympathisch. Herrschend ist sie nicht, noch nicht. Was Wahrheit mit Herrschaft zu tun hat, werden wir noch thematisieren müssen.

Zunächst geht es um Räuber und Gendarm. Wer ist der eine, wer der andere? Das muss unterscheidbar bleiben, immer und in jedem Augenblick. Der Staat darf seine moralische Überlegenheit nicht verspielen. Sie gründet sich auf die Distanz zum Verbrechen. Und diese Distanz sollte sichtbar bleiben. Wie anders kann er seine Befugnisse zu scharfen Eingriffen rechtfertigen? Wie anders soll er plausibel machen können, dass er – und nur er – das Gewaltmonopol hat?

Wer den weißen Hut aufhat und wer den schwarzen, das muss klar sein. In der Nacht sind alle Katzen grau. Also darf sich der Rechtsstaat nicht ins Zwielicht oder gar ins Dunkel begeben.

Kapitel 13:

In dubio pro reo

Im Zweifel zugunsten des Angeklagten: Lässt sich die Wahrheit nicht mit Gewissheit finden, soll der Angeklagte darunter nicht leiden. *In dubio pro reo* klingt schon fast wie eine Ode an die süße Freude über eine Wohltat, die ein Rechtsstaat gewährt. Vergessen Sie es.

Die Zweifel bleiben

Die Regel *in dubio pro reo* bewirkt am Ende sehr wenig, überdies nichts, was nicht ohnehin gelten würde, und sie hilft nicht gegen fürchterliche Richter. Aber es macht natürlich etwas her, sie zu zitieren. So alt und ehrwürdig! Wie alt, weiß man nicht. Aristoteles, sagen manche; schon die alten Römer, meinen viele; sicher ist nur, dass sie nicht Moses in Stein gemeißelt vom Berg heruntergetragen hat.

In jedem Prozessrecht, zu welchen Zeiten und auf welchen Kontinenten auch immer, muss es eine Regel darüber geben, wie zu entscheiden ist, wenn etwas nicht bewiesen werden kann. Der eine sagt: »Ich will die Sache wiederhaben, denn ich bin der wahre Eigentümer!« Der andere hält dagegen, dass er sie gutgläubig erworben habe. Muss er beweisen, dass er in gutem Glauben war, oder der andere, dass nicht? Und was ist, wenn sich das nicht klären lässt?

Das sind zwei Fragen unter derselben Überschrift: »Beweislast«. Wer muss den Beweis führen?, lautet die Frage nach der

Beweisführungslast (oder auch subjektiven Beweislast). Und zu wessen Nachteil geht die Sache aus, wenn der Beweis scheitert (objektive Beweislast)?

Beide Fragen stellen sich im Strafrecht nicht – angeblich. Noch immer gibt es Rechtsordnungen, die den »Anschuldigungsbeweis«, zu führen von der Verfolgungsbehörde, unterscheiden vom »Entschuldigungsbeweis«, der Sache des Angeklagten ist: Wer sich auf Notwehr berufen will, zum Beispiel, muss sie ebenso beweisen wie alles, was zu seinen Gunsten spricht. Das ist anderswo geltendes Recht, und das hat es bis zum Ende des 19. Jahrhunderts in Deutschland auch gegeben.

Heutzutage ist klar, dass der Beschuldigte nicht aktiv werden, also auch nicht Beweis führen muss. Wir hatten es allerdings schon mit Situationen zu tun, in denen seine Untätigkeit am Ende doch zu seinen Lasten ging (wie etwa bei dem Arzt, der nicht sagt, dass er mit der überhöhten Geschwindigkeit zu einem sterbenden Patienten unterwegs war). Der Beschuldigte darf dem Staat jeden Beweis für alles schuldig bleiben, weil er eben nichts schuldet, muss aber akzeptieren, dass sich das »Selber schuld«-Argument gegen ihn richtet.

Eine objektive Beweislast gibt es im Strafrecht sicher nicht. Kann etwas nicht bewiesen werden, auf das es ankommt, darf man nicht verurteilen. Die Beweislast trägt immer der Staat. Damit ist das Unaussprechliche ausgesprochen. Ein Freispruch, weil Zweifel bleiben, ist doch, Gott bewahre, keine »Last« für den Staat! Das will die offizielle Diktion unter keinen Umständen hören oder lesen. Sie verkündet daher, ohne dass sich in der Sache etwas ändert, aus sprachlich kosmetischen Gründen, dass es sich bei *in dubio pro reo* um eine »Entscheidungsregel« handle. Bitte sehr.

Sie ergibt sich schon aus dem Schuldprinzip des Grundgesetzes, ganz ohne lateinische Reminiszenzen und Bildungsfloskeln. »Keine Strafe ohne Schuld«, dekretiert die Verfassung. Und das heißt, prozessual gewendet, ohne festgestellte Schuld. »Der Angeklagte ist es ziemlich wahrscheinlich gewesen und wird deshalb zum Tod durch den Strang verurteilt« – ein Schwachsinn, der auch nicht erträglicher würde, wenn man die Todesstrafe durch »lebenslänglich« oder tausend Euro Geldstrafe ersetzte.

In dubio pro reo ist, jenseits aller Zweifel über den Ursprung und ihre Tragweite, keine Regel, die Zweifel ausräumt. Sie lässt sie vielmehr bestehen und sagt nur, dass man sie bei der Entscheidung nicht gegen den Beschuldigten wenden darf, sondern zu seinen Gunsten wirken lassen muss.

Wenn also der Angeklagte sagt: »Ich war, als der Brand in meinem Bauernhof ausgebrochen ist, nicht zu Hause, sondern im Gasthof Neuwirt«, darf man nicht in das Urteil schreiben: »Zu seinen Gunsten ist als wahr anzunehmen, dass er im Gasthaus war.« *In dubio pro reo* zwingt nicht zu fiktiven Annahmen über den Sachverhalt. Wenn man die Wahrheit nicht finden kann, wird sie nicht konstruiert. Der Zweifelssatz verhindert nur, dass nachteilige Rechtsfolgen eintreten. Der Zweifel bleibt.

Das Beispiel ist nicht so simpel, wie es scheint. Selbst der BGH hatte seine Probleme damit. Es handelt ja von einem Indiz. Der Alibibeweis, wenn er glückt, schließt nicht zwingend die Täterschaft aus. Zwar kann kein Mensch an zwei Orten zugleich sein, aber als Brandstifter muss man ja auch nicht vor Ort sein. Veraltete ländliche Methoden bestanden darin, eine Kerze ins Heu der Scheune zu stellen und angeblich zum Einkaufen in die Stadt zu fahren, was die Brandfahnder nicht täuschen konnte, wenn man zum Zwecke der Verzögerung die Kerze auf Omas Zinnteller gestellt hatte. Die Widerlegung von »Ich war in der Stadt« – Zeugen haben den Bauern auf dem Feld gesehen – besagt für sich allein nichts. Ein gescheitertes Alibi ist kein Schuldbeweis. Der Zinnteller ist es.

Bei Indizien darf man nicht jedes isoliert nach dem Zweifelssatz behandeln. Erst wenn, nachdem alle Indizien zusammengenommen und gewürdigt sind, in der Gesamtschau des Falles noch Zweifel bleiben, ist es angesagt, auf *in dubio pro reo* zurückzugreifen.

Jenseits vernünftiger Zweifel

Alle vernünftigen Zweifel muss das Gericht überwunden haben, damit es ruhigen Gewissens feststellen kann, von einem Geschehen überzeugt zu sein. Absolute Sicherheit gibt es nicht – es kann immer anders sein. Im »Zweifel« steckt schon etymologisch die Zwei als Alternative, wie auch im »Zwiespalt«. Aber allein dieser Gedanke an, wie die Juristen sagen, andere »abstrakt-theoretische« Möglichkeiten und Varianten darf einen nicht an der Entscheidung hindern. Polonius meint im *Hamlet*, dass man sogar anzweifeln könne, ob die Wahrheit nicht eine Lügnerin sei *(»Doubt truth to be a liar«)*. Dass es »praktisch« nicht anders gewesen sein kann, das macht die Überzeugung aus.

Das ist pragmatisch gedacht, zugegeben. Darin liegt aber nicht eine Schwäche des prozessualen Wahrheitsbegriffs, die man dem Recht zum Vorwurf machen könnte, sondern eine Stärke, die es möglich macht, gesellschaftlich wirksam zu werden. Der amerikanische Philosoph Charles S. Peirce hat im 19. Jahrhundert den Pragmatismus begründet, später dann diesem »Kind den Abschiedskuss gegeben«, wie er sagte, und gebeten, die Geburt des »Pragmatizismus« zur Kenntnis zu nehmen. Dieses Wort sei abstoßend genug, um gekidnappt zu werden. Das nämlich sei geschehen, als sich die Nützlichkeitsphilosophie des Pragmatismus bemächtigt und die Wahrheit dem Relativismus ausgeliefert habe.

Sein ursprünglicher Weggenosse William James, der auch als Begründer der Psychologie in Amerika gilt, maß alles am *cash value* (was bei ironisch-tiefenpsychologischer Deutung damit zu tun haben könnte, dass er im »Waldorf Astoria« zur Welt kam). »Wahr ist etwas«, so lehrte er, »wenn es für uns nützlich ist, daran zu glauben.«

Das fand Peirce zu schwach. Er ging davon aus, dass Wahrheit die Übereinstimmung mit der Wirklichkeit sei – sicherlich noch heute für die meisten von uns die beste Definition von Wahrheit (viele weitere »Wahrheitstheorien« in einem so betitelten Sammelband, den Skirbekk 1977 herausgegeben hat). Was aber heißt das »praktisch«? Die Vorstellung der Wahrheit als eines Abbildes der Wirklichkeit ist ja nur ein theoretisches Konstrukt im Kopf eines Denkers. Es geht also im Pragmatismus um die Wahrheit von Vorstellungen. Wahr sind solche, »die wir uns aneignen, die wir geltend machen, in Kraft setzen und verifizieren können. Falsche Vorstellungen sind solche, bei denen dies alles nicht möglich ist.«

Wir wollen den Kampf gegen die Zweifel gewinnen und uns festlegen. Aber doch wohl nicht auf irgendeine Ansicht, sondern auf die Wahrheit? Pierce reduziert diese Hoffnung auf pragmatische Weise: Sobald eine sichere Überzeugung erreicht ist, »sind wir gänzlich zufrieden, ob die Überzeugung nun wahr ist oder nicht«. Denn ob sie »wirklich« wahr ist, können wir nicht wissen. Das Gericht ist nicht dabei gewesen.

Diesseits des Zweifels

Hat das Gericht den schwankenden Boden nicht verlassen, die Brücke zum sicheren Ufer der Überzeugung nicht beschreiten und den Kampf mit den Zweifeln nicht beenden können, so muss es die dem Angeklagten günstige Rechtsfolge aussprechen, in aller Regel also einen Freispruch verkünden.

Das war der letzte »schöne« Satz zur Maxime *in dubio pro reo*. Nun beginnt seine Demontage: Was aus der Ferne des Publikums wie eine Festung des Rechtsstaats aussieht, ist, wie die Regisseure des Strafrechts wissen, eine Filmkulisse.

Der Grundsatz *in dubio pro reo* sagt, was zu geschehen hat, wenn das Gericht »im« Zweifel ist. Er schreibt aber nicht vor, *wann* das Gericht zweifeln sollte. Damit ist er wirkungslos. Gegen fürchterliche Richter, die es anderswo geben soll, ist er machtlos. Das Urteil eines Richters, den Zweifel nicht angefochten haben, kann man auch nicht anfechten – es sei denn, er war nicht nur skrupellos, sondern auch dumm. Ein revisibler Verstoß gegen die hehre Maxime liegt nämlich nur vor, wenn er sich aus den Urteilsgründen ergibt. Da müsste also stehen: »Das Gericht hat Zweifel, ob es der Angeklagte war, traut es ihm aber zu und hält ihn ohnehin für ein Schwein« – oder so.

Der letzte verzweifelte Versuch des Angeklagten, der sich an den BGH gewandt hat: »Aber, hohes Gericht, der Vorsitzende Richter hat doch in der Verhandlung selbst durchblicken lassen, dass die Strafkammer Zweifel an der Schuld hat!«

Antwort: »Mag sein, aber die Kammer hat diese Zweifel in der Urteilsbegründung noch nicht einmal durchscheinen lassen, geschweige denn ausgedrückt.« Das war's dann.

Ihr, die ihr in den Geltungsbereich von *in dubio pro reo* eintretet, lasst alle Hoffnung fahren. Denn dieser Geltungsbereich ist eng begrenzt.

Er gilt nur für Tatfragen, nicht für Rechtsprobleme. Machen Studenten immer wieder gerne: Der Sachverhalt ist in der Klausur eindeutig beschrieben und steht unverrückbar fest; dann wird gezögert und gejammert – »Ich habe Zweifel, ob es ein Mord ist, und nehme deshalb *in dubio pro reo* den milderen Totschlag an« –, was für den Korrektor der Klausur allerdings ein Totschlagargument ist.

In dubio pro reo gilt dort nicht, wo der Zweifel Grundlage der Entscheidung ist, wie bei Prognose-Entscheidungen, die nach Karl Valentin vor allem deshalb unsicher sind, weil sie mit der Zukunft zu tun haben. Kein Sachverständiger würde sagen: »Ich habe Zweifel, ob es verantwortet werden kann, diesen gefährlichen Menschen in die Freiheit zu entlassen, und nehme zu seinen Gunsten an, dass man das darf« – der Unsinn entlarvt sich durch seine Formulierung.

In dubio pro reo ist im Prozessrecht nicht anwendbar, sagt die herrschende Ansicht. Da kann man selten *pro reo* entscheiden, weil man meist nicht weiß, was denn *pro* wäre. Nehmen wir an, dass eine Durchsuchung der Wohnung eines Beschuldigten in ihren Voraussetzungen zweifelhaft geblieben ist. Wenn man dabei aber nichts gefunden hat, wäre es dann *pro*, also günstig für ihn, dieses Ergebnis für unverwertbar zu halten?

Und ob in einem Wiederaufnahmeverfahren *in dubio pro reo* gilt, wenn einer, der sich zu Unrecht verurteilt fühlt, neue, aber zweifelhafte Beweise vorbringt, greifen wir später noch auf.

Eines ist jetzt schon klar: *Pro reo*, das mag der Staat irgendwie nicht. Nur wenn es sein muss.

Zwei halbe Wahrheiten

Oder auch: Minus mal minus macht plus. Muss es denn sein, *in dubio pro reo* anzuwenden, wenn man dem Täter eine bestimmte Straftat nicht nachweisen, andererseits aber sicher sein kann, dass er eine begangen hat, entweder die oder eine andere?

Die Verurteilung wegen »entweder – oder« wird von deutschen Gerichten (noch) für zulässig gehalten. Da gibt es zwei Fallvarianten. Die erste, die »gleichartige Wahlfeststellung«, ist harmlos: Es steht fest, dass ein bestimmtes Delikt begangen wurde, man weiß aber nicht genau, wann oder wie. Ein Sportler fährt seinen Boliden aus, ohne einen Führerschein zu haben. Der Tankwart behauptet, ihn am Montag gesehen zu haben; der Nobelitaliener schwört Stein und Bein, dass es am Mittwochabend war. Dann wird ihm eben Fahren ohne Fahrerlaubnis in der Woche vom – bis vorgeworfen. Oder der Zeuge hat vor dem Amtsgericht »Hü« gesagt und in der Berufungsinstanz »Hott«, bleibt aber stur und berichtigt keine der beiden Aussagen, von denen nur eine der Wahrheit entsprechen kann. Dann wird er verurteilt, weil er entweder da oder dort gelogen hat. Solche Zweifel zwingen nicht dazu, *in dubio pro reo* anzuwenden.

Problematisch wird das, wenn eine »ungleichartige« Wahlfeststellung stattfinden soll, bei der die Alternativen nicht nur im Sachverhalt, sondern in den jeweils passenden Gesetzen liegen. Bei einem Einbruch sind wertvolle Uhren erbeutet worden. Tage später findet man sie bei einer Durchsuchung in der Wohnung des Verdächtigen. Er hat sie entweder selbst gestohlen oder vom Dieb erworben, so viel ist sicher. Man kann ihm aber weder die eine noch die andere Tat nachweisen. Wegen Diebstahls ist er nicht zu verurteilen, weil man zu seinen Gunsten annehmen muss, dass er es nicht war, und wegen Hehlerei aus dem gleichen Grunde auch nicht. Zwei Mal *in dubio pro reo*, zugunsten eines Gauners, von dem man überzeugt ist, dass er die eine oder die andere Tat begangen hat, und es nicht anders gewesen sein kann? Da hat schon 1934 das Reichsgericht, damals die höchste Instanz, auf den Tisch gehauen und die Wahlfeststellung zugelassen. Die Taten seien »rechtsethisch und psychologisch vergleichbar« (was die Richter verneinten, als es – zu jenen Zeiten, da sich Schwangere noch wegen Abtreibung strafbar machen konnten – um einen Typen ging, der den Frauen weißes Pulver als Abtreibungsmittel verkauft hatte, das vielleicht wirkungslos war, vielleicht auch nicht, sodass er entweder an der Abtreibung beteiligt oder ein Betrüger war, was aber »rechtsethisch und psychologisch« weit auseinander liegt).

Ab 1935 war diese Art der Wahlfeststellung sogar gesetzlich geregelt und vorgeschrieben. Da darf man sich etwas denken. Ich bin in Coburg geboren und war immer ein wenig stolz darauf, dass der Gründer meiner Schule, Herzog Ernst II., bei den anderen deutschen Groß- und Kleinfürsten so unbeliebt war, weil er in seinem Herzogtum schon Mitte des 19. Jahrhunderts unerhörte Freiheiten gewährte. Zu Hause sehr früh und später in dieser Schule habe ich allerdings auch gelernt, dass Coburg ab 1922 eine Hochburg des Nationalsozialismus war, 1929 den ersten von Nazis beherrschten Stadtrat Deutschlands hatte und als erste deutsche Stadt 1932 Hitler zum Ehrenbürger machte. Das sensibilisiert. Unser Mathelehrer zwang seinen Sohn, der mein Klassenkamerad war (»Kamerad«!), seine tausendjährigunzerstörbaren braunen Hemden aufzutragen. Die hübsche schwarzhaarige Frau des frankophilen Deutschlehrers wusste sich aus einer Fahne, nachdem sie den weißen Kreis mit dem Hakenkreuz herausgetrennt hatte, eine rote Dirndlschürze zu nähen. Das konnte man doch alles noch gut gebrauchen – wie auch so einige Gedanken im Strafrecht.

»Rechtsethisch und psychologisch vergleichbar« heißt doch: Es ist anders, aber ähnlich. Nun gilt im Strafrecht seit 1871, mit der Ausnahme jener braunen Jahre, ein strenges Gesetzlichkeitsprinzip. Was nicht geregelt ist, kann Strafe nicht begründen, und der Analogieschluss von einem Gesetz auf einen nicht erfassten, nur »ähnlichen« Fall ist verboten. (Wenn ich einen Usurpator strafrechtlich beraten sollte, der einen Rechtsstaat gekapert hat und ihn terroristisch umgestalten möchte, würde ich ihm empfehlen, das schon existierende Strafgesetzbuch, was immer da drin steht, so zu lassen, wie es ist, und nur zwei Verbote aufzuheben: das der rückwirkenden Einführung von Strafgesetzen und das ihrer analogen Anwendung – ab dann kann er so schrecklich sein, wie er will.)

Was machen denn die Juristen anderer Länder in diesen Situationen der Wahlfeststellung? Sie schütteln den Kopf. Ich war einmal Gastprofessor in einem befreundeten Staat, der »rechtsethisch« nun wirklich über jeden Zweifel erhaben ist, habe mich erkundigt, warum es da keine Wahlfeststellung gibt, und zur Antwort bekommen: »Bei uns haben die Richter keine Zweifel.«

So ginge es natürlich auch, aber das war wohl ein Seitenhieb auf die Deutschen, die einerseits so eine betuliche, übermäßig verkünstelte Dogmatik pflegen und andererseits Lücken im Geflecht der Strafbarkeiten nicht hinnehmen wollen. Die Wahlfeststellung ist eine Ausgeburt der Denkweise »Geht nicht gibt's nicht«. Es ist doch ganz einfach: Wenn man nicht weiß, was geschehen ist, kann man eben nicht verurteilen. Im Strafrecht ist es eine Tugend, Ungewissheiten zu ertragen.

So sieht das jetzt auch ein Senat der Bundesgerichtshofs, der bei den anderen Senaten angefragt hat, ob sie wirklich noch an der ungleichartigen Wahlfeststellung festhalten wollen. Das Prinzip der Bestimmtheit des Strafrechts ist wichtiger als das Unbehagen darüber, dass sich ab und zu mal einer durch ein Loch im Grenzzaun des Rechtsstaats zwängt und entkommt.

Kapitel 14:

Deutschland, deine Richter

»Das Gericht ist nicht dabei gewesen und folglich dazu prädestiniert, die Wahrheit herauszufinden.« Diese ironische Bemerkung eines Richters, den ich sehr geschätzt habe, bringt auf den Punkt, was den guten Richter ausmacht: Skepsis und professionelle Distanz, die Einsicht in die Unmöglichkeit, die »wirkliche Wahrheit« zu finden, die ihm aufgebürdete gesellschaftliche Verantwortung, dennoch im Namen des Volkes einen »Wahrspruch« (wie das Urteil früher hieß) in Kraft zu setzen, die Last der Verantwortung. Den Übersprung von der Wahrscheinlichkeit zur Überzeugung zu vollziehen, zu diesem »für wahr Halten« ohne Zweifel, das ist eine normative Aufgabe, eine ethisch anspruchsvolle Leistung. Sie setzt professionelle Distanz voraus. Die lernt man im Jurastudium.

Schöffen und Geschworene

Jeder hat ein Rechtsgefühl, und jeder glaubt, das seine sei auch das einzig richtige. Wäre das so, müsste man nicht Jura studieren. Andererseits argwöhnen viele, dass den Juristen in ihrem Studium der sogenannte gesunde Menschenverstand abhandenkomme, wenn nicht sogar ausgetrieben werde.

Dieses Misstrauen, unter anderem, hat dazu geführt, dass es Laienrichter gibt (von dem, was noch dazukommt, nämlich der in der Französischen Revolution erhobene Anspruch auf Teilhabe an der Macht, war ja schon die Rede).

Die Laienrichter sind bei uns Schöffen, nicht Geschworene. Ein Schwurgericht haben wir auch noch, das stimmt schon. Darin sitzen aber nicht mehr Geschworene, wie in den USA und den entsprechenden Movies. Unser Schwurgericht heißt nur aus Nostalgie noch so. Es ist ein Schöffengericht, nichts anderes.

Der Unterschied ist ebenso einfach wie kompliziert: Die deutschen Schöffen sollen wie die Berufsrichter über das ganze Spektrum des angeklagten Falles urteilen, also die Schuldfrage (welche Tat hat der Angeklagte begangen oder auch nicht?) und die Straffrage (wie soll, wenn er schuldig ist, die Strafe bemessen werden?). Die Geschworenen in den USA haben in manchen Staaten die gleiche umfassende Kompetenz. Typisch für dieses Kollegium aber ist, dass es nur über einen Teil der anstehenden Fragen entscheidet. Und diese »Teilbarkeit« ist genau das Problem.

Versuchen wir es zuerst mit dem Unterschied von Tatfrage und Rechtsfrage. Dazu dient uns ein Fall als Beispiel, der sich in Deutschland zugetragen hat, unglaublich, aber wahr, wie so oft im Strafrecht. »Der Angeklagte, wie sein Onkel türkischer Staatsangehöriger, war fassungslos, weinte vor Verzweiflung und sagte seiner Frau, er werde Rache nehmen.« So beginnt der Sachverhalt einer BGH-Entscheidung in einem der Fälle, die sich ereignen müssen, weil man sie sich nicht ausdenken kann. Der Onkel hatte die Frau seines Neffen vergewaltigt. Als der seinen Verwandten zufällig auf der Straße traf, forderte er ihn auf, seine Schulden bei ihm zu begleichen. Der Onkel herrschte ihn an, dass er verschwinden solle, sonst werde er ihn auch noch »vögeln« (Wortlaut BGH) und töten. Mehr als »zwei Wochen, zwei Tage oder zwei Stunden« habe er nicht mehr zu leben. Die junge Frau hatte bereits drei Selbstmordversuche unternommen. Der Angeklagte entschloss sich zum Äußersten. »Ich werde ihn umbringen«, sagte er ihr, »wenn ich ihn treffe.« Er fand seinen Onkel in einem Lokal beim Kartenspiel und schoss das Magazin leer, vierzehn Schuss oder mehr.

Stellen wir uns nun vor, der Fall hätte sich in den USA ereignet. Für die Freunde der Todesstrafe: Vergast, vergiftet, guillotiniert ihn – es war Mord. Zuvor aber brauchen wir ein Urteil, auch wenn wir ihn »nur« einsperren wollen. Was fragt man denn nun die Geschworenen, wenn sie in den USA über Tatsachen und nur über Tatsachen entscheiden sollen (während deren rechtliche Einordnung dem Richter vorbehalten ist)? Ob er es »gewesen« sei – was denn *gewesen*?

Die Antwort ist uninteressant, weil es die falsche Frage war. Etwas besser wäre die Frage an die Geschworenen, ob er *geschossen* habe. Dafür aber hat man die Zeugen, die Sachverständigen, Indizien, und in diesem konkreten Falle sogar das Geständnis des Angeklagten; nur für die Würdigung aller Beweise für die Tat braucht man wahrlich nicht zwölf Geschworene. Sie sollen, wie jeder weiß, nicht darüber urteilen, ob er »es« gewesen ist oder geschossen hat, sondern ob er *des Mordes schuldig* ist. Und das ist eine Rechtsfrage.

Die Trennung von Tat- und Rechtsfrage macht in unserem Zusammenhang also keinen Sinn. Die Suche nach der potenziellen Teilbarkeit richterlicher Aufgaben endet stattdessen bei der Unterscheidung von Schuld- und Straffrage. Den Geschworenen überantwortet ist die Schuldfrage. Mit der Bemessung der Strafe haben sie (wie gesagt, in vielen Staaten der USA) nichts mehr zu tun. Obwohl sie das vielleicht sogar besser könnten, weil da Lebenserfahrung, Einfühlungsvermögen und andere »Soft Skills« eine größere Rolle spielen als juristisches Fachwissen; dazu später mehr. Bei der Schuldfrage jedenfalls kommt man mit gesundem Menschenverstand nicht weiter.

Hier endet das Laiendasein auf zweifelhafte Weise. In unserem Fall würden die Laienrichter, seien es nun Geschworene anderswo oder Schöffen hierzulande, vielleicht spontan sagen: »Der arme Kerl, na gut, umgebracht hat er seinen Onkel, das Schwein, aber irgendwie ist er doch kein Mörder, ich finde, es war nur Totschlag. Lebenslänglich hat der doch nicht verdient.« Zum zweiten Punkt: Das deutsche Strafgesetz kennt zwar für Mord keine andere Strafe als lebenslänglich, aber der BGH hat für exzeptionelle Fälle wie diesen einen Strafmilderungsgrund erfunden. Erstens aber: Mord ist und bleibt es. Die Unterscheidung von Mord und Totschlag ist schon ganz generell eine überaus knifflige Sache, und dem Richter bleibt nichts anderes übrig, als seinen Laienrichtern vor deren Urteil eine kleine Vorlesung zu halten und sie zu partiellen Mini-Schmalspurjuristen zu machen, seien es nun die Geschworenen in den USA oder die Schöffen bei uns (und wie viele Richter bei dieser Gelegenheit ihre Instruktionen so gestalten, dass herauskommt, was sie für richtig halten, das weiß man nicht). Der gesunde Menschenverstand lässt die Laien natürlich erst recht dort im Stich, wo schon der Gesetzgeber keinen mehr erkennen ließ, wie zum Beispiel bei extrem verschachtelten Fällen im Bereich des internationalen Wirtschafts- und Steuerrechts. Im »Gesetz zur Durchführung der gemeinsamen Marktorganisation der Direktzahlungen« heißt es in Paragraf 35 zum »Geltungsbereich der Straf- und Bußgeldvorschriften der Abgabenordnung«: »Die nach § 12 Abs. 1 Satz 1 der anzuwendenden Straf- und Bußgeldvorschriften der Abgabenordnung sowie auf Zölle für Marktordnungswaren und Ausfuhrabgaben anzuwendenden Straf- und Bußgeldvorschriften der Abgabenordnung gelten, unabhängig von dem Recht des Tatortes, auch für Taten, die außerhalb des Geltungsbereichs dieses Gesetzes begangen werden.« Das leuchtet doch jedem unmittelbar ein, oder?

Geschworene, die wie in Amerika nur über die Schuldfrage entscheiden, gab es in Deutschland früher auch. Es waren nicht so sehr die hier angedeuteten rechtlichen Probleme, die dafür gesorgt haben, dass man die Institution der Geschworenen 1924 abgeschafft und durch Schöffen ersetzt hat. Es soll ums Geld gegangen sein. Zwölf Geschworene kommen teurer als zwei Schöffen.

Mehr sitzen nämlich bei uns nie auf der Richterbank. Im

Schöffengericht könnten die zwei also den Berufsrichter überstimmen, ebenso wie in der kleinen Strafkammer beim Landgericht (die über Berufungen gegen Urteile des Amtsgerichts entscheidet). Das kommt sehr selten vor (keine 2 Prozent aller Fälle, vermutlich). Ob das an der Dominanz und dem Einfluss des Berufsrichters liegt oder an ursprünglicher Einmütigkeit im Urteil, weiß man nicht.

In der großen Strafkammer, die beim Landgericht in erster Instanz über einigermaßen gravierende Fälle entscheidet, haben die Berufsrichter das Übergewicht, und beim Oberlandesgericht und dem Bundesgerichtshof sind sie ohnehin unter sich.

Volkes Stimme

Ob die Beteiligung von Laien in der Strafjustiz nun gut und nützlich ist oder nicht, darüber gibt es wenig empirisch gesicherte Erkenntnisse. Wenn wir mehr darüber wüssten, wären wir auch nicht klüger. Sind die wenigen Fälle, in denen sich die Stimme der Laienrichter entscheidend auswirkte, genug, um an der Institution festzuhalten? Wenn die Allgemeinheit ihr Vertrauen in die Laienbeteiligung setzt, würde man sie, wenn sich Entsprechendes herausstellen sollte, davon überzeugen wollen, dass es verschwendet sei? Letztlich geht es um den symbolischen Wert der Laienbeteiligung. Er ist die große Unbekannte, die man nicht empirisch auflösen kann. Man wird immer zu einem Bekenntnis für oder gegen diesen idealistischen »Sinn« genötigt sein.

»Eine zusammenfassende Bestandsaufnahme aller Gesichtspunkte, die sich eines derartigen Bekenntnisses enthält, kann derzeit wohl nur folgende Form annehmen: Das einzige Argument, das dagegen spricht, die Laienbeteiligung abzuschaffen, liegt in der Ungewissheit über die Folgen, die eine derartige Entscheidung auslösen würde; das einzige Argument, das für die Laienbeteiligung spricht, ist die Tatsache, dass es sie gibt.«

Mit diesen Sätzen habe ich vor vielen Jahren einen Vortrag beendet. Eine evangelische Akademie hatte mich gebeten, zu Beginn einer Tagung über Laienrichter im Strafrecht ein Grundsatzreferat zu halten. Das habe ich dann getan, Pro und Kontra zusammengetragen, wie man es eben als leidenschaftsloser Wissenschaftler so macht. Es war dann, nach diesem Schluss, ganz still, eine gefühlte Ewigkeit lang. Eine schwer atmende ältere Dame in der vordersten Reihe hatte sich als Erste erholt und zischte mich an: »Was erlauben Sie sich, hierherzukommen und uns für überflüssig zu erklären!« Ich hatte nicht darüber nachgedacht – warum auch, wenn es ums Prinzip geht –, welches Publikum ich vorfinden würde, und eher den Schöffen vor Augen, der Jahre seines Lebens in Verhandlungen der Wirtschaftsstrafkammer zubringen muss, weil ihn der Zufall getroffen hat (was ja jedem von uns passieren kann, wenn er auf die Schöffen-Vorschlagsliste der Gemeinde geraten ist, aus der dann ein Ausschuss beim Amtsgericht die Auswahl trifft). Das Auditorium bestand aber nur aus ehrenwerten Frauen und Männern, die sich freiwillig zum Dienst an Justitias Waage und Schwert gemeldet hatten. Das ist aller Achtung wert.

Dennoch könnte man ohne Schaden für die Qualität der Rechtsprechung wie auch für das Vertrauen der Bevölkerung auf die Mitwirkung von Laien verzichten – eine Vermutung, die besserer Einsicht weichen müsste, wenn sie sich nur gewinnen ließe. Dazu müsste man die Laienrichter probeweise einmal abschaffen. Aber im Strafrecht macht niemand Experimente. Das Bundeskriminalamt ist mit Mauern und Zäunen gesichert, die, soviel man weiß, noch niemand versucht hat zu überwinden. Daraus kann man nicht den Schluss ziehen, dass sie überflüssig sind. Immerhin gibt es aber Staaten ohne Laienrichter, die nicht im Verdacht stehen, ihre Bürger unter einem undemokratischen Unrechtssystem leiden zu lassen, wie zum Beispiel die Schweiz oder die Niederlande.

Die Argumente für die Laienbeteiligung sind alt – und zum großen Teil überaltert. Die Zeiten sind längst vorbei, in denen es beruhigend war, hoffen zu dürfen, dass Männer aus dem Volke gegen hörige Richter aufbegehren und sich gegen Eingriffe des Kabinetts in den Gang der Justiz wehren würden. Heute muss man eher beunruhigt sein bei dem Gedanken, dass Laienrichter mit anderen Mächten kämpfen müssen und ihnen eher erliegen als geschulte Berufsrichter – dem Druck von Meinungen nämlich, die öffentlich wirken und versuchen, das Tribunal zur Szene zu machen. Was man sonst noch so liest zum »staatsbürgerlichen« Wert der Laienbeteiligung, ist überwiegend verbrämende Sozialromantik der Fünfzigerjahre des letzten Jahrhunderts. Unsere Gesellschaft hat mehr Vertrauen in eine Professionalität, die weltoffen und sensibel zugleich ist.

Als Abgesang auf die Bemühungen, die Beteiligung von Laien zu glorifizieren, summen wir noch das Lied vom lustigen Schöffenstadel mit, in dem es um die »Volksnähe« des Rechts geht. Dafür sollen die Schöffen sorgen, und in der von Dirndl und Lederhosen befreiten sprachlichen Variante dieses Arguments nennt es sich »Plausibilitätskontrolle«. Die Berufsrichter, mit den Laienrichtern konfrontiert, seien gezwungen, sich verständlich auszudrücken; die Laien würden zwar nicht wirklich verstehen, was da abläuft, sollten aber wenigstens Pi mal Daumen so eine Art sozialer Schlüssigkeitsprüfung vornehmen, eine Schlussabnahme durch Parallelbeurteilung in der Laiensphäre, »passt schon«.

Auch das ist von gestern. Das Bundesverfassungsgericht, um es als leuchtendes Beispiel zu nennen, kann sich in seinen Pressemitteilungen besser ausdrücken, als es die meisten Gazetten vermögen. Vor allem aber ist es eine Beleidigung der Schöffen, die eben nicht auf »Plausibilität« beschränkt sind, sondern sich um das richtige und gerechte Urteil bemühen.

Ich halte Schöffen, um noch ein Mal an jene Dame aus der ersten Reihe zu erinnern, nach wie vor funktional für entbehrlich, im strengen Sinne des Wortes. Daran ändert auch nichts, dass ich inzwischen als Verteidiger viele Laienrichter erlebt habe und sie in ihrer Integrität und ihrem Engagement hoch schätze.

Meine Konfrontation mit Laienrichtern hat sich fortgesetzt bei einer Wiederholung des Vortrags, zu der ich aufgefordert wurde. Sie fand in einem Schloss hoch über dem Main statt, einer Tagungsstätte, zu der eine sehr imposant gewundene Straße führt. Als ich am Nachmittag hinauffuhr, kamen mir immer wieder Autos entgegen, die einen großen weißen, kreisförmigen Aufkleber mit einer schwarzen Nummer trugen, es gab viele fliegend aufgebaute Zelte am Rand, und es roch nach Benzin, Öl und Spannung. Ein Bergrennen stand bevor. Ich fragte, ob und wie ich diesen Ort wieder verlassen könne. »Bis Mitternacht«, hieß es; später müsse ich eine Startnummer kaufen. Ich habe es nach einer mörderischen Diskussion kurz vorher geschafft. Verließ den Berg mit Müh und Not, der Vortrag in meiner Tasche, er war tot.

Veröffentlicht habe ich ihn doch, etwas später. Auch das hatte Folgen. Aus den USA kam eine Strafrechtsprofessorin. Sie sah aus wie diese Ladys aus den Western, die sich ungefähr in der Mitte des Films entschließen, die Dinge in die Hand zu nehmen, das Kopftuch fester binden, sich auf den Kutschbock setzen und den Pferden die Peitsche geben. Sie hat mich nicht von den Vorzügen des Geschworenensystems und ich sie nicht von dessen Mängeln überzeugen können.

Schuld und Bühne

Womit wir wieder in den USA wären. Bevor dort die Rollen von zwölf Geschworenen besetzt werden, gibt es ein Casting. Nicht nur im Film allerdings. Das Casting für Geschworene in einer echten Jury ist wesentlich aufwendiger. Für den Prozess gegen den Bombenleger von Boston wurden 1350 amerikanische Bürger gecheckt. Erst mussten sie einen Fragebogen ausfüllen, der 28 Seiten umfasste (in einem neueren Fall hatten 9000 Bürger 75 Seiten zu bewältigen). Das ist schon mal nicht schlecht, weil da die Analphabeten aussortiert werden. Nach plausiblen Schätzungen kann fast jeder fünfte Amerikaner nicht oder nicht richtig lesen. Das wäre eigentlich für den Dienst als Geschworener gar nicht schädlich, denn da soll man ja nichts lesen, vor allem keine Zeitung; man wohnt abgeschirmt im Hotel, darf sich im Fernsehen keine Nachrichten ansehen, Internet und Handy kaum benutzen, mit niemandem über den Fall reden. Bewegen kann man sich auch nicht wie gewohnt, aber als Couch-Potato ein paar Kilo zunehmen. So geht man dann gut gelaunt und ohne jeden Frust die Frage an, ob einer schuldig ist.

Das mit dem Fragebogen muss aber sein, weil sicherzustellen ist, dass keiner Geschworener wird, der irgendwie von der Tat betroffen ist. Und im Fall des Bombenlegers musste überdies gewährleistet sein, dass der Kandidat nichts gegen die Todesstrafe hatte. Die wäre infrage gekommen, weil es ein Bundesprozess war. Der allerdings fand in Massachusetts statt, einem liberalen Staat, der die Todesstrafe vor dreißig Jahren abgeschafft und seit 1947 niemanden mehr hingerichtet hat. Wer da heute noch für Hinrichtungen ist, dürfte nicht als repräsentativ gelten. Ob das überhaupt wichtig ist, darum schert sich die »Casting-Agentur« Staat nicht. Sie führt nun Gruppen- und Einzelgespräche, bis zwölf Geschworene und sechs Ersatzleute nominiert sind. Anklage und Verteidigung mischen auch mit. Sie dürfen eine bestimmte Zahl von Kandidaten von der Liste streichen, einfach so. Wenn man sich da nicht nur auf sein Gefühl verlassen will, sollte man Berater engagieren, Psychologen zumeist, die sich als Profis auf die Profilierung einer Jury spezialisiert haben.

Schwer hat es der Kandidat, der seine amerikanische Bürgerpflicht nicht erfüllen und nicht Geschworener werden will. Da ist guter Rat billig, denn er kursiert massenhaft im Internet, taugt aber nichts. Wenn es einen erwischt hat, wird es teuer. Gekündigt werden darf man nicht, aber die Lohnfortzahlung lässt sich selten erstreiten. Selbstständige müssen zittern. Der Staat zahlt, gewiss. In der Regel zehn Dollar, in Bundesprozessen sogar bis zu fünfzig – am Tag, nicht in der Stunde.

Meine Kollegin aus den USA war dennoch der Ansicht, dass diese Veranstaltung der Wahrheitsfindung diene und den Bürgersinn stärke. Was das eine mit dem anderen zu tun hat, kann und will ich nicht verstehen.

Kapitel 15:

Alles auf Anfang

Verurteilt – was nun? »Da gehe ich«, sagt der empörte Mandant, »in Berufung!« Was er oft gar nicht kann ... Oder: »Wir werden ja sehen, was der Bundesgerichtshof dazu sagt!« Nichts, weil er gar nicht zuständig ist ...

Es ist in der Tat vertrackt, welchen Fall man in der nächsten Instanz wohin bringen kann, und dass dabei irgendeine »Logik« im Spiel sei, ist eine Illusion. Vorschläge für Reformen unseres merkwürdigen Systems gibt es seit Langem, und sie sind zahlreich. Es sind immer Vorschläge geblieben. Verurteilte haben keine Lobby.

Der Instanzenzug – einfache Fahrt oder hin und zurück?

Ein Viertel aller deutschen Strafurteile, so hat ein Bundesrichter geschätzt, sind Fehlurteile. So jedenfalls stand es in der Zeitung. Wie er darauf gekommen ist, stand nicht zu lesen, und auch nicht, was er mit »Fehlurteil« gemeint hat. Das können Entscheidungen sein, die nicht auf Wahrheit beruhen, aber auch Urteile, in denen die Wahrheit rechtlich falsch bewertet wurde, oder solche, bei denen sich die Richter in der Strafzumessung um eine Oktave vergriffen haben. Dass sie falsch waren, kann man erst behaupten, wenn sie korrigiert wurden (und auch diese Korrektur kann ihrerseits falsch sein). Bei allen Urteilen, die nicht angefochten werden, ist die »wirkliche Wahrheit« nicht ans Licht gekommen, und deren Zahl kann man nur schätzen. Nun ist das Wesen der Dunkelziffer allerdings, dass sie dunkel ist.

Unser Instanzenzug ist in seinem Potenzial, die Wahrheit herauszufinden, nicht über jeden Zweifel erhaben. Die kleinen und mittleren Sachen werden vor dem Amtsgericht verhandelt, das immerhin bis zu vier Jahre Freiheitsstrafe verhängen kann. Dort gibt es das Schöffengericht und den Amtsrichter als Einzelrichter (vor dem die Staatsanwaltschaft Fälle anklagen soll, bei denen nicht mehr als zwei Jahre Gefängnis zu erwarten sind).

Der Angeklagte, aus Ägypten stammend und mittlerweile Deutscher, kam nicht, wie ich ihm geraten hatte, unauffällig gekleidet, sondern so, wie er es liebte: goldbehangen, goldene Spangen. Dazu passte der Vorwurf: Er hatte antike Goldmünzen im Wert von etwa fünfundzwanzigtausend Euro mit Unschuldsmiene am Zoll vorbeitragen wollen. Der Amtsrichter hatte sich für den Vormittag sechs Fälle vorgenommen. Er unterbrach den Redefluss des Angeklagten nach einem Blick auf die Uhr. »Ich lasse Sie jetzt schon zwanzig Minuten reden. Das reicht dann aber auch. Die nach Ihnen kommen« – er blätterte den Aktenstapel durch, auf den er den Arm gestützt hatte – »werden alle verurteilt, und Sie auch.« Dabei war dem Richter zweierlei klar: Man könnte ihn erstens jetzt wegen Befangenheit ablehnen und würde das zweitens nicht tun, da es vollkommen sinnlos wäre (weil kaum erfolgreich, und wenn doch, würde der nächste Richter, der an seine Stelle träte, wohl nicht anders denken).

Es gibt Fälle, die »noch weiter unten« anfangen. Wenn man eine Ordnungswidrigkeit begangen hat (oder haben soll) und gegen den Bußgeldbescheid Einspruch einlegt, landet der Fall ebenfalls beim Amtsrichter.

In der Oper wurde eine Premiere einstudiert. Das Stück enthielt auch eine Balletteinlage. Der Regisseur hatte darauf bestanden, warum auch immer, dass deren Hauptrolle mit einem hellhäutigen Afrikaner besetzt werden müsse. Der aber erkrankte, einige Woche vor der Premiere. Im Corps de Ballet gab es einen Berber aus Marokko, welch glückliche Fügung. Mit ihm wurde jene Rolle kurzerhand besetzt. Wie der Fall zum Fall wurde, blieb rätselhaft, ist aber auch gleichgültig. Jedenfalls erließ die Behörde einen Bußgeldbescheid gegen die Oper, weil die es unterlassen hatte, die Stelle europaweit auszuschreiben. Einspruch, Verhandlung vor dem Amtsrichter. Ich argumentierte, dass am Ende des Ausschreibungsverfahrens auch nichts anderes geschehen wäre, als diesen Tänzer aus dem Ensemble zu nehmen, dass jenes europabürokratische Verfahren viel zu lang gedauert hätte und dass es nicht nur finanziell ein Riesenverlust gewesen wäre, die Premiere platzen zu lassen.

Der Richter schlug auf den Tisch und wurde laut. Wenn ich ihm hier mit Notstand oder so einem Quatsch kommen wolle, werde er das Verfahren auf einen Verstoß gegen das Ausländerrecht erweitern (die Hochzeit des Marokkaners mit einer Deutschen sollte in der Tat erst eine Woche später stattfinden). Also Schluss jetzt, ja!

Das waren Beispiele, von denen ich nicht behaupte, dass sie typisch oder repräsentativ für die Arbeitsweise von Amtsrichtern sind. Die Gegenbeispiele sind in der Überzahl.

Gegen Urteile das Amtsgerichts kann man Berufung einlegen (über die dann, wie gesagt, eine kleine Strafkammer beim Landgericht entscheidet, besetzt mit einem Berufsrichter und zwei Schöffen). Das Berufungsgericht durchforstet nicht etwa das Urteil des Amtsgerichts nach Fehlern; es überprüft auch dessen Verfahren nicht. Es entscheidet neu und selbstständig, als wäre nichts gewesen. Die Berufung ist eine zweite Tatsacheninstanz. Alles noch einmal auf null, sozusagen. Neue Tatsachen, neue Beweismittel, alles ist erlaubt.

Das Urteil des Berufungsgerichts ist mit der Revision angreifbar. Über die entscheidet das Oberlandesgericht. Nun haben wir es mit einer ganz anderen Bühne und ganz anderen rechtlichen Kulissen zu tun. Die Revision ist eine reine Rechtskontrolle. Hier sind auch keine Laienrichter mehr dabei, weil offenbar nicht mehr »gesunder Menschenverstand«, sondern profundes Rechtsverständnis gefragt ist. Es gibt keine neue Beweisaufnahme. Keine neuen Tatsachen, keine neuen Beweismittel, nichts dergleichen ist erlaubt. Wenn einer den Revisionsrichtern damit kommt, zucken sie die Schultern und weisen ihn ab: »Das gehört zur Tatfrage, und wir entscheiden nur über Rechtsfragen.« (Davon war schon einmal die Rede, oben bei der Kompetenz von amerikanischen Geschworenen, und nur hier bei der Revision ist der Ort, an dem es auf diesen Unterschied ankommt.)

An den Sachverhalt, wie ihn das Untergericht festgestellt hat, ist das Revisionsgericht erst einmal gebunden. Es legt ihn zugrunde, wenn es überprüft, ob das Strafrecht richtig ausgelegt und angewendet wurde. Allerdings kümmert sich das Revisionsgericht auch um Verfahrensfehler, wenn sie geltend gemacht und begründet wurden. Das kann dann dazu führen, dass das Urteil mit allen Feststellungen aufgehoben wird.

So wäre das zum Beispiel, wenn ein Beweisantrag auf Einvernahme eines Entlastungszeugen zu Unrecht abgelehnt wurde – vielleicht hätte sich ja nach seiner Aussage die Sache anders dargestellt. Es ist ein ziemlich feinsinniges und kompliziertes Instrumentarium, das den Revisionsgerichten für Eingriffe zur Verfügung steht. Geschichte und Gegenwart der freien Beweiswürdigung kennzeichnen die Domäne des Tatrichters. Da darf ihm, wie schon dargelegt, auch der Bundesgerichtshof keine Vorschriften machen – außer, dass sie eben nachvollziehbar und plausibel sein muss. Und genau an dieser Stelle kann das Revisionsgericht ein Urteil aushebeln, das ihm komisch vorkommt. »Die Beweiswürdigung mag ja richtig sein«, wird es konzedieren, »also auch lückenlos und plausibel, sie ist aber so lückenhaft dargestellt, dass wir das nicht überprüfen können und deshalb das Urteil aufheben.«

Mehr kann es nämlich in aller Regel nicht tun, das Revisionsgericht, als das angefochtene Urteil aufzuheben. Es heißt deshalb, wie schon erwähnt, anderswo auch »Kassationsgericht«, weil es Urteile nur kassieren darf. Die Sache wird zu neuer Verhandlung zurückverwiesen.

Es gibt auch Ausnahmen, aber die sind rar. Der Reifenhändler aus einer großen Hafenstadt erklärte der Reifenfirma (mit »C.« wird sie in der Entscheidung des BGH bezeichnet), dass er die besten Kontakte nach Lateinamerika habe, wo sie ja noch nicht so richtig auf dem Markt seien. Er könne das ändern. C. lieferte ihm Zigtausende von Reifen zum Preis von zwanzig D-Mark, sagen wir mal. Keiner der Reifen hat jemals ein Schiff gesehen. Sie sind alle ab Rampe für einen höheren Preis verkauft worden. Der Händler wurde wegen Betrugs zu dreieinhalb Jahren Freiheitsstrafe verurteilt. Die Revision hätte im Grunde auf eine Postkarte gepasst: Betrug setzt einen Schaden voraus, und dazu gehört die enttäuschte Gewinnerwartung nicht. C. hatte beim Verkauf an den Händler pro Reifen noch eine Mark verdient – na also. Der BGH hat ihn sofort freigesprochen, weil eben eine andere Entscheidung der Sache gar nicht denkbar war.

Wie kommt man denn zum Zielbahnhof des BGH, Karlsruhe? Dieser Instanzenzug fährt nur bei der großen Strafkammer der Landgerichte ab, überall in Deutschland. Als Beispiel noch einmal Oper: der sogenannte Bugwellenfall, vom BGH entschieden 1997. Der Intendant der Stuttgarter Staatsoper hatte die Intention, sozusagen die Metropolitan Opera New York am Neckar zu schaffen, und verpflichtete internationale Stars. Die waren natürlich teuer, so viel Geld war nicht im Personaletat. Der ebenfalls angeklagte Verwaltungsdirektor griff in den Sachetat und bezahlte dort fällige Rechnungen später, meist erst im nächsten Jahr. So schob die Oper eine »Bugwelle« von Kosten vor sich her. Bei einem Gesamtetat von jährlich (damals noch D-Mark) 105 Millionen belief sie sich auf 5,1 Millionen. Das musste in einem Nachtragshaushalt vom Land aufgebracht werden (auch die Stadt Stuttgart war damals daran beteiligt).

Fälle dieser Dimension kommen in erster Instanz vor das Landgericht und dort vor die Wirtschaftsstrafkammer. Ganz großes Kino, müsste man sagen, wenn es nicht um die Oper gegangen wäre. Monatelang wurde akribisch verhandelt. Als Zeugen ehemalige Ministerpräsidenten, Minister, Oberbürgermeister reihenweise, Intendanten von anderswo und sonstige Experten.

Was herausgekommen ist? Eine Verwarnung mit Strafvorbehalt, also ein erhobener Zeigefinger gegenüber den Angeklagten, und eine Ohrfeige für die Staatsanwaltschaft. Das aber ist nicht der Punkt, um den es hier geht. Dreißig Millionen Untreue lassen sich eben oft besser verteidigen als dreißig Stundenkilometer Geschwindigkeitsüberschreitung.

Bei den großen Fällen, den existenziellen, aufsehenerregenden, schwierigen, gibt es nur eine Tatsacheninstanz bei der Strafkammer am Landgericht. Bei den Pipifax-Fällen hat man zwei davon und dann auch noch die Revision. Das ist schwer verständlich (und, wie jeder vom Fach weiß, schon immer reformbedürftig). Bemühte Erklärungen sind gequält. Vor dem Landgericht würde eben von Anfang an sehr verantwortungsvoll verhandelt, beim Amtsgericht indessen unter Umständen vielleicht eventuell doch eher weniger engagiert. (»Unsere Stärke«, sagte mir einmal ein befreundeter, sehr zynischer Amtsrichter, »ist es, schnell und falsch zu entscheiden.«) Aber das Niveau von Entscheidungen hängt nicht davon ab, auf welchem »Level« sie getroffen werden, vom Amtsrichter allein, vom Schöffengericht oder von der Strafkammer beim Landgericht. Rationale Erklärungen für den merkwürdigen Instanzenzug gibt es nicht. Wahrscheinlich hat es wieder einmal nur historische Gründe.

Bis zum Ende des Heiligen Römischen Reichs Deutscher Nation konnte man sich, unzufrieden mit einem Urteil, nur an das Reichskammergericht in Wetzlar wenden, an das auch der Jurist Goethe keine guten Erinnerungen hatte. Da wurden die Fälle »auf die lange Bank« geschoben, die es wirklich gab, einen unendlich langen Tisch, auf dem die neuen Fälle hinten angelegt wurden. Das dauerte. Vor allem aber war der Fall nun »im Reich« angekommen und nicht mehr im Ländle geblieben. Das störte den dortigen Souverän. Justiz hat eben von Anfang an auch mit Macht zu tun. Im Mittelalter stritt man sich um die Zuständigkeit für Tote, die an dem Wehr angeschwemmt wurden, das jede der Gemeinden an den beiden Ufern des Flusses für sich in Anspruch nahm. Mit dem neuen (im 19. Jahrhundert geschaffenen) Rechtsmittel der Berufung war gesichert, dass der Fall nur bis zum Oberlandesgericht kam, also im Lande blieb.

Drei, zwei, eins, meins – drei Gerichte, zwei Instanzen, ein Fall, »meiner«. Das ist zu viel Aufwand für die kleinen und mittleren Fälle, die beim Amtsgericht anlanden. Andererseits aber gar keine Möglichkeit zu haben, in einer zweiten Instanz neue Tatsachen anzubringen, das ist zu wenig für die schwereren Fälle, die beim Landgericht beginnen.

Die Wiederaufnahme des Verfahrens

Wenn man ein Urteil nicht mehr anfechten kann, weil man bis zur letzten Instanz gegangen ist oder diesen Weg gar nicht erst beschritten und die Frist zur Einlegung von Rechtsmitteln hat verstreichen lassen, ist es formell rechtskräftig geworden. Zugleich ist die materielle Rechtskraft eingetreten. Sie besagt, dass man die Sache nicht noch einmal aufgreifen darf *(ne bis in idem)*. Irgendwann muss es ja auch einmal gut sein. Ewiges Prozessieren schafft am Ende nicht mehr Gerechtigkeit. Die Rechtssicherheit ist auch ein Wert an sich. Ist ein Fall von der Justiz »abgearbeitet« worden, so darf man erwarten, dass Rechtsfrieden eintritt. Die Ruhe dieses Friedens ist allerdings gestört, wenn die Grundlagen des Urteils nachträglich erschüttert werden.

Den Staat beunruhigt das erst einmal nicht. Von Amts wegen schreitet er nicht ein, wenn der Verdacht aufkommt, ein Fall könnte durch ein Fehlurteil abgeschlossen worden sein. Bis dessen Rechtskraft durchbrochen ist und die Sache neu verhandelt wird, muss viel zusammenkommen. Schwieriger noch, als eine Verurteilung anzugreifen, ist es, einen Freispruch zu Fall zu bringen. In beiden Fällen muss das Wiederaufnahmeverfahren durch einen Antrag in Gang gebracht werden (der dort zu stellen ist, wo das angebliche Fehlurteil gefällt wurde, also beim Amtsgericht, Landgericht, Oberlandesgericht – die komplizierten Einzelheiten finden sich in Paragraf 140 a des Gerichtsverfassungsgesetzes). Das Gesetz beginnt den Abschnitt über diese Prozedur mit der »Wiederaufnahme zugunsten des Verurteilten«, und dem folgen wir.

Viele Anträge auf Wiederaufnahme werden nicht gestellt. Im Jahr 2013 waren es 1682. Die Erfolgsquote ist unbekannt. Ob das eine große Zahl von Verurteilten ist, verglichen mit denen, die eine Freiheitsstrafe ohne Bewährung erhielten (etwas mehr als 41 000), hängt zunächst einmal davon ab, wie sensibel man ist. Schon eine einzige Gefängnisstrafe kann eine zu viel sein. Und für diejenigen, die finden, dass solche Anträge doch gar nicht so selten gestellt werden, bleibt noch die Ungewissheit, ob alle anderen mit dem Urteil zufrieden sind oder aber den Antrag auf Wiederaufnahme aus Resignation unterlassen haben, weil der Weg zum neuen Verfahren so überaus steil und steinig ist.

Bis zum Gipfel muss man erst einmal zwei Stationen erklommen haben. Auf der ersten Stufe des Verfahrens wird neben Formalien geprüft, ob ein »gesetzlicher Grund der Wiederaufnahme geltend gemacht« ist (und zwar von dem Gericht, bei dem der Antrag gestellt wurde – dort aber natürlich von anderen Richtern als jenen, die das bekämpfte Urteil zu verantworten haben). Der Katalog dieser Gründe enthält einige, die so gut wie nie gegeben sind: gefälschte Urkunden; Zeugen, die sich durch ihre Aussage strafbar gemacht haben; Richter, die ihre Amtspflichten auf strafbare Weise verletzt haben; zivilrechtliche Urteile, auf die sich das Strafurteil gründete und die nachträglich aufgehoben wurden.

Von zentraler Bedeutung ist der Wiederaufnahmegrund, dass »neue Tatsachen oder Beweismittel beigebracht sind«. Neu kann auch alt sein. »Neu« sind Tatsachen, wenn sie damals in der Hauptverhandlung nicht erörtert worden sind und deshalb bei der Urteilsfindung keine Rolle gespielt haben. Sie sind also nicht nur dann »neu«, wenn sie erst später zutage getreten sind, sondern auch dann, wenn sie schon damals jemandem (zum Beispiel dem Verurteilten selbst) bekannt oder doch erkennbar waren (beispielsweise aus den Akten). Entsprechendes gilt für die Beweismittel. Sie sind neu, wenn sie das Gericht nicht gekannt oder zwar gekannt, aber nicht benutzt hat.

Die Verknüpfung zwischen Tatsachen und Beweismitteln ist nicht »und«, sondern »oder«. Das eröffnet Spielräume. Für »alte«, also früher bereits bekannte und in der Hauptverhandlung erörterte Tatsachen, müssen neue Beweismittel beigebracht werden (»neu« im soeben dargestellten Sinne). Für neue Tatsachen (»neu« wiederum wie soeben) können neue, aber auch alte Beweismittel aufgeboten werden.

Da wird sich doch etwas finden lassen! Ehe jetzt Goldgräberstimmung aufkommt, muss man zur Kenntnis nehmen, wer die Waage in der Hand hält und wer sie geeicht hat. Auf dieser ersten Stufe des Verfahrens wird – ungeprüft! – unterstellt, dass das Vorbringen des Antragstellers richtig ist. Erschüttert es dann, das ist die Sein-oder-nicht-sein-Frage, die Urteilsgrundlage dermaßen, dass es wahrscheinlich ist, in einem neuen Verfahren ein anderes Ergebnis zu erzielen?

Für die Antwort muss man sich allerdings, um bei Hamlet zu bleiben, in das Gemüt des Gerichts einfühlen, dessen Urteil falsch sein soll. Die Richter, die nun über die Wiederaufnahme entscheiden, dürfen sich nicht denken, was sie wollen, und sich überlegen, wie sie entschieden hätten. Sie müssen ihre Meinung unterdrücken, verleugnen vielleicht sogar, und sich in die Rolle des »alten« Gerichts hineinversetzen, sein Beweisgebäude rekonstruieren, seine Rechtsauffassung übernehmen und prognostizieren, ob die als wahr unterstellten Neuigkeiten dann in das alte Gebäude eingefügt werden können oder es zum Einsturz bringen. Und weil das eine Prognoseentscheidung und die Zukunft immer zweifelhaft ist, gilt die Regel *in dubio pro reo* nicht.

Fazit also, nicht im Habitus der Robe, sondern in Jeans und T-Shirt ausgedrückt: Da haben die Kollegen von früher zwar eine windschiefe Bude gezimmert, aber die wirft das Neue nicht um, wenn man so denkt wie die damals, oder auch nur vielleicht nicht. Die Justiz, so argwöhnt das Publikum, hält eben zusammen; eine Krähe hackt der anderen kein Auge aus. Es ist schlimmer: Warum sollte sie das tun, wenn sie doch mit den Augen der anderen sehen muss ...

So endet das Bemühen meist schon auf der ersten Stufe, dem »Aditionsverfahren«, in dem es um den »Zugang« zur Wahrheit geht, um die Zulässigkeit des Wiederaufnahmeverfahrens.

Hat man das geschafft, wird auf der zweiten Stufe geprüft, ob das bisher lediglich als wahr Unterstellte eine »genügende Bestätigung« findet. Die neuen Tatsachen (um diesen Hauptfall als Beispiel zu nehmen) müssen also nicht »voll bewiesen« werden. Es geht ja nicht darum, ob der Angeklagte freizusprechen oder milder zu verurteilen ist, sondern ob seine Sache neu verhandelt werden soll. Deshalb genügt eine hinreichende Wahrscheinlichkeit, dass in dieser neuen Verhandlung eine günstigere Entscheidung ergehen wird. Wenn das so ist, wird die Wiederaufnahme beschlossen. Damit ist die Rechtskraft des Urteils beseitigt, und es geht zurück auf »Los«. Mit der Wiederaufnahme wird die »Erneuerung der Hauptverhandlung« angeordnet.

Nun gibt es aber auch, noch seltener als diese Wiederaufnahme zugunsten eines Verurteilten, ein Verfahren, mit dem die Staatsanwaltschaft die Wiederaufnahme zuungunsten eines Freigesprochenen betreiben kann. Der entscheidende Unterschied ist der, dass hier neue Tatsachen oder Beweismittel keinen Wiederaufnahmegrund abgeben. Lieber einen fälschlich Freigesprochenen laufen als einen zu Unrecht Verurteilten leiden lassen, das ist der Grundgedanke. So viel Großmut sollte sich ein Rechtsstaat leisten. Ist es wirklich unerträglich, neue Tatsachen oder Beweise, die man damals nicht zur Verfügung hatte, nicht noch gegen den wenden zu dürfen, der aus Mangel an Beweisen freigesprochen wurde? Die Frage verschärft sich, wenn uns neue Methoden klüger gemacht haben, als man damals sein konnte.

Seit 1998 gibt es eine DNA-Analyse-Datei beim Bundeskriminalamt. Sie umfasst mehr als 1,1 Millionen Datensätze, jeden Monat kommen etwa 8000 neue hinzu. Über 150 000 Mal wurde anhand dieser Datei eine Tatortspur einem »Spurenverursacher« zugeordnet. Das hat geholfen, Taten aufzuklären. Spektakuläre Fälle, in denen nach vielen Jahren der bislang unbekannte Täter verdächtigt und schließlich überführt werden konnte, machen Eindruck. Mord verjährt nicht, und man darf hoffen, dass keiner mehr glaubt, das perfekte Verbrechen begehen zu können.

Wie ist das aber in den früher bereits aufgegriffenen und vor Gericht verhandelten Fällen, in denen, weil es die technischen Möglichkeiten schlicht nicht gab, ein Freispruch erging? Wiederaufnahme, gestützt auf DNA-Spuren? Diese Forderung wurde schon erhoben. Sie passt aber nicht zu den Regeln, die der Bundesgerichtshof zum Beweiswert von DNA ausgegeben hat. Stimmt die DNA nicht überein, kann es der Verdächtige nicht gewesen sein. »Passt« sie jedoch, ist das lediglich ein Indiz und nicht etwa der einzige Beweis, den man braucht, nicht der endgültige und absolut verlässliche. Aus diesem Grund ist bislang die Reform unterblieben und alles beim Alten geblieben.

Und dieses Alte ist, dass ein Freispruch nur korrigiert werden kann, »wenn von dem Freigesprochenen vor Gericht oder außergerichtlich ein glaubwürdiges Geständnis der Straftat abgelegt wird«. Dazu genügt es, wenn der in Wahrheit Schuldige das Gerichtsgebäude verlässt, gegenüber in der Kneipe »Zur letzten Instanz«, in der »Bar jeden Rechts« oder dem »Café Meineid« (gibt es alles wirklich) einen zu viel trinkt und sich über die Deppen lustig macht, die ihn gerade freigesprochen haben. Ein spätes Geständnis geben übrigens auch viele ab, die nach quälend langen Jahren mit der neuen DNA-Erkenntnis konfrontiert werden und ihr permanent belastendes Schuldgefühl nun endlich loswerden wollen. Einige tun das, gewiss nicht alle.

Wegen der Wenigen sollte man ein Recht nicht quetschen, das insgesamt gerecht ist. *Fiat iustitia et pereat mundus* – Gerechtigkeit, die man auf Biegen und Brechen durchsetzen will, verkehrt sich in ihr Gegenteil. Die Erfahrung lehrt, dass jeder Versuch, alle Lücken des Gesetzes perfekt zu schließen, neue Ungerechtigkeiten an anderer Stelle schafft. Das ist, wissenschaftstheoretisch gesehen, die Logik des Misslingens. Irgendetwas übersieht man immer. Strafrechtler leben lieber in der Gewissheit einer kleinen, »planwidrigen Unvollständigkeit« (einer Lücke) als in der Ungewissheit über die Folgen geplanter Vollständigkeit.

Kehren wir zu denen zurück, die sich zu Unrecht verurteilt fühlen. Es muss nicht immer ein Freispruch sein, den man mit einer Wiederaufnahme erstrebt. »Zu Unrecht« sieht sich auch der Einbrecher bestraft, der wegen bewaffneten Diebstahls verurteilt wurde, obwohl er doch, wie er beweisen möchte, gar keine Knarre dabeihatte, oder der Mörder, der durchsetzen will, dass ein neues Urteil nur auf Totschlag lautet.

All das ist zulässig. Wer aber den Schuldspruch nicht bekämpft, sondern sich »nur« darüber beklagt, dass er viel zu hart bestraft worden sei, findet kein Gehör. »Eine Wiederaufnahme des Verfahrens zu dem Zweck, eine andere Strafbemessung auf Grund desselben Strafgesetzes herbeizuführen, ist nicht zulässig.« So steht es im Gesetz.

Kapitel 16:

Was ist normal? Über das Richtige im Falschen

Das Recht der Wiederaufnahme, soeben besprochen, sorgt sich nicht um die Richtigkeit der Strafe, sondern nur um die Wahrheit der Urteilsgrundlagen. Auch in diesem Buch geht es um diese Wahrheit. Sie ist aber vor Gericht nicht Selbstzweck, sondern eine Grundvoraussetzung für ein gerechtes Urteil, und das wiederum kann gerecht nur sein, wenn es die richtige Entscheidung trifft, also entweder einen Freispruch verkündet oder die »richtige« Strafe ausspricht.

Nun ist es aber nicht so, dass immer die Straße zur Wahrheit bis zum Ziel der »ganzen Wahrheit« gegangen und dann erst erwogen wird, welche Strafe infrage kommt. Da gibt es auch gedanklichen Gegenverkehr, provokativ gesagt: Wie viel Wahrheit brauchen wir denn für das, was hier, in dem zu verhandelnden Fall, wahrscheinlich herauskommen wird? Und deshalb müssen wir auch über die Rechtsfolgen sprechen, zuallererst über die Strafe.

Die falsche Strafe

»Richtig« ist eine Strafe, wenn sie »schuldangemessen« ist. Das ist ein Werturteil. Ob Werturteile auch »wahr« sein können, soll den Philosophen überlassen bleiben. Die Tatsachen, auf die sich eine Strafbemessung gründet, müssen natürlich wahr sein. Aber so viele sind das nicht.

Ob jemand vorbestraft ist oder nicht, lässt sich leicht klären.

Dieser schlichte Fakt ist aber auch schon das einzig »Leichte«. Wie lange ist das her, was war das für eine Tat, bedeutet sie etwas für die nun zu verhängende Strafe?

Nicht anders ist es um Faktoren bestellt wie das »Vorleben des Täters«, sein »Verhalten nach der Tat«, die »Gesinnung, die aus der Tat spricht« und so weiter. Die Strafzumessung ist nicht nur ein weites Feld, das wir hier nicht zu betreten haben, sondern auch noch nicht richtig kartografiert, wissenschaftliche Diaspora. Eine Gesamtwürdigung der Tat und der Täterpersönlichkeit ist verlangt – »nehmt alles nur in allem« (Hamlet, als er noch nicht von des Gedankens Blässe angekränkelt war, die jeder Richter sieht, wenn er sich bei der Strafzumessung im Spiegel betrachtet).

Haben wir uns schließlich ein Bild von Tat und Täter gemacht, stellt sich die Frage: Wohin damit? Das Gesetz stellt nur Rahmen zur Verfügung und überlässt es dem Gericht, das Bild richtig einzupassen. Diese Strafrahmen sind nicht selten exorbitant weit. Bei Totschlag ist der Normalstrafrahmen aufgespannt zwischen mindestens fünf und fünfzehn Jahren. In besonders schweren Fällen aber »ist auf lebenslange Freiheitsstrafe zu erkennen«. In minderschweren Fällen hingegen darf man auch nur ein Jahr Freiheitsstrafe verhängen, und sollte eine verminderte Schuldfähigkeit hinzukommen, kann eine Geldstrafe ausreichen. Bei Totschlag, wohlgemerkt!

Das Problem der Strafjuristen ist der »Normalfall«. Wir bewegen uns in dem völlig unnormalen Bereich der vorsätzlichen Tötung und sollen nun sagen, was da »total normal« ist. Diese Frage nach dem Normalfall von Kriminalität stellt sich immer, bei jedem Delikt. Gesucht ist das Richtige im Falschen.

Es hat sich im Wien der Dreißigerjahre ereignet. Friedrich Torberg erzählt in seinem Buch *Die Tante Jolesch oder Der Untergang des Abendlandes in Anekdoten* aus der verlorenen Welt des jüdischen Bürgertums und der Boheme des habsburgischen Reiches. Der Anwalt Dr. Sperber verteidigte einen Einbrecher. Der Staatsanwalt legte ihm bei der ersten Tat strafschärfend zur Last, dass er die Frechheit besessen habe, am helllichten Tag zu stehlen, und bei der zweiten, dass er so tückisch gewesen sei, im Schutze der Dunkelheit einzubrechen. Da dröhnte Dr. Sperber dazwischen: »Herr Staatsanwalt, wann soll mein Klient eigentlich einbrechen?« Gar nicht, natürlich, aber das ist ja nicht der Witz an diesem Witz. Dr. Sperber hat gefragt, was denn der Normalfall des Einbruchs sei. Und diese Frage ist nicht mit dem alten Wien untergegangen. Sie stellt sich jeden Tag neu, überall in unseren Gerichtssälen. Man sollte sie vernünftig beantworten können, weil die Strafe für Einbruchdiebstahl nur drei Monate, aber auch zehn Jahre betragen kann.

Der schlichte Diebstahl ist nur mit Geldstrafe oder maximal fünf Jahren Gefängnis bedroht. Folglich wird um die Merkmale, die aus einem einfachen Diebstahl einen besonders schweren Fall machen, erbittert, scharfsinnig und spitzfindig gerungen. Jener Staatsanwalt hat ein Stichwort gegeben: »Im Schutze der Dunkelheit.« Es ist noch nicht lange her, dass in Deutschland der »Diebstahl zur Nachtzeit« schärfer bestraft wurde als der »normale« Diebstahl (ein aufgehobener Paragraf, aber immer noch ein gutes Beispiel).

Wann ist Nacht? Die klassische Antwort des Juristen – »das kommt darauf an« – ist hier berechtigter denn je. Auf den Zweck des Gesetzes nämlich kommt es an. In der Strafprozessordnung ist vorgeschrieben, dass nächtliche Haussuchungen nur durchgeführt werden dürfen, wenn jemand auf frischer Tat verfolgt wird, Gefahr im Verzug besteht oder ein ausgebrochener Sträfling gesucht wird, überdies an »verrufenen Orten«, wie es früher hieß, die also zum Beispiel als »Schlupfwinkel des Glücksspiels, des unerlaubten Betäubungsmittel- und Waffenhandels oder der Prostitution« bekannt sind. Damit die Polizei weiß, wann sie wo klingeln darf, ist die Nachtzeit im Gesetz geregelt. Sie »umfasst in dem Zeitraum vom ersten April bis dreißigsten September die Stunden von neun Uhr abends bis vier Uhr morgens und in dem Zeitraum vom ersten Oktober bis einunddreißigsten März die Stunden von neun Uhr abends bis sechs Uhr morgens«. Der

Vergleich mit den eigenen Lebensgewohnheiten kontrastiert bei den meisten Menschen mit anderen Vorstellungen. Am 1. April um 4.05 Uhr – »Aufmachen, Polizei!« – soll nicht Nacht sein?

Wie auch immer – für die Antwort auf die Frage, wann denn ein Diebstahl »zur Nachtzeit« begangen wird, können wir diese Definition der Zeiten, zu denen man Wohnungen durchsuchen darf, nicht brauchen. Dafür kommt es darauf an, weshalb schärfere Strafe für nächtlichen Diebstahl angedroht wird. Weil es, um jenen Wiener Staatsanwalt noch einmal zu bemühen, so gemein ist, dass einer im »Schutze der Dunkelheit« leichter unentdeckt entkommen kann? Dann ist im November abends um sechs Uhr tiefe Nacht. Oder weil Menschen, die in den Schlaf gesunken sind, nicht mehr wachsam sind, buchstäblich, was ihr Eigentum betrifft, und deshalb erhöht schutzwürdig? So gesehen kann im November um sechs Uhr am Nachmittag noch nicht Nacht sein. Wenn man sich nicht einigen kann, ist es am besten, das Problem abzuschaffen, und so ist es mit dieser Vorschrift geschehen.

Der Gesetzgeber muss möglichst genau bestimmen, was strafbar ist und wie sehr. Jede Definition eines Begriffs schließt nicht nur etwas ein, sondern grenzt auch aus. Da sind die Ungereimtheiten, wenn nicht Ungerechtigkeiten, unvermeidlich und vorgegeben.

Ein kleines Beispiel noch, wieder aus der Alltagskriminalität des Diebstahls (und als schnelle Reminiszenz an das Thema DNA: Bei Diebstahl gab es fast 120 000 Treffer, bei Delikten gegen die persönliche Freiheit keine 200). Schwerer bestraft wird, wer aus einer Kirche eine Sache stiehlt, die dem Gottesdienst gewidmet ist oder der religiösen Verehrung dient. Der Opferstock fällt nicht darunter; in diesem Zusammenhang stinkt Geld eben doch. Wer ein Bild stehlen will, sollte die Finger von der Madonna lassen. Es ist der religiösen Verehrung gewidmet. Sollte sich zum Beispiel ein Bild von der heiligen Susanna im Bade finden, wäre es besser, das von der Wand zu nehmen. Es ist nur Kunst. Sachen von Bedeutung für die Kunst zu stehlen, macht es zwar auch teurer, aber nur, wenn sich das Bild »in einer allgemein zugänglichen Sammlung befindet oder öffentlich ausgestellt ist«, und das kann man von einer meist abgesperrten Wallfahrtskapelle nicht behaupten.

Noch besser wäre es, Kirchen ganz zu meiden und sich auf weltanschauliche Vereinigungen zu spezialisieren, also etwa goldene Buddhas zu klauen oder es in einer Moschee zu versuchen. Das ist allerdings auch riskant, weil der Richter nicht an die im Gesetz genannten Fälle gebunden, sondern ermächtigt ist, auch andere als besonders schwer zu etikettieren. Das Gebot der gesetzlichen Bestimmtheit, sogar in der Verfassung festgeschrieben, ist hier nämlich gelockert und das Analogieverbot suspendiert. Lediglich anzuordnen, dass in besonders schweren Fällen eine schärfere Strafe verhängt werden darf, wäre zu allgemein, und genau definierte Fälle grenzen zu viel aus. So hat sich der Gesetzgeber darauf verlegt, Regelbeispiele für besonders schwere Fälle zu nennen, und es dem Richter zu überlassen, einerseits ausnahmsweise einen Regelfall nicht anzunehmen und andererseits nicht genannte, aber ähnlich schwere Fälle einzubeziehen.

Wo soll das hinführen?

Die Frage ist, ob sich der Richter das fragen darf. Bei der Bemessung der Strafe muss er es sogar. »Die Wirkungen, die von der Strafe für das künftige Leben des Täters in der Gesellschaft zu erwarten sind, sind zu berücksichtigen«, sagt das Gesetz. Wie aber ist das in der Station davor, in der zu entscheiden ist, welche Tat begangen wurde? Man sollte meinen, dass da eben einfach das Programm des Gesetzes abgearbeitet wird, ohne Blick auf die Folgen – für die ist ja schließlich das Gesetz verantwortlich. Der Richter stellt nur das »Wenn« fest, und das »Dann« folgt aus dem Gesetz. Man darf doch nicht auf die Folgen schielen, wenn man die Voraussetzungen klären will – oder doch?

Es gibt schließlich Spielräume der Auslegung. Wir setzen unsere »Diebstahlsserie« noch einmal fort. Zur Erinnerung: Die Entscheidung, dass es sich nicht um einen einfachen Diebstahl, sondern um einen besonders schweren Fall handelt, verdoppelt die Höchststrafe von fünf auf zehn Jahre. Die riskiert einer, der »eine Sache stiehlt, die durch … eine Schutzvorrichtung gegen Wegnahme besonders gesichert ist«. Das muss der spezifische Zweck der »Schutzvorrichtung« sein. Ein Gummi-Stropp über dem Fahrradkorb zum Beispiel soll vor allem verhindern, dass etwas herausfällt, nicht aber, dass einer aus dem Korb klaut; Paketschnüre dienen der Transportsicherung und hindern niemanden, das Paket mitsamt Inhalt wegzunehmen.

Und wie ist das mit diesen Dingern, die im Kaufhaus an der Kasse erst mühsam entfernt werden müssen, damit es nicht piepst, wenn man den Laden verlässt? Da hat sich jemand die teure Lederjacke angezogen und versucht zu gehen – Alarm. »Haltet den Dieb, was auch geschieht!«, und nun kommt die Anzeige wegen Diebstahls in einem besonders schweren Fall. Daraus wird aber nichts. Die Wegnahme ist nämlich vollzogen, wenn man die fremde Sachherrschaft (»Gewahrsam« wäre der Fachbegriff) gebrochen und eine eigene begründet hat. Das ist schon geschehen, sobald man eine Sache in die körpereigene Sphäre verbracht hat, zu Deutsch, wenn der Eigentümer dem Täter an die Wäsche müsste, um sie ihm wieder zu entreißen. Auch eine Beobachtung durch aufmerksames Personal oder Überwachungskameras ändert also nichts an dem Ergebnis, dass die Wegnahme bereits vollendet ist, wenn die Jacke »am Körper« ist. Das elektromagnetische Sicherungsetikett schützt nicht spezifisch vor Wegnahme, sondern macht es leichter, den Dieb zu erwischen. Es ist nur ein einfacher Diebstahl, den er begangen hat.

Sollte das dem Einzelhandel missfallen, dürfte dessen Lobby keine Chance haben, den Gerichten ein anderes Verständnis von »Wegnahme« aufzudrängen. Wo es einen Aufschrei gäbe, würde er überhört. Andererseits hört die Rechtsprechung durchaus in die Gesellschaft hinein und nimmt auf, was über Kopftuchverbot und Sterbehilfe und anderes gesprochen wird, was sie bewegt. Sie muss achtsam sein. Wie folgsam aber darf sie sein? Die Folgenorientierung des Rechts ist ein noch weithin ungeklärtes Problem, insbesondere die Orientierung an den gesellschaftlichen Folgen von Rechtsfolgen.

Von der Strafe zur Tat

Andererseits lässt sich nicht leugnen, dass Richter nicht mit Scheuklappen und dogmatisch verengtem Blick nur vom »Wenn« zum »Dann« denken, sondern auch die Rechtsfolgen im Blick haben, wenn sie über deren Voraussetzungen nachdenken. Das ist von geradezu biblischer Weisheit: »Bei allem, was du tust, denk an das Ende, so wirst du niemals sündigen«, heißt es in Jesus Sirach, oder, in antik-säkularisierter Form: *Respice finem.* Das bedeutet aber, sehr zugespitzt ausgedrückt, dass Rückschlüsse von den Folgen auf die Voraussetzungen stattfinden. Man müsste weltfremd sein, um das zu beanstanden.

Es waren zwei, die mit Strumpfmasken in die Bankfiliale gestürmt sind, schwer bewaffnet alle in Schach gehalten haben und mit Säcken voller Geld geflohen sind. Draußen wartete Charlie. Sein Job war es, ein Auto zu stehlen, damit vor der Bank zu warten, die Jungs in ein Versteck zu fahren und das Auto irgendwo abzustellen. Dafür sollte er 20 Prozent der Beute kriegen, die ansonsten fifty-fifty zwischen den anderen geteilt wurde.

Das Gericht musste sich nun überlegen, was Charlies Rolle war. Es gibt eine sehr komplizierte Dogmatik in Deutschland, die höchst feinsinnig »Täterschaft« und »Teilnahme« unterscheidet. Da tummeln sich einerseits, immer hübsch unterschieden, Alleintäter, mittelbare Täter, Mittäter, Nebentäter und andererseits Anstifter und Gehilfen. Anstifter werden bestraft wie die Täter und interessieren hier schon deshalb nicht – abgesehen davon, dass Charlie die anderen ja nicht erst auf die Idee zu dem Coup gebracht hat. Gehilfe könnte er sein. Das wäre gut für ihn, denn Gehilfen – und nur sie – bekommen Rabatt.

In anderen Ländern gibt es wegen dieser überschaubaren Rechtsfolgen die Vielzahl der deutschen Unterscheidungen nicht (wie zum Beispiel in Österreich, Italien, nordischen Ländern und übrigens auch in Deutschland nicht auf dem riesigen Gebiet der Ordnungswidrigkeiten). Alle sind dort Täter, und es kommt nur auf das Gewicht ihrer Rolle an. Abgeschichtet wird erst in der Strafzumessung. Deutsche Wissenschaftler finden diese Simplifizierung schrecklich (ahnen aber, dass anderswo das Gleiche herauskommt, und sollten wissen, dass ihre Spitzfindigkeiten in Europa nicht exportfähig sind).

Nach deutschen Regeln haben wir es mit Charlie nicht einfach. Ist er Mittäter oder Gehilfe? Dazu gibt es seit mehr als hundert Jahren so viele scharfsinnige, imposante und gelehrte Abhandlungen, dass eine Kurzfassung kaum zu entschuldigen wäre und zu rechtfertigen schon gar nicht – wenn es denn darauf ankäme.

In einem Seminar hatten wir einen ähnlichen Fall besprochen und die Richter einer Strafkammer zu Gast (was Studenten in aller Regel zunächst einmal desillusioniert und ernüchtert, sie aber voranbringt). Einer der Studenten, der sich sehr eifrig sehr viel Wissen angeeignet hatte, fragte zu diesem Fall, welchen Ansatz die Strafkammer wählen würde: die subjektive Theorie zur Unterscheidung von Täterschaft und Teilnahme, die vor allem darauf abstellt, ob der Beschuldigte den Willen hatte, Täter zu sein, und wenn diese, dann in der älteren Variante oder der neuen, oder ob sie das objektive Kriterium entscheidend sein lassen würde, wer denn die Tatherrschaft in Händen hielt, was man wiederum formal-objektiv oder auch anders sehen und überdies mit subjektiven Elementen anreichern könne, oder ob …

Der Vorsitzende der Strafkammer hörte sich all das geduldig an und sagte dann, leise ironisch und mit einem Anflug von Melancholie: »Ach, wissen Sie, wenn der Charlie drei Jahre kriegt, dann ist er Täter, und wenn wir ihm nur achtzehn Monate mit Bewährung geben, ist er Gehilfe.« Aufkeimendes Entsetzen über eine Theoriefeindlichkeit der Praktiker konnte ich mit der überzeugend wirkenden Darlegung dämpfen, dass nur eine lange Erfahrung, die an profundes Wissen anknüpft, zu einem solchen »Judiz« führen könne, einer derart ausgeprägten Urteilskraft. Ob ich davon zutiefst überzeugt bin, hat mich niemand gefragt.

Was denn eigentlich diese unsere Exkursion in den Dschungel der Strafzumessung mit dem Generalthema der Wahrheit im Strafprozess zu tun hat, dürfte jener Strafkammervorsitzende ebenso lakonisch wie schonungslos offengelegt haben. Wenn man von der als gerecht empfundenen Strafe auf das zurückschließt, was dem Angeklagten vorzuwerfen ist, dann hat man damit definiert, was als wahr ermittelt und festgestellt werden muss. Das ist, gelinde gesagt, sehr pointiert ausgedrückt. Es stellt ja auf den Kopf, wie es sein sollte: Erst fragen wir, was geschehen ist, das ordnen wir dann in einer rechtlichen Würdigung einem Straftatbestand zu, und als Drittes und Letztes ermitteln wir für dieses Delikt die gerechte Strafe.

So wird es im Urteil dargestellt. Aber es gibt eben auch diesen »venösen« Gedankenkreislauf von der Folge zurück auf die Tat, der verborgen bleibt. In einem späteren Kapitel über die Absprachen im Strafprozess wird es um diese hier nur als Menetekel an die Wand geschriebene Frage gehen, ob man etwa auch über die Wahrheit verhandeln darf.

Kapitel 17:

Das kann man doch im Stillen erledigen ...

Die skandalöse Frage, ob man etwa die Wahrheit wie eine Ware verschachern darf, stellt sich erst später. Kaum weniger prekär ist das Thema, wie viel Wahrheit eigentlich gebraucht wird – immer die »ganze«, oder darf es in manchen Situationen auch ein bisschen weniger sein?

Nicht nur in manchen Fällen ist das so, sondern in den weitaus meisten. Schon in der Mitte des neunzehnten Jahrhunderts hatte Preußen ein summarisches Strafverfahren eingeführt; »kurz und bündig« ging man da mit der Wahrheit um, und eine solche Verfahrensart normiert auch unsere Strafprozessordnung. Es gibt diverse Wahrheiten. An diesen Gedanken muss man sich vielleicht gewöhnen – darunter leiden jedoch sollte man nicht. Die Wahrheit ist kein Selbstzweck. Am Ende geht es um Gerechtigkeit.

Wahrheit light

Vor den großen Strafkammern spielen sich die Fälle ab, die man vor Augen hat, wenn es um die »ganze Wahrheit« geht. Für diese Verfahren ist das hier nachgezeichnete Modell der Wahrheitssuche im deutschen Strafprozessrecht gedacht und gemacht. Nun müssen wir allerdings Abstriche machen. Es gibt in einem Jahr nur etwa zwölftausend Verfahren solcher Art. Jahr für Jahr werden jedoch über fünf Millionen Straftaten bekannt. Was geschieht mit denen?

Schon die Staatsanwaltschaft filtert im Ermittlungsverfahren viele heraus. 1,3 Millionen Fälle werden eingestellt, weil sich der Verdacht nicht erhärtet hat. Besteht er fort, gehen die Justizbehörden dennoch nicht allen Fällen akribisch auf den Grund. Die Einstellung wegen Geringfügigkeit erfolgt über eine Million Mal. Dazu muss man eben nicht »durchermitteln«, bis man bis im Detail weiß, was geschehen ist und ob jemand Schuld daran trägt. Wenn rasch klar ist, dass allenfalls der Vorwurf geringer Schuld erhoben werden könnte, wäre es Zeitverschwendung, der Sache weiter nachzugehen (im Kapitel »Illegal und doch egal« war davon schon die Rede).

In 250 000 Fällen wird gegen eine Geldauflage eingestellt; das ist eine Art – zumindest eine Vorstufe – von Absprache und deshalb später noch einmal genauer zu betrachten.

Über eine Million der Fälle wird auf »sonstige« Weise erledigt. Das ist nicht anrüchig, sondern nur rechtstechnisch zu verstehen – Verbindung mit anderen Sachen zum Beispiel oder Abgabe an die Verwaltungsbehörde, weil es sich um eine Ordnungswidrigkeit handelt.

In fast 600 000 Fällen beantragt die Staatsanwaltschaft einen Strafbefehl. Und da haben wir sie, die »Wahrheit light«. Das ist nur eine Beschreibung und kein negatives Werturteil. Das Verfahren läuft so ab: Die Staatsanwaltschaft stellt einen Strafbefehlsantrag beim Amtsrichter. Darin legt sie summarisch dar, was sie dem Beschuldigten vorwirft und welche Strafe sie beantragt. Das kann sogar ein Jahr Freiheitsstrafe auf Bewährung sein; meist ist es eine Geldstrafe. Der Antrag ist kurz und knapp, das Formular eines Einheitsmietvertrags aus dem Schreibwarengeschäft ist oft länger. Der Richter hat drei Möglichkeiten: Er kann ihn unterschreiben, ablehnen oder sagen, der Fall müsse öffentlich verhandelt werden. Er darf aber nichts ändern, also zum Beispiel die beantragten hundertfünfzig Tagessätze durchstreichen und durch hundert ersetzen. Ganz oder gar nicht, ist die Devise. Meist unterschreiben die Richter.

Es erinnert an ein Unterwerfungsverfahren. Mal sehen, ob

der Beschuldigte das akzeptiert. Er kann ja Einspruch einlegen und die normale öffentliche Verhandlung erzwingen. »Unterwerfungsverfahren« – das klingt martialischer, als es ist. Viele der Betroffenen lieben es. Das Verfahren ist nicht öffentlich – die Beschuldigten atmen auf. Keiner sieht es, keiner hört es. Wahrscheinlich wird nichts in der Zeitung stehen. Man muss nicht vor Gericht erscheinen, sondern kann zu Hause bleiben. Es ist ein rein schriftliches Verfahren. Einen Verteidiger braucht man auch nicht immer. Und man hat die Sache vor allem schnell vom Hals. Vorbestraft ist man schon. Aber wenn sich das Strafverfahren vermutlich ohnehin nicht vermeiden lässt, dann doch lieber so, als mit dem ganzen Tamtam einer öffentlichen Hauptverhandlung mit Schöffen, Anwesenheitspflicht, Presse und anderen Lästigkeiten. Und falls man es schafft, nicht mehr als neunzig Tagessätze Geldstrafe zu bekommen, wird das zwar im Strafregister eingetragen, aber nicht ins Führungszeugnis aufgenommen – man darf sich als nicht vorbestraft bezeichnen.

Wer die Sache nicht so aus der Welt schaffen, sondern kämpfen will, riskiert zunächst einmal, dass die Strafe nach der Gerichtsverhandlung, die dann stattfindet, höher ausfällt. Das ist anders als bei den Rechtsmitteln der Berufung und der Revision, bei denen es nicht schlimmer kommen kann, wenn nur der Verurteilte in die nächste Instanz geht. Da gilt das Verbot der *reformatio in peius*, »Verschlechterungsverbot« auf Deutsch, weil niemand, der weiterkämpfen will, befürchten soll, dass man ihn noch härter verurteilen könne. Diese »Rechtswohltat«, wie das Recht sich selbst lobt, wird im Strafbefehlsverfahren nicht gewährt, weil das Gericht da ja nur summarisch entschieden hatte und noch nicht gründlich zu Werke gegangen war. Außerdem steht dem Kämpfer in der Hauptverhandlung nach einem Einspruch eine Waffe nicht zur Verfügung: Das Beweisantragsrecht hat der Gesetzgeber gestrichen, damit alles flotter vonstatten geht. So rosig sind die Aussichten nach einem Einspruch also nicht.

Andererseits ist es nicht ganz fair, ohne Anführungszeichen von einem »Unterwerfungsverfahren« zu sprechen, weil sich niemand unterwerfen muss. Da werde ja, so betont die Justiz, dem Beschuldigten keineswegs ein nicht überprüftes Angebot in der stillen Hoffnung unterbreitet, er werde es einfach abnicken; der Richter habe schließlich die Tatsachen zu prüfen, auf die ein Strafbefehl gegründet sei, ehe er ihn unterschreibt.

Das tut er zwar nicht wirklich – wie auch –, aber ein bisschen wenigstens, sozusagen die Plausibilität. Er geht ja, vor dem Antrag der Staatsanwaltschaft sitzend, nur mit sich ins Gericht und nicht mit dem gesamten Stoff und allen Beteiligten vor Gericht. Dass die Wahrheit, die ihm dann vor Augen steht und die ihn zur Unterschrift veranlasst, nicht vergleichbar ist mit der, die in Monaten vor der Strafkammer mühsam ermittelt wird, dürfte unbestreitbar sein. Wahrheit light ist also nicht übertrieben.

Nach der Ansicht vieler Juristen ist es sogar untertrieben, weil es im Strafbefehlsverfahren gar nicht darum gehe, die Wahrheit festzustellen. Der Richter müsse nicht von Tat und Schuld überzeugt sein. Er dürfe schon unterschreiben, wenn er den Beschuldigten für »hinreichend verdächtig« halte. Das Argument findet sich im Gesetz. Meint der Richter, dass hinreichender Tatverdacht nicht gegeben sei, muss er den Erlass eines Strafbefehls ablehnen.

»Na also«, lautet der Umkehrschluss, »dann reicht dieser Verdachtsgrad doch aus, um dem Antrag der Staatsanwaltschaft zu entsprechen!« Darum wird heftig gestritten, weil nicht sein kann, weil nicht sein darf: Ein Strafbefehl steht einem rechtskräftigen Urteil gleich, und ein Urteil, das sich nur auf Verdacht gründe, sei nicht akzeptabel; mittelalterlicher Unfug, für den in unserem Rechtsstaat kein Platz ist. Auch diese ehrenwerte Ansicht muss allerdings einräumen, dass die Strafbefehlswahrheit eine andere ist als eine Schwurgerichtswahrheit, eine Wahrheit nämlich auf schmaler Grundlage, keinem Belastungstest ausgesetzt, nie kontrovers diskutiert, einseitig für plausibel gehalten – Wahrheit light eben, im besten Falle.

Noch einmal die Relationen: Unsere Modell-Wahrheit wird erforscht und festgestellt in zwölftausend Fällen, die vor der Strafkammer verhandelt werden. So steht jedenfalls zu hoffen. Schöffengerichte bemühen sich darum auch, in über vierzigtausend Fällen. Dagegen steht die Masse der Strafbefehlsverfahren, fünfzig Mal so viele wie vor der Strafkammer.

Nur dieser Statistik wegen soll hier noch eine Besonderheit erwähnt werden: Man kann auch, nachdem vor dem Amtsgericht Anklage erhoben und das Verfahren bereits eröffnet worden ist, noch in das schnelle schriftliche Strafbefehlsverfahren übergehen, insbesondere, wenn der Angeklagte nicht erschienen ist. Allein das geschieht über fünfundzwanzigtausend Mal, doppelt so häufig also wie eine Erledigung durch Strafkammern.

Bei der Frage, ob es die Wahrheit »gibt« oder ob sie erst im Prozess entsteht, wer sie erforscht oder konstruiert, hatte ich das Bild gebraucht, dass die Wahrheit nach dem deutschen Prozessmodell wie ein Goldstück gesehen wird, das es zu finden gilt, wobei die Schürfrechte beim Gericht liegen. Diesem Bild kann man nun eine weitere Facette hinzufügen: Goldstücke sind selten. Das macht sie natürlich nicht weniger wertvoll, im Gegenteil. Nach alledem, was gerade zur Kenntnis zu nehmen war, muss man sich aber fragen, ob die Wahrheit vor Gericht eine Währung ist, die von einem Goldstandard gedeckt ist. Wird Gerechtigkeit nicht auch, wenn nicht sogar vor allem, in anderer Währung gehandelt?

Von den Strafbefehlsverfahren haben nicht nur die Täter (beziehungsweise die dringend Tatverdächtigen ...) etwas, die unauffällig, schnell und in jeder Hinsicht relativ billig die Sache hinter sich lassen können. Die staatliche Strafgerichtsbarkeit würde zusammenbrechen, wenn sie jedes Verfahren durch ein

Urteil nach einer Hauptverhandlung erledigen müsste. Das könnte sie (sich) nicht leisten.

Es ist dies das dritte der sarkastischen Trias klassischer juristischer Argumente: »Das haben wir schon immer so gemacht; das haben wir noch nie so gemacht; wo kämen wir denn da hin?« Diese furchtsame Sorge hat leider ihre Berechtigung, nicht nur in der soeben erörterten Beziehung.

Wo kämen wir hin, wenn es keine Absprachen im Strafverfahren gäbe? Auch hier heißt es, dass ohne sie die Justiz zusammenbrechen würde. Das ist wohl so. Die Gegner tragen vor, dass durch Absprachen die Grundpfeiler der Gerechtigkeit umgestürzt würden. Müssen wir also in und mit Trümmern leben?

Zu wahr, um schön zu sein

Ein erstes Beispiel für Absprachen soll und wird die Zweifel an ihrem Sinn oder Wert nicht auslöschen.

Der alte Herr brauchte Rat in einer Steuerangelegenheit. Er war sehr reich. Das Unternehmen, das er aufgebaut hatte, war in aller Welt bekannt. Viele Regierungen suchten den Kontakt zu ihm. So war er auch Konsul geworden, sagen wir, von Fantasien. Am Ende unseres Gesprächs schärfte ich ihm ein: »Wenn es bei Ihnen einmal klingelt, dann sagen Sie drei Sätze: Sie können hier nicht rein. Ich bin Konsul von Fantasien. Ich rufe meinen Anwalt an.«

Seine Frage, was das denn solle, konnte ich nicht plausibel beantworten; es ist nur so ein Gefühl gewesen.

»Ach und bitte, könnten Sie mir diese drei Sätze einmal wiederholen?« Er war eben doch schon sehr alt.

Wenige Tage danach stand Besuch vor der Tür. »Ich bin Staatsanwalt Ludwig, und das ist Herr Meier vom Landeskriminalamt. Wir haben eine anonyme Anzeige bekommen; Sie sollen eine Kalaschnikow im Tresor haben.«

»Ja, das stimmt, kommen Sie bitte herein.« Der alte Herr ließ Kaffee anbieten und bat seinen Chauffeur Martin, die Herren zu begleiten. Er selbst konnte den Tresor nämlich gar nicht öffnen. Hätte er an der Türe den Zauberspruch der drei Sätze oder wenigstens gelogen und Nein gesagt, dem Martin im Nebenzimmer zugeraunt, er solle einmal mit dem Hammer draufhauen und das Ding in den Fluss werfen, der hinter dem Haus strömte, wäre nichts passiert. Eine Kalaschnikow fällt unter das Kriegswaffenkontrollgesetz. Einfuhr, Besitz, so gut wie alles ist mit mindestens einem Jahr Freiheitsstrafe bedroht und also ein Verbrechen.

»Wie um alles in der Welt«, fragte ich ihn, »kommen Sie an eine Kalaschnikow?«

Er war vor Jahren Berater der Regierung des Staates Sconosciuto gewesen, und sein Gastgeber, der Staatspräsident, erzählte ihm, dass es sich um die Waffe eines Leibwächters des Potentaten vom Nachbarstaat Ignoto handele, der mit dem Flugzeug auf dem Territorium vom Sconosciuto abgestürzt und mit allen Insassen ums Leben gekommen sei. Es wäre ihm eine Ehre, dem berühmten deutschen Gast dieses Präsent überreichen zu dürfen.

Nun haben die Geschäfte, derentwegen mein Mandant unterwegs war, mit Waffen so viel zu tun wie Fisch mit Fahrrad. »Aber wie«, fragte ich, »haben Sie denn dieses abstruse Geschenk durch den Zoll in Deutschland gebracht?« (Nach der Security in Sconosciuto habe ich mich nicht erkundigt.)

»Ich bin Diplomat, reise mit meinem Privatflugzeug und werde nicht kontrolliert.« Wie konnte ich daran nicht denken.

Und nun? Es war in der Tat so wie in der Anzeige beschrieben, dass mein Mandant ein großes Fest gegeben und daselbst ein Gast gequengelt hatte, er möge doch dieses Souvenir, von dem das Gerücht ging, endlich einmal präsentieren. Die Dame war schön und der Gastgeber schwach. Martin – nur er konnte es ja – öffnete den Tresor. Da waren keine Wertsachen drin, nur Cowboyhüte, peruanische Stoffpuppen, Krimskrams-Souvenirs aus aller Herren Länder und eben die Kalaschnikow. Sie ging jetzt unter vielen Ahs und Ohs durch die Reihen, ach wie gruselig, und wanderte dann wieder zu den Kuscheltieren und Schrumpfköpfen in den Tresor.

»Was nun?«, lächelte der Staatsanwalt mich an (nicht ohne den Hinweis, dass er bei mir vor Jahren in der Strafrechtsvorlesung gewesen sei). Man muss irgendwie von dieser Mindeststrafe runter und aus der Kategorie »Verbrechen« raus, denn da gibt es nur die Anklage und sonst nichts. Es würde schon sehr helfen und zum minderschweren Fall führen, wenn die Waffe nicht funktionsfähig wäre. Sie sah aber sehr intakt aus, und der Präsident von Sconosciuto würde doch nicht Zierschrott verschenken. Ich hatte den Mandanten aus Angst vor seiner Antwort nicht gefragt, ob er sie in jenem fernen Land etwa ausprobiert habe. Einem geschenkten Gaul schaut man nicht ins Maul und einem Gewehr nicht in die Mündung.

So konnte ich behaupten, dass er sich in dem Irrtum befunden habe, eine Deko-Waffe geschenkt bekommen zu haben. Wäre er bei dem Gespräch mit dem Staatsanwalt dabei gewesen, hätte er mir womöglich widersprochen. Und außerdem hatte ich mir die Gästeliste jenes illustren Festes geben lassen. Da stand auch der Innenminister des Landes darauf. »Mein Mandant, Herr Staatsanwalt, hat den Herrn Minister gefragt, was er denn mit der Kalaschnikow machen solle, und der hat ihm gesagt: ›Verwahren Sie die wie bisher sicher im Tresor.‹ Sollte es zu einer Hauptverhandlung kommen, wird es nötig sein, den Innenminister als Zeugen zu hören.«

Ein langer, prüfender Blick des Staatsanwalts. »Und das stimmt?«

Ich habe mit einem noch längeren Blick schweigend geantwortet, in der Hoffnung, mein Gegenüber sehe die besseren Karten in meiner Hand. Wir haben uns dann auf einen sehr, sehr teuren Strafbefehl geeinigt, neunzig Tagessätze nur, aber den Höchstsatz.

Das war ein »Deal«, also eine anrüchige, heimliche Absprache. Sie stand später dann doch in der Zeitung, durchgesteckt wahrscheinlich von den Gleichen, die Anzeige erstattet hatten; der Kreis der zerstrittenen Familie war groß genug. Der Mandant hat die enorme Summe bezahlt und galt als nicht vorbestraft. Verstanden hat er es nie, weshalb er für ein Souvenir hätte ins Gefängnis kommen können und warum er sich so teuer vor ernster Strafe schützen musste.

Der Staatsanwalt und ich, wir waren uns im Stillen einig, dass wir es nicht mit dem typischen Fall zu tun hatten, um dessentwegen das martialische Kriegswaffenkontrollgesetz geschaffen wurde. Wir haben von der sinnvollen Rechtsfolge, also dem Ergebnis her, auf die benötigten Voraussetzungen geschlossen und sie zwar nicht »geschaffen«, aber sortiert. Das ist es, was die Absprachen anrüchig macht.

Es ist der Staat selbst gewesen, der sie provoziert und von ihnen profitiert hat.

Der Millionärsparagraf

So hat man ihn zu Unrecht genannt, als er eingeführt wurde. Der Anlass war ebenso harmlos wie einleuchtend. Unser Sanktionensystem kannte die Einstellung wegen Geringfügigkeit und als nächste Stufe den Strafbefehl. Dazwischen war nichts. Es gab aber Fälle genug, in denen das erste zu lasch und das zweite zu harsch war. Da verfiel der Gesetzgeber im Jahr 1974 auf die Idee, eine Einstellung unter Auflagen zu kreieren. Sie war gedacht für die Fälle kleiner, aber nicht unbedeutender Kriminalität.

Ursprünglich war die Konstruktion die, dass geringe Schuld zusammentreffen musste mit einem durchaus vorhandenen öffentlichen Interesse an Strafverfolgung, das aber durch Auflagen oder Weisungen beseitigt werden konnte. Von diesen Instrumenten erlangte die größte Bedeutung die Auflage, »einen

Geldbetrag zugunsten einer gemeinnützigen Einrichtung oder der Staatskasse zu zahlen«. Die Praxis dehnte den Anwendungsbereich auf die mittlere Kriminalität aus. Der Gesetzgeber hat das nachträglich gebilligt und durch ein »Rechtspflegeentlastungsgesetz« die Latte noch niedriger gelegt: Nun ist es so, dass es für eine Einstellung gegen Geld genügt, dass »die Schwere der Schuld nicht entgegensteht«.

Das ist eine schicke Sache. Davon muss man die meisten Mandanten allerdings erst einmal überzeugen. Sie meinen nämlich, dass ihnen ein Bonbon am Hemd klebt. Daran ist richtig, dass nach überwiegender Ansicht (es herrscht Streit, wie immer unter Juristen) hinreichender Tatverdacht erforderlich ist. Der Staatsanwalt könnte also auch anklagen, lässt sich das öffentliche Interesse an Strafverfolgung aber abkaufen. Da muss der Beschuldigte mitmachen. »Dann jedoch«, so sagt er, »habe ich doch nicht nur gezahlt, sondern auch Schuld eingestanden.«

»Nein«, beruhigt ihn sein Anwalt, »unser oberstes Gericht hat entschieden, dass die Unschuldsvermutung unberührt bleibt. Außerdem merkt es doch niemand, denn diese Einstellung wird in keinem Register verzeichnet.«

»Aber ich«, klagt der Mandant, »ich persönlich fühle mich moralisch befleckt.«

Die Entgegnung, dass es im Strafrecht nicht um Sünden, Ablass und Vergebung gehe, wäre unzulänglich. Der Anwalt sollte warnend einräumen, dass andere in dem Einverständnis mit der Einstellung gegen Geld durchaus ein Präjudiz für ihre Forderungen auf Schadensersatz sehen, ihn auch berufsrechtlich bedrängen könnten, ob er denn noch ganz und gar zuverlässig sei, und so weiter, und dass da eben noch einiges auf ihn zukommen könnte und abzureiten sei. Alles allemal besser als eine Verurteilung. Schlechter allerdings als ein Freispruch. »Ich will nicht nur«, empört sich der Mandant, »nach einer Einstellung von Rechts wegen als unschuldig gelten, sondern durch einen Freispruch bestätigt haben, dass ich es auch bin!« Das ist mehr als verständlich. Aber ein Zweikampf, in dem es nur um die Ehre geht, kann eben tödlich enden. Justitia trägt ein scharfes Schwert, und man kann sich nie sicher sein, ob sie nicht manchmal doch unter der Binde hervorblinzelt und wissen will, wer ihr da Schwierigkeiten bereitet.

Auch für den Staat ist diese Art, ein Verfahren zu erledigen, eine schicke Sache. Dabei kommt schon was rum. Irgendwelche Vorschriften darüber, wie so eine Geldauflage zu bemessen ist, existieren nicht. Hier gibt es wirklich die »nach oben offene Richter-Skala«. Derzeit endet sie offenbar bei den hundert Millionen Dollar, die Bernie Ecclestone bezahlt hat.

Solche Abschlüsse erwecken den Eindruck, dass sich alles mit Geld erledigen lasse. Das ist nicht wahr. Schließlich muss ja auch das Gericht zustimmen, das die Sache zu verhandeln hätte oder verhandelt hat. Aber die Intransparenz des Einstellungsverfahrens macht es der Justiz schwer, Legitimität an den Tag zu legen.

Auch an anderer Stelle ist der Lack ab. Bis vor nicht allzu langer Zeit konnte jeder der Beteiligten und Betroffenen in dem schönen Gefühl leben, etwas Gutes zu tun. Die Geldauflagen kamen zunächst ganz oder überwiegend gemeinnützigen Institutionen zugute. War ich nicht, obwohl es nicht mein Geld war, ein Wohltäter, wenn ich mit dem Gericht übereinkam, solche Auflagen an ärztliche Institutionen zu lenken, die in fernen Landen nun anstatt in einer schmutzigen Baracke in einem sauberen OP das Schlimmste kurieren würden, oder das Geld an ein Hospiz für unheilbar krebskranke Kinder zu lenken?

Wer sich heute noch als Samariter fühlen möchte, als selbstloser Helfer, wird seine stille Eitelkeit nicht bedient sehen. In einem ersten Schritt wurden die Zahlungen geteilt: Ungefähr die Hälfte an den Staat, und zwar an das Bundesland, in dem das Gericht zu Hause war, und ungefähr die andere Hälfte an gemeinnützige Einrichtungen in ebendiesem Staat. Dann kam die Sitte auf, mehr oder weniger alles an den Staat zu leiten. Das hat mit einem wohltätigen guten Gewissen so viel zu tun wie die Entrichtung von Grundsteuer oder ähnlich abstrakten Abgaben, von denen man nur weiß, dass sie der öffentlichen Hand helfen, nicht aber den vielen ausgestreckten Händen, die vergeblich um Hilfe bitten.

Wie auch immer – über einen »Millionärsparagrafen« reden wir nicht. Es gibt einige wenige spektakuläre Fälle, gewiss, entweder sensationell, weil die Summen so hoch sind, die gefordert und bezahlt wurden, oder suspekt, weil sich jemand »freigekauft« zu haben schien, den die entrüstete Öffentlichkeit lieber in öffentlicher Hauptverhandlung vor den Schranken des Gerichts gesehen hätte. Ent-rüstet ist die Öffentlichkeit buchstäblich, weil sie dagegen keine Waffen in der Hand hat. Im Normalfall jedoch wird, von derselben Öffentlichkeit unbemerkt, mittlere Alltagskriminalität, die keinerlei Entrüstungspotenzial in sich trägt, gegen allenfalls vierstellige Summen erledigt.

Dazu braucht es ein Übereinkommen zwischen der Staatsanwaltschaft, dem Gericht und dem Angeklagten mit seinem Verteidiger. Eine Absprache im (mittlerweile) technischen Sinn ist das nicht. Und diese Art der Erledigung hat auch keinen Pferdefuß. Oder wird er nur verdeckt von den Roben der Akteure?

Der Teufel, an die Wand gemalt

Niemand, der damals für die Einführung dieser Einstellungsvorschrift war, wusste, dass er damit das Zeichen des Teufels an die Wand malte, und wer es insgeheim wusste, wollte es entweder auch – oder wollte es nur nicht wahrhaben. Er wurde früher auch nicht an die Wand gemalt, der Teufel, sondern über die Tür, statt des Segenszeichens C + M + B. Die schon im Mittelalter gängige Redensart war, dass man den Teufel nicht über die Tür malen müsse, weil er ohnehin von selber komme. Lieber also C + M + B.

Strafrechtlich könnte man hinter C den Codex sehen, das Gesetz und die Treue zu ihm, M als Symbol für die Mündlichkeit deuten und B mit dem Beweis der Wahrheit verbinden. Heilige Könige dürften in dieser Perspektive C und B sein, während es sich M gefallen lassen müsste, als Prinz bezeichnet zu werden, wobei es auf den Rang der prozessualen Royalitäten hier nicht so sehr ankommt. Haben sie denn abgedankt, sind sie etwa zum Teufel?

Das lassen wir einstweilen offen. Jedenfalls ist der Teufel tatsächlich von selbst gekommen. Wenn man schon darüber verhandeln kann, ob ein Prozess sein und ob es Strafe geben muss, was steht dann alles zur Disposition?

Ganz sicherlich nicht die Wahrheit, schwor der Gesetzgeber bei seiner Reform, mit der den Absprachen (unter dem Synonym »Verständigung«) die Ehre gesetzlicher Regelung widerfuhr. Ob er da die Wahrheit über die Wahrheit gesagt hat, werden wir sehen.

Blenden wir erst noch einmal zurück. Nachdem jene Einstellung gegen Geld als Instrument zur Beendigung von Strafverfahren zur Verfügung stand, wurde getestet, wie weit man gehen und was man damit alles aushebeln konnte. Nach dem klassischen Modell der Strafprozessordnung hatte der Verteidiger im Ermittlungsverfahren kaum eine Chance, Einfluss zu nehmen und irgendetwas zu bewirken. Nun gab es auf einmal dieses konsensuale Element; Einstellung, wenn sich alle einig sind. Mitreden, mitgestalten, initiativ werden – was für eine Perspektive! Einen Pakt konnte man schließen. Für die Traditionalisten war und ist es noch immer ein Pakt mit dem Teufel.

Kapitel 18:

Segen oder Fluch – die Absprache

Keine zehn Jahre nachdem jener vermeintliche »Millionärsparagraf« geschaffen worden war, veröffentlichte ein Strafverteidiger unter dem Pseudonym »Detlef Deal aus Mauschelhausen« einen Aufsatz über die gängig gewordene, apokryphe Praxis heimlicher Absprachen zwischen dem Gericht, der Staatsanwaltschaft und der Verteidigung. Damit war die Diskussion eröffnet. Sollte man etwa die Tageskurse von Wahrheit und Gerechtigkeit untereinander ausmachen können, feilschend wie in einem Basar?

Noch einmal: Trau, schau, wem

Gesetzlich geregelt war erst einmal nichts, außer jener Einstellung gegen Auflagen. Aber es muss ja nicht unbedingt diese Art der Verfahrensbeendigung sein, über die man reden kann. Wie strukturieren wir das Verfahren, was könnte herauskommen? Es gibt durchaus »harmlose« Absprachen.

In erster Instanz hatte ich den Mandanten nicht verteidigt. Es war ein Zahnarzt, der in großen Mengen Gold gekauft und in den Tresor gelegt, es aber als Zahngold steuerlich angesetzt hatte. Vor dem Landgericht hatte er beharrlich geschwiegen (was ja selten sinnvoll ist, wenn die Urkunden sprechen) und war nach dreißig mühevollen Tagen Hauptverhandlung wegen Steuerhinterziehung zu drei Jahren und sechs Monaten Freiheitsstrafe verurteilt worden. Die Revision hatte Erfolg, weil der

Schaden zu hoch angesetzt war: Die Hälfte wäre richtig gewesen, entschied der BGH und verwies die Sache zu neuer Verhandlung zurück.

Zu deren Vorbereitung rief mich der Vorsitzende Richter an, vereinbarte einen Besprechungstermin und setzte hinzu, dass ich schon mal alle Unterlagen über die finanzielle Situation des Mandanten mitbringen solle. Ihm ging es, ohne dass er das gesagt hätte, um die Höhe von Bewährungsauflagen – was sonst? Denn die Quizfrage, was herauskommen werde, wenn einer, der dreieinhalb Jahre bekommen hat, nun nur wegen der halben Schadenssumme verurteilt werden darf, die würde selbst in einer Spielshow jeder richtig beantworten. Ungefähr die Hälfte eben, also Bewährung, irgendetwas zwischen achtzehn und vierundzwanzig Monaten. Und kein Gegner von Absprachen wird vernünftige Argumente dafür finden, diesen Fall noch einmal von vorn zu verhandeln, als wäre nichts geschehen – außer eben, dass er aus Prinzip dafür sei, Prinzipien immer zu folgen.

Der nächste Fall hingegen scheint abscheulich und geeignet, jeden zum energischen Gegner von Absprachen zu machen. Ich kannte den Richter nicht nur aus einer Hauptverhandlung. Wir waren uns auch einmal in einer Autowerkstatt begegnet. Zu jenen schon länger zurückliegenden Zeiten hatte ich das Gefühl, ein Mal im Leben sollte ich diesen rasend schnellen, rasend schicken Sportwagen fahren, und hätte nie gedacht, dass ein Vorsitzender Richter auch so ein Gefährt besitzt.

Jahre später trafen wir uns zufällig auf der Straße und gerieten ins Plaudern. Ob ich denn von diesem Auto noch begeistert sei? »Den habe ich wieder zurückgegeben, war ja nur geleast.« Auf seine entgeisterte Frage nach dem Warum antwortete ich unter anderem, dass da ja noch nicht einmal die Akten eines Falles hineinpassen würden (Akteneinsicht wurde damals noch nicht elektronisch, sondern in Form von Umzugskartons gewährt, in die man Leitzordner gequetscht hatte). »Sie haben«, rief er aus, »die falschen Fälle!« Er war ein geistreicher Spötter.

»Apropos, haben wir nicht mal wieder eine gemeinsame Verhandlung?«

»Eigentlich ja«, sagte ich, einen dieser Niederlassungsleiter vom Bau, der, wie alle anderen Firmen auch, in die Schmiergeldaffäre verwickelt sei; ich würde den Fall aber wohl abgeben, weil mir die Zeit fehle, die Berge von Akten zu lesen.

»Kommen Sie, wer liest denn Akten! Wir warten auf die Anklage, treffen uns mal im Café, überfliegen die Anklage und machen dann was aus.« Er war ein gnadenloser Spötter. Nach einem Intermezzo über Sportwagen streckte er mir die Hand entgegen: »Wozu wollen wir denn auf die Anklage warten? Ist ja doch immer wieder dasselbe, und ich stecke die älteren Herren nicht ins Gefängnis. Also machen wir zwei Jahre mit Bewährung und hunderttausend Auflage?« Abgemacht.

Genau so kam es dann auch. Er führte die Hauptverhandlung souverän. Und er hatte alle Akten gelesen, bis ins Detail. Recht hatte er auch – ein Fall glich dem anderen, und die marginalen Unterschiede waren nicht geeignet, das Zünglein an der Waage der Justitia zu bewegen.

Ein drittes und letztes Beispiel aus den Zeiten vor der Reform, das sich eben wegen dieser Reform nicht wiederholen wird. Man könnte es den asymmetrischen Deal nennen. »Unter dreieinhalb Jahren werde ich in meinem Plädoyer nicht gehen«, sagte mir der unbeugsame Staatsanwalt. »Was die Staatsanwaltschaft beantragt, spielt für mich keine Rolle«, sagte mir die Vorsitzende Richterin, »wir werden zu zwei Jahren mit Bewährung verurteilen. Ich muss nur den einen Beisitzer noch dazu überreden, seine Zweifel aufzugeben, aber das gelingt mir, verlassen Sie sich darauf.« So war es denn auch.

Sich verlassen, das war Problem in allen diesen drei Fällen. Verlassen hat man sich auf ein Wort, einen symbolischen Handschlag. Trau, schau, wem. Dem deutschen Gesetzgeber jedoch sind Gentlemen's Agreements so fern wie es das englische Recht ist. Er hat nun alles fein säuberlich regeln wollen. Verträge anstelle von Vertrauen, war der Gedanke. Aber auch auf den Bestand von Verträgen muss man vertrauen können, und das hat einem der Gesetzgeber nicht leicht gemacht.

Die unverständliche Verständigung

Die Gegner aller Absprachen halten dafür, dass mit ihnen viele Grundsätze des deutschen Strafprozesses tangiert, verletzt, verraten werden. Da haben sie recht.

Wer für Verständigungen ist, hält dagegen, dass es ohne sie nicht geht. Das sind viele Richter, Staatsanwälte und Verteidiger. Sie haben ebenfalls recht.

Der Gesetzgeber hat sich angeschickt, es allen recht zu machen. Das war ungeschickt. Er hat eine Chimäre geschaffen, ein Mischwesen. In der antiken Mythologie hatte dieses feuerspeiende Fabeltier eine Löwenfratze und einen Ziegenschädel. Jeder, der schon damit gescheitert ist, Absprachen anzubahnen, oder der es geschafft hat, sie zustande zu bringen oder hat erleben müssen, wie sie aufgekündigt werden, wird sich sein eigenes Fabeltier zusammenstellen. Teile eines Schmusekätzchens mit eingezogenen Krallen dürften meist erkennbar sein. Wie immer es aussehen mag – wir wollen ja nur wissen, ob es die Wahrheit überfällt, tötet oder gar verspeist. Dazu müssen wir seine Spuren verfolgen. Es kann aus unterschiedlichen Richtungen kommen.

Oft geht die Initiative zu einer Verständigung vom Gericht aus, selten von der Staatsanwaltschaft und häufiger von der Verteidigung. Wann, wenn überhaupt, der Schatten einer Verständigung auf das Verfahren fällt und ob sie dann Gestalt annimmt, weiß man nie. Das kann schon im Vorverfahren sein. Ich bin einmal, Arm in Arm sozusagen, mit dem Staatsanwalt zum Richter gezogen, dem wir eröffnet haben, dass wir uns einig seien, was ihn zu dem Ausruf provozierte: »Ich bin doch nicht euer Notar!« Aber mitgemacht hat er doch, und insgeheim auch gerne.

Im Zwischenverfahren, also nach Erhebung der Anklage und vor der Eröffnung des Hauptverfahrens, bittet das Gericht manchmal zum Gespräch. Der Verteidigung solle doch klar sein, dass ein Freispruch eher fernliegend sei, und der Staatsanwaltschaft, dass auch eine nicht enden wollende Beweisaufnahme zu nicht viel führen könne; es sei naheliegend, sich zu verständigen. Dieser Gedanke keimt manchmal auch erst spät in der Hauptverhandlung auf. Da hat die Staatsanwaltschaft Feuer gespien, die Verteidigung gekämpft wie ein Löwe, und nun liegen beide ermattet vom Kampfe im Schatten des Tempels der Justitia, aus dem der Richter heraustritt, mit der Waage in der Hand. Die Argumente sind sortiert und abgewogen; viel Neues wird sich in den nächsten Runden nicht ereignen. Er macht kund, wohin der Zeiger der Waage deutet.

Das war früher ein Punkt als Limit: Wenn wir uns verständigen, wird die Strafe nicht höher sein als ... Nun hat der Gesetzgeber im Berliner Tempel des Justizministeriums die Waage neu beschriftet. Der Zeiger deutet jetzt verschwommen nur noch auf eine Bandbreite, Untergrenze und Obergrenze.

»Herr Mandant, wir haben die Möglichkeit, eine Verständigung abzuschließen, die das Verfahren verkürzt und Ihnen eine gewisse Perspektive der Sicherheit verschafft.«

»Was schlägt das Gericht denn vor?«

»Die Untergrenze wären achtzehn Monate und die Obergrenze dreißig.«

»Ich kann also anderthalb Jahre zur Bewährung kriegen oder zweieinhalb ohne?«

»So ist es, ja. Wissen Sie, eine Punktstrafe darf man nicht vereinbaren. Sie können sich aber darauf verlassen, dass es bei der Untergrenze bleibt, leicht erhöht vielleicht, aber sicher im Bereich der Bewährung. Welche Gründe sollte es denn geben, davon deutlich abzuweichen?«

»Und warum dann die viel höhere Obergrenze?«

»Das dient lediglich zur Beruhigung der Staatsanwaltschaft. Früher wurden nur Obergrenzen angegeben, und dann war die

Staatsanwaltschaft überrascht, wie weit nach unten abgewichen wurde. Die wissen auch, dass es jetzt im Bereich der Untergrenze bleiben wird.«

»Das sagen Sie. Wer garantiert mir das?«

»Niemand. Es entspricht meiner Erfahrung. Lassen Sie sich darauf ein.«

»Und dann lebe ich bis zur Urteilsverkündung mit dem Gedanken, dass ich vielleicht ins Gefängnis muss?«

»Ja. Das ist leider so.«

Was für ein Fortschritt. Die Vereinbarung einer Punktstrafe konnte der Gesetzgeber wahrlich nicht zulassen, denn sonst hätte das Urteil allem Anschein nach nicht auf der Verhandlung, sondern auf der Vereinbarung beruht, und das ist für einen hoheitlich agierenden Deutschen unvorstellbar. Die Gerechtigkeit steht doch nicht zur Disposition, oder?

Die Sanktionsschere

»Also«, fasst der Mandant zusammen, »schlimmer als zweieinhalb Jahre kann es nicht kommen.«

»Ich hoffe«, antwortet sein Verteidiger, »dass Sie die Vorbedingung verstanden und berücksichtigt haben; das ist die Obergrenze bei einer Verständigung, und die setzt ein Geständnis voraus. Das Gericht hat nichts dazu gesagt, was Ihnen blüht, wenn Sie weiter bestreiten oder schweigen.«

Der Mandant wüsste natürlich genau das gerne, was nämlich die Untergrenze bei Geständnis und die Obergrenze ohne Geständnis ist. Dazu sagt das Gesetz nichts. Gerichte tun es doch. Da heißt es dann zum Beispiel: »Nicht mehr als dreieinhalb Jahre bei Geständnis, sonst sieben bis acht.«

Diese Drohung mit einer weit geöffneten Sanktionsschere ist unzulässig. Sie ließe sich noch verschärfen: »... und wenn Sie uns helfen, Ihre Mittäter zu überführen, ist sogar Bewährung drin.« Wo sind wir? Nicht im Gerichtssaal, sondern im Hinterzimmer einer Kaschemme, in der die Verkäufer auf dem Boden nicht vorhandener Tatsachen sitzen und feilschen? Die Methode ist bekannt: Sagt er zwölf, meint er im Grunde zehn, will er haben acht, wird wert sein sechs, will ich zahlen vier, werde ich also bieten zwei.

Das ist, bei Gott, nicht der Regelfall, diese Sanktionsschere, die da in die Hand genommen wird, wie früher, als die Folter mit dem »Zeigen der Instrumente« begann. Aber selbst eine einzige Ausnahme ist in einem Rechtsstaat eine zu viel.

Durchsichtige Manöver

Apropos Gerichtssaal und Hinterzimmer: Ausgelotet wird die Möglichkeit einer Absprache nicht in öffentlicher Hauptverhandlung, sondern hinter dem Gerichtssaal im Beratungszimmer des Gerichts oder im Dienstzimmer des Richters oder sonst wo. Die Justizkantine eignet sich nicht so gut. Und irgendwo an einem dieser Orte kommt die Verständigung dann auch zustande (vorläufig, denn die Schöffen sind meist nicht dabei).

Es ist diese Heimlichkeit, die bei einem »Deal« (früher) beibehalten wurde und ihn desavouiert hat. Die Verständigung, wie sie das Gesetz vorsieht, ist nicht lichtscheu. Der Vorsitzende muss gleich zu Beginn der Hauptverhandlung mitteilen, »ob Erörterungen … stattgefunden haben, wenn deren Gegenstand die Möglichkeit einer Verständigung gewesen ist, und wenn ja, deren wesentlichen Inhalt«. Diese Pflicht gilt auch im weiteren Verlauf der Hauptverhandlung, »soweit sich Änderungen gegenüber der Mitteilung zu Beginn der Hauptverhandlung ergeben haben«. Was aber der »Inhalt« einer Verständigung ist, darüber schweigt das Gesetz, sodass man auch nicht erfährt, was daran »wesentlich« sein könnte. Gemeint ist wohl der »Gegenstand«, also Unter- und Obergrenze der Strafe bei Geständnis. Weniger geht nicht. Voller Stolz vermeldet der Gesetzgeber, dass er für Transparenz gesorgt habe. Alles andere bleibt undurchsichtig.

Verständigen darf man sich nämlich auch über »sonstige verfahrensbezogene Maßnahmen« und das »Prozessverhalten der Verfahrensbeteiligten«. Dunkel ist der Rede Sinn. Tiefes Grübeln fördert nur Zweifelsfragen ans Licht. Eine von vielen: Wenn man bestimmte Protokolle nach dem Gesetz nicht verlesen darf, alle Beteiligten aber diese »verfahrensbezogene Maßnahme« wünschen und mit ihr einverstanden sind, dürfen sie dann disponieren und das Gesetz suspendieren? Keiner weiß es. Und was bedeutet »Prozessverhalten« im Rahmen einer Absprache? Damit kann nur Wohlverhalten gemeint sein. Unausgesprochen heißt das: Sie werden doch wohl, Herr Verteidiger, nicht etwa weitere Anträge stellen wie etwa den, unseren Sachverständigen wegen Befangenheit abzulehnen (oder, schlimmer noch, die Richter ...) und anderes mehr, was uns an einer zügigen Beendigung des Verfahrens hindern könnte, haben wir uns verstanden? Wenn man in der verschwurbelten amtlichen Begründung des Gesetzes Rat sucht, mahnt sie, »unsachgemäße Verknüpfungen« zu vermeiden. Wer hätte das gedacht.

Die Kündigung aus nichtigem Grund

Eine Verständigung ist ein Vertrag zwischen dem Gericht, der Staatsanwaltschaft und dem Angeklagten. Ein Mandant aus dem Wirtschaftsleben, dem man das sagt, wird eine unterschriebene Ausfertigung wünschen und geneigt sein, nach den allgemeinen Geschäftsbedingungen zu fragen. Da muss man dann terminologisch zurückrudern und betonen, dass entscheidend allein die bindende Wirkung der im Protokoll festgehaltenen Vereinbarung sei. Der Angeklagte muss sich ebenso daran halten wie die Staatsanwaltschaft. Das Gericht aber kann sie ganz einfach unter den Tisch fallen lassen, fristlos und wortkarg. »Die Bindung des Gerichts an eine Verständigung entfällt, wenn rechtlich oder tatsächlich bedeutsame Umstände übersehen worden sind oder sich neu ergeben haben und das Gericht deswegen zu der Überzeugung gelangt, dass der in Aussicht gestellte Strafrahmen nicht mehr tat- oder schuldangemessen ist. Gleiches gilt, wenn das weitere Prozessverhalten des Angeklagten nicht mehr dem Verhalten entspricht, das der Prognose des Gerichts zugrunde gelegt worden ist.« So steht es im Gesetz, und dann nur noch, dass dies »unverzüglich mitzuteilen« sei.

In wessen Risikosphäre fällt es denn, wenn Umstände, die es schon vor Vertragsschluss gab, »übersehen« worden sind?

Der Verkäufer eines Holzschnitts eines berühmten Künstlers sagt dem Käufer, dass er leider übersehen habe, wie wenige Exemplare es davon noch gebe und er daher zu wenig verlangt habe; er sei an den Vertrag nicht mehr gebunden. »Nicht mein Problem«, wird der Käufer achselzuckend sagen. Das Gericht aber soll befugt sein zu sagen, ebenfalls achselzuckend: »Haben wir halt übersehen, ist aber Ihr Problem!«?

Diesen scharfen Kontrast konnte ich nur dadurch erzeugen, dass ich die – nach offizieller Lesart – falsche Frage gestellt habe. Es gibt im Strafprozess derartige »Risikosphären« nicht, jedenfalls nicht nach traditionell deutscher Denkungsart und der amtlichen Begründung der Bundesregierung. Die nämlich hat dem »Gesetz zur Regelung der Verständigung im Strafverfahren« (von 2009) ins Stammbuch geschrieben, dass »das Ergebnis des Prozesses stets ein richtiges und gerechtes Urteil sein muss«. Stets: also mit und ohne Verständigung. Es gibt angeblich keine Risikoverteilung, sondern nur staatliche Verantwortung. Das ist der Knackpunkt des Ganzen, dazu später mehr.

Diese Verantwortung, so meinte der Gesetzgeber, eröffnet dem Gericht Freiräume auch, wie bereits zitiert, »wenn das weitere Prozessverhalten des Angeklagten nicht mehr dem

Verhalten entspricht, das der Prognose des Gerichts zugrunde gelegt worden ist«. Prozessverhalten in diesem Sinne kann ja, siehe oben, nur irgendein vom Gericht goutiertes Wohlverhalten sein, still sein und nicken – oder was?

Es läuft darauf hinaus, dass nach einer Verständigung das Gericht bestimmt, ob und wie sich der Angeklagte noch verteidigen darf. Der Angeklagte wird in der Furcht des Herrn gehalten, der da oben sitzt und als Richter über Gut und Böse stillschweigend damit droht, dass die Verständigung hinfällig werden könnte. Im Dienste der Gerechtigkeit, natürlich.

Wenn man als Verteidiger über eine Verständigung spricht, sie vielleicht sogar anbahnt, gibt man damit zu erkennen, dass der Mandant bereit sei, ein Geständnis abzugeben. Denn »Bestandteil jeder Verständigung soll ein Geständnis sein«, sagt das Gesetz. Der Angeklagte gibt es ab – die Verständigung kommt zustande – sie platzt aus den eben genannten Gründen. Das Geständnis aber ist in der Welt und sogar in den Akten. Es darf nun »nicht verwertet werden«. Da wird der Mandant nicht glücklich lächeln. Über die psychologischen Kunststücke, die ein Gericht bei Beweisverboten vollführen muss, haben wir ja schon gesprochen, über die zentrale Rolle, die ein Geständnis bei Absprachen einnimmt, noch gar nicht.

Aus dem Reich der Untoten: das Geständnis

Für tot hatten wir sie nicht erklärt, die ehemalige Königin der Beweismittel, nur für abgedankt. Nun wird sie vom Gesetzgeber wieder hofiert. Und zu den vielen Gründen, die es für falsche Geständnisse gibt, kommt noch einer hinzu.

»Zweckgeständnisse« hat es vor den Absprachen auch schon gegeben: »Was muss ich denn sagen, damit ich endlich aus der U-Haft entlassen werde« oder »dass ich noch Bewährung kriege?«

Auch »schlanke« Geständnisse sind nicht neu, die sich gerade so knapp über der Untergrenze von Strafbarkeit dahinschlängeln: »Bei rückschauender Betrachtung muss ich heute einräumen, dass ich schon damals, zur Tatzeit, das Risiko eines schlechten Ausgangs gesehen und es in Kauf genommen habe.« Es gibt öffentliche Schreiber, Ghostwriter, Redenschreiber und alle möglichen Schreiber. Den Geständnisschreiber aber gibt es nicht. Er gehört zum Berufsbild des Strafverteidigers.

Mit einem nur taktischen oder formalen Geständnis soll man sich die Vorteile einer Absprache nicht verschaffen können. Auch das galt schon immer. Bereits vor dem Gesetz über die Verständigung durfte das Gericht eine Obergrenze der Strafe für den Fall eines Geständnisses nennen. Bloße Lippenbekenntnisse stellen nach offizieller Lesart kein Geständnis dar. Allerdings ist auch das bereits in jenem epochalen Gesetz von 1532 nachzulesen und hinderte jahrhundertelang niemanden, erleichtert zu seufzen, wenn einer unter Folter gestanden und so die Urteilsgrundlage geschaffen hatte. Heute atmen manche Richter erleichtert auf und sprechen von einem umfassenden Geständnis, wenn der Angeklagte sagt: »Ich räume den Sachverhalt ein, der die Grundlage der Anklage bildet.«

Umfassend ist das sicherlich – glaubhaft auch?

Eine Verständigung macht vor allem Sinn, für alle Beteiligten, wenn sie möglichst frühzeitig zustande kommt. Der Anklagesatz ist verlesen. Er umfasst, sagen wir einmal, hundertfünfzig Seiten (was in Wirtschaftsstrafsachen nicht besonders viel ist), und dann folgen Hunderte von Seiten mit dem wesentlichen Ergebnis der Ermittlungen und lange Listen von Beweismitteln. Der Vorsitzende teilt zu Beginn der Hauptverhandlung mit, dass es Vorgespräche über eine Absprache gegeben habe und worüber man sich verständigt habe. Dann wird der Angeklagte zur Sache vernommen. Er gibt das angekündigte Geständnis ab, in jener Form: »Ich räume den Sachverhalt ein, der …« Es geht auch noch lapidarer: Der Verteidiger gibt eine Erklärung ab, die das Geständnis enthält (der Autor ist er ja in aller Regel ohnehin), der Richter fragt den Angeklagten, ob er das als dessen Erklärung verstehen darf, und der sagt: »Ja.«

Wie soll man jetzt überprüfen, ob ein Geständnis glaubhaft ist oder nicht? Das kann ja wohl nicht davon abhängen, ob ein Tränlein quillt oder die Opfer, falls vorhanden, mit einem trauerumflorten Blick bedacht werden. Man müsste Beweise erheben und sie mit dem Geständnis vergleichen. Aber eine weitere Beweisaufnahme soll ja durch die Verständigung gerade vermieden werden (sodass alles Folgende auch für weniger extreme Beispiele und schlicht für jeden Normalfall gilt). Also kann man es nur mit dem bisherigen Ergebnis der Ermittlungen konfrontieren. Und wo findet sich das? In den Akten (die allerdings die Schöffen nicht kennen).

Man könnte die Akten jedenfalls teilweise in die Hauptverhandlung einführen, gewiss. Das müsste durch Urkundenbeweis geschehen, prinzipiell also Verlesung. Ich denke an ein Verfahren, in dem 17 000 Blatt wichtig waren. Das macht, schnell gelesen, mindestens 36 000 Minuten, also 600 Stunden, somit 100 Verhandlungstage à 6 Stunden (plus Pausen). Diese Idee ist offenbar dumm. Stattdessen könnte man das Selbstleseverfahren anordnen. Wie lange muss man Gelegenheit geben, 17 000 Seiten zu lesen? Eine nur rhetorische Frage. Die Akten bleiben zu. Jede Art von fundierter Beweisaufnahme würde den Sinn einer Verständigung konterkarieren.

So ist das immer bei einem Geständnis, mit oder ohne Absprache, und so war es auch schon im Mittelalter. Nichts Neues unter der Sonne, von der man sagt, sie werde die Wahrheit an den Tag bringen.

Die deformierte Wahrheit

Was der Gesetzgeber meint reformiert zu haben, hat die Wahrheit deformiert, hat sie zerbeult, durchlöchert, und der als unerschütterlich präsentierte Glaube, dass aber wahr bleiben müsse, was wahr sei, kommt dem Aberglauben nahe.

Die Obrigkeit klammerte sich einerseits an das inquisitorische Prinzip und versuchte andererseits, Raum für Konventionen schaffen. Das konnte nicht funktionieren. Der misstrauische Gesetzgeber wollte dem Richter nicht das Geringste aus der Hand nehmen und zugleich vieles in die Hände von Staatsanwaltschaft und Verteidigung legen. Woher sollte er das nehmen, ohne es irgendwo zu stehlen? Und so lief er hasenfüßig im Zickzack. Kaum dass er sich der Disposition genähert hatte, schlug er erschrocken einen Haken zurück zur Inquisition, und als er der zu nahe kam, trieb es ihn zurück auf das Feld der Übereinkunft, wo ihn aber die Panik packte, sodass er … und so weiter.

Die ängstliche Irrlichterei beginnt bereits im ersten Absatz des Gesetzes über die Verständigung. Dergleichen käme »in geeigneten Fällen« infrage. Diese orakelhafte Formulierung ist – das nur am Rande – der klägliche Versuch, zu überspielen, dass man keine Ahnung hat, welche denn ungeeignet sein könnten. Bereits der zweite Satz des langen Gesetzes ist des Hasen Tod. »§ 244 Abs. 2 bleibt unberührt.« Dort steht, was für unser Modell des Strafverfahrens zentral und essenziell ist, das inquisitorische Prinzip nämlich, also die Erforschung der Wahrheit von Amts wegen, durch das Gericht und niemanden sonst: »Das Gericht hat zur Erforschung der Wahrheit die Beweisaufnahme von Amts wegen auf alle Tatsachen und Beweismittel zu erstrecken, die für die Entscheidung von Bedeutung sind.«

Wenn sich nun aber die Beteiligten darüber einigen dürfen, weitere Beweise nicht mehr zu erheben, dann bleibt jene Vorschrift nicht »unberührt«, sondern tot auf der Strecke. Anders könnte es nur dort sein, wo der Sachverhalt bereits vollständig aufgeklärt ist. Dann jedoch hat eine Verständigung nicht mehr den Sinn, den sie typischerweise (jedenfalls auch) haben soll, und das ist die einverständliche rasche, »vorzeitige« Beendigung des Verfahrens.

Die Justizorgane haben im Gesetzgebungsverfahren gerade deshalb lautstark für die Verständigung optiert, weil anders die Fülle der Fälle nicht mehr zu bewältigen sei. Ein Verzicht auf notwendige Beweiserhebungen jedoch ist nichts anderes als Verrat an dem Prozedere, das unser Gesetz für die Erforschung der materiellen Wahrheit vorgesehen hat. Der Gesetzgeber hat sich die Augen zugehalten, weil es nicht gibt, was man nicht sieht, und ist trotzig dabei geblieben, dass die Sachaufklärungspflicht »unverändert« gelte.

Ein letztes Mal noch jene Vorschrift, die Freiheit und Verantwortung des Richters markiert: »Über das Ergebnis der Beweisaufnahme entscheidet das Gericht nach seiner freien, aus dem Inbegriff der Verhandlung geschöpften Überzeugung.« Wird aber eine Absprache getroffen und auf notwendige Beweisaufnahmen verzichtet, dann reduziert sich der »Inbegriff« auf ein Geständnis und die »Überzeugung« darauf, dass es stimmt. Da wird so mancher Richter sich moralisch unwohl fühlen und damit trösten müssen, dass er, wie jeder seiner Kollegen wohl wissend, dass es viele falsche Geständnisse gibt, der Erste wäre, der sich die Mühe macht, es zu widerlegen. Der Wahrheit hätte er damit die Ehre gegeben. Ist das aber der Sinn einer Absprache?

Rechtlich indessen ist der Richter in einer sehr komfortablen Situation. Er kann die Verständigung, wie besprochen, jederzeit »aufkündigen«, sich von ihr lösen, weil das Gericht etwas übersehen und/oder an dem weiteren Verhalten des Angeklagten einiges auszusetzen habe. Sollte er ein Zyniker sein, könnte er sein Gewissen darüber hinaus damit beruhigen, dass der Angeklagte ja noch Rechtsmittel einlegen und in der nächsten Instanz sein Geständnis widerrufen könne. Was erstens nicht ganz einfach glaubwürdig hinzukriegen ist und zweitens, wenn es dennoch gelingt, nicht viel hilft, weil die Verteidigung in einem nicht konfrontativ geführten, sondern an einer Verständigung orientierten Verfahren »brav« war und nicht Munition für die Revision gesammelt hat.

Mehr als nur unwohl und rechtlich gar nicht komfortabel dürfte sich der Angeklagte fühlen. Wird sich das Gericht an die Absprache halten?

Schuldig, Euer Ehren

Das hat er so nicht gesagt, der deutsche Angeklagte. Ein Geständnis hat er abgegeben. Angst muss er nun haben. Die Richter haben die Akten gelesen, daraufhin befunden, dass eine Verurteilung wahrscheinlicher ist als ein Freispruch, und deshalb das Hauptverfahren eröffnet, die Hauptverhandlung geleitet, die Beweise erhoben, und sie werden über Schuld und Strafe entscheiden. Der tapfere Angeklagte hat sich dennoch seinen guten Glauben daran bewahrt, dass Richter nicht voreingenommen sind.

Dann haben sie eine Verständigung angeregt und zustande gebracht. Nun sind sie immer noch seine Richter, zugleich aber auch seine Vertragspartner. »Habe ich«, wird sich der Angeklagte fragen, »jemals einen Vertrag geschlossen, bei dem mein Gegenüber ganz und gar nicht an seine Interessen gedacht hat, sondern neutral geblieben ist, der auch nicht nachtragend war, wenn der Vertrag scheiterte?«

»Schuldig, Euer Ehren«, erklärt der Angeklagte in den USA, wenn er »kurzen Prozess« machen und das Verfahren rasch beenden will. *Plea bargaining* nennt sich dieses Verfahrensweise, und sie unterscheidet sich grundsätzlich von unserer deutschen Verständigung. Dort drüben werden die Verhandlungen zwischen den Parteien geführt, also zwischen Staatsanwaltschaft und Verteidigung (die bei uns ja eben nicht Parteien sind). Der Richter bleibt der Richter und wird nicht Partei. Er ist ja auch, wie wir wissen, in jenem Prozessmodell nicht derjenige, der in einer Hauptverhandlung inquiriert und bohrend die Wahrheit sucht, sondern sich anhört, welche kontroversen Versionen des Geschehens die Antagonisten vortragen.

Das ist noch nicht einmal der entscheidende Unterschied zwischen jenem *plea bargaining* und unserer Verständigung. Wenn sich der Angeklagte in den USA schuldig bekennt, dann ist viel mehr geschehen als eine nur pragmatische Abkürzung des Verfahrens. Der Angeklagte hat damit eine ganz andere Verfahrensart gewählt, und nicht etwa nur ein Geständnis abgegeben.

So ist das bei uns: Es gibt ein einziges Verfahrensmodell, mit der Variante der Absprache. Die Strecke bleibt die gleiche, nur dass die Endstation schneller erreicht wird. In den USA wird bei *plea bargaining* eine Weiche umgelegt und das Verfahren auf ein anderes Gleis in eine andere Richtung geleitet. Der Angeklagte hat disponiert. Er kann umdisponieren, die Weiche noch einmal umlegen und zurückkehren in das »normale« Verfahren. Dann hat sein »schuldig« nicht die Bedeutung eines Geständnisses.

Bei uns bleibt es dabei – Geständnis ist Geständnis, ein Beweismittel, das immer in der Welt ist und seinen Abdruck auch hinterlassen hat, wenn es bei einer gescheiterten Absprache nicht verwertet werden darf.

Das amerikanische Gegenstück gilt in Deutschland als Teufelszeug aus dem Vorhof zur Hölle der Unwahrheit: dass der Angeklagte disponieren dürfe, Einfluss nehmen könne auf das, was wahr ist und deshalb wahr bleiben müsse. Das ist so nicht richtig. Es ist nämlich noch schlimmer. Wenn der Angeklagte sich schuldig bekennt – und das geschieht in etwa 90 Prozent aller Fälle in den USA – wird über Wahrheit gar nicht nachgedacht. Diese Phase eines Prozesses wird einfach übersprungen. Das Verfahren wird fortgesetzt mit der Strafzumessung.

Viele in Deutschland erregen sich darüber, dass da, wie entsetzlich, eine formelle Wahrheit ausreiche. So ist es eben nicht. Die Wahrheit steht nicht zur Disposition. Man einigt sich nicht auf irgendeine Version des Geschehens, weil es darauf nicht ankommt.

Plea bargaining ist eine zweite Schiene, eine andere Verfahrensart. Der deutsche Gesetzgeber wollte eine »Verständigung« zulassen und ansonsten alles beim Alten belassen. Das war ein aussichtloses Unterfangen. Wasch mir den Pelz, aber mach mich nicht nass. Jetzt kann man sich nur noch darüber streiten, wer mehr im Regen steht.

Kapitel 19:

Die Wahrheit über die Wahrheit

Was von der Idee einer »ganzen« Wahrheit Realität werden kann, lassen wir noch einmal Revue passieren. Wie weit entfernen sich die diversen Wahrheiten, die es gibt, von der Wirklichkeit? Sind die Differenzen auch Defizite, und müsste man sie beklagen?

Die formalisierte Wahrheit

Dass es eine *formelle* Wahrheit auch in Deutschland gibt, weiß jeder. Im Zivilprozess – davon war schon die Rede – kann eine Partei zugestehen, was sie will, und das gilt dann als wahr. Philosophisch anspruchsvoll könnte man, wenn es von Bedeutung wäre, dergleichen als wahr zu etikettieren, das als eine Konsenstheorie der Wahrheit bezeichnen. Ihr sollte man nicht das Wort reden, wenn es um Verbrechen und Strafe geht. Im Zentrum einer Reform des Strafverfahrens, dringend nötig wie sie ist, sollte auch nicht Konsens stehen, sondern Kommunikation und anderes mehr. Niemand will Wahrheiten künstlich erschaffen.

Dass es eine *formalisierte* Wahrheit gibt, ist eine andere Sache, unbestreitbar vorhanden, sowohl gesetzlich vorgezeichnet als auch informell ausgehandelt. Es gibt ja noch immer Absprachen, die nicht unter das Gesetz über die Verständigung fallen, und sie sind nicht von vornherein mafiös.

In jenem Fall der allgegenwärtigen Mauscheleien am Bau,

zum letzten Mal als Beispiel, haben sich Verteidiger und Staatsanwälte darauf geeinigt, in einem Verfahren den Schwerpunkt darauf zu legen, wie hoch denn der Schaden sei, verglichen mit der Auftragssumme, und diese prozentuale Quote dann in allen weiteren Verfahren zugrunde zu legen. »Sammelklagen« und Ähnliches, was im Zivilprozess gang und gäbe ist, gibt es ja im Strafverfahren nicht. Man hätte natürlich in jedem Verfahren gegen jeden Bauleiter diese Grundsatzfrage nach dem Schaden mit großem Pathos neu aufwerfen können, und niemand hätte einen daran hindern dürfen. Die »Wahrheit« muss hier ermittelt werden, nicht wahr, in diesem Prozess, und man kann sie nicht aus einem anderen Prozess übernehmen, kopieren, ausleihen! Alles richtig, aber sehr unpraktisch und lästig.

Gesetzlich vorgezeichnet ist die Formalisierung der Wahrheit sehr oft. Im Strafverfahren dürfen, wie wir gesehen haben, nur bestimmte Beweismittel auf genau bestimmte Weise benutzt werden; manche Beweise müssen wir uns hinwegdenken, weil ihre Verwendung verboten ist; manche Aussagen, die wir gerne hätten, bekommen wir nicht, weil der Zeuge nicht aussagen muss; wir haben es hinzunehmen, wenn der Angeklagte schweigt, und so fort.

Andere Formalisierungen schleichen sich auf den hier schon kartografierten Umwegen ein. Ein Sachverständiger ist mit einem Gutachten zu der Frage beauftragt worden, ob die Aussage des Zeugen glaubhaft ist. Er geht mit standardisierten Kriterien ans Werk. Diese Formalisierung findet Eingang in sein Gutachten und schließlich, wenn das Gericht ihm folgt, auch in das Urteil.

Die vielfältig formalisierte Wahrheit ist im Grunde aber immer noch die, von der wir ausgegangen sind: die »materielle« Wahrheit als Übereinstimmung mit der Wirklichkeit.

Wahrheit und Wirklichkeit

Wir sollen also herausfinden, wie es »wirklich« gewesen ist.

Bei Wirklichkeit denkt man meist an harte Tatsachen. Die gibt es auch, jedenfalls bei unserer pragmatischen Sichtweise, die bei der Suche nach forensischer Wahrheit angemessen ist. Ein Messer im Rücken ist ein Messer im Rücken. Was aber ist die Wirklichkeit von Tatbestandsmerkmalen wie Vorsatz, Bereicherungsabsicht, Insolvenz, Urkunde, Nachteil, Abfall? Die meisten »Gegenstände«, über die man Beweis führen muss, sind nicht deskriptiv erfassbar, sondern normativ geprägt. Manche haben einen harten Kern, aber unscharfe Ränder. Ab wann ein Mensch ein Mensch ist (und nicht mehr »Leibesfrucht«), versteht sich nicht von selbst. Wie lange er noch Mensch ist, ebenfalls nicht – »tot« ist Sache einer Vereinbarung unter Experten.

Andere Begriffe stehen ganz zu unserer Disposition. Die »Wirklichkeit« des Begriffs »Urkunde« (bei den Urkundendelikten) folgt aus einer juristischen Definition; vorgegeben ist uns nichts. Und nichts ist a priori »Abfall« (der unerlaubt beseitigt wurde). Es gibt also nicht nur »die gesellschaftliche Konstruktion der Wirklichkeit«, wie ein berühmtes Buch heißt, sondern auch eine juristische.

Bei »inneren« Merkmalen wird es noch extremer. Das Messer lässt sich anfassen, der Vorsatz nicht. Beide sind auf sehr verschiedene Weise zu »begreifen«. Den Vorsatz kann man erst finden, wenn man ihn zuvor erfunden hat.

Die Wirklichkeit ist also bis zu einem gewissen Grade (um es vorsichtig auszudrücken) Ansichtssache, genauer: Vereinbarungssache. Vor Jahrhunderten konnte man »beweisen«, dass Anna eine Hexe sei, und sie war dann auch, für die Leute damals, »in Wirklichkeit« eine Hexe.

Wenn aber bereits für ein Gespräch über das, was wirklich

ist, ein Konsens erforderlich ist, hat dann nicht auch die Konsenstheorie der Wahrheit etwas für sich?

Die Frage hat Charme, wird aber hier nicht beantwortet, weil unsere Erkundungsfahrt auf dem Mainstream stattfindet.

Diverse Wahrheiten

Selbst auf diesem breiten Strom wird die Wahrheit sehr unterschiedlich verschifft. Da gibt es riesige, dicke Dampfer mit dem enormen Stauraum, den man für die Wahrheit in einem großen Wirtschaftsstrafprozess braucht. Die Container enthalten alles an Wahrheit, was sich nur auftreiben ließ. Auch in vielen Schwurgerichtsverfahren kann es gar nicht genug Wahrheit geben. Für den Transport von Strafbefehlswahrheiten jedoch würde oft ein kleines Ruderboot genügen; man nimmt aber halt, weil es schneller geht, ein Schlauchboot mit Außenbordmotor. Indizienwahrheiten fahren unter anderer Flagge als Geständniswahrheiten.

Und dann gibt es noch mittelgroße Schiffe, denen man nicht ansieht, woher sie kommen, wo sie anlanden wollen und ob Wahrheit ihre Ladung ist. Sie bringen Absprachen ans Ziel. Eigentlich sind es, unter dem Aspekt der Wahrheit, Gefahrguttransporte. Verplombt ist das geschnürte Paket ja nicht; es kann jederzeit hochgehen. Absprachen machen nichts wahr. Wer erklärt, er wolle sich nicht (länger) streiten, hat damit nichts darüber gesagt, was denn war und was wahr ist. Ein Geständnis muss dennoch gebunkert werden, irgendwo zwischen der Quelle des Verdachts und der Mündung im Meer der Urteile. Den Tiefgang erhöht das nicht.

Es kommt eben darauf an, wie viel Wahrheit für welchen Zweck gebraucht wird. Die ganze ist es nicht immer. Der mit seiner Regelung der Absprachen gescheiterte Gesetzgeber hat immerhin eines zu Recht beschworen: Jedes Urteil muss »richtig und gerecht« sein.

Er setzt dabei voraus, dass es auf der materiellen, der einzig wahren Wahrheit beruht; das ist mit »richtig« gemeint. Die Vorstellung, dass es auch gerechte Urteile ohne dieses Fundament geben könnte, ist der deutschen Rechtsideologie nicht nur suspekt, sondern gilt ihr als geradezu monströs, absurd und verwerflich. So schüttelt man sich bei dem Gedanken an das amerikanische *plea bargaining*, bei dem eine nur minderwertige »formelle« Wahrheit die Basis bilde. Darüber wiederum würde man in Amerika den Kopf schütteln, weil es, wie gesagt, überhaupt nicht um Wahrheit geht. Es ist der Beschuldigte, der sich für schuldig erklärt und damit über sein Schicksal selbst entscheidet, in eigener Verantwortung.

Genau das will man im deutschen Strafprozess nicht zulassen. Es soll die Verantwortung des Gerichts sein und bleiben, über das Schicksal des Beschuldigten zu entscheiden, und deshalb muss es der Wahrheit von Amts wegen auf den Grund gehen.

Was dabei herauskommt, ist wegen diverser Formalien und Beschränkungen oft eine Wahrheit mit Lücken und Macken, verbogen und verbeult. Das hindert die offizielle Doktrin nicht daran, zu glauben, dass es die materielle Wahrheit »gibt« – das vergrabene Goldstück – und dass man sie nur »finden« müsse. So gesehen, erscheinen rechtsstaatliche Kautelen als Kosten (Wahrheit »nicht um jeden Preis«), als Beeinträchtigungen, Begrenzungen, die man mit Rücksicht auf andere Interessen hinzunehmen hat – leider, was die »eigentlich« erreichbare Wahrheit betrifft.

Diese vermeintlichen Beschränkungen stellen sich ganz anders dar, wenn man die Wahrheit als ein Konstrukt begreift, das im Prozess zustande gebracht wird und in seiner Qualität von der Qualität des Prozedierens abhängt. Werden nämlich gewisse Argumente – zum Beispiel unfaire – und gewisse Beweise – wie etwa verboten erlangte – gar nicht erst zugelassen, stehen sie nicht mehr in dem Ruf, das Ergebnis »Wahrheit« herabzumindern. Sie verlieren ihr negatives Image als Beschränkungen der Suche nach der »ganzen« Wahrheit und werden stattdessen zu positiven Faktoren eines als gerecht empfundenen Ergebnisses.

Dass die unvermeidliche Rücksichtnahme auf andere Interessen eine Relativierung der Wahrheit bedeutet, ist unbestreitbar. Ist das denn aber so schlimm?

Unsere Prozessdoktrin neigt dazu, die Wahrheit als den Garanten von Gerechtigkeit zu überschätzen. Wir brauchen ein Verfahren, das es erlaubt, den Täter als Täter zu verurteilen, dem Opfer die Genugtuung zu verschaffen, ihn überführt zu haben, dem nur Verdächtigen die Chance zu geben, alle Verdachtsmomente zu widerlegen oder jedenfalls in Zweifel zu ziehen, das den anderen Involvierten – den Angehörigen zum Beispiel – ihre Rechte garantiert, das der Bevölkerung die Gewissheit gibt, dass das Recht sich durchsetzen und am Ende Rechtsfrieden geschaffen wird.

Das ist viel verlangt vom Recht. Keine wie auch immer strukturierte Prozessordnung kann das je perfekt ausbalancieren. Die unsere wird sich fundamental wohl nicht ändern. Sie stellt die unverrückbare, nicht zur Disposition stehende Wahrheit in den Mittelpunkt.

Vieles ließe sich verbessern in unseren Gesetzen über den Prozess. Die Kontrolle könnte intensiviert werden, die Transparenz auch. Mehr Wahrheit aber lässt sich nicht schaffen. Weniger soll es nicht sein. Die ganze Wahrheit wird es nie sein.

Manchmal dürfen wir uns sicher fühlen, sie zu kennen. Bei Amaru wissen wir, was sich zugetragen hat. Das hilft uns, gerecht zu urteilen. Den Unterschied aber zwischen Wahrheit und Gerechtigkeit überbrückt es nicht.

Nachwort

Wie sie gefunden und geschunden, erkämpft und erkauft wird – so lautet der Untertitel dieses Buchs über die »Wahrheit vor Gericht«. Darüber ist nun alles gesagt. Lassen wir es aber noch einmal Revue passieren, denn eines bleibt Ihnen als Leser noch: Die Wahrheit steht auch vor den Schranken Ihres ganz persönlichen Gerichts. Sie mögen nun darüber urteilen, ob Sie es richtig und gerecht finden, wie hierzulande mit der Wahrheit umgegangen wird.

Ich gebe zu, dass dieser Epilog noch einen anderen Grund hat, und gestehe hiermit, dass auch ich Bücher manchmal »von hinten« lese, also vom Inhaltsverzeichnis zur Zusammenfassung springe (oder umgekehrt), um beurteilen zu können, ob ich mir all das dazwischen zu Gemüte führen sollte. Ein Schuldeingeständnis ist das nicht, denn diese Art, mit einem Buch umzugehen, kann man kaum verwerflich finden – heutzutage, da keiner mehr von vornherein weiß, ob es der Mühe wert ist, viele Hundert Seiten Gedrucktes zu lesen. Strafverteidiger wie ich müssen das allerdings auf sich nehmen, falls die Druckschrift von der Staatsanwaltschaft oder dem Gericht kommt – aber sie werden, anders als Sie, der Leser, für diese Lektüre auch bezahlt.

Gefunden wird, wenn alles gut geht, die Wahrheit, die das Gericht gesucht hat. Es bemüht sich nicht zu klären, was »geschehen« war, sondern um ein eng umrissenes »Tatgeschehen«, also um die Wirklichkeit von Rechtsbegriffen, mit denen das

Strafgesetz ein Verbrechen, eine Missetat, beschreibt. Andere Wahrheiten bleiben außen vor. Die »ganze Wahrheit«, die vor Gericht ans Licht kommen soll, ist von vornherein eine juristische Wahrheit: Was man da gebacken kriegt, hängt von den Formen ab, mit denen das Recht etwas aus dem Teig der Geschichte aussticht.

Damit ist zugleich gesagt, dass die Wahrheit auch durch die Werkzeuge geformt wird, mit denen nach ihr gesucht wurde. Das sind die Beweismittel, von denen es ausschließlich die beschriebenen vier gibt (Zeugen und Sachverständige, Urkunden und Augenschein). Die wiederum dürfen nicht beliebig, sondern allein so verwendet werden, wie es das Gesetz vorschreibt. Was also vor den Schranken des Gerichts verhandelt wird, kann stets nur zu einer beschränkten Wahrheit führen. Es ist eine forensische Wahrheit, ermittelt auf dem Forum im Sinne der Stätte des Gerichts (abseits vom Forum als dem lärmenden Marktplatz, auf dem jeder seine Meinung zu Markte tragen und versuchen darf, sie zur »öffentlichen Meinung« zu machen).

Zu dieser forensischen Wahrheit gehört auch, dass man nicht alle Zeit der Welt hat, um sie zu finden. »Die Wahrheit kann warten«, hat Schopenhauer gesagt, »denn sie hat ein langes Leben vor sich.« Für Philosophen, die in einer Tonne in der Sonne liegen oder sich gerade eine Pfeife stopfen und lieber über etwas anderes nachdenken, mag das ein guter Trost sein. Er ist es nicht für Angeklagte, die endlich wissen wollen, was denn nun mit ihnen geschehen und wie ihr Leben weitergehen wird, nicht für Strafgerichte, die verpflichtet sind, auf dem Weg zur Wahrheit rasch voranzuschreiten und die Gesellschaft nicht auf die Wahrheit warten zu lassen, weil unser Prozessrecht – jenseits aller Philosophie – die Wahrheit als verderbliches Gut behandelt: »Best before« alle Erinnerungen verblichen und alle Urkunden verblasst sind.

Mancher mag enttäuscht sein und sich von der Wahrheit vor Gericht mehr erwartet haben. Wie aber Georg Christoph Lichtenberg, Goethes gelehrter Zeitgenosse, in Heft G 13 seiner

Sudelbücher, der ersten Sammlung von Aphorismen in deutscher Sprache, angemerkt hat: »Es ist fast unmöglich, die Fackel der Wahrheit durch ein Gedränge zu tragen, ohne jemanden den Bart zu sengen.«

Nun wäre wohl niemand in seinem guten Glauben an die Wahrheit verletzt, wenn wenigstens in jenen juristischen Grenzen die »ganze« Wahrheit zutage gefördert würde. Dem ist jedoch nicht immer so.

Geschunden scheint sie manchmal, verwundet und entstellt. Zu Tode schinden wie ein Pferd lässt sich die Wahrheit nicht – sie wird alles überleben, was jemand ihr antun will. »Durch schlechte Behandlung schwer beschädigen«, wie in Wörterbüchern der Begriff »schinden« umschrieben wird, kann man die Wahrheit allerdings. Der Beschuldigte zum Beispiel, der sie kennt, als Einziger vielleicht, gibt ein falsches Geständnis ab, weil er ein rasches Ende und eine milde Strafe für sich herausschinden will. Wer unehrlich ist, schindet die Wahrheit. Da ist die Sprache wieder einmal klug, in strafrechtlicher Bedeutung sogar: Der Schinder, dessen Beruf es war, Tierkadaver zu häuten (zu schinden) und zu entsorgen, war meist zugleich der Henker, übte einen »unehrlichen Beruf« aus und wurde von allen gemieden, auch weil er manchmal Verbrechern Unterschlupf gewährte, wie zum Beispiel dem legendären Schinderhannes.

Dem Staatsanwalt von heute hingegen, der sehr oft die ganze Wahrheit gar nicht ermitteln will und deshalb einen Strafbefehl oder eine Einstellung des Verfahrens beantragt, darf man wahrlich nicht nachsagen, dass er die Wahrheit zu gering achte und nur »Zeit schinden« möchte, die er für wichtigere Fälle braucht. Er geht ja mit dieser Art der Prozessführung nicht, wie »schinden« impliziert, unfair zu Werke. Herausgefunden hat er am Ende zwar nicht die ganze Wahrheit, sondern allenfalls »Wahrheit light« – die aber ist auch nicht »herausgeschunden«, sondern ausreichend für alles, was das Recht will: Gerechtigkeit und Frieden.

Erkämpft wird sie immer, die Wahrheit. Das gilt auf allen Gebieten des Rechts, denn was auf diesen Feldern stattfindet, seit jeher, ist »Der Kampf um's Recht«. So ist der berühmte Vortrag von Rudolf von Jhering überschrieben, den dieser große Jurist 1868 in Wien gehalten hat, veröffentlicht in zwölf Auflagen und übersetzt in sechsundzwanzig Sprachen. Die Zeiten sind über ihn hinweggegangen, haben sich aber nicht geändert, wie ein kurzes Zitat aus diesem Vortrag beweist: »Das Leben des Rechts ist ein Kampf – ein Kampf der Völker, der Staatsmacht, der Klassen und Individuen. In der Tat hat das Recht eine Bedeutung nur als Ausdruck von Konflikten«, an denen es allerdings scheitert, »denn das Recht hat niemals wirklich versucht, die Konflikte der Gesellschaft zu lösen, sondern nur sie zu lindern, indem es Regeln niederlegte, nach welchen sie ausgefochten werden sollen.«

Gerade das Strafrecht ist gewiss nicht dazu gemacht, Konflikte zu lösen, sondern lediglich der Versuch, sie nachträglich so aufzubereiten, dass die Gesellschaft sich darüber beruhigen kann. Und so beginnt auch das berühmte, 1969 erstmals erschienene und bis heute immer wieder neu aufgelegte *Handbuch des Strafverteidigers* von Hans Dahs, einem Grandseigneur der Zunft, mit dem Satz: »Strafverteidigung ist Kampf.« Das kann man als schlichte, vielleicht ein wenig altbacken pathetische Feststellung verstehen, aber auch als Warnung vor unterwürfiger Liebedienerei, Anbiederung und Anpassung, gerichtet insbesondere an übermäßig smarte Verteidiger mit flotten Vorstellungen von »Effizienz«.

Wie auch immer – noch ist nichts darüber gesagt, wer eigentlich gegen wen kämpft. Gar nicht so selten ist es zunächst einmal der Anwalt, der sich gegen seinen Mandanten stellt, weil er dessen Erwartungen, wie für ihn gekämpft werden soll, nicht erfüllen will oder kann (und überdies auch noch mit sich selbst zu kämpfen hat, ob er diesen Mandanten weiter vertreten möchte). Wenn solche Scharmützel gar nicht nötig waren oder ausgestanden sind, geht es miteinander auf den Hauptkampfplatz, vor die Schranken des Gerichts. Das waren in uralten Zeiten, gegenständlich genommen, die hölzernen Barrieren, hinter denen auf dem Gerichtsplatz die Zuschauer sich aufhalten durften – ähnlich den Schranken, mit denen die Turnierplätze abgegrenzt wurden, auf denen einer gegen den anderen anrannte.

Dass die Staatsanwaltschaft heutzutage, bildlich gesprochen, der Verteidigung in den Arm fällt und umgekehrt, ist normal, dass sich beide von Anfang an in den Armen liegen, ziemlich selten. Wie auch immer der Kampf dieser beiden ausgetragen werden mag – durch Wortgefechte mit Argumenten, die jede Seite für hieb- und stichfest hält, oder gewissermaßen am Schachbrett, mit Zügen und Winkelzügen –, entschieden wird er nicht dadurch, dass einer der Kontrahenten den anderen zu Boden gezwungen oder matt gesetzt hat. Die Entscheidung liegt beim Gericht, und das urteilt nicht über Sieg oder Niederlage, sondern über Wahrheit und Schuld.

Das Gericht darf seine Neutralität niemals aufgeben und zum Kombattanten werden. Es ist schon gefährlich genug – für den Angeklagten, für die Wahrheit vor allem, und nicht zuletzt für das Gericht selbst –, dass es in die Rolle des »Kontrahenten« geraten kann. Das nämlich ist eine Doppelrolle. Ein Kontrahent ist ursprünglich »kontra«, also Gegner in einer Auseinandersetzung, weil man dem anderen ja »auseinandersetzen«, also Stück für Stück erklären will, wie die Dinge liegen, und diese Teile des Geschehens auch wieder so zusammensetzen möchte, dass sich ein bestimmtes Bild von der Wahrheit ergibt. Ein Kontrahent ist aber auch derjenige, mit dem man sich nicht auseinander-, sondern zusammensetzt, um gemeinsam einen Kontrakt zu schließen. An diesem Verhandlungstisch hat in Deutschland das Gesetz über die Verständigung das Gericht zum Tischherrn erhoben. Das Gericht verschickt die Einladungskarten und macht das Programm. Es wird versuchen, allen auch das schmackhaft zu machen, was ihnen eigentlich nicht schmeckt. Meist sind bittere Wahrheiten dabei.

Erkauft im Sinne von erkämpft ist die Wahrheit stets. »Erkauft« jedoch ist so doppeldeutig wie der Titel des Buches. Die Wahrheit steht ja hier auch selbst vor Gericht und muss sich rechtfertigen oder zumindest dafür entschuldigen können, dass sie einen Fall nicht immer »richtig« erfasst, nicht dafür sorgt, dass er »gerecht« abgeschlossen wird und insgesamt die Erwartungen der Gesellschaft verfehlt. Verdient die Wahrheit also etwa selbst einen Vorwurf, wenn sie nicht »die ganze« ist? Das nicht, denn sie kann ja nichts tun, sich nicht wehren und ist denen ausgeliefert, die mit ihr umgehen. Die allerdings können sie verraten, verhökern, gegen Geld eintauschen, im lateinischen Wortsinne von »korrumpieren«: verderben, vernichten. Die erkaufte Wahrheit wäre mithin, in der negativen Bedeutung des Wortes, eine gekaufte Wahrheit. Das aber ist ein Widerspruch in sich – die gekaufte Wahrheit ist eine Unwahrheit, für die man bezahlt, damit sie als Wahrheit präsentiert (»verkauft«) wird. Gekaufte »Wahrheiten« sind nichts als Lügen.

Das ambivalent schillernde Wort »erkauft« hat aber zum Glück noch eine andere, in den Wörterbüchern zumeist an erster Stelle genannte und auch hier hervorzuhebende Bedeutung. Wer Opfer bringen musste, um sein Ziel zu erreichen, hat sich den Erfolg erkauft, Verluste in Kauf genommen. Die zielgerichtete Suche nach der Wahrheit greift tief in Rechte anderer ein: Unbeteiligte werden zur Mitwirkung verpflichtet, ob sie wollen oder nicht (Zeugen, die vor Gericht zu erscheinen und wahrheitsgemäß auszusagen haben), müssen Durchsuchungen ihrer Wohnung dulden, erfahren später vielleicht, dass man ihr Telefon abgehört hat; Verdächtige werden misstrauisch behandelt, bis sich herausstellt, dass sie zu Unrecht belastet wurden; der Beschuldigte hat, Unschuldsvermutung hin oder her, das meiste zu ertragen und aufzuopfern: Freiheit, Zeit und Geld, Karriere und Familie, mag er nun verurteilt oder freigesprochen werden. All das sind nicht bedauerliche Kollateralschäden am Rande des Weges zur Wahrheit. Es sind Opfer, die der Staat gezielt verlangt. Die Wahrheit ist immer erkauft, mehr oder weniger teuer.

Andere Opfer gehen jedoch zu Lasten und auf Kosten der Wahrheit selbst. Die Beweisverbote versperren Wege zur Wahrheit oder verbieten es, Fundstücke als Teil der Wahrheit zu präsentieren. Die Wahrheit wird nicht um jeden Preis erforscht. So lieb sie uns ist – ihr andere Interessen zu opfern, käme manchmal zu teuer (Stichworte zur Erinnerung: Folter, intime Tagebücher).

In wieder anderen Konstellationen wäre es zu mühselig und nicht sinnvoll, die ganze Wahrheit herausfinden zu wollen. Wenn man schon am Anfang der Suche weiß, dass am Ende nichts herauskommen wird, was unbedingt Strafe verdient, wird das Verfahren eingestellt. »Was ich nicht weiß, macht mich nicht heiß«, sagt das Sprichwort, und es stimmt vor allem auch umgekehrt: Was mich voraussichtlich kaltlassen wird, muss ich nicht unbedingt wissen wollen.

Ein bisschen Wahrheit wenigstens, »Wahrheit light« eben, möchte man dem akzeptierten Strafbefehl attestieren, der nach dem Gesetz einem rechtskräftigen Urteil gleichsteht – und von dem erwarten wir doch, dass es auf Wahrheit beruht. Das aber ist juristische Sozialromantik. Wer sich nicht gegen den Vorwurf wehrt, der mit einem Strafbefehl erhoben wird, legt kein Geständnis ab (das, wie wir wissen, ohnehin kein Garant für Wahrheit ist). Er gibt nur zu erkennen, dass er sich nicht streiten will, und verschweigt den Grund. Der mag darin liegen, dass der Beschuldigte den Vorwurf für berechtigt hält, dass er sich »gut bedient« fühlt, dass er mit einer »Ungerechtigkeit« leben kann und die erkaufte Ruhe vorzieht, oder weshalb auch immer.

Und dann gibt es noch die Fälle, in denen der Beschuldigte ein Geständnis abgibt, weil er sich mit dem Gericht und der Staatsanwaltschaft nicht länger streiten, sondern mit ihnen paktieren will. Das Gesetz verlangt diesen Kniefall, wenn eine Verständigung zustande kommen soll, weil es so tut, als wäre mit einem »glaubwürdigen Geständnis« garantiert, dass die Absprache durch Wahrheit fundiert und legitimiert werde.

Diese Art von Wahrheit ist oft nur ein Feigenblatt, nicht groß genug, um die Blöße zu verdecken, die sich ein Staat gibt, der partout die Herrschaft über die Wahrheit behalten und es den Beteiligten nicht überlassen will zu vereinbaren, was denn »in Wahrheit« geschehen war. Das ist verständlich – in unserem Prozess soll ein Handel mit der Wahrheit im Tempel der Gerechtigkeit nicht geduldet werden. Es ist und bleibt der Staat, der den Preis der Wahrheit bestimmt.

Bei allem rechtsstaatlichen Stolz darauf, dass wir die Wahrheit als einen Schatz ansehen, den der Staat und niemand sonst zu heben hat, bei aller Genugtuung darüber, dass dies nicht um jeden Preis geschehen darf – wir reden mit solchen Worten über die Wahrheit als Ware, denn wir benutzen Begriffe der Ökonomie. Damit ist die Wahrheit disponibel geworden, in ein Verhältnis zu anderen Werten gesetzt und Teil einer Kosten-Nutzen-Rechnung geworden. Der Preis ist dann Teil eines Kalküls. Die Wahrheit ist nicht länger der Goldstandard der Gerechtigkeit, sondern ein Rechnungsposten, also Verhandlungssache geworden.

Wie viel Wahrheit wollen wir – wenn überhaupt! – der »Effizienz« der Strafrechtspflege opfern, dem Interesse also, schnell voranzukommen, oder dem Bedürfnis nach »innerer Sicherheit«, das Abstriche von der Wahrheit verlangt und schon unsere Ängste vor Gefahr und Verdacht ausreichen lässt? Wie viel Wahrheit brauchen wir, um auf faire Weise zu einem gerechten Urteil zu kommen? Das muss keineswegs immer die »ganze Wahrheit« sein.

Aber bitte: Urteilen Sie selbst. Auf Ihre persönliche Überzeugung kommt es an, darauf also, was Sie ohne vernünftige Zweifel für wahr halten können …

256 Seiten. ISBN 978-3-570-10219-0

»Ein Motivationsbuch für eine rationale Kriminalpolitik und eine spannende Lektüre nicht nur für Fachleute.«
Süddeutsche Zeitung

Der deutsche Strafvollzug – ein Thema, das Politiker vor allem in Wahlkampfzeiten und Medien bei Skandalen interessiert – ist teuer und weitgehend erfolglos: Mehr als die Hälfte aller Haftentlassenen wird innerhalb von fünf Jahren rückfällig. Wegsperren resozialisiert nicht, stattdessen dominieren die Einflüsse der Knast-Subkultur. Bernd Maelicke geht den Ursachen für dieses Dilemma nach und zeigt Wege für eine erfolgreiche Wiedereingliederung in die Gesellschaft auf.

C. Bertelsmann

288 Seiten. ISBN 978-3-570-10242-8

»Absolut lesenswert und spannender als jeder Krimi.«
Hessischer Rundfunk

Spielen Gerichtsgutachter wirklich eine so dubiose Rolle, wie manche Berichterstattung suggeriert? Besteht gar die Gefahr, dass durch ihr Tun auch Unbescholtene in die Mühlen von Justiz und Psychiatrie geraten und umgekehrt gefährliche Rückfalltäter wieder freikommen?
Der renommierte Kriminalpsychologe Rudolf Egg lässt uns teilhaben an der komplexen Aufgabe, ein plastisches Bild vom Tathergang zu erstellen, und erzählt eindringlich von Menschen, die aufgrund persönlichen Schicksals zu Opfern oder Tätern wurden.

C. Bertelsmann